AUGUSTUS

Victor Simon

AUGUSTUS

Historischer Roman

Weltbild

Danksagung des Autors
Mein besonderer Dank gilt Bettina Albrod für so manch siegreiche Schlacht um das geschriebene Wort – und natürlich, wie immer, meiner Agentin Lianne Kolf und ihrem Team.

Hinweis des Verlages
AUGUSTUS ist der Roman zum TV-Zweiteiler »Mein Vater der Kaiser«.

Weltbild Buchverlag – Originalausgaben –

Steinerne Furt 67, 86167 Augsburg

Projektleitung: Dr. Ulrike Strerath-Bolz

Umschlaggestaltung: Michael Keller, München
Umschlagfotos: © EOS Entertainment GmbH, Oberhaching
Satz: Andrea Göttler
Druck und Bindung: GGP Media GmbH,
Karl-Marx-Straße 24, 07381 Pößneck

Gedruckt auf chlorfrei gebleichtem Papier

Printed in Germany

ISBN 3-89604-980-1

Prolog

Erst am dritten Tag vor den Iden des März im Jahre 12 v. Chr. hatte sich Gaius Caesar Octavius, der den Ehrennamen Augustus trug, so weit erholt, dass er sein Krankenlager verlassen konnte. Wieder einmal hatte der *Erhabene* tagelang im Fieberdelirium gelegen, und auch der trockene Husten, der ihn seit seiner Kindheit regelmäßig heimsuchte, war ihm nicht erspart geblieben. Inzwischen gab er während dieser Anfälle ein solch jämmerliches Bild ab – röchelnd, keuchend, die stahlblauen Augen voller Tränen –, dass er sich dann vollkommen aus dem öffentlichen Leben zurückzog. Eine derartige Schwächung seines Ansehens konnte und wollte sich der Princeps der römischen Republik nicht leisten. Und nachdem er sich kürzlich vom Senat auch noch zum obersten Priester, zum *Pontifex Maximus* hatte wählen lassen, erst recht nicht.

Zu diesem Zeitpunkt herrschten in der Republik zum ersten Mal seit vielen hundert Jahren stabile Verhältnisse. Die römischen Provinzen reichten im Westen von Hispania bis nach Syria im Osten, von Aegyptus im Süden bis hinauf nach Belgica im Norden, und dass auch Germania von den römischen Legionen erobert werden würde, war lediglich eine Frage der Zeit.

Seit dem endgültigen Zerfall des Triumvirats im Jahre 30 v. Chr., seit er alle seine politischen Gegenspieler vernichtet hatte, stand Augustus allein an der Spitze der Republik. Er hatte dem Imperium den Stempel einer neuen Ordnung aufgedrückt – *seiner* neuen Ordnung wohlgemerkt. Dabei war er sich im Klaren darüber, dass der Verrat nach wie vor überall lauern konnte. Und Augustus

hatte nicht vor, in eine tödliche Falle zu tappen – so wie Julius Caesar 32 Jahre zuvor.
Obwohl er die 50 bereits überschritten hatte, fühlte sich Augustus – von seinem chronischen Leiden einmal abgesehen – wie ein Mann in den besten Jahren. Er hatte volles, nur leicht ergrautes blondes Haar, das er zweckmäßig kurz trug. Seine Gesichtszüge waren ebenmäßig, sein Körper war sehnig und straff. Er hatte schon vor vielen Jahren entdeckt, dass ihm regelmäßige Bewegung gut tat, genauso wie ein langer erholsamer Schlaf. So stand er, wenn es die Staatsgeschäfte zuließen, erst im Laufe des späten Vormittags auf und ging dann mindestens eine Stunde lang in zügigem Tempo spazieren. Außerdem achtete er darauf, möglichst abwechslungsreich und auch nicht allzu viel zu essen. Und was den Wein betraf, den ein gestandener Römer für gewöhnlich literweise zu den Mahlzeiten in sich hineinschüttete, so trank er nur in Maßen.
Auch mit seinem Reinlichkeitssinn konnten die meisten Bürger Roms – darunter viele Mitglieder der besseren Gesellschaft – nicht viel anfangen. Denn er wusch und rasierte sich nicht nur täglich, sondern betrieb darüber hinaus auch eine aufwändige Mundpflege. Und so besaß er – im Gegensatz zu den meisten anderen seiner Zeitgenossen – noch alle Zähne. Die waren allerdings nicht nur ein wenig zu klein geraten, sondern standen auch ziemlich weit auseinander.
Was ihm an Körperlänge fehlte – er maß deutlich unter sechs Fuß[1]–, versuchte er durch dickere Sohlen unter seinen Ledersandalen zu kaschieren. Dabei hatte Augustus dies gar nicht nötig: Obwohl jeder einzelne Soldat seiner

[1] Ein römischer Fuß = 29,57cm

Leibgarde mindestens zwei Köpfe größer war als er, schien er jeden dieser hünenhaften Elitesoldaten ganz einfach zu überragen. Dies lag an seiner göttlichen Aura, raunte das Volk ehrfürchtig. In ihm leuchtete die Erhabenheit Jupiters. Derartiges Gerede war ihm nur recht. Die Laster, die Augustus für sich in Anspruch nehmen konnte, waren das Würfelspiel und die Frauen.

Unter den zahllosen Mätressen Roms – und nicht wenigen verheirateten Frauen – genoss er den Ruf eines ebenso charmanten wie ausdauernden Liebhabers. Livia Drusilla, seine mittlerweile dritte Ehefrau, war darüber nicht gerade erfreut. Aber als der mächtigste Mann Roms, ja, wahrscheinlich sogar der ganzen Welt, konnte sich Augustus zu jeder Zeit nehmen, was und wen er wollte. Dabei scherte er sich nicht einmal um die strengen Ehegesetze, die er selbst sechs Jahre zuvor im Senat durchgesetzt hatte.

Die kluge Livia ertrug ihre zuweilen peinliche Rolle der betrogenen Ehefrau nach außen hin klaglos. Dafür trieb sie im Hintergrund mit großem Elan die politischen Karrieren ihrer beiden Söhne Tiberius und Drusus vo-ran, die sie aus ihrer früheren Verbindung mit Tiberius Claudius Nero in die Ehe mit Augustus mitgebracht hatte. Livia träumte davon, irgendwann einmal einen von beiden an der Spitze der Republik platzieren zu können.

Augustus wusste ebenfalls, dass dies ihr erklärtes Ziel war. Er hatte schon früh geahnt, dass seine Frau bereit war, auf dem Weg dorthin über Leichen zu gehen. Trotzdem liebte er sie, und sie liebte ihn – wenn auch auf eine ganz spezielle Weise …

Doch als er sich am Morgen dieses dritten Tags vor den Iden des März des Jahres 12 v. Chr., noch immer mit leichtem Fieber, aus dem Bett quälte und in seinen privaten Baderaum wankte, dachte er mit Grausen nur an eines: an die Tortur des Eisbades, die ihm bevorstand. Aber diese neue Therapie seines ägyptischen Leibarztes hatte das Fieber in den vergangenen Tagen tatsächlich weitaus wirkungsvoller sinken lassen als alle anderen Arzneien und Rosskuren zuvor. Und nur darauf kam es ihm an. Schließlich war für den heutigen Tag die Rückkehr seines treuesten Kampfgefährten und Schwiegersohns angekündigt worden. Marcus Vipsanius Agrippa, den er vor fünf Jahren als gleichgestellten Tribun auf eine Sondermission in den Osten des Reiches entsandt hatte, war auf dem Weg nach Rom. Im Übrigen war es seiner Meinung nach dringend erforderlich, dass er sich wieder einmal auf dem Forum Romanum blicken ließ, um dem Volk und vor allem den Senatoren kritisch aufs Maul zu schauen.

Als Augustus unter dem aufmerksamen Blick seines Leibarztes in den mit Eiswasser gefüllten Zuber glitt, glaubte er im ersten Moment, sein Herz würde aussetzen. Nach diesem ersten Kälteschock kam immer eine kurze Zeit, die einigermaßen erträglich war – aber dann begannen die Schmerzen.

»Was hört man von Marcus Agrippa?«, fragte er mit klappernden Zähnen und schielte dabei auf die unerbittlich langsam rinnende Sanduhr.

»Es gibt keine neuen Nachrichten, Augustus«, antwortete sein Leibarzt, »es heißt noch immer, er werde am frühen Abend in Rom eintreffen.«

»Sehr gut«, stieß Augustus mühsam hervor. Dabei war gar nichts gut; im Gegenteil, er war kurz davor, aus dem verdammten Zuber zu springen, und versuchte daher verzweifelt, sich irgendwie von seinen Qualen abzulenken. »Was hat der jüngste Zensus ergeben, Musa?«

Der Leibarzt eilte dienstbeflissen zu einem großen Stapel Schriftrollen, die von den Schreibern vorsorglich in den Baderaum geschafft worden waren. Augustus hatte in den vergangenen Jahren die Angewohnheit entwickelt, gerade an diesem Ort seinen Regierungsgeschäften nachzugehen.
»In der Republik sind 4.960.156 Menschen gezählt worden«, zitierte Musa den Zensus, »und davon leben 765.543 in Rom.«
Das römische Volk wuchs also kräftig. Sehr schön. Die Sklaven, die Freigelassenen und natürlich auch die zahlreichen unterworfenen Stämme und Völker waren selbstverständlich nicht mitgezählt worden.
»Ich werde zu Marcus Agrippas Ehren Spiele veranstalten«, flüsterte Augustus und schloss die Augen.
»Ja, das Volk liebt Spiele«, bemerkte der Arzt, nur um etwas zu sagen.
Sein Patient rang sich ein Lächeln ab. »Vielleicht sollte ich im Circus ein paar dieser Wannen aufstellen lassen – ein neuer Wettstreit für die Tapfersten der Tapferen!« Seine blaugeäderten Hände krallten sich um den Rand des Zubers, seine Lippen formten einen lautlosen Fluch. Die Sanduhr war gerade einmal zur Hälfte abgelaufen.
Musa nickte zufrieden. Wenn der Princeps zu solchen Scherzen aufgelegt war, dann musste sich sein Gesundheitszustand gebessert haben. Dann zeigte seine Therapie Wirkung.
Da jedoch riss Augustus die Augen auf und tat einen so tiefen Atemzug, dass sich sein Brustkorb blähte wie eine luftgefüllte Schafsblase. Vor Schreck ließ der Arzt die Schriftrolle fallen und sprang ihm zur Seite. Aber Augustus sah ihn nur verwundert an und horchte dann konzentriert in sich hinein – um gleich darauf befriedigt

festzustellen, dass der quälende Hustenreiz offenbar verschwunden war.
»Nun ist es genug. Ich will mich ankleiden«, stöhnte Augustus. Er stemmte sich aus dem eisigen Wasser. »Und starr mich nicht so an!« Als ihm Musa die Hand hilfreich entgegenstreckte, schüttelte er den Kopf. »Es wäre mir lieber, wenn du mir die warmen Tücher reichen würdest!«, krächzte er. Seine Glieder waren so steifgefroren, dass er sich im Grunde kaum bewegen konnte. Doch er zwang sich dazu. Am liebsten hätte er vor Schmerzen geschrien. Aber dafür hatte er sich viel zu gut im Griff.

Eine Stunde später trat er – zum ersten Mal seit einer Woche – vor die lorbeerumkränzte Eingangstür seines Hauses auf dem Palatin. Der Amtsitz lag an der östlichen Seite der Cacus-Stiege, die vom Rindermarkt hinauf auf diesen bedeutendsten der sieben Hügel Roms führte; nicht allzu weit von der Stelle entfernt, an der einst Romulus seine erste Hütte errichtet hatte. Damit wollte Augustus seine gedankliche Nähe und innige Verbundenheit mit dem sagenhaften Gründer Roms demonstrieren. Früher hatte hier der berühmte Redner Quintus Hortensius gewohnt. Augustus hatte dessen Stadtvilla inzwischen zu einem gigantischen Palast ausbauen lassen. Es maß nun 150 Meter in der Breite und 80 Meter in der Länge, und beherbergte neben einer Vielzahl von Privaträumen und Unterkünften für das Hauspersonal und seine Leibgarde auch eine große Bibliothek, in der zur Not der gesamte Senat bequem hätte tagen können – immerhin 900 Männer. Darüber hinaus hatte er den benachbarten Tempel des Apollo in seinen Amtssitz integrieren lassen, und seit neuestem befanden sich sogar ein Stand-

bild und ein Altar der römischen Schutzgöttin Vestia auf seinem Grund und Boden, was die von ihm beabsichtigte Untrennbarkeit von Wohnhaus, Regierungssitz und göttlicher Stätte unterstreichen sollte.
Auf kunstvolle Mosaikböden hatte Augustus jedoch ebenso verzichtet wie auf kostbaren Marmor. Für die tragenden Säulen war lediglich billiger Tuffstein verwendet worden. Auch prachtvolle Säulengänge suchte man in seinem Haus vergeblich. Dafür herrschte ein ziemliches Wirrwarr von spartanisch eingerichteten Zimmern, Gängen und Fluren, die alle miteinander verbunden schienen. Einer dieser Gänge führte auf der Rückseite seines Amtssitzes in das Haus Livia Drusillas, das noch größer war als sein eigenes. Ihr Domizil war ebenfalls in einem schlichten Baustil errichtet worden. Dabei handelte es sich keineswegs um falsche Bescheidenheit: Augustus kam es vor allem auf die geistigen Strömungen an, die von seinem Amtssitz ausgehend förmlich über das Imperium fließen sollten.
Sein Hang zur Beschränkung auf das Wesentliche war auch an seiner Kleidung abzulesen. Obwohl immerhin ein offizieller Senatsbesuch bevorstand, trug Augustus wie üblich eine einfache Tunika aus grober Baumwolle und darüber eine noch schlichtere weiße Toga. Seine Sandalen waren ausgetreten, aber dafür sehr bequem. Musa hatte ihm geraten, zum Schutz gegen die kräftige Frühlingssonne einen Hut aufzusetzen, was er auch tat. Aber konnte man dieses verbeulte Ding aus geflochtenem Stroh guten Gewissens als Hut bezeichnen?
Die Prätorianer nahmen Augustus wie gewohnt in ihre Mitte. Die ersten Schritte auf dem steilen Weg hinunter zum Forum Romanum waren mühsam, aber je länger er marschierte, desto unbeschwerter wurde sein Gang und

umso kräftiger fühlte er sich, weil er sein Herz dazu ermutigte, das Blut in seine erschlafften Muskeln zu pumpen. Und als er schließlich ins pulsierende Leben des Zentrums eintauchte, waren all seine Lebensgeister zurückgekehrt.

Das Erscheinen des Princeps sprach sich wie ein Lauffeuer herum. Auf den letzten 500 Metern bis zum Eingang des Forums wurde Augustus bereits von einer größeren Menschentraube begleitet, die dann auf dem Forum selbst zu einer großen Menge aus drängelnden und schubsenden Menschen anschwoll. Die Prätorianer mussten all ihre Kräfte aufbieten, damit Augustus nicht Gefahr lief, von der Menge erdrückt zu werden.

Und schon kam wieder dieser Augenblick, den die Leibgardisten am meisten fürchteten: der Moment nämlich, in dem Augustus aus dem schützenden Kreis ihrer Schilde und Speere heraustrat, um seine Erhabenheit direkt auf das Volk wirken zu lassen. Dabei tat er freilich, als wäre er einer der ihren – und würde es doch niemals sein. So wagte es erstaunlicherweise niemand, ihn zu berühren – es schien, als wäre er von einem unsichtbaren Schutzpanzer umgeben.

Augustus genoss die Verehrung, die man ihm entgegenbrachte, sehr. Aber er vermied es, sich offen in der Zuneigung der Menschen zu sonnen. Es waren schließlich Bürgerinnen und Bürger – und keine Untertanen. Also lächelte er freundlich, verbarg die Genugtuung über den Personenkult in seinem Herzen und beantwortete ruhig und geduldig alle Fragen, die das Volk an ihn richtete.

Ein wenig abseits vom Trubel, im Schatten der Basilica Aemilia, eines prächtigen dreistöckigen Gebäudes, dessen Dachfirst von sechzehn überlebensgroßen Statuen

römischer Heroen aus leuchtend weißem Marmor überragt wurde, stand ein etwa 30-jähriger, hochgewachsener Mann und versuchte, trotz seiner enormen inneren Anspannung möglichst unbeteiligt dreinzuschauen. Jullus Antonius, einer der jüngeren Senatoren Roms, hatte allen Grund dazu, nervös zu sein. Denn keinen Steinwurf von ihm entfernt stand jetzt der Mann, der seinen Vater Marcus Antonius in den Tod getrieben hatte, und hielt Volksreden. Der Mann, der heute sterben würde.
Jullus stammte aus der dritten Ehe seines Vaters. Seine Mutter Fulvia war bereits im Jahre 35 gestorben, Marcus Antonius fünf Jahre später. Und es war Augustus gewesen, der seinen Erzfeind nach dessen vernichtender Niederlage in der Seeschlacht von Actium gezwungen hatte, sich ins eigene Schwert zu stürzen.
Aber für Jullus, dem damals wegen seines jugendlichen Alters vom Sieger das Leben geschenkt worden war, gab es noch einen weitaus triftigeren Grund, den Princeps zu hassen. Dieser Grund hieß Julia – die wunderschöne, sinnliche, aber häufig auch traurige Tochter des Tribuns. Sie war die Liebe seines Lebens. Und obwohl sie seine Gefühle schon immer erwidert hatte, war sie neun Jahre zuvor von ihrem Vater aus dynastischen Gründen mit Marcus Agrippa verheiratet worden; gegen ihren Willen, denn Julia hatte keine großen Sympathien für den besten Freund ihres Vaters gehegt. Auch Marcus Agrippa hatte sich von seiner Frau nicht scheiden lassen wollen. Doch Augustus hatte ihren zaghaften Widerspruch sofort im Keim erstickt. Denn was ihm damals zum vollkommenen Glück gefehlt hatte, war ein männlicher Thronfolger aus seinem Geschlecht, obwohl ein solcher Thron in Rom eigentlich nicht existierte.
Jullus spürte immer wieder einen heillosen Zorn, wenn

er daran dachte. Seiner Meinung nach war Augustus nichts anderes als ein Sklaventreiber, der schon immer nach Belieben über Menschen verfügt, der mit ihnen jongliert hatte wie mit Puppen und dabei noch nicht einmal vor seinem eigen Fleisch und Blut Halt machte. Und dennoch verehrte man ihn wie einen Gott.

Plötzlich ging ein Raunen durch die Menge: Zwei kleinen Jungen war es gelungen, bis zu Augustus vorzudringen. Frech waren sie zwischen den Beinen der Prätorianer hindurchgewieselt, hatten wie selbstverständlich die imaginäre Grenze zwischen dem Erhabenen und den Normalsterblichen überwunden und waren am Ende sogar am Princeps hochgesprungen!

Die überraschten Prätorianer wirbelten herum und versuchten, die beiden Buben an den Kragen ihrer Tuniken zu packen. Aber Augustus war schneller. Er hob die beiden Jungen hoch in die Luft, damit jeder sie sehen konnte. »Meine Enkel!«, rief er vergnügt. »Gaius und Lucius – ihr zwei seid wahrhaftig richtige kleine Ungeheuer!«

Gaius wischte seinem Großvater versehentlich den Strohhut vom Kopf. Die Umstehenden lachten, und die zwölf Soldaten seiner Leibgarde entspannten sich. Nur Jullus Antonius hielt erneut den Atem an. Denn am Seitenausgang des Forums neben der Basilika Julia, der hinab zum Tiber führte, hatte er zu seinem Schrecken eine ihm wohlbekannte Sänfte entdeckt, aus der jetzt seine Angebetete ausstieg und mit schnellen Schritten auf ihren Vater zulief, um ihn von ihren Kindern zu erlösen – den Kindern, die Julia gezwungenermaßen mit Marcus Agrippa gezeugt hatte.

Gaius Caesar war acht Jahre alt, sein Bruder Lucius Caesar war drei Jahre jünger. Augustus hatte die beiden schon längst adoptiert und sie damit faktisch zu seinen

Kindern gemacht. Er ließ ihnen die beste Erziehung angedeihen. Aber in Rom kursierte inzwischen das Gerücht, dass die beiden Jungen häufig kränkelten. Vor allem Livia Drusilla nahm selten ein Blatt vor den Mund: Sie ließ an den richtigen Stellen gern ihre wenig schmeichelhaften Bemerkungen über die beiden Jungen fallen; Livia bezeichnete sie als schwächlich, wenig belastbar, sogar als ein wenig debil. Auf jeden Fall schienen ihr beide nicht geeignet zu sein, Augustus an der Spitze der Republik zu beerben. Doch war Rom überhaupt noch eine Republik?

Nein. Für Jullus Antonius hatte die Republik mit dem Tod seines Vaters aufgehört zu existieren. Rom war eine Monarchie – und der Mann, der heute sterben würde, war in Wirklichkeit ein Kaiser. Zumindest stellte er sich als Alleinherrscher dar – nach außen und nach innen.

Jullus spähte angestrengt zum Tempel des Caesar hinüber. Dort hoffte er, das Gesicht eines ehemaligen Gladiators zu entdecken, der seit der Freilassung aus der Gladiatorenschule seinen Lebensunterhalt als Auftragsmörder bestritt. Sein bester Freund Scipio hatte das geheime Treffen in einer üblen Kaschemme arrangiert. Jullus kannte zwar den Namen des Mannes nicht, aber im Grunde wollte er ihn auch nicht wissen. Hauptsache, der Kerl hielt sein großmäuliges Versprechen und war tatsächlich mutig genug, den Princeps in aller Öffentlichkeit zu ermorden.

Wenn dieser Plan gelingen sollte, dann würden nicht wenige Senatoren, Adlige und Ritter Roms den Tod des Augustus lauthals begrüßen. Dann würde seine Familie wieder an der Reihe sein, nach der Macht zu greifen. Aber viel wichtiger war , dass er dann kraft dieser neu gewonnenen Macht Julia aus ihrem Ehejoch befreien würde.

Nur konnte Jullus leider nicht einschätzen, wie seine Geliebte auf den Mord an ihrem Vater reagieren würde. Denn zu seiner Verwunderung pflegte sie ein reichlich zwiespältiges Verhältnis zu Augustus: Einerseits verehrte sie ihren Vater, vergoss Tränen des Mitleids, bot ihrer Schwiegermutter Livia tapfer die Stirn und pflegte ihn aufopferungsvoll, wenn ihn sein chronisches Fieber überfiel. Andererseits konnte sie ihn aber auch abgrundtief hassen. Das tat sie meist in jenen Momenten, wenn sie nackt, erschöpft und eng umschlungen mit Jullus im Bett lag, wobei ihnen beiden immer wieder bewusst wurde, dass ihrer Liebe keine glückliche Zukunft beschieden sein konnte – es sei denn, es würde ein Wunder geschehen. Oder eben ein Mord.
Jullus erschauerte. Worauf hatte er sich da nur eingelassen! Er war noch nie ein Held gewesen, eher ein Schöngeist, dem Gewalt zuwider war. Scipio hatte ihn kaum beruhigen können: Die Panik, die nach dem Attentat ausbrechen würde, hatte sein Verbündeter gesagt, würde dem Mörder die Flucht ermöglichen. Jullus aber wollte darauf nicht einmal eine halbe Sesterze wetten.
Er tastete nervös nach dem schweren, kleinen Ziegenlederbeutel unter seiner Toga, der das Blutgeld enthielt, 20.000 Sesterzen in Gold. Der Gladiator würde für seine Tat den zwanzigfachen Jahressold eines Legionärs erhalten. Aber das war nicht weiter beunruhigend – diese Summe bedeutete selbst für einen jungen Senator wie Jullus nur einen Fliegenschiss. Viel schwerer wog die Tatsache, dass Julia ausgerechnet jetzt, im falschesten aller Momente, auf dem Forum Romanum erschienen war.
Eine schwere Hand legte sich auf seine Schulter. Jullus fuhr herum und blickte erschrocken in die eiskalten Augen des vierschrötigen Mannes, der eine Kaufmanns-

toga trug. Die Hand entfernte sich von seiner Schulter und streckte sich ihm fordernd entgegen. Mit klopfendem Herzen zog er den Lederbeutel unter seiner Toga hervor und übergab ihn wortlos dem Mann, der ihn blitzschnell unter seinem Gewand verschwinden ließ. Ein grimmiges Nicken des Gladiators signalisierte ihm, dass es nun kein Zurück mehr gab – dass er bereit war, dem Tyrannen das Licht auszublasen.

Dabei hatte Augustus in diesem Augenblick so gar nichts Erhabenes an sich. Vielmehr hatte er große Mühe, Gaius und Lucius nicht hinunterfallen zu lassen. Die beiden Jungen wanden sich wie Schlangen in seinem Griff und zappelten herum. »Sie geraten ganz nach ihren Eltern!«, bemerkte der Princeps mit übertriebenem Stolz in der Stimme.

»O nein«, scherzte Julia, »sie sind ganz der Großvater!«

Die Menge gab ihre wortreiche Zustimmung, auch einige Klatscher wurden laut, aber Augustus wusste genau, dass diese spontanen Beifallskundgebungen nur geheuchelt waren. Er war schließlich weder blind noch taub, und auch er betrachtete die geistige und körperliche Entwicklung seiner beiden Enkel schon seit einiger Zeit ebenfalls mit großer Sorge.

Endlich befreite ihn Julia von ihren Kindern. »Geht nun, rasch«, sagte sie laut. »Euer Großvater ist im Moment viel zu sehr damit beschäftigt, Kaiser zu sein.«

Kaum hatte sie diese Worte gesprochen, verebbte das eben noch fröhliche Stimmengewirr der Menge um sie herum. Die Miene ihres Vaters verdüsterte sich und eine unheimliche Stille senkte sich über das Forum – sogar die beiden Kinder merkten, dass etwas Unerwartetes geschehen sein musste. Sie blieben stehen, wo sie waren, und sahen ihre Mutter verunsichert an. Augustus sandte seiner Tochter einen kurzen, bitterbösen Blick, zog sie dann ganz dicht an sich heran, täuschte dabei jedoch geschickt eine herzliche Umarmung vor und presste seinen Mund an ihr Ohr. »Julia«, flüsterte er, unhörbar für die Gaffer um sie herum, »du weißt genau, ich bin kein Kaiser – Rom *hat* bekanntlich keinen Kaiser! Augustus bekleidet lediglich einige Ämter ...«

Die Schärfe in seiner Stimme ließ Julia jäh zusammenzucken. Sie wusste sofort, dass sie mit ihrer unbedachten Äußerung einen unverzeihlichen Fehler begangen hatte. Doch schon ließ ihr Vater sie los, brachte ein Lächeln zustande und strich seinen Enkeln zärtlich übers Haar. »Geht nun rasch heim mit eurer Mutter«, meinte er, »und wenn euer Vater heute Abend endlich wieder nach Hause kommt, werden wir alle gemeinsam einen Krieg gegen die Weibsleute anzetteln – einverstanden?«

Jetzt lachte auch das Volk erleichtert auf. Julia machte gute Miene zum bösen Spiel, umarmte ihren Vater, nahm ihre Söhne an die Hand und ging mit ihnen festen Schrittes durch das Spalier davon, das sich in der Menschenmenge auftat.

»Augustus!«, schrie plötzlich eine flehende Stimme, »eine Bittschrift! Man hat mir mein Land geraubt! Das ist gegen das Gesetz!«

Augustus wandte seinen Kopf in die Richtung, aus der er die Stimme vernommen hatte. Schon amüsierte sich das Volk über den verzweifelten römischen Kaufmann, der sich rabiat zum Princeps vorarbeitete. Es schien sich dabei um einen kräftigen Mann zu handeln, denn er stieß die dicht gedrängt stehenden Menschen mühelos zur Seite. Vier Prätorianer stellten sich sofort schützend vor Augustus, hielten dem Bittsteller ihre Schilde entgegen und kreuzten die Speere.

»Bring deinen Fall doch vor einen Magistraten!«, rief in diesem Moment Jullus Antonius, der jeden Verdacht einer Verstrickung in die Bluttat, die in wenigen Sekunden geschehen würde, von sich ablenken wollte.
Julia drehte sich erstaunt nach ihrem heimlichen Geliebten um, dessen Stimme sie sofort erkannt hatte. Was machte er hier draußen? Warum saß er nicht im Senat? Sie schob Gaius und Lucius in die Sänfte und schärfte ihnen ein, still zu sitzen und zu warten. Dann ging sie neugierig ein paar Schritte zurück, um besser beobachten zu können, was geschehen würde. Auf einmal klopfte ihr Herz bis zum Hals. Plötzlich erinnerte sie sich daran, wie Jullus erst neulich ihren Vater als Tyrannen bezeichnet hatte – schlimmer, als es Julius Caesar jemals gewesen war.
»Aber Jullus Antonius«, antwortete Augustus spöttisch, »bin ich denn nicht auch ein … Magistrat?«
Wieder lachte das Volk, und Jullus senkte beschämt den Kopf. Julia sah ihm sofort an, dass ihn die höhnische Zurechtweisung schwer beleidigt hatte.
Aber Augustus ging nicht weiter auf den Sohn seines ehemaligen Todfeindes ein, von dessen Verhältnis mit seiner Tochter er selbstverständlich wusste. Mit diesem kleinen Problem würde er sich auch später beschäftigen können. Vorerst wandte er sich dem schnaufenden Kaufmann zu. »Gib sie mir, deine Bittschrift!«, sagte er. Und den Soldaten befahl er: »Tretet zur Seite, Prätorianer, damit ich mit diesem Bürger Roms von Angesicht zu Angesicht sprechen kann.«
Die Soldaten machten den Weg frei. Der Kaufmann verbeugte sich und begann, schwitzend und mit zitternden Fingern, seine Bittschrift zu entrollen. Jullus Antonius hielt den Atem an und schielte vorsichtig auf die beiden

Männer, die sich Auge in Auge gegenüberstanden. Ob der selbst ernannte Kaiser ahnte, wen er da in Wirklichkeit vor sich hatte?

Dann ging alles ganz schnell. Eine einzige fließende Bewegung mit dem rechten Arm, ein kurzes Aufblitzen von Stahl, ein schneller Ausfallschritt nach vorn – gefolgt von einem kraftvollen Stoß; für die Prätorianer zu wenig Zeit, um zu reagieren.

Augustus bemerkte den beidseitig geschliffenen Dolch erst, als ihn der Schmerz übermannte. Er sackte in sich zusammen und fiel langsam hintenüber. Den Attentäter ließ er dabei nicht aus den Augen. Für den Bruchteil einer Sekunde kreuzten sich die Blicke der beiden Männer.

Der Gladiator hatte schon viele Männer getötet. Am gebrochenen Blick konnte er normalerweise sofort erkennen, ob er tödlich getroffen hatte. Doch was er hier sah, war ihm noch nie passiert: Er spürte intuitiv, dass Augustus noch lebte. Dass er – viel schlimmer noch – vollkommen unversehrt war und ihm bloß eine Komödie vorspielte; ihm und allen anderen, die den tödlichen Stoß gesehen hatten, den er nach allen Regeln der Kriegskunst geführt hatte: mit aller Kraft von unten mitten ins Herz, damit die Klinge nicht an den Rippen abrutschen konnte. Der Gladiator erstarrte.

Erst jetzt begriffen auch die Soldaten und das Volk, was geschehen war. Frauen kreischten hysterisch auf, Männer schlugen die Hände vor den Mund, und innerhalb weniger Augenblicke herrschte auf dem Forum Romanum ein unbeschreibliches Chaos. Das war der Augenblick, auf den der Gladiator gewartet hatte. Er erwachte aus seiner Starre und sprang flink über den regungslosen Augustus hinweg, um in der Menge unterzutauchen.

Doch dann spürte er zu seinem Entsetzen, wie eine kräftige Hand nach dem Zipfel seiner Toga griff und ihn zu Fall brachte. Schon stürzten sich die Prätorianer auf ihn. Sie packten ihn, rissen ihn brutal vom Boden hoch und führten ihn ab.

Mehrere Dutzend Senatoren eilten besorgt herbei, gefolgt von noch mehr Soldaten, die von irgendjemandem den Befehl erhalten haben mussten, das Forum zu räumen. Julia versuchte verzweifelt, gegen den Strom der Fliehenden zu ihrem Vater vorzudringen, der im Kreis seiner entsetzten Leibgardisten leblos auf dem Rücken lag – den Dolch noch immer in seiner Brust.

Jullus Antonius stand zitternd neben dem Leichnam. Was hatte er nur getan! Und was würde geschehen, wenn man den Gladiator verhörte, wenn man das viele Geld bei ihm fand: Würde er nicht unter der Folter die Namen seiner Auftraggeber verraten? Doch dann realisierte Jullus Antonius, dass ihm die Götter wohl gesonnen waren: Denn die Prätorianer, die den falschen Kaufmann abführten, sahen sich jetzt von einer feindseligen Meute umgeben. Das Volk forderte lautstark den Kopf des hinterhältigen Attentäters. In den Augen der aufgebrachten Menschen flackerte die pure Mordlust. Einen Moment lang waren die Soldaten unschlüssig, aber ihnen wurde schnell klar, dass es für sie mit diesem Gefangenen kein Durchkommen geben würde. Und sollten sie für diesen Schurken etwa Leib und Leben riskieren?

Immer mehr Hände griffen, immer mehr Füße traten nach dem Gefangenen. Der Pöbel versuchte, ihm die Haare auszureißen und ihn zu schlagen, ganz egal wohin. Der ehemalige Gladiator wusste, dass dies die letzten Augenblicke seines Lebens sein würden. Er hoffte inständig, dass es wenigstens schnell gehen würde, und sank wehrlos zu Boden.

Da flog schon der erste Stein, gefolgt von einem zweiten, der ihn mitten auf die Stirn traf. Die Haut platzte auf, und Blut strömte über sein Gesicht. Die Menge kannte nun kein Halten mehr: Die Soldaten ließen sich willig zur Seite schieben, und jeder, ganz gleich ob Mann oder Frau, wollte nun der Erste sein. Sofort wurden dem Todgeweihten die Augen ausgekratzt – und dann zerriss und zertrampelte ihn der Mob bei lebendigem Leibe.

»Vater!«, rief Julia völlig verzweifelt. Sie hatte sich neben Augustus auf den Boden gekniet. Sturzbäche von Tränen rannen über ihre Wangen.

In diesem Moment schlug Augustus die Augen auf, blinzelte in die entsetzten Gesichter der Umstehenden, tätschelte ihre rechte Hand und richtete sich auf.

»Ein Wunder ist geschehen! Ein Wunder der Götter!«, schrie eine Stimme aus der Menge. »Jupiter hat Augustus gerettet!«

»Ja«, sagte Augustus leise zu Julia, »denn er hat mir geraten, stets auf der Hut zu sein.«

Dann stand der Erhabene endgültig von den Toten auf. Er klopfte sich den Staub von der Toga, reckte sich, ergriff den Dolch und zog ihn theatralisch aus seiner Brust heraus.

Die Menge stöhnte auf. Warum floss kein Blut? Wieso hatte er keine Schmerzen? Wie konnte Augustus überhaupt noch am Leben sein?

Aber der Princeps lächelte nur verschmitzt, zerriss zuerst seine Toga, dann seine Tunika und gab so den Blick auf einen ledernen Brustharnisch frei, der zusätzlich mit dünnen Metallringen aus härtestem Stahl bewehrt war.

»Nun ist mein kleines Geheimnis gelüftet«, sagte er und hob fast bedauernd die Schultern.
Julia, bis eben noch fassungslos, umarmte ihn stürmisch. Augustus verzog unmerklich sein Gesicht. Denn dort, wo der Harnisch den tödlichen Stoß abgefangen hatte, tat ihm die Brust doch höllisch weh. Er befreite sich ein wenig zu grob aus ihren Armen. Julia war nahe dran, das Bewusstsein zu verlieren. Nur das beherzte Zupacken von Jullus Antonius verhinderte, dass sie ohnmächtig zu Boden sank.
Sie hielt sich wie eine Ertrinkende an ihm fest, was ihrem Vater sichtlich missfiel. Wollte sie Marcus Agrippa jetzt etwa schon in aller Öffentlichkeit Hörner aufsetzen? Der verlegene Jullus Antonius versuchte vergeblich, dem bohrenden Blick des Princeps auszuweichen und Julia ein Stück weit von sich fern zu halten, ohne sie dabei loszulassen. Soeben war ihm bewusst geworden, dass Augustus von ihrer heimlich Liaison wissen musste. Jullus brach der kalte Schweiß aus. »Ich werde deine Tochter zu ihrer Sänfte geleiten«, sagte er stotternd und wandte sich, ohne die Antwort abzuwarten, zum Gehen.
»Tu das nur«, meinte Augustus gönnerhaft. »Und sorge dafür, dass sich mein Leibarzt um sie kümmert. Ihr Mann kehrt schließlich heute zurück!« Dann wandte er sich an den Centurio der Prätorianer: »Ist der Mörder gefasst?«
»Er ist tot, Augustus«, antwortete der Soldat zerknirscht und deutete hinüber zu der Stelle, wo eine halbe Centurie[2] Legionare die verstummelte Leiche des Attentaters vor weiteren Misshandlungen durch die aufgebrachte Menge schützte.

[2] Centurie: kleinste Kampfeinheit einer Legion (80 Mann)

»Das ist in der Tat sehr ärgerlich«, sagte Augustus. Wie gern hätte er das Motiv für den Mordanschlag erfahren – und wer dahinter steckte, natürlich. Aber manchmal war es eben nur sehr schwer möglich, die kochende Volksseele abzukühlen.

Ein Mann, der seiner Kleidung nach zu den einfachen Bürgern Roms gehörte, hielt plötzlich einen kleinen dunklen Lederbeutel in die Höhe. Mit der anderen Hand zeigte er anklagend auf die Gruppe der Senatoren, die auf der Freitreppe zum Caesarentempel aufgeregt miteinander diskutierten.

»Der Täter wurde bestimmt mit ihrem Geld bezahlt!«, rief der Mann aufgeregt. »Sieh doch, Augustus, dort stehen sie – deine wahren Mörder!«

Die Senatoren starrten erschrocken auf Augustus.

»Ganz richtig«, brüllte eine weitere Stimme, »die Senatoren und die Nobiles haben dir doch schon immer nach dem Leben getrachtet!«

»Feige Mörder!«, keifte eine Frau und spuckte aus.

Ihr Ruf pflanzte sich in Windeseile fort, und nach wenigen Augenblicken skandierte das Volk nur noch dieses eine Wort über den Platz: »Mörder!«

Augustus befahl dem Centurio, sofort Verstärkung herbeizuholen und die Prätorianer zwischen den Senatoren und dem Volk aufmarschieren zu lassen. Dann hob er mahnend seine Hände und wisperte leise: »Kann ich bitte etwas sagen?«

Das allgemeine Geschrei verstummte binnen weniger Sekunden. Auf dem Forum Romanum herrschte atemlose Stille.

»Bürger Roms! Ich habe lange gelebt und mir viele Feinde gemacht«, begann Augustus seine Ansprache. »Doch wer weiß schon, warum er mich töten wollte?« Er deutete auf den Leichnam des Attentäters und senkte sein Haupt. »Und dabei ist mein Leben doch so vollkommen wertlos!« Die Menge schrie entrüstet auf. Augustus hob seinen Blick, breitete erneut seine Arme aus und bat um Ruhe. »O ja!«, donnerte seine Stimme nun über den Platz, »mein Leben *ist* vollkommen wertlos, weil immer noch Feindschaft und Hass herrschen zwischen dem Senat und dem römischen Volk! Aber seht euch doch um: Leben wir nicht seit über 18 Jahren im Frieden? Haben wir nicht alle unseren Wohlstand gemehrt? Und das nach den langen, schrecklichen Zeiten des Krieges, des Leidens und des Blutvergießens!« Augustus räusperte sich übertrieben und fasste sich an die Brust. Ein paar der Senatoren rümpften unauffällig ihre Nasen. Das war wieder so eine seiner geschickten rhetorischen Pausen. Augustus sandte einen scharfen Blick zu den Senatoren hinüber, bevor er sich wieder ans Volk wandte: »Bürger Roms: Ich fordere euch deshalb auf, dafür zu sorgen, dass Friede und Ordnung in unserem Staat nicht wieder verloren gehen. Ich verlange von jedem Einzelnen, diese Republik zu schützen, die wir gemeinsam unter vielen Mühen wieder aufgebaut haben … die Republik, der ich mein Leben geweiht habe!«

Auf dem Forum Romanum erhob sich nun ein Jubelsturm. Augustus ließ es gerne geschehen. Dieser Jubel war ein eindrucksvolles Zeugnis von Macht und Stärke. Seiner Macht und seiner Stärke. Der Senat sollte dies ruhig zur Kenntnis nehmen. Und auch wenn ihn jetzt seine Brust schmerzte und sich ein übler Hustenreiz bemerkbar machte. Etwas Besseres als dieser kläglich missglückte Mordanschlag auf seine Person hatte zu diesem Zeitpunkt einfach nicht passieren können.

Nun sanken die Menschen vor ihm in den Staub. Immer

mehr folgten diesem Beispiel, und selbst die Senatoren knieten nieder. So war Augustus bald der einzige Mensch auf dem gesamten Forum Romanum, der noch aufrecht stand – die Prätorianer natürlich ausgenommen.
Diese ungeheure Ehrenbezeugung erfüllte Augustus im Innern mit großer Heiterkeit. Aber er tat so, als würde ihn dies alles nur furchtbar beschämen. Fast schon verzweifelt versuchte er die Menschen dazu zu bewegen, sich wieder zu erheben. Denn in Rom herrschte ja kein Monarch, dem gehuldigt werden musste; nein, das römische Imperium war eine Republik – eine Republik von Augustus' Gnaden.

Etwa drei Stunden später war von seiner kaiserlichen Souveränität nichts mehr übrig. Er hatte sich ausbedungen, allein gelassen zu werden. Er wollte in Ruhe nachdenken. Das konnte Augustus am besten im heißen Dampf seines privaten Bades, den er gerne mit ätherischen Ölen versetzen ließ.
Hier saß er nun und zermarterte sich das Hirn über das Motiv und damit auch die Hintermänner des Attentäters, der den Narben auf seinem Körper nach zu urteilen ein ehemaliger Gladiator gewesen sein musste. Der versucht hatte, ihn abzustechen wie ein Schwein.
Ein paar Verrückte, die von einem Staatsstreich träumten, gab es immer. Doch für das weitere Gelingen eines solchen Vorhabens mussten die Verräter mindestens sechs, besser gleich ein Dutzend Legionen hinter sich haben – und außer Marcus Agrippa und den Söhnen seiner Frau Livia, Tiberius und Drusus, fiel ihm niemand ein, der zur Zeit über eine solch enorme Streitmacht verfügte. Überdies kämpften Tiberius und Drusus mit

ihren Truppen gerade in den Alpen, wo sie eine Strafexpedition gegen ein paar aufrührerische Bergstämme durchführten. Und Marcus Agrippa, der ja faktisch sein gleichberechtigter Stellvertreter war, hätte ihn schon mindestens 12 Dutzend Male – und dies bestimmt auf eine weitaus elegantere und effizientere Weise – liquidieren können.

Je länger er in der wohligen Wärme des aromatisierten Dampfes saß und nachdachte, desto mehr setzte sich bei ihm die Vermutung durch, dass es sich um einen von persönlichen Gründen geprägten Auftragsmord handelte. Steckte etwa Jullus Antonius dahinter, dieser arme Tropf, der sich auf dem Forum so auffällig unauffällig benommen hatte? Handelte es sich um den irrwitzigen Plan eines Liebeskranken – ein Komplott, in das womöglich seine eigene Tochter Julia verwickelt war? Nein, dachte Augustus, das war unmöglich. Jullus Antonius war politisch betrachtet ein Schwächling. Und mit Julia gab es zwar immer wieder erhebliche Differenzen, aber nicht einmal sein Befehl, Marcus Agrippa zu heiraten, hatte das grundsätzliche Vertrauen zwischen ihm und seiner Tochter erschüttern können.

Andererseits musste der Auftraggeber aus seinem unmittelbaren Umfeld stammen: Wer, das fragte er sich nun, hatte wissen können, dass er sich diesmal so schnell vom Fieber erholen würde. Und wer hatte seine Absicht gekannt, dem Senat ganz überraschend seine Aufwartung zu machen?

Hatte vielleicht Livia den Attentäter bezahlt, um Tiberius oder Drusus oder gar beiden die Steigbügel halten zu können? Augustus wischte sich den Schweiß von der Stirn. Diese Theorie schien ihm ebenfalls eher zweifelhaft. Livia war gewiss durchtrieben und intrigant, aber als schnöde Gattenmörderin konnte er sie sich beim besten Willen nicht vorstellen. Er schüttelte den Kopf und kratzte sich mit einem Olivenzweig den Rücken. So blieb nur noch ein Motiv übrig: Eifersucht. Vielleicht hatte es ja irgendeinem noblen Ehemann nicht gepasst, dass sich sein kaiserlicher Stachel in eine Blüte gebohrt hatte, die ihm nach vorherrschender Moral und angesichts der Gesetze eigentlich verwehrt war. Normalerweise aber geschahen Verbrechen aus Leidenschaft nur in den unteren Schichten des Volkes, dort also, wo der Ehebruch keinerlei gesellschaftspolitische oder diplomatische Bedeutung besaß, sondern wo allein die menschliche Triebhaftigkeit zählte.

Augustus begann seufzend die Stelle auf seiner Brust zu massieren, in die der scharfe Dolch des Mörders ohne den Brustpanzer eingedrungen wäre. Die Haut war an dieser Stelle leicht gerötet, und wenn er vorsichtig mit den Fingern darüber strich, konnte er eine Schwellung ertasten, die stetig zunahm. Immer noch besser als tot, dachte er, schloss die Augen und atmete genießerisch die feuchtwarme Luft ein, die so gut nach Bergamotte und Zitronenmelisse duftete. Fast wäre er eingeschlafen, wenn er nicht plötzlich von draußen ein verlegenes Hüsteln vernommen hätte, gefolgt vom typischen Rasseln der Beinschienen eines Centurio.

»Jetzt nicht!«, sagte er ärgerlich. »Ich hatte doch ausdrücklich darum gebeten, alleine gelassen zu werden!« Augustus wandte seinen Kopf in Richtung des schweren Vorhangs, der das Dampfbad von den übrigen Bade- und Massagezimmern abtrennte.

Trotzdem wurde der Vorhang zur Seite geschoben, und ein alter Mann betrat das Dampfbad. Es sah so aus, als würde er sich vor Augustus verbeugen, aber in Wahrheit

war sein Rückgrat im Laufe der vielen Jahre vom Reiten und Marschieren krumm geworden.
»Lucius Tutilius!«, rief Augustus verblüfft und starrte den Veteranen an, der sich seit seinem Ausscheiden aus dem Militärdienst zum Hofstaat zählen durfte: die Belohnung für mehr als 30 Jahre Dienst unter dem Feldzeichen des Augustus.
»Es tut mir Leid, dich beim Baden zu stören, Augustus!«, antwortete Lucius Tutilius leise.
»Wieso trägst du deine Uniform? Ziehen wir alten Männer etwa wieder in einen Krieg? Vielleicht, um unsere verlorenen Zähne zurückzuerobern?« Augustus lachte herzlich über seinen Scherz.
Doch Lucius Tutilius verzog keine Miene. »Ich bringe schlechte Nachrichten …«, meinte er abwartend.
»So schlecht, dass du zur Meldung deine Uniform überstreifen musstest? So schlecht, dass man meinen treuesten Soldaten zu mir entsandt hat, um sie zu überbringen?«
Lucius Tutilius nickte bedächtig.
»Na dann! Derart schlechte Nachrichten teilt man am besten sofort und schonungslos mit, Lucius!«
Der Veteran nahm Haltung an und sagte mit fester Stimme: »Marcus Agrippa ist tot.«
»Nein«, keuchte Augustus, dessen Miene sich augenblicklich in einer Weise verzerrte, als hätte er einen Peitschenhieb auf den nackten Rücken erhalten. »Das ist nicht wahr, Tutilius!«, stieß er hervor. »Nicht Marcus Agrippa!«
Doch der alte Centurio senkte traurig den Blick.
»Was ist passiert? Wie ist er gestorben?« Augustus' Stimme überschlug sich. Er war kurz davor, hysterisch zu werden.
»Fieber«, erzählte Tutilius stockend, »ein ganz plötz-

licher Anfall – ganz in der Nähe von Nola. Er fiel vom Pferd. Man brachte ihn noch in ein Haus und rief den Arzt herbei, aber da war er bereits tot. So hat es mir der Bote persönlich berichtet.«

Augustus holte ein paar Mal tief Luft. Er musste sich auf die Unterlippe beißen, um nicht laut aufzuschreien. Dann schlug er die Hände vors Gesicht und schluchzte. Er merkte nicht einmal, wie Lucius Tutilius auf Zehenspitzen das Dampfbad verließ, um Augustus die Möglichkeit zu geben, den Schmerz über den Verlust seines wichtigsten Verbündeten und Freundes in einer Weise in die Welt herauszuschreien, die sich für einen Princeps eigentlich nicht geziemte.

Doch es wäre Augustus in diesem Moment völlig gleichgültig gewesen, wenn ihn irgendjemand gesehen hätte, wie er nun heftig schluchzte und weinte; so wie neulich der kleine Gaius Caesar, der während der Reitstunde von seinem Araberhengst mit dem Rücken auf einen Stein gefallen war.

Es dauerte lange, bis sich Augustus mit dem Badetuch die Tränen aus dem Gesicht wischte. Er musste sich dazu zwingen, die entsetzliche Tatsache zu begreifen: Marcus Agrippa war tot, und er hatte sich nicht einmal von ihm verabschieden können. Was sollte jetzt aus *ihm* werden? Warum ließ ihn der Freund einfach so zurück? Und wieso ließen die Götter diese Ungerechtigkeit zu?

Augustus erhob sich und wickelte sein Badetuch um die schmalen Hüften. Er musste jetzt seiner Tochter beibringen, dass sie plötzlich Witwe geworden war. Danach würde er seinen engsten Mitstreitern persönlich erzählen, was passiert war, obwohl er davon ausgehen konnte, dass Maecenas, Corvinus, Horaz, Vergil und nicht zuletzt auch seine Schwester Octavia, die er als Ratgeberin außerordentlich schätzte, die Schreckensnachricht in diesem Moment ebenfalls erhielten. Livia dagegen würde vom Tod Agrippas mit Sicherheit bereits erfahren haben …

Julia war gerade damit beschäftigt, ihren Söhnen die Haare zu waschen. Aber Gaius und Lucius, die in einem kupfernen Badezuber hockten, machten es ihrer Mutter nicht leicht. Anstatt die Prozedur mannhaft über sich ergehen zu lassen, kreischten und strampelten sie wie die Wilden, als ihnen ein wenig Seifenwasser in die Augen kam. Im Nu war Julias Tunika von oben bis unten durchnässt, und auf dem Boden breitete sich eine große Lache aus.

»Ihr sollt doch sauber aussehen, wenn euer Vater nach Hause kommt«, rief Julia erbost, aber Gaius und Lucius tobten weiter, als wollten sie die Ermahnung ihrer Mutter nicht verstehen.

Augustus hatte Julias Worte genau gehört. »Wenn euer Vater nach Hause kommt«, hatte sie gesagt, und erneut durchzuckte ihn eine heiße Welle des Schmerzes. Er musste auch schon wieder husten.

»Vater?«, rief Julia.

Augustus erschien im Türbogen und begrüßte sie mit einem kurzen Nicken. Dabei kniff er seine Lippen fest zusammen. Julia konnte ihm an der Nasenspitze ansehen, dass etwas Schlimmes passiert sein musste. Auch glitzerten seine Augen verdächtig. Aber die Tränen konnten natürlich auch von seinem Husten stammen.

»Geht es dir nicht gut, Vater?«, fragte sie besorgt, erhob sich und ging auf ihn zu.

Seine Reaktion überraschte sie vollkommen, denn er nahm sie wortlos in die Arme. Es fühlte sich so an, als wollte er von ihr festgehalten und getröstet werden. Sie konnte sich nicht erinnern, wann etwas Derartiges zum letzten Mal geschehen war – ob er diese Innigkeit überhaupt schon jemals von ihr eingefordert hatte.

»Warte bitte«, murmelte sie, löste sich aus seiner Umarmung und winkte eine Dienerin aus dem Kinderschlafzimmer herbei. Während Augustus wie ein Greis nach draußen ins Atrium schlurfte, gab sie der syrischen Sklavin genaue Anweisungen, was zu tun war, um die beiden Jungen ins Bett zu verfrachten. Dann ermahnte sie ihre Kinder, brav zu sein, und folgte ihrem Vater hinaus.

Augustus hatte sich in der Mitte des Atriums vor einem kleinen Wasserbecken auf dem Boden niedergelassen. Er tupfte seinen rechten Zeigefinger wie unabsichtlich ein paar Mal ins Wasser und starrte gedankenverloren auf die schmalen, kreisförmigen Wellen, die sich am steinernen Beckenrand brachen. Julia kauerte sich neben ihn und räusperte sich. Ihr Vater schien sich irgendwo anders zu befinden, in einer anderen Zeit vielleicht, oder in einer anderen Welt. Nachdem sie ein paar Minuten schweigend nebeneinander verbracht hatten, räusperte sich Julia erneut und sagte: »Vater, auch mir sitzt der Schreck noch gewaltig in den Knochen!«

Sie vermutete, dass er erst jetzt die Folgen des misslungenen Attentats auf dem Forum Romanum spürte und ergriff zärtlich seine Hand.

»Ich liebe dich sehr, Julia«, meinte er unvermittelt.

»Ja, ich liebe dich auch«, antwortete sie verwundert. »Ich frage mich aber: Wer hat diesen Mörder bezahlt?«

»Diese Frage hat jetzt überhaupt keine Bedeutung!« Augustus winkte traurig ab. »Ich muss dir etwas Fürchterliches sagen!« Sie sah ihn neugierig an. Dann platzte es aus ihm heraus: »Dein Mann ist tot!«

Julia erstarrte. Dann bedeckte sie ihr Gesicht mit beiden

Händen. Trotz seines eigenen Schmerzes beobachtete Augustus ihre Reaktion ganz genau. Daher merkte er sogleich, dass die Nachricht vom Tode ihres Mannes Julia zwar betrübte, aber so *fürchterlich,* wie er sie angekündigt hatte, schien sie nicht zu sein. Nun gut, hatte er insgeheim nicht mit ihrer kühlen Reaktion rechnen müssen? Denn war mit Marcus Agrippa für Julia nicht bloß jemand gestorben, den sie lediglich ganz gut kannte und keineswegs aus vollem Herzen liebte? Sie hatten immerhin zwei Kinder miteinander. Aber als Ehemann war er so gut wie nie zu Hause gewesen, und als Vater mussten ihn seine Söhne auch immer wieder neu kennen lernen.

»Wie ist das nur möglich?«, fragte Julia nach einigen Momenten der Stille. Ihre Stimme klang ruhig, beinahe ein wenig zu fest.

»Fieber. Ihn überkam ein plötzlicher Anfall – auf dem Weg hierher, zu uns.« Augustus spürte erneut Tränen in sich hochsteigen. »Und jetzt ist Marcus Agrippa tot!«, rief er klagend. »Die Götter haben ihn uns genommen!«

Julia warf sich ihrem Vater an die Brust und umschlang ihn mit beiden Armen. Ihre Umarmung tat ihm gut, auch wenn Augustus nicht begriff, was sie ihm mit dieser theatralischen Geste demonstrieren wollte. Außerdem musste er ausgerechnet in diesem Moment erneut husten. Julia ließ ihn sofort los. Er krümmte sich, würgte und schnappte nach Luft.

Julia sah ihn mitfühlend an. »Ich lasse Musa kommen!«, meinte sie und wollte bereits aufspringen, aber Augustus hielt sie zurück.

»Ich habe für heute genug von den Ärzten«, flüsterte er. »Setz dich lieber zu mir, und antworte mir, auf Ehre und Gewissen: Hast du es mir je übel genommen, dass ich dich damals förmlich gezwungen habe, Marcus Agrippa zu heiraten?«

Julia entschloss sich spontan, ehrlich zu antworten. »Zunächst schon, Vater. Er war doppelt so alt wie ich. Aber als ich ihn dann besser kennen lernte, habe ich gemerkt, was für ein wertvoller Mensch er ist …«

»Er hat dir zwei wundervolle Kinder geschenkt. Und eure Ehe war der Garant für einen friedlichen Machtwechsel – im Falle meines Todes!« Julia nickte stumm. »Doch nun ist er gestorben, und ich weiß überhaupt nicht, was ich ohne ihn tun soll, Julia. Er war mein Freund, solange ich denken kann. Gemeinsam haben wir unser Zuhause vor einer halben Ewigkeit verlassen, als einfache Burschen vom Land. Wir hatten keine Ahnung von der Welt …«

»… die ihr der Einfachheit halber dann gemeinsam für euch erobert habt«, vollendete Julia im Stillen den Satz. Sie war unzufrieden mit sich selbst. Mit ihrem Rollenspiel einer trauernden Witwe, das sie ihrem Vater gegenüber zu erfüllen hatte. Es gehörte sich so, aber sie hatte versagt. Nicht eine einzige Träne hatte sie in seiner Gegenwart herauspressen können. Im Gegenteil – sie hatte sich regelrecht zusammennehmen müssen, um ihre aufkeimende Erleichterung zu unterdrücken.

Als vor neun Jahren ihr erster Mann, Marcus Claudius Marcellus, gestorben war, hatte sie ihre Bestürzung nicht so elendiglich heucheln müssen. Julia schämte sich jetzt sehr, denn schon in dem Moment, als ihr Vater mit der Todesnachricht herausgeplatzt war, hatte sie sofort an Jullus Antonius denken müssen – und bereits im selben Atemzug an das gewaltige Erbe, das Marcus Agrippa hinterlassen würde. Julia war schließlich eine der wenigen Eingeweihten, die einen genauen

Überblick über die Besitzverhältnisse der Regierenden hatten. Und Marcus Agrippa war ihrem Vater als Volkstribun nicht nur von Amts wegen praktisch gleichgestellt, sondern besaß fast ebenso viel Grundbesitz und Einnahmen aus den ihm unterstellten Provinzen wie Augustus selbst.

»Agrippa war immer an meiner Seite. Er hat mich nie enttäuscht. Er hat mich nie verlassen – so wie viele andere«, sagte ihr Vater plötzlich.

»Ich werde immer bei dir bleiben, Vater«, versprach Julia, nahm seine Hand und flehte im Stillen hinauf zu den Göttern, dass ihr Vater ihre schmutzigen Gedanken nicht erraten würde.

Augustus blickte ihr fest in die Augen. »Der Tod ist plötzlich etwas sehr Konkretes für mich geworden, Julia. Ich sehe ihn deutlich vor mir: Er ist ein Mann, der wartend in der Halle steht, der draußen in den Straßen neben mir spazieren geht und auf den Feldern Kampaniens auf mich wartet! Er ist nicht mehr gesichtslos. Ich erkenne ihn jetzt. Und ich höre ihn deutlich, wie er anfängt, mir Fragen zu stellen!«

In diesem Moment hörten beide Julias Kinder schreien, begleitet vom hilflosen Gekeife der jungen Sklavin, die es offenbar nicht geschafft hatte, die lebhaften Jungen ins Bett zu schaffen. Julia entschuldigte sich bei ihrem Vater, eilte in ihre Gemächer hinein und geriet mitten hinein in eine wilde Schlacht: Gaius war gerade dabei, seinen Bruder mit einem Holzschwert zu verprügeln. Lucius weinte zwar, aber diese Tränen würden schnell wieder trocknen.

Julia riss Gaius von ihrem Jüngsten herunter. Dabei hätte sie viel lieber die dumme Sklavin zurechtgewiesen, die sich gleichermaßen schüchtern wie verschreckt an eine Säule presste.

»Lass mich«, schrie Gaius seine Mutter an. »Wir spielen Krieg. Ich bin Papa, und Lucius ist ein feiger Partherkönig!«

»Gaius! Hör mir bitte zu!«, sagte Julia scharf. »Und du, Lucius, auch … euer Vater …»

»Kommt nach Hause!«, rief Gaius fröhlich und riss sich von seiner Mutter los. Plötzlich hörten sie Schritte auf dem Steinboden.

»Feinde!«, rief Lucius, und gemeinsam mit seinem Bruder rannte er den Schritten entgegen. Aber es war nur Livia Drusilla. Die beiden Jungen prallten vor ihrer Erscheinung zurück, als wären sie vor eine Wand gelaufen.

»Was soll die Toberei?«, fragte Livia in gereiztem Ton und musterte die beiden streng. Gaius und Lucius brachten kein Wort heraus. Livia warf ihrer Stieftochter einen missbilligenden Blick zu. »Würde es dir vielleicht zu viel Mühe bereiten, deine Söhne endlich ins Bett zu bringen? Seit Stunden brüllen sie das ganze Haus zusammen.«

Das war selbstverständlich mächtig übertrieben.

»Ihr habt es gehört«, meinte Julia.

»Wir wollen aber zu Ende kämpfen!«, sagte Gaius weinerlich.

»Nein. Das Spiel ist aus! Geht sofort in eure Zimmer!«, fauchte Livia.

»Sprich bitte nicht in diesem Ton mit meinen Kindern!«, rief Julia böse. Dann ging sie ruhig hinüber zu ihren Söhnen, küsste beide zärtlich auf die Stirn und sagte mit süßlicher Stimme: »Eure Großmutter hat Recht. Es ist für euch höchste Zeit, schlafen zu gehen.«

Gaius und Lucius taten ihrer Mutter in diesem Moment unbewusst einen großen Gefallen, denn sie wehrten sich nicht – den Göttern sei Dank! Gehorsam gaben sie ihrer Mutter jeweils einen Kuss auf die Wange und verschwanden, begleitet von der Sklavin.
Livia lächelte säuerlich. Sie mochte es gar nicht, wenn man sie als Großmutter bezeichnete – und das hatte Julia eben mit voller Absicht getan. Livia war zwar nur ein Jahr jünger als Augustus, aber für ihr Alter war sie noch eine sehr attraktive und begehrenswerte Frau, die an jedem ihrer zehn Finger mindestens einen jüngeren Liebhaber hätte zappeln lassen können, auch ohne die einflussreiche Frau des Kaisers zu sein.
»Hast du es ihnen gesagt?«, fragte sie.
»Du weißt es auch schon?«
»Aber deine Kinder wissen es noch nicht. Warum gehst du nicht zu ihnen und erzählst ihnen, dass ihr Vater tot ist – bevor sie uns in der Öffentlichkeit blamieren!« Livias Stimme war kalt wie Eis.
»Wie soll ich ihnen das sagen?« Julia war empört, aber Livia schüttelte den Kopf.
»Sei doch froh – sie haben ihren Erzeuger doch kaum gekannt!«
»Er war ein guter Vater. Und er war auch ein guter Mann.«
Livia legte mit gespielter Freundlichkeit ihre Hände auf Julias Schultern. »Julia, bitte! Spiel mir nicht die trauernde Witwe vor. Du hast ihn nur geheiratet und bist ihm gefolgt, weil dein Vater es dir befohlen hat – sonst gar nichts.« Julia knirschte mit den Zähnen, denn Livia sagte die Wahrheit. »Und auf diese Weise sind wohl auch deine Kinder entstanden! Denn Freude empfindest du ja, wie man hört, woanders.«

Julia streifte Livias Hände nun demonstrativ von ihren Schultern herunter. »Du bist wirklich eine gnadenlose Frau, Livia«, sagte sie schwach.
»Ja, das mag sein. Am liebsten übrigens dann, wenn es notwendig ist. Ach ja: Wo steckt eigentlich Augustus?«
Julia deutete stumm ins Atrium.
»Vielen Dank«, flötete Livia und rauschte an ihr vorbei.
Julia seufzte. Gaius und Lucius würde sie erst morgen früh vom Tod ihres Vaters unterrichten. Die Nacht war noch so jung, und sie sehnte sich nach Wärme und Geborgenheit. Sie sehnte sich nach Jullus. Doch es wäre natürlich zu pietätlos gewesen, jetzt noch eine Sklavin auf die Straße zu ihm hinauszujagen – eine Vorbotin ihrer Liebe.

»Ich habe es gerade erst erfahren«, sagte Livia zur Begrüßung, als sie zu Augustus heraus ins Atrium trat, »und dann bin ich so schnell zu dir gekommen, wie ich nur konnte.« Sie schien außer Atem zu sein, und ihre Miene drückte Besorgnis aus.
Augustus wusste jedoch, dass sich Livias Trauer in Grenzen hielt. Er kannte sie schon zu lange. Es war inzwischen dunkel geworden, auch merklich kühler, und das Mondlicht schien nur fahl durch ein paar dünne Schleierwolken, die am Nachthimmel aufgezogen waren. Livia baute sich vor Augustus auf und sah auf ihn herab. »Bis jetzt gibt es keinen Bericht«, fuhr sie ungerührt fort, »aber der Mörder war wohl nicht aus Rom. Sein Auftraggeber ist ebenfalls unbekannt. Du bist also in großer Gefahr, so lange wir die Hintermänner nicht kennen.«
Augustus staunte. Was Livia schon wieder alles wusste! Aber das alles interessierte ihn nicht. Stattdessen sagte er: »Agrippa ist tot.«

Livia nickte. »Unter den jungen Nobiles werden bereits gefährliche Stimmen laut!«

»Hast du nicht gehört, was ich dir eben gesagt habe, Livia?« Augustus klang sehr verärgert. »Marcus Agrippa war mein liebster Freund!«

»Ja, Augustus – ich habe dich genau verstanden. Deine Feinde haben nur auf den richtigen Augenblick gewartet, um dich zu ermorden.« Augustus sah sie fragend an. Livia reichte ihm die Hand – die Aufforderung für ihn, sich zu erheben. Er fügte sich ihrem Wunsch und stand mühsam vom Boden auf. »Sollte Agrippa nicht dein Nachfolger werden? Und heute Vormittag wärst du fast gestorben! Wem willst du denn jetzt dein Reich hinterlassen?« Sie hakte sich bei ihm unter und zog ihn mit sich. So liefen sie ein paar Schritte im Kreis.

»Wahrscheinlich deinem Sohn Tiberius. Das ist doch genau das, was du willst«, knurrte Augustus nach einer ganzen Weile.

»Wenn du ihn öffentlich als deinen Nachfolger einsetzen solltest: gewiss!«

Augustus blieb stehen und lehnte sich an die Wand des Innenhofes. »Tiberius ist nicht mein Sohn, Livia, und Drusus ist es auch nicht. Es sind deine Kinder. Mein Blut fließt in Julias Adern und in denen von Gaius und Lucius!«

»Du musst Tiberius ja nicht gleich adoptieren. Es gibt vielleicht auch andere Möglichkeiten!« Livia trat einen Schritt zurück, sah kurz zu ihrem Haus herüber und musterte dann ihren Mann von oben bis unten. Dabei stellte sie fest, dass Augustus innerhalb des vergangenen Tages um mindestens zehn, wenn nicht sogar 20 Jahre gealtert war. Aber das war auch kaum anders zu erwarten: Er hatte zwei schreckliche Ereignisse kurz hintereinander an einem Tag verdauen müssen und war darüber hinaus auch gesundheitlich noch nicht wieder hergestellt. Trotzdem ließ sie nicht locker: »Augustus, du weißt: Tiberius wäre der perfekte Nachfolger. Auch bei den Legionen ist er äußerst beliebt.«

»Also hast du dich schon für einen von beiden entschieden! Für den Älteren von beiden? Kompliment! Ich könnte mir – nebenbei bemerkt – jedoch auch vorstellen, dass es bereits einige Leute gibt, die behaupten, *du* hättest diesen elenden Mörder bezahlt …!« Augustus blickte sie durchdringend an. Livia wagte nicht zu atmen. »Immerhin würdest du doch am meisten von meinem Tod profitieren! Ich meine natürlich, Tiberius … Das sagen jedenfalls die Leute!« Livia zeigte keinerlei Reaktion, aber ihr Mann wusste sehr genau, dass es nun tief in ihr drin brodelte. »Ich finde das gar nicht einmal so abwegig, Livia. Du musst eben für dich sicherstellen, dass der neue Kaiser von *deinem* Fleisch und Blut ist … Das ist nur legitim.«

»Fürwahr, ein glaubwürdiges Motiv für einen Gattenmord – vor allem, wo du es gerade erwähnst«, antwortete seine Frau ironisch. »Zumindest reicht es bestimmt, um weitere Gerüchte in die Welt zu setzen.«

Augustus schwieg und betrachtete sie eingehend. Livia sah keinen Hass in seinen Augen, nur tiefe Traurigkeit: über den Tod Agrippas und sicherlich auch über ihre zynische Kälte, derer sie sich deutlich bewusst war. Plötzlich tat er ihr richtig Leid.

»Ich habe heute den Mann verloren, den ich am meisten geliebt habe!«, gestand Augustus leise ein.

»Ich weiß«, antwortete Livia mit belegter Stimme. »Du hast Marcus Agrippa bestimmt mehr als jede deiner Frauen geliebt – wahrscheinlich sogar mehr als mich!«

»Ach Livia«, sagte Augustus zärtlich, »du weißt, ich liebe dich, ich habe dich immer geliebt und werde es auch weiterhin tun.« Er ging einen Schritt auf sie zu.

Seine Worte rührten sie, auch wenn sie es vorzog, Zurückhaltung zu üben. Bisher hatte sie sich weder Augustus, noch irgendjemand anderem gegenüber vollkommen geöffnet. Noch nie hatte sie einem Menschen hundertprozentig vertraut. Und das sollte auch so bleiben.

»Wir haben uns wohl beide eher in dein Schicksal verliebt«, meinte sie ausweichend, aber Augustus widersprach ihr: »Nein, zuerst habe ich allein dich geliebt. Das ist die Wahrheit – du kennst sie!« Er wollte sich keinesfalls auf eines ihrer wortklauberischen Spielchen einlassen.

»Ja«, erwiderte Livia tonlos, »und was geschah dann?«

»Dann? Dann wurde mein Leben irgendwann ziemlich kompliziert …«

Er ging zu einer schmalen Bank hinüber, die sich neben dem Eingang zum Atrium befand, und setzte sich. Livia beobachtete ihn mit verschränkten Armen. Sie fröstelte, aber das lag nicht nur an der Nachtkühle.

»Geh jetzt lieber. Ich möchte allein sein«, sagte Augustus bestimmt.

Livia nickte und verließ mit langsamen Schritten das Atrium. Als sie an Augustus vorüberging, leuchtete in ihrem Blick zum ersten Mal an diesem Abend so etwas wie Zuneigung auf. »Augustus«, sagte sie sanft, »weißt du eigentlich, dass du jetzt … alleine bist? Ganz alleine, bis auf mich?«

Er widersprach ihr nicht.

»Was willst du jetzt tun?«

»Ich?« Augustus deutete mit dem Zeigefinger auf seine Brust. »Meinst du morgen, oder überhaupt?«

Livia hob die Schultern. Aber er konnte sehen, dass sie eine Antwort erwartete. »Morgen werde ich nach Nola reiten und seinen Leichnam nach Rom holen. Maecenas wird die Trauerfeier vorbereiten. Ich werde Agrippas Asche in meine eigene Grabstätte überführen!«

»Vielleicht wäre ihm das aber gar nicht recht?«, wagte sie im Namen des Verstorbenen zu widersprechen. Sie kannte Agrippas Testament, in dem er verfügt hatte, dass er in seinem eigenen Mausoleum begraben werden wollte.

Aber Augustus schüttelte unwirsch den Kopf. »Es ist meine Pflicht, Livia«, rief er. »Ich habe bereits die notwendigen Instruktionen erteilt.«

Livia stieß hörbar den Atem aus. Sie wusste, dass seine Entscheidung bereits getroffen war. Und schließlich hatte sich der loyale Marcus Agrippa schon zu Lebzeiten von Augustus bereitwillig herumkommandieren lassen.

»Gut«, sagte sie ruhig. »Es ist selbstverständlich deine Entscheidung. Reitest du morgen früh allein?«

»Wenn du eine Kohorte Prätorianer ›allein‹ nennst, ja.«

»Den ganzen Weg bis nach Nola?«

»Warum denn nicht?«, rief Augustus. »Bin ich etwa schon zu alt für diesen Ritt?«

Livia zauberte ein Lächeln auf ihr Gesicht. »Erinnerst du dich, wann du das erste Mal diesen Weg beschritten hast?«

Natürlich tat er das. »An dem Tag, von dem an ich nur noch an dich denken konnte!«

»Wirklich? Nur an mich?« Livias Ton war schnippisch, aber beleidigt war sie nicht. »Wir waren doch damals noch sehr jung«, fuhr sie fort, »und vergiss Scribonia nicht, die bald darauf schon von dir schwanger war!«

Augustus hüstelte verlegen, als Livia von ihrer Vorgängerin – der Mutter seiner Tochter Julia – sprach. »Du hast mich jedenfalls an jenem Tag geohrfeigt!«, sagte er, um auf das ursprüngliche Thema zurückzukommen.

»Obwohl du mich gerade vor einer Horde Betrunkener gerettet hattest«, lachte Livia. »Wahrscheinlich sogar vor dem sicheren Tod!«

»Nein, deine Rettung hattest du eher Marcus Agrippa zu verdanken – und Lucius Tutilius. Ich bin von den Kerlen furchtbar verprügelt worden!« Er kratzte sich bedächtig am Kinn und sah sie an. Wie schön sie war, wie stolz und wie stark. Aus ihrer Liebe war inzwischen Hass geworden – ein steter Kampf um die Macht –, aber gerade das schweißte sie wohl um so enger zusammen, dachte er. Augustus betrachtete ihre Dauerfehde inzwischen als Lebenselixier. Und seine erste Begegnung mit Livia, die würde er niemals in seinem Leben vergessen – damals, vor 35 Jahren, als sein Leben so richtig begann …

Erster Teil

Octavius

Kapitel I

Atia war untröstlich. Ihr Herz krampfte sich zusammen, als sie ihren Sohn zusammengekrümmt, nach Atem ringend, inmitten seines Zimmers stehen sah. Vor ihm, auf dem Bett, lag das fertig geschnürte Bündel für seine bevorstehende Reise nach Spanien. »Octavius!«, rief sie verzweifelt. »Wie willst du den langen und beschwerlichen Ritt durchstehen? Du kannst dich ja kaum auf den Beinen halten!«

»Mutter«, antwortete Octavius, wobei er versuchte zu lächeln, »ich habe es dir doch schon hundert Mal gesagt: Weder mein Husten, noch das Fieber werden mich dazu verleiten, Caesars Ruf zu überhören!«

Er griff entschlossen nach seinem Reisegepäck, aber ein weiterer Hustenanfall ließ ihn innehalten. Sein Kopf lief puterrot an, und das Keuchen, das seiner Kehle entwich, war zum Fürchten. Atia schüttelte den Kopf. »Dein Vater hätte es dir verboten!«, sagte sie.

Octavius stemmte die Hände in die Hüften und versuchte, ruhig durch die Nase zu atmen. »Mein Vater ist schon so lange tot, dass ich mich kaum an sein Gesicht erinnern kann«, erwiderte er mit belegter Stimme, als das Kratzen in seiner Kehle nachgelassen hatte. »Es ist jetzt dein Onkel, der mich wie einen Sohn behandelt!«

»Das weiß ich wohl!«, rief Atia hartnäckig. »Doch wenn Julius Caesar erfährt, dass du so krank bist …!«

»Er weiß es aber nicht. Und er wird und soll es auch nicht erfahren!« Octavius nickte zur Bekräftigung. »Bitte, Mutter: Ich muss jetzt gehen ist Marcus Agrippa inzwischen eingetroffen?«

Seine Mutter nickte traurig. Mit ihren 40 Jahren war sie noch immer eine schöne, schlanke Frau; eine aufrechte und kluge Römerin, die es bisher mit Verstand und Geschick geschafft hatte, ihre Familie heil durch die unruhigen Zeiten zu bringen.

Und obwohl Octavius bereits 18 Jahre alt war, nahm sie ihre Mutterrolle nach wie vor sehr ernst. Daher konnte er ihr auch verzeihen, dass sie in den vergangenen Tagen so vehement versucht hatte, ihn davon zu überzeugen, die Abreise nach Spanien seiner Krankheit wegen aufzuschieben. Denn in Wahrheit hatte seine Mutter schlichtweg Angst um ihn, ihren einzigen Sohn, der vom Imperator nun doch auf die Schlachtfelder des Bürgerkriegs gerufen worden war. Dieser elende Bürgerkrieg, der vier Jahre zuvor, im Jahre 49, in der römischen Provinz Africa begonnen und sich nach einer wilden Verfolgungsjagd der beiden Heere inzwischen nach Spanien verlagert hatte. Nun sah es jedoch so aus, als ob dort der endgültige Sieg der Caesarianer über die drei Söhne des Pompeius kurz bevorstand.

»Für uns ist es eben sehr wichtig, dass du wiederkommst!«, sagte eine Stimme. Octavius wandte sich zur Tür und seufzte. Seine Schwester hatte ihm gerade noch gefehlt. Wie üblich steckten die Frauen alle unter einer Decke und machten den Abschied unnötig schwer. Er unterdrückte mit seiner ganzen Willenskraft den neuerlich aufsteigenden Hustenreiz.

Octavia schob sich energisch an ihrer lautlos schluchzenden Mutter vorbei ins Zimmer, schritt auf ihn zu und berührte seine Stirn mit ihrer Hand. »Du hast noch immer hohes Fieber«, stellte sie überflüssigerweise fest, bevor sie bereits im nächsten Augenblick in Tränen ausbrach. Octavius hätte in diesem Moment lieber ohne Schwert einer Horde wütender Gallier gegenübergestanden, als zwei heulenden Weibern.

Er legte beide Hände zärtlich auf ihre Schultern. »Caesar hat mich in Rom ganz offiziell als seinen Neffen eingeführt«, sagte er sanft, »und jetzt ruft er mich aufs Schlachtfeld! Ich muss einfach dorthin! Ich kann ihn doch nicht enttäuschen!« Er zog seine Schwester an sich heran und ließ zu, dass sie ihren Kopf auf seine Schulter legte, wo ihre Tränen seine Toga benetzten. Er mochte sie nicht weinen sehen. Aber für einen jungen Römer aus der besten Gesellschaft existierten nun einmal Pflichten, die der Liebe im Weg standen. Das galt im Grunde für alle persönlichen Gefühle. Vor allem, wenn man am Beginn einer steilen Karriere stand. Wenn man von einer solchen Karriere träumte. Vor allem aber dann, wenn der nächste männliche Verwandte Julius Caesar hieß.

Octavius breitete beschwörend die Hände aus. »Versucht doch wenigstens, mich zu verstehen! Wenn Caesar die nächste Schlacht gewinnen sollte, ist dieser verdammte Bürgerkrieg vorbei. Seine Legionen belagern bereits Corduba. Ich kann mich jedenfalls jetzt nicht länger hier in Nola verkriechen!«

»Es wird berichtet, dass über 10.000 Pompeianer in der Schlacht von Thapsus niedergemetzelt worden seien – nachdem sie sich bereits ergeben hatten«, wandte Atia düster ein. »Caesar scheint seine einstige Milde vergessen zu haben.«

»Du weinst um unsere Feinde, Mutter?« Octavius stutzte für einen Moment, ehe er begriff, dass sie ihm mit ihrer Bemerkung lediglich die besondere Grausamkeit dieses Bürgerkrieges ins Gedächtnis rufen wollte. Aber war ein Krieg nicht immer grausam? Ein Krieg folgte eben seinen eigenen Gesetzen. Männer starben, Männer wurden verstümmelt, Mütter verloren ihre Söhne,

Schwestern ihre Brüder – und wenn es sich bei den Kämpfern um Veteranen handelte, die nach ihrer Dienstzeit endlich hatten heiraten dürfen, machte der Krieg auch manchmal Frauen zu Witwen. Tod, Leid und Tränen gehörten nun einmal dazu. Octavius sah seine Mutter scharf an. »Unsere tapferen Legionäre folgen Julius Caesar, um mit ihm für eine bessere Welt zu kämpfen – für unsere Republik, für Rom!«
Atia wischte sich ihre Tränen mit dem Handrücken vom Gesicht und versuchte sich zu beruhigen. Octavius war ein hoffnungsloser Fall. Er redete bereits wie ein Politiker. Wie ein Senator oder ein Konsul, der er wahrscheinlich eines Tages auch sein würde. Jedenfalls dann, wenn er die nächsten Jahre, die er wohl an Caesars Seite verbringen würde, überlebte. Doch mit diesem Tag würde sich ihr Sonnenschein unweigerlich und endgültig auf den Weg begeben, der ihm von den Göttern beschieden war. Und daran war sie ganz alleine schuld. Denn sie war eine Nichte Caesars, ein vollwertiges Mitglied der großen iulischen Familie, eine Blutsverwandte des großen Feldherrn. Selbstverständlich hatte sie daher auch die Erziehung und Ausbildung ihres Sohnes, die bisher ganz im Sinne des römischen Staates verlaufen war, nach Leibeskräften unterstützt. Aber jetzt tat es ihr furchtbar weh, Octavius ziehen lassen zu müssen. Auch weil er in den vergangenen Monaten wieder so häufig gekränkelt hatte.
Aber er sollte wenigstens mit leichtem Herzen reisen. Sie schenkte ihm daher ein aufmunterndes Lächeln und zog sich dann in ihre Gemächer zurück, um sich dort in ihrem mütterlichen Schmerz zu vergraben.
Octavius räusperte sich, als Atia aus dem Blickfeld verschwunden war, und schob dann seine Schwester mit

sanfter Gewalt von sich fort, um endlich sein Bündel aufzunehmen. Von hier aus, von Nola am Fuße der Albanerberge, wo seine Familie derzeit wegen der anhaltenden Unruhen in der Hauptstadt wohnte, waren es gut 20 Meilen Ritt bis nach Rom, und das nasskalte Dezemberwetter würde seiner angegriffenen Gesundheit mit Sicherheit zusetzen.

»Ich musste ohne Vater aufwachsen. Nun will ich nicht auch noch meinen einzigen Bruder verlieren«, sagte Octavia unvermittelt.

Octavius seufzte. Ihr Anblick brach ihm das Herz. Seine zwei Jahre jüngere Schwester hatte schon immer zu ihm aufgeschaut und ihn bewundert; damals, als sie gemeinsam die Elementarschule besucht hatten und er sie gegen die älteren Kinder in Schutz genommen hatte; als ihn Caesar überraschend dazu berufen hatte, statt seiner – der Feldherr befand sich zu jener Zeit auf dem Feldzug gegen die Gallier – als 12-jähriger Knabe, auf dem Forum Romanum vor den Senatoren, den Nobiles und den Rittern Roms die Leichenrede für seine Großmutter Julia zu halten; als er frühzeitig, mit 14 Jahren, die Toga des erwachsenen Mannes übergestreift bekommen hatte, und auch, als er nicht einmal acht Monate später von Caesar als dessen Wunschkandidat in das Priesterkollegium der Pontifices gewählt wurde. Dabei hatte der junge Octavius – von seiner erstaunlich selbstsicheren Leichenrede einmal abgesehen – bis dahin noch keine einzige nennenswerte Leistung in der römischen Öffentlichkeit vollbracht.

Zwei Jahre später hatte ihn sein Onkel dann auch noch zum Reiterführer für den bevorstehenden Krieg mit den Parthern in Syrien bestellen lassen. Überdies war Octavius inzwischen durch Senatsbeschluss auch ins Patriziat

gewählt worden, wodurch er nun offiziell dem Altadel der römischen Aristokratie angehörte. Innerhalb der römischen Gesellschaft hatte dieser Umstand für einiges Rumoren und Unverständnis gesorgt.
Während Octavius mit Bescheidenheit und diplomatischer Zurückhaltung auf die unbestreitbare Tatsache reagierte, dass ihn der Imperator nach Strich und Faden förderte, hatte Octavia inzwischen damit begonnen, ihren Bruder regelrecht zu vergöttern. Sie würde mit Sicherheit alles für ihn tun, alles für ihn geben – und wenn es ihr Leben gälte. Und deshalb würde sie unter dem Abschied, der sich nun nicht mehr vermeiden ließ, viel mehr leiden als ihre Mutter. Doch nun musste er wirklich gehen. Wahrscheinlich war Marcus Agrippa, der draußen vor dem Haus auf ihn wartete, schon völlig durchnässt.
Octavia ahnte, was ihrem Bruder in diesem Moment durch den klugen Dickschädel ging. Sie rechnete es ihm hoch an, dass er versuchte ihren Abschiedsschmerz zu lindern. Und so wollte sie ihm nun auch nicht mehr länger im Weg stehen. Um mit einem Scherz die unerträgliche Spannung zu lösen, streckte sie die Arme aus, als würde sie dem Publikum eines Theaters einen Schauspieler vorstellen. Sie deutete auf ihren Bruder, der mit seinem schweren Bündel über der Schulter wie ein Packesel in der Mitte des Zimmers stand, und sagte: »Jetzt erst verstehe ich, warum der große Caesar so erpicht darauf ist, dass du ihn in den Kampf begleitest. Es ist nämlich ganz offensichtlich, dass du ein besonders *großer* Krieger bist!«
Das war frech, denn Octavius war um fast einen Kopf kleiner als sie.
Doch er lachte nur und schleuderte das Bündel spielerisch nach seiner Schwester. Dabei hätte er beinahe das

Gleichgewicht verloren. »Seht nur!«, rief Octavia kichernd. »Welch ein geschickter Schwertkämpfer in ihm steckt!« Octavius warf nun sein Gepäck nach ihr, wobei er sie natürlich nicht treffen wollte – Octavia hätte dem Bündel sowieso ausweichen können. »Oha – in ihm steckt offenbar auch ein Meister des Speerwurfs!« Nun war es aber genug: Octavius stürzte auf sie zu und nahm sie fest in seine Arme. »Und ein rücksichtsloser Totschläger im Nahkampf bist du wohl auch«, keuchte sie, bevor sie sich aus seiner Umarmung befreite und mit seinem Gepäck aus dem Zimmer hinausrannte, damit sie irgendetwas zu tun hatte – und damit er ja nicht die dummen Tränen sehen konnte, die schon wieder unaufhaltsam in ihre Augen traten.

Außerdem wollte Octavia unbedingt einen kurzen Blick auf Marcus Agrippa erhaschen. Vielleicht würde sich dabei sogar die Möglichkeit ergeben, sich persönlich von ihm zu verabschieden – und dabei einen möglichst bleibenden Eindruck beim besten Freund ihres Bruders zu hinterlassen …

Als Octavius verspätet aus seinem Elternhaus in den kampanischen Nieselregen hinaustrat, sprang Marcus Vipsanius Agrippa sichtlich erleichtert von seinem Pferd hinunter. Sie fielen sich in die Arme wie Brüder. Dass Agrippa seinen Freund dabei um mehr als einen Kopf überragte, spielte keine Rolle, und dass sie von unterschiedlichem Stand waren, auch nicht.

Beide waren fast auf den Tag genau gleich alt. Sie hatten sich zwar nicht gesucht, aber sie hatten sich dennoch gefunden: zwei Jahre zuvor auf der Rhetorenschule in Rom, wo die Studenten – die allesamt aus den höheren Gesellschaftsschichten stammten – von erfahrenen Rednern dazu angeleitet wurden, ihr Wissen, ihr Können und die sich daraus ergebenden Argumente in wohlklingende, zuweilen auch scharfe, aber immer möglichst überzeugende Worte zu verwandeln. Denn die gelungene Rede war die wichtigste Voraussetzung für eine Karriere in der Politik oder beim Militär.

Soweit es ihr Durchsetzungsvermögen betraf, standen sich Octavius und Agrippa in nichts nach; allerdings unterschieden sie sich deutlich in ihrer jeweiligen Herangehensweise: Octavius war ohne Frage der gerissenere, der verschlagenere und diplomatischere Redner, während Agrippas Argumente auf der pragmatischen Seite, in der schonungslosen, fast schon brutalen Direktheit, fußten. Er besaß nicht, so wie Octavius, das unheimliche Talent, seine Diskussionsgegner schwindlig zu reden und in rhetorische Fallgruben stolpern zu lassen. Marcus Agrippa verließ sich lieber auf seine imposante und furchteinflößende Erscheinung und auf seine laute Stimme, die so manchen Widerspruch gar nicht erst aufkommen ließ.

Dabei half ihm sein kantiges Profil, das in einem recht breiten Kinn auslief. Eine stark herabfallende Brauenpartie warf einen zusätzlichen Schatten auf seine tief liegenden Augenhöhlen, und eine markante Nase teilte sein fleischiges Gesicht, das durch mehrere auffällige Stirnfalten ausgesprochen strenge und autoritäre Züge besaß.

Natürlich verfügte auch Marcus Agrippa über eine hervorragende Bildung. Doch wenn er strategisch denken musste, dann interessierten ihn vorzugsweise militärische Operationen.

Octavius dagegen hatte schon früh ein untrügliches Gespür für Situationen und die jeweiligen Verhaltensweisen von Menschen entwickelt. Auch schien er

Gedanken lesen zu können – jedenfalls war er seinen Kommilitonen überproportional häufig eine Idee voraus, wobei es ihm durch sein vordergründiges Lächeln immer wieder gelang, sie zu übertölpeln.
Ursprünglich entstammten beide dem Ritterstand, der dritthöchsten Gesellschaftsschicht im Römischen Reich. Aber während das Geschlecht der Vipsanii blieb, was es war, hatte Gaius Octavius, der Vater von Octavius, den Sprung in den Senat und damit in die Führungsschicht des Reiches geschafft, vor allem durch seine Heirat mit Atia. Im Jahre 61 hatte er dann als Statthalter der römischen Provinz Macedonia den thrakischen Stamm der Besser unterworfen. Dieser militärische Sieg hätte es ihm ermöglicht, im Triumphzug nach Rom einzuziehen und bald darauf das Konsulat – den Posten des höchsten römischen Beamten – zu bekleiden. Doch Atias Mann war auf der Rückreise aus Macedonia in Nola gestorben: an einem plötzlichen Anfall von Fieber in diesem Haus – derselben Krankheit, an der auch sein Sohn von Kindheit an litt.
So aber hatte der junge Octavius Anschluss an die alteingesessene, stadtrömische Familie seiner Mutter erhalten, aus der Julius Caesar inzwischen an die Spitze des Staates gelangt war. Damit standen ihm Türen und Tore des römischen Imperiums offen. Kein Wunder also, dass er unter den Kommilitonen auf der Rhetorenschule praktisch keine Freunde besaß: Die Nobiles mieden ihn aus Standesdünkeln und sahen in ihm lediglich einen glücklichen Emporkömmling. Die politischen Gegner des Imperators verachteten ihn, weil er von Julius Caesar so schamlos protegiert wurde – und alle anderen verneigten sich speichelleckerisch vor ihm in der Hoffnung, Octavius würde sich irgendwann einmal ihrer erinnern. Der Einzige, der sich ihm gegenüber immer offen und

geradeheraus freundlich benommen hatte, war Marcus Agrippa gewesen.

Octavius selbst hatte damals, mit gerade 15 Jahren, auch nicht mehr daran gezweifelt, dass er wohl über kurz oder lang eine wichtige Rolle innerhalb des Römischen Reiches spielen könnte. Er hatte bereits eine vage Vision entwickelt, aber darüber ließ er kein Sterbenswörtchen verlauten, weder seiner Mutter, noch seinen Schwestern gegenüber. Auch Marcus Agrippa, der einzige Mensch, den Octavius als seinen Freund bezeichnete, erfuhr nichts über die hochfahrenden Pläne des Neffen Caesars. Was seine Zukunft anging, so war und blieb Octavius verschlossen.

Das hinderte ihn jedoch nicht daran, schon frühzeitig den Weg zu ebnen, den er gehen wollte. So hatte ihm beispielsweise eine innere Stimme geraten, dass er für die Erfüllung seiner Träume einen verlässlichen Gefährten benötigen würde, einen starken, mutigen und verschwiegenen Helfer, treu bis in den Tod, einen, der aufgrund seines ehrlichen Charakters nur schwerlich als Verräter taugen konnte. Und so ein Gefährte war Marcus Agrippa! Für Octavius war es daher kein Zufall gewesen, auf diesen viel versprechenden Kameraden zu treffen, sondern eine göttliche Fügung.

Er hatte es noch nie offen ausgesprochen – und er würde es auch niemals tun –, aber für ihn war Marcus Agrippa der einzige Altersgenosse, dem er von Anfang an diese Rolle zugetraut und zugedacht hatte. Der Einzige, den er im Stillen bewunderte. Denn Marcus Agrippa hatte neben seinem hellwachen Verstand all das im Überfluss zu bieten, was Octavius an sich selbst häufig schmerzlich vermisste: Robustheit, brachiale Kraft, unbändige Freude am bewaffneten Kampf und großarti-

ge Tapferkeit. Nicht, dass sich Octavius selbst als Feigling sah. Aber er hatte noch nie besonders viel davon gehalten, den Helden zu spielen.
»Danke, dass du mich als deinen Begleiter ausgewählt hast, Octavius«, sagte der Freund und strahlte.
»Ohne dich würde ich mich niemals in Gefahr begeben, Agrippa«, antwortete Octavius lachend. Sie grinsten sich an wie zwei Lausbuben. Zwei junge Männer, die im Begriff waren, die Welt zu erobern.
In diesem Moment öffnete sich die Haustüre und Octavia erschien, das Gepäck ihres Bruders in der Hand, gefolgt von einer gefassten Atia. Also ließ es sich seine Mutter doch nicht nehmen, den Sohn würdig zu verabschieden.
»Sei gegrüßt, Marcus Agrippa!«, sagte sie halblaut und blieb im Türrahmen stehen.
»Salve, Atia!«, erwiderte Agrippa ihren Gruß. Sie musste ihm gegenüber nicht extra erwähnen, wie sehr sie hoffte, er würde seine starken, bewehrten Arme schützend über Octavius ausbreiten – das sah er ihr an. Agrippa lächelte und nickte kaum merklich in ihre Richtung, so als wollte er ihr sagen: Mach dir keine Sorgen, Atia – ich passe schon auf ihn auf.
Octavius räusperte sich. Ihm war plötzlich aufgefallen, dass sich Octavia trotz des schweren Bündels, das sie trug, darum bemühte, möglichst leichtfüßig und kokett auf seinen Freund zuzugehen. Dabei strich sie sich verstohlen erst ihr Kleid und dann auch noch die Haare glatt. Na so was – konnte es sein, dass Octavia ihm etwas verschwiegen hatte? War sie etwa verliebt? Innerlich musste er grinsen, denn Agrippa hatte ihr Bemühen um seine Aufmerksamkeit ebenfalls bemerkt, doch der Freund tat so, als hätte er nichts gesehen.

»Ah!«, rief Octavius aus. »Marcus Agrippa, der zukünftige General und Feldherr: Schon hat er, so scheint es, das jungfräuliche Herz meiner Schwester erobert!«
Octavia hielt erschrocken inne. Ihr Bruder streckte ihr lächelnd die rechte Hand entgegen. Nervös, ohne jedoch ihren Blick von Marcus Agrippa abzuwenden, übergab sie ihm das schwere Bündel. Dann beeilte sie sich, fortzukommen. Sie versteckte sich verlegen hinter den Rockschößen ihrer Mutter. Die beiden jungen Männer blinzelten sich wissend zu.
Octavius warf sein Gepäck auf den Rücken seines Pferdes und zurrte es mit ein paar Handgriffen fest. Dann überprüfte er den Sattelgurt, ging noch einmal zu seiner Mutter und seiner Schwester hinüber und umarmte erst die eine, dann die andere. Niemand sprach mehr ein Wort. Es war ja alles gesagt. Worauf es jetzt ankam, war, noch einmal die innere Verbundenheit zu spüren, die Liebe, die sie füreinander empfanden. Schließlich, nach einer halben Ewigkeit, riss sich Octavius los, nahm Anlauf und sprang halsbrecherisch auf sein Pferd, das Agrippa inzwischen losgebunden hatte. Diese plötzliche Anstrengung verursachte zwar einen kurzen Hustenanfall, aber jetzt kümmerte er sich nicht mehr darum, sondern gab seinem Gaul die Sporen. Agrippa tat es ihm nach. Nach einer Viertelmeile drehte sich Octavius noch einmal um. Seine Mutter und seine Schwester standen nach wie vor in der offenen Haustür und aus ihrer Haltung konnte er schließen, dass beide bitterlich weinten. Er winkte ihnen ein letztes Mal, wandte sich dann ab, blickte nach vorn und deutete auf einen Hügel: »Wer ihn wohl von uns beiden als Erster erreicht ...?«
Marcus Agrippa trat seinem Hengst sofort in die Flanken. Gemeinsam preschten sie im Galopp über den

fruchtbaren Ackerboden Kampaniens. Agrippas Pferd hatte jedoch mehr zu bieten; außerdem war er der bessere Reiter. Octavius erreichte das Ziel erst kurz nach seinem Freund. Unter ihnen, in ein paar Meilen Entfernung, sahen sie nun die Via Appia, die sich ihrem Ziel wie ein helles Band durch die Landschaft entgegenschlängelte: Das Ziel hieß Rom, die größte Stadt der Welt.

»Was wird aus der Stadt berichtet?«, keuchte Marcus Agrippa, der schon eine ganze Weile nicht mehr in Rom gewesen war. Er hatte sich aus seiner Heimat Dalmacia auf den Weg zu Octavius gemacht, nachdem der ihm die Einladung zur Reise nach Spanien per Kurier gesandt hatte.

»Caesar hat Marcus Antonius als Konsul abgesetzt und durch Aemilius Lepidus ersetzt«, antwortete Octavius.

»Marcus Antonius abgesetzt?«, fragte Agrippa erstaunt.

»Ja«, nickte Octavius. »Du erinnerst dich an die Sozialreformen, die Caesar angekündigt hatte? Den Schuldenerlass?« Agrippa zuckte mit den Schultern. »Nun«, fuhr Octavius fort, »der Bürgerkrieg hat seine Vorhaben verzögert. Die Staatskasse ist leer, und die Menschen sind unruhig. Wegen der hohen Mieten und wegen des nicht durchgeführten Schuldenerlasses ist es zu einigen blutigen Erhebungen gekommen. Deshalb sind auch wir vorübergehend nach Nola gegangen.«

»Ich verstehe. Aber der große Marcus Antonius …?«

»… war nicht in der Lage, zwischen dem Volk und dem Senat zu vermitteln. Er hat sich leider nur auf sein Schwert verlassen.«

Marcus Agrippa nickte.

»Marcus Antonius hat es Caesars Meinung nach ein wenig übertrieben!«, fuhr Octavius sarkastisch fort und ließ sein Pferd in einen leichten Trab fallen. »Er ist einfach kein Diplomat. Im Übrigen zählt mein Onkel zu den am höchsten verschuldeten Bürgern Roms – der Erlass hätte ihm mit Sicherheit am meisten genützt!«

»Krieg ist eben teuer!«, warf Marcus Agrippa ein.

»Deshalb will Caesar ja jetzt auch die Entscheidung in Spanien!«

»Und wir sind dabei!«, rief Marcus Agrippa.

»Ja«, sagte Octavius, und es klang tatsächlich ein wenig feierlich. »Wir werden ganz bestimmt dabei sein!«

Sie erreichten die Hauptstadt kurz vor Sonnenuntergang.

Marcus Agrippa kam aus dem Staunen nicht mehr heraus. Rom schien schon wieder um ein großes Stück gewachsen zu sein. Sogar vor der gewaltigen, drei Meter hohen Stadtmauer aus Tuffstein waren inzwischen größere Siedlungen aus befestigten Häusern entstanden. Auch die Insulae[3] waren höher geworden: Marcus Agrippa zählte staunend bis zu zehn Etagen, und aus tausenden von Kaminen quoll schwarzer Rauch, der einem die Tränen in die Augen trieb und zusammen mit dem Dampf und dem Qualm aus den zahllosen offenen Garküchen einen unbeschreiblichen Gestank erzeugte. Aber aus Erfahrung wussten beide, dass sich die menschliche Nase recht schnell daran gewöhnte.

Vor dem Stadttor herrschte ein unbeschreibliches Durcheinander von Menschen, Tieren und Wagen. Die Luft war erfüllt vom Gebrüll der Händler, Bauern und Hirten, vom Gekeife und Gekreische der Frauen und

[3] Insulae = Mietshäuser. Im Erdgeschoss befanden sich Geschäfte, darüber hatten einfachere Bürger ihre Wohnungen. Je weniger Geld eine Familie besaß, desto höher wohnte sie.

Kinder, vom Gebell der Hunde und dem Blöken einiger Schafherden.

»Ich habe dir doch nicht zu viel versprochen?«, lachte Octavius. »Morgen früh sollen wir mit einer eigenen Eskorte aufbrechen. Doch heute Nacht werde ich dir die größte Stadt der Welt zeigen! Du wirst Rom ganz neu kennen lernen müssen … Platz da! Macht gefälligst Platz – aus dem Weg!«

Rücksichtslos trieb Octavius sein Pferd durch das Gewühl voran. Agrippa folgte ihm. Da fiel plötzlich ein Mann kopfüber in den Matsch, da jaulte ein gequälter Hund auf, den sein Pferd mit einem Hufschlag durch die Luft befördert hatte. Aber es erhob sich keine laute Stimme, es regte sich kein Widerspruch oder Protest gegen die beiden Reiter. Denn ihrer Kleidung und ihrem Auftreten nach zu urteilen, handelte es sich um hoch gestellte Persönlichkeiten, mit denen man sich besser nicht anlegte. Solange dieses Denken funktioniert, dachte Octavius, ist es noch ein weiter Weg zur Republik. Doch eigentlich war ihm das nur recht.

Mit einer herrischen Geste überreichte er dem wachhabenden Mann am Stadttor seinen Passierschein, der mit dem Siegel des Imperators versehen war. Der Soldat schluckte, nahm augenblicklich Haltung an und wies dann brüllend seine Kameraden an, *sofort* das Stadttor zu öffnen.

»Du kennst den Weg?«, fragte der Soldat freundlich und reichte Octavius den Passierschein zurück.

Der Neffe des Imperators nickte. Die beiden Legionen, die letzte Einsatzreserve Caesars, hatten ihre Lager neben dem gigantischen Marsfeld in der Tiberschleife aufgeschlagen; dort, wo das römische Heer für gewöhnlich seine Manöver abhielt.

Sie grüßten den Wachhabenden und ritten in die Stadt hinein. Hinter ihnen rasselte das Stadttor sogleich wieder hinunter – denn in diesen unruhigen Zeiten blieb Rom für die meisten Nichtrömer geschlossen.
Eine Stunde später, die Dunkelheit war bereits hereingebrochen, erreichten sie das Hauptquartier des Legionskommandanten. Sie waren froh, endlich aus dem Sattel zu kommen. Octavius verzog das Gesicht: So wie sich sein Hinterteil anfühlte, hatte er sich einen Wolf geritten.
Für ihn war es immer wieder ein verblüffendes Erlebnis, festzustellen, mit welcher Präzision eine römische Legion ihr Lager anlegte. Das Areal für die rund 6.500 Soldaten und Hilfskräfte sowie die etwa 1.200 Tiere, die zu solch einem Truppenteil gehörten, hatte stets eine Länge von 405 Schritten, eine Breite von 305 Schritten und wurde nach einem festen Schema aufgebaut: Um das Lager herum hatten die Legionäre einen Spitzgraben ausgehoben, der vier Fuß tief und sieben Fuß breit war. Den Erdaushub hatten sie an der Innenseite zu einem Wall aufgeworfen, der zusätzlich mit einer Palisade aus spitzen Holzpfählen bestückt wurde. Der freie Raum zwischen diesem Wall und der äußersten Reihe der Zeltunterkünfte betrug genau 200 Fuß. An allen vier Ecken des Lagers stand jeweils ein befestigter Wehr- und Beobachtungsturm aus Holz.
Das Lager wurde von zwei breiten Hauptstraßen durchschnitten, der Via Praetoria, die von Norden nach Süden führte, und der Via Principalis, die von Westen nach Osten herüberreichte. Den Punkt, wo sich die beiden Straßen kreuzten, nannte man den Locus Gromae. An diesem Ort hatte man das Vermessungsgerät zum exakten rechtwinkligen Aufbau des Lagers aufgebaut. Direkt daneben befand sich das Praetorium, das Hauptquartier.

Die Mannschaftsunterkünfte waren ebenfalls in Rechtecke aufgeteilt. Überall brannten kleine Feuer, an denen sich die Legionäre – bei denen es sich ausschließlich um römische Staatsbürger handelte – wärmten. Es war kühl geworden.

Ein Centurio erschien im Eingang des Praetoriums. Von einem gemeinen Legionär unterschied er sich durch seine metallenen Beinschienen, einen quer sitzenden Rosshaarbusch auf dem Helm und einen kleinen Weinrebenstock. Er befehligte eine Centurie; eine Kampfeinheit, die aus exakt 80 Legionären bestand.

Der Centurio stellte sich ihnen als Lucius Tutilius vor. Er war der Primipilus des Lagers; das hieß, er war der ranghöchste Kompaniechef, Hauptmann der ersten Centurie der ersten Kohorte. Tutilius war ein muskulöser, gleichzeitig aber auch drahtig wirkender Mann, der seinen Narben nach zu urteilen ein kampferprobter Soldat war. Trotzdem hatte er ein freundliches, sympathisches Gesicht, in dem ein Paar wache Augen funkelten.

Er überflog rasch das Beglaubigungsschreiben, gab es Octavius zurück und hieß dann die beiden Neuankömmlinge mit militärischem Gruß willkommen.

»Ich habe unter deinem Onkel Caesar bereits in Gallien gedient«, sagte der Centurio bescheiden.

»Und jetzt jagt er in Spanien die Pompeianer«, antwortete Octavius.

»So geht denn eure Reise auch durch feindliches Gebiet. Das ist leider nicht ganz ungefährlich – ihr werdet von meiner Centurie eskortiert werden!«

»Caesars Glück wird uns schützen«, entgegnete Octavius im Brustton der Überzeugung. Er war überrascht, dass ihm sein Onkel eine Leibwache zur Verfügung stellte.

Der erfahrene Centurio lächelte. »Wir werden in der

Morgendämmerung nach Ostia aufbrechen. Ihr solltet euch ausruhen. In meinem Zelt habe ich für euch ein Lager herrichten lassen. Kommt mit …!«

»Vielen Dank, Lucius Tutilius«, antwortete Octavius, »aber eigentlich möchte ich meinem Freund Marcus Agrippa die Stadt zeigen – nun ja, wenigstens einen kleinen Teil davon. Das neue Rom!«

»Das neue Rom?«, wunderte sich der Centurio. »Ja, in der Nacht treibt sich neuerdings viel Gesindel auf den Straßen herum.«

»Ich denke, Marcus Antonius ist für die Sicherheit der Bürger verantwortlich«, warf Agrippa ein, und Octavius ergänzte: »Sind Caesars Feinde in Rom denn nicht alle besiegt?«

In diesem Moment ritt ein Soldat auf einem prachtvollen Pferd vorbei. Er brachte es abrupt zum Stehen. Lucius Tutilius erstarrte und nahm sofort Haltung an. Octavius und Agrippa wunderten sich, denn der Reiter trug trotz der kühlen Temperatur lediglich eine schlichte, kurze Tunika. Doch noch mehr waren die beiden jungen Männer von den überaus muskulösen Oberarmen des Fremden beeindruckt, der sich jetzt zu ihnen hinunterbeugte und in herablassendem Ton sagte: »Caesar hat seine Feinde in der Tat besiegt, aber er schont sie – und sie danken ihm seine Milde mit Verschwörung!«

Octavius fühlte Zorn in sich aufsteigen. Der arrogante Ton des Soldaten missfiel ihm.

»Caesar ist ein großer Feldherr!«, rief er »Und ich – ich bin sein Neffe!«

»Ach ja?«, fragte der Soldat zurück, wobei er spöttisch lächelte. »Also gut ›Neffe‹, dann will ich dir mal was sagen: Dieser Bürgerkrieg ist noch lange nicht entschieden - und er wird es auch nicht sein, bevor Caesars Feinde nicht alle tot sind.« Er beugte sich noch tiefer vom Pferd herunter, so dass seine scharf geschnittene Nase dem Gesicht des Jungen ganz nahe kam. »Richte dies bitte deinem ›Onkel Julius‹ aus, wenn du ihn treffen solltest – sag ihm, dass ihm seine Milde hier auf Dauer nicht gut bekommen wird!« Er lachte auf und gab seinem Pferd die Sporen.

Octavius sah dem fremden Reiter wütend hinterher. »Wer war das?«, wollte er wissen.

»Das war Marcus Antonius«, antwortete der Centurio leise.

»Marcus Antonius!«, stöhnte Agrippa und schlug sich mit der flachen Hand an die Stirn.

Auch Octavius zuckte zusammen, denn er hatte den ehemaligen Konsul nicht erkannt. Beim Jupiter – dies war ihm jetzt schrecklich unangenehm.

»Du kannst von Glück sagen, dass dein Kopf noch auf deinen Schultern sitzt«, meinte Tutilius lächelnd und wandte sich zum Gehen.

Octavius aber wollte sich nicht damit abfinden, dass er seinen Wunsch, mit Marcus Agrippa noch ein wenig durch die Straßen zu ziehen, nicht durchsetzen konnte.

»Centurio!«, rief er in flehendem Ton. »wenn wir morgen in aller Frühe abreiten, wird keine Zeit mehr sein, meinem Freund die Stadt zu zeigen, so wie sie sich ihm jetzt darbietet! Wir werden nur auf den Hauptstraßen bleiben. Versprochen!«

Tutilius drehte sich um und ging auf Octavius zu. Er runzelte missbilligend die Stirn, doch schließlich gab er resignierend nach. »Ich kann Caesars Neffen wohl keine Befehle erteilen!«, sagte er augenzwinkernd. Octavius und Agrippa stießen sich freudestrahlend an.

Kaum dass sie in das Straßengewirr der Hauptstadt eingetaucht waren, war ihre Müdigkeit verflogen. Und sie verschwendeten auch keinen einzigen Gedanken daran, dass sie in wenigen Stunden schon wieder auf ihren Pferden sitzen würden, wobei die Reise, die vor ihnen lag, um ein Vielfaches länger war. Denn sie waren jung und neugierig – und da durfte man eben auch mal über die Stränge schlagen.

Nachdem sie ungefähr zwei Meilen kreuz und quer durch die Stadt geschlendert waren, aßen sie an einer der vielen offenen Garküchen, die ihnen einigermaßen vertrauenerweckend erschien, jeder eine Schüssel *Puls* mit eingesalzenem Fisch und Oliven. Dieser nahrhafte Getreidebrei wurde erst genießbar, nachdem sie einen ordentlichen Schuss Garum darüber geschüttet hatten. Eher würde ein Römer seine ehelichen Pflichten vergessen, als die höllisch scharfe Sauce aus Tomaten und roten Pfefferschoten, die man für gewöhnlich in einer winzigen Amphore mit sich trug. Das anschließende Feuer auf ihren Gaumen löschten sie dann mit rotem Wein von der Insel Sicilia. Gegen seine Gewohnheit trank Octavius gleich vier Becher schnell hintereinander und genoss die angenehme Wärme, die sich kurz darauf in seinem Körper ausbreitete.

Obwohl es bereits ziemlich spät war und immer kälter wurde, drängten sich noch viele Menschen in den Straßen. Doch Octavius und Agrippa konnten sich nicht daran erinnern, dass sie in Rom jemals so viele Bettler auf einem Fleck gesehen hatten. Der Centurio hatte Recht gehabt: Ganze Familien, gekleidet in Lumpen, schienen ziellos durch die Stadt zu irren, dauernd streckten sich den beiden jungen Männern fordernde Hände entgegen. Allmählich ging ihnen das Kleingeld

aus. Und erst jetzt fiel ihnen auch auf, dass gut die Hälfte aller Geschäfte und Schänken geschlossen waren.
»Mir kommt es vor, als wäre Rom seit unserem letzten Aufenthalt irgendwie düsterer geworden«, bemerkte Octavius.
»Ich jedenfalls hörte bisher kaum ein Lachen«, antwortete Agrippa ernst. »Die meisten Menschen haben sauertöpfische Gesichter!« Er trank seinen Wein aus und setzte ein schiefes Grinsen auf. »Mir scheint, sogar die Huren haben sich zurückgezogen. Wie ist es – sollten wir nicht doch lieber ins Lager zurückgehen?«
Octavius sah sich um und hob die Schultern. Er war unschlüssig. Zwar hätte er sich liebend gerne noch in eine gut geheizte Schänke gesetzt, für ein kleines Würfelspiel, auf das er in Nola mangels Gegnern hatte verzichten müssen. Andererseits wäre es wirklich vernünftiger gewesen, dem Vorschlag seines Freundes zu folgen und sich ein wenig aufs Ohr zu legen. Während er noch überlegte, näherte sich ihm ein weiterer Bettler und streckte bittend die Hand nach ihm aus. Der Mann, der sich in Begleitung zweier kleiner, dünner schmutziger Mädchen befand, war entsetzlich abgemagert. Aber Octavius bemerkte sofort, dass in den Augen dieses Mannes etwas leuchtete, was er am besten mit dem Wort ›Stolz‹ beschreiben konnte.
»Gebt uns etwas Geld, ihr Herren, damit wir essen können. Helft uns bitte!«, sagte der Bettler.
Agrippa suchte nach einer Münze, fand aber keine und sah seinen Freund Hilfe suchend an. Octavius ergriff plötzlich die Hand des Bettlers und hielt sie fest. Der Mann erschrak.
»Das ist nicht die weiche Hand eines bettelnden Faulenzers«, sagte Octavius. »Diese Hand ist hart und voller

Schwielen. Und das rührt bestimmt nicht von der Bettelei her!«
Der Mann richtete sich auf und sah ihm furchtlos in die Augen. »Glaub mir, ich verachte mich selbst dafür«, erwiderte er mit erstaunlich fester Stimme. »Du sollst wissen, dass ich noch bis vor kurzem einen Hof besaß ... in Kampanien!«
Octavius ließ die Hand des Bettlers los und verschränkte die Arme vor seiner Brust. Er wollte die Geschichte dieses Mannes hören und nickte ihm aufmunternd zu.
Der Bettler räusperte sich. »Ich habe wirklich hart gearbeitet. Doch die Nobiles – verzeih mir, aber sie haben nun einmal das Sagen, jetzt wo Caesar in der Fremde kämpft – haben mir mein Land geraubt. Aber meine Familie, meine Kinder müssen doch etwas essen! Deswegen betteln wir jetzt um Almosen!«
»Du bist ein Veteran, wie ich sehen kann?«
Der Mann nickte. »Zwanzig Jahre habe ich in der Legion gedient.«
Octavius zog rasch einen kleinen Lederbeutel unter seiner Tunika hervor, holte Münzen im Wert von 100 Sesterzen heraus und legte sie dem Bettler in die offene Hand. Der Mann konnte zunächst nicht glauben, was er sah. Gleichzeitig schien er sehr beschämt zu sein.
»Nimm es!«, befahl Octavius. »Und sieh dich vor, dass dich niemand bestiehlt!«
Langsam schloss sich die Hand über dem goldenen Schatz. »Danke«, sagte der Bettler. »Du bist sehr gütig. Hab Dank!« Er drehte sich um und entfernte sich rasch, ohne sich noch einmal umzusehen. Dabei zog er seine beiden Töchter hinter sich her.
Agrippa schüttelte den Kopf – und auch Octavius hatte plötzlich keine Lust mehr, sich zu vergnügen. »Lass uns

ins Lager zurückkehren«, sagte er bedrückt und zeigte auf eine schmale Gasse. »Am besten dort entlang – das ist eine Abkürzung.«
Eine halbe Stunde später stellten sie jedoch fest, dass sich Octavius geirrt und den falschen Weg eingeschlagen hatte. In dieser Gegend brannten kaum Fackeln, mit denen die Straßen erleuchtet wurden. Dafür trieben sich massenhaft streunende Hunde, Katzen, Ratten, aber auch jede Menge zwielichtiger Gestalten in den Straßen herum. Agrippa fluchte, weil er sein Schwert im Lager gelassen hatte.
Octavius blickte sich unsicher um. Er hatte das Gefühl, dass sie von irgendjemandem verfolgt wurden. Auf einmal schepperte es neben ihnen auf dem harten Kopfsteinpflaster. Erschreckt sprangen Octavius und Agrippa zur Seite. Übelster Kloakengestank stieg auf.
»Ist etwa der Krieg auch daran schuld, dass die Menschen ihre vollen Nachttöpfe aus dem Fenster werfen?«, fragte Agrippa und hielt sich demonstrativ einen Zipfel seiner Toga vor die Nase. »Wir sollten wirklich lieber zurückgehen.«
»Aber wohin zurück?«, fragte Octavius. Er hatte vollkommen die Orientierung verloren – und in diesen engen Häuserschluchten konnte er nirgendwo einen Anhaltspunkt entdecken. »Dann werden wir es machen wie in einem Labyrinth. Wir werden uns einfach immer nach links bewegen!«
Agrippa nickte entschlossen und marschierte sofort los. Aber sehr schnell mussten sie einsehen, dass sie dieser Vorschlag ebenfalls nicht aus dem Gewirr der Gassen herausführen würde. Als sie dann um eine weitere Ecke bogen, wäre Octavius beinahe in eine Frau hineingelaufen, die ihm mit verhülltem und gesenktem Kopf ent-

gegeneilte. Sie sah ihn offenkundig zu spät und stolperte, als sie versuchte, ihm auszuweichen.

»Entschuldigung!«, murmelte sie und wollte schon weitereilen, aber dann bemerkte sie, dass die beiden fremden jungen Männer kultiviert gekleidet waren. So wagte sie einen kurzen, neugierigen Blick. Später würde ihm Marcus Agrippa erzählen, dass er genau in diesem Moment vom Blitz getroffen worden war: Zwar hatte Octavius nur wenige Augenblicke lang in ihr Gesicht sehen können, aber das hatte bereits genügt, um sich unsterblich in sie zu verlieben.

Das Mädchen war kaum älter als er selbst, hatte sich sorgfältig zurechtgemacht und war ebenfalls teuer gekleidet. Sie schien weder eine Marketenderin zu sein, noch eine Sklavin. Was hatte sie nur in diesem entsetzlichen Viertel zu suchen? Doch noch ehe Octavius sie ansprechen konnte, wich sie ihm aus und setzte ihren Weg fort.

»He, mein Freund!«, rief Agrippa lachend. »Ich glaube, sie hat dich verhext!«

»Hast du sie etwa nicht gesehen?«, fragte Octavius fassungslos zurück.

»Doch. Ganz hübsch.«

»Hübsch? – Ich bitte dich, Marcus Agrippa: Sie war das schönste Geschöpf, das ich jemals erblickt habe!«

»Und warum treibt sie sich dann nachts allein auf der Straße herum?«

Sie wandten sich nach ihr um und blickten die lange Gasse hinunter.

»Jetzt ist sie allerdings nicht mehr allein!«, bemerkte Octavius mit zitternder Stimme.

»Was geschieht denn da?« Agrippa griff an seine linke Hüfte und fluchte erneut darüber, dass er sich unbewaffnet auf den Weg in die Stadt gemacht hatte. Denn am Ende der Gasse sahen sie, wie das junge Mädchen von mehreren dunklen Gestalten umringt wurde, die sie langsam an eine Hauswand drängten. Einer der Kerle riss ihr das Tuch hinunter, mit dem sie ihr Gesicht verhüllt hatte. Ein Schrei ertönte, und sofort danach hörten Octavius und Agrippa das kehlige Grunzen und Lachen betrunkener Männer. Sie zögerten keinen Augenblick.

Die Männer waren so mit ihrem Opfer beschäftigt, dass sie nichts von der Gefahr ahnten, die sich ihnen im Laufschritt näherte. Einer der Kerle hatte das Mädchen inzwischen zu Boden geschleudert und sich über sie geworfen. Seine Kumpane lachten, als er seine dreckverkrustete Tunika öffnete und gleichzeitig brutal versuchte, die Toga des Mädchens hochzuschieben. Sie wimmerte in Todesangst.

Octavius schrie erst, als er zum Sprung ansetzte. Wie ein Stier stieß er den um einiges massigeren Kerl von dem Mädchen hinunter und lag schon im nächsten Augenblick über ihm. Doch er spürte sofort, dass er einen erfahrenen und starken Gegner hatte. Noch ehe ihm Octavius die Nase brechen oder wenigstens das Knie in die Hoden rammen konnte, wurde er in die Hohe gehoben und gegen die Hauswand geworfen. Dann traf ihn ein gemeiner Tritt in die Nieren. Octavius sackte stöhnend in sich zusammen.

Agrippa hatte im Laufen eine brennende Fackel aus einer Wandhalterung gerissen. Er stand nun alleine einem halben Dutzend Männer gegenüber, von denen zwei inzwischen ihre Dolche gezückt hatten. Und auch wenn er aus den Augenwinkeln heraus sah, dass sich Octavius mit schmerzverzerrtem Gesicht langsam aufrappelte, wusste Agrippa, dass ihn jetzt nur noch ein Wunder retten konnte. Angriff war jedoch in solch einer Situation die beste Verteidigung. Er sprang vor und versetzte einem der Burschen, der sich zu nah an ihn herangewagt hatte, mit der Fackel einen Streich auf den Kopf. Der Kerl jaulte auf, als seine Haare Feuer fingen. Einer seiner Kumpane versuchte die Flammen mit bloßen Händen zu löschen. Ihm zog Agrippa die brennende Fackel einmal quer über das Gesicht. Nun wälzten sich zwar zwei der Männer kampfunfähig am Boden, aber damit blieben es immer noch vier, die ihm ans Leder wollten. Lange würde er sie sich nicht mehr vom Leib halten können.

Gegenüber war das Mädchen inzwischen auf die Knie gekommen. Verstört blickte sie sich um. Octavius zog sie hoch und brüllte: »Lauf!«

Sie zögerte einen Augenblick, dann riss sie sich von ihm los und rannte davon.

Die vier Angreifer zögerten. Sie waren vom Mut des Fackelträgers beeindruckt. Ohne lange zu überlegen, stürzte sich Octavius von hinten auf die Übermacht. Aber auch sein zweiter Versuch endete mit einer schmerzhaften Landung auf dem Straßenpflaster. Dann erlosch zu allem Unglück auch noch die Fackel. Wenige Augenblicke später lagen die Freunde nebeneinander bäuchlings auf dem Boden, einen Dolch am Hals, unfähig, sich zu bewegen. Octavius schloss die Augen. Er hörte, wie Agrippa neben ihm angestrengt atmete. Einer der Kerle knurrte: »Los, durchsucht sie, stecht sie ab, und werft sie in den Tiber.«

Im nächsten Augenblick brach die Hölle über sie herein. Schmerzensschreie gellten durch die Nacht, gefolgt von den schmatzenden Geräuschen scharfer Klingen, die sich mühelos ihren Weg durch Muskeln, Sehnen und Knochen bahnten. Octavius fühlte, wie er von einer unbekannten Kraft auf die Beine gestellt und an eine Hauswand gelehnt wurde. Er öffnete die Augen. Wie durch einen Schleier nahm er wahr, dass die enge Gasse plötzlich von Soldaten wimmelte. Einer der Ganoven kniete auf dem Straßenpflaster und flehte um Gnade, aber schon im nächsten Moment rammte ihm ein Legionär sein *Pilum* durch den Hals, und das Blut sprudelte aus ihm heraus wie ein Springbrunnen.

»Alles in Ordnung?«, fragte eine Stimme neben ihm. Octavius wandte sich um und sah in das Gesicht seines Freundes. »Oder bist du verletzt?«

»Nein, Marcus – es geht mir gut!«

Dann war der Spuk vorüber. Mit Grausen bemerkte Octavius, dass neben ihm eine abgeschlagene Hand auf der Erde lag. Sogleich musste er würgen. Lucius Tutilius packte ihn an seiner Toga und zog ihn ein paar Schritte fort. Agrippa folgte ihnen.

»Entschuldige bitte, dass ich euch heimlich gefolgt bin. Aber Caesar hätte bestimmt darauf bestanden!«, sagte der Centurio.

Octavius lächelte erleichtert. »Ave Caesar!«, rief er und drückte dem Soldaten dankbar die Hand.

Agrippa warf einen Blick auf das Schlachtfeld, auf dem sechs tote Männer lagen. »Wo ist das Mädchen?«, fragte er.

»Das Mädchen?«, stutzte Tutilius.

»Ja!«, schrie Octavius plötzlich und stürzte in die Richtung davon, in die sie davongerannt war.

»Welches Mädchen?«, fragte der Centurio erneut, aber Marcus Agrippa brachte als Antwort nur ein breites Grinsen zustande und zuckte mit den Schultern.

Wenn er sie finden würde, sagte sich Octavius, dann hätten es die Götter so gewollt. Wenn – denn die Gassen waren menschenleer. Wohin mochte sie nur gerannt sein? Er stand auf einer Kreuzung und musste sich entscheiden. Nach links oder nach rechts? Oder war sie vielleicht doch nur ein paar Schritte weiter gerannt, um die nächste Ecke? Hielt sie sich vielleicht in irgendeinem Hauseingang versteckt? Octavius ließ enttäuscht den Kopf hängen und begann den Rückweg anzutreten. Schade – er würde sie wahrscheinlich nie mehr wiedersehen.

»Danke!«, sagte das Mädchen plötzlich. Sie stand direkt neben ihm.

Octavius wirbelte herum. Sie hatte sich in einem dunklen Toreingang verborgen und trat nun zwei Schritte vor. In diesem Moment riss die dünne Wolkendecke über der Stadt auf. Das fahle Licht des Mondes ließ sie wunderschön aussehen. Ihre blonden Haare schimmerten geheimnisvoll. Sie kräuselten sich ein wenig in der leichten Brise.

»Du hast mich gerettet! Mein Leben!«, flüsterte sie.

Octavius wusste nicht, was er sagen sollte. Ihr Anblick ließ ihm die Stimme versagen. »Wer bist du?«, presste er schließlich hervor.

»Nein«, antwortete sie. »Wer bist du? Du und dein Freund – ihr seid jedenfalls nicht aus Rom.«

»Doch, das heißt: Nein – wir waren schon einmal für längere Zeit in Rom, und ich bin auch hier geboren. Jetzt sind wir auf dem Weg zu meinem Onkel, um an seiner Seite zu kämpfen!«

Das Mädchen lächelte. »Dein Onkel kann froh sein, so tapfere Soldaten an seiner Seite zu haben! Ich heiße Livia Drusilla.«

Octavius war überwältigt. Sie hatte ihn einen ›tapferen Soldaten‹ genannt!

»Und gegen wen werdet ihr kämpfen?«
»Gegen die Pompeianer. In Spanien«, antwortete Octavius.
Ihre Miene veränderte sich vom einen auf den anderen Augenblick. »Gegen Sextus Pompeius und seine Brüder?«, sagte sie und wich unmerklich von Octavius zurück. »Verrate mir: Wer ist dein Onkel?«
»Julius Caesar!«, trompetete Octavius stolz heraus.
»Caesar!« Ihre Stimme war kalt wie Eis. »Dann tust du mir Leid!« Octavius starrte sie fassungslos an. »Du zweifelst an meinen Worten?«, fragte sie provozierend. »Dann hör mir zu: Julius Caesar ist ein Kriegshetzer, der Rom in den Ruin getrieben hat. Ich weiß, wovon ich spreche. Meine Familie stammt aus der Schicht der Nobiles – und Caesar ist unser erbitterter Feind! Gute Nacht, ›Neffe‹!«
Livia Drusilla warf ihm einen verächtlichen Blick zu und wandte sich zum Gehen. Octavius wollte sie festhalten. Da drehte sie sich wie eine Furie zu ihm um und schlug ihm ohne Vorwarnung ins Gesicht. Die Ohrfeige tat zwar nicht besonders weh, aber sie erfüllte ihren Zweck: Octavius erstarrte, wie vom Donner gerührt. Unfähig, etwas zu sagen, starrte er ihr nach, bis sie um die nächste Häuserecke verschwunden war.
Livia Drusilla! Diesen Namen wollte er sich merken. Und obwohl ihm solch eine Schmach zum ersten Mal in seinem Leben widerfahren war, beschloss Octavius, dass dieses ebenso rabiate wie hübsche Wesen ein hervorragender Grund war, möglichst rasch nach Rom zurückzukehren.

Kapitel II

Wäre es nach Marcus Agrippa gegangen, dann hätte Octavius in ein Bett, mindestens jedoch unter ein schützendes Dach gehört – doch auf keinen Fall hierher, ins verregnete Hispania. Nach einer mehrtägigen Seereise mit einer schnellen Galeere über das Mittelmeer, von Ostia nach Massilia, lagen nun bereits über vier Wochen entbehrungsreicher Gewaltmärsche hinter den beiden Freunden und der Centurie des Lucius Tutilius, die ihnen als Schutztruppe diente. Am Tag hatten sie durchschnittlich 40 bis 50 Meilen zurückgelegt, immer an der Mittelmeerküste entlang, wobei Octavius und Marcus den Soldaten gegenüber den Vorteil genossen, reiten zu können.

Vor vier Tagen aber war Octavius noch vor Sonnenaufgang mit einem dumpfen Schmerz in der linken Seite aufgewacht. Der Schmerz saß genau da, wo ihn der Tritt des Ganoven in der dunklen römischen Gasse getroffen hatte. Kurz darauf hatte er über starken Harndrang geklagt, wenig später jedoch über das genaue Gegenteil – dass er plötzlich kein Wasser mehr lassen konnte. Zwei Stunden später war es ihm dann so vorgekommen, als müsste er platzen. Die Blase drückte, die Harnröhre brannte wie Feuer, und der Schmerz in der linken Niere hatte sich zu einem Orkan gesteigert, der durch seine gesamten Eingeweide tobte. Als er nach vielen qualvollen Stunden endlich ein paar Tropfen Urin verloren hatte, war er furchtbar erschrocken gewesen, denn er fand Blut darin. Und dann war das Fieber gekommen.

Zum Glück hatte sich der Medicus der Centurie als erfahrener Heilkundiger entpuppt. Er hatte sofort einen

Stein vermutet und Octavius geraten, literweise *Posca* zu trinken, den jungen, sauren Wein, der üblicherweise mit Wasser verdünnt wurde und zur Marschverpflegung der Legionen gehörte.

Der Centurio wiederum hatte kurzerhand den Eselskarren eines zufällig vorbeikommenden Bauern konfisziert, seinen Schutzbefohlenen auf Stroh gebettet und in wärmende Decken gehüllt. »Das Rütteln des Karrens könnte deine Steine lockern, Octavius«, hatte der Medicus gemeint. »Der Wein wird sie dann auf natürlichem Weg hinausschwemmen – allerdings nur, wenn sie nicht zu groß sind!« Niemals hätte er es gewagt, den Neffen Caesars hier, mitten im unwegsamen Bergland, mit dem klassischen Steinschnitt durch Rektum und Darm in die Blase von den Plagegeistern zu befreien.

Von ihrem Marsch hatte Octavius deshalb in den letzten Tagen kaum etwas mitbekommen. Er hatte brav den Wein in sich hineinlaufen lassen und war entsprechend sturzbetrunken. Aber die Behandlung hatte angeschlagen. Das Fieber war inzwischen etwas heruntergegangen, er konnte sogar fast schmerzfrei sein Wasser abschlagen, wobei der Urin praktisch farblos geworden war – und dies alles genau zum richtigen Zeitpunkt, wo die zerlumpte Marschkolonne doch in der Ferne nun bereits den Rauch von Lagerfeuern aufsteigen sah. Kein Zweifel, dachte Marcus Agrippa, die Götter waren mit ihm.

Am frühen Nachmittag des 16. März 45 v. Chr. erreichten sie endlich Munda. Octavius fühlte sich noch sehr schwach. Er schlief fest auf seinem provisorischen Krankenlager. Marcus Agrippa und Lucius Tutilius waren gemeinsam auf Agrippas Pferd auf die Kuppe eines Hügels geritten, um sich von dort oben einen genauen

Überblick zu verschaffen, nicht aus Versehen den Stellungen des Feindes zu nahe zu kommen oder gar einem Spähtrupp der Pompeianer in die Arme zu laufen. Denn auch die tapferen Legionäre des Lucius Tutilius waren nach den Strapazen der vergangenen Wochen im Grunde viel zu müde, um sich guten Gewissens auf ein Scharmützel einlassen zu können.

Den beiden Männern bot sich ein atemberaubendes Bild: Die feindlichen Heere hatten in einem Abstand von ungefähr einer Meile befestigte Lager errichtet. Allerdings zählten sie auf Seiten der Pompeianer 13 Legionen, denen lediglich acht Legionen Julius Caesars gegenüberstanden. Immerhin, ein wenig beruhigend war die Tatsache, dass die Truppen des Imperators über ein großes Arsenal an schweren Waffen verfügten; Pfeilgeschütze und Steinschleudern, die von den Hilfskräften gerade in Stellung gebracht wurden. Das Schreien der Maultiere und das Gebrüll der Waffenmeister wurde vom Wind bis zu ihnen herauf auf die Kuppe getragen. Gleichzeitig sahen Agrippa und Tutilius, dass in Dutzenden von offenen Waffenschmieden die Funken nur so stoben, während im Lager der Pompeianer kaum Leben auszumachen war.

Marcus Agrippa spürte ein Kribbeln im Bauch. Die Schlacht um Rom stand offensichtlich kurz bevor. Er war aufgeregt, aber gleichzeitig überkam ihn auch eine gewisse Unsicherheit. Um nicht weiter nachdenken zu müssen, was ihn und seinen Freund dort unten auf dem Schlachtfeld schon bald erwarten würde, wendete er rasch seinen treuen Gaul und galoppierte den Hügel hinunter zu den wartenden Legionären. Octavius war inzwischen aufgewacht und rieb sich müde die blutunterlaufenen Augen.

»Wir sind da!«, rief Marcus Agrippa. »Dort hinter dem Hügel rüsten Caesars Legionen zur Schlacht!«
Tutilius ließ sich über die Hinterbacken des Pferdes auf den Boden gleiten, dann sprang Agrippa hinunter. Octavius nickte benommen, schüttelte den Kopf und verpasste sich schließlich selbst ein paar Ohrfeigen, um wach zu werden. Dann kletterte er langsam vom Karren hinunter, um jedoch schon im nächsten Moment mit dem Hintern in den Matsch zu fallen, wo er benommen sitzen blieb und sich geräuschvoll übergab. Tutilius und der Medicus wollten ihm aufhelfen, aber Octavius winkte ab: *Das* wollte er alleine schaffen – betrunken hin, krank her. Er spuckte aus und sammelte den Rest seiner Kräfte.
»Leg dich lieber wieder auf den Wagen!«, schlug Marcus Agrippa vor. Besorgnis war in seiner Stimme zu hören.
»Nein. Gib mir mein Schwert!«, entgegnete Octavius und begann, sich unendlich langsam am verdreckten Rad des Karrens hochzuziehen. Seine Kniegelenke knackten. Er musste erneut würgen, aber es kam nichts mehr. Als er nach einer halben Ewigkeit endlich auf den Füßen stand, keuchte er vor Anstrengung. Bäche von Schweiß strömten über sein blasses Gesicht. Er schwankte bedrohlich hin und her, aber letztendlich blieb er stehen und holte ein paar Mal tief Luft.
»Bist du verrückt? Sollen wir dich etwa tot bei Caesar abliefern?« Agrippa tauschte einen besorgten Blick mit dem Centurio.
Octavius lächelte schwach. »Das wäre wahrscheinlich nicht gut für euren Ruf. Aber jetzt gebt mir mein Schwert und meinen Gaul. Ich will Caesar nicht hinter einem Eselsarsch begrüßen!«
Tutilius, der Medicus und Agrippa lachten schallend. »Selber Eselsarsch!«, rief Agrippa – doch dann gürteten

sie Octavius sein Schwert um und hoben ihn mit vereinten Kräften auf sein Pferd.
Octavius hatte große Mühe, sich oben zu halten. So würde es sicherlich kein triumphaler Einzug für ihn werden, aber er hielt es allemal für besser, von einem Gaul hinunter vor die Füße Caesars zu fallen, als dem Imperator wie ein Sterbender auf einem Leichenkarren zu begegnen.

Am befestigten Eingang des Lagers wurden sie von Decimus Brutus empfangen, dem dienstältesten von insgesamt fünf Stabsoffizieren ritterlichen Geschlechts, die in Caesars Erster Legion die militärischen Führungsaufgaben übernahmen.
Octavius und Agrippa verabschiedeten sich von Lucius Tutilius und seiner Centurie, denen vom Lagerpräfekten sofort ein Platz für ihre Zelte angewiesen wurde. Die Freunde staunten über die perfekte Organisation, doch bei näherem Hinsehen fiel ihnen auf, dass Caesars Soldaten mindestens genau so erschöpft waren wie sie selbst nach ihrem gut 1.500 Meilen langen Marsch. Die Haare der Legionäre waren zu lang, die Bärte verfilzt, die Uniformen starrten vor Schmutz, und überdies schienen sie ziemlich abgemagert zu sein.
Octavius wäre liebend gern von seinem Pferd gestiegen, doch Decimus ritt mit ihnen wieder heraus aus dem Lager zu einem von zehn gewaltigen Torsionsgeschützen. Octavius erinnerte sich an das, was er in der Schule über diese furchterregende Waffe gelernt hatte: Die Sehne wurde zwischen zwei getrennten Spannarmen gespannt, die in verdrillten Seilbündeln stecken. Beim Spannen wirkten diese Arme als Knebel. Wenn der Schuss ausgelöst wurde, bewegte die Kraft der Seilbün-

del die Spannarme schlagartig nach vorn und der überdimensionale Pfeil flog gezielt – nicht geschleudert – dem Feind entgegen. Bei Belagerungen wurde das Geschütz mit übergroßen Pfeilen bestückt, gegen lebende Ziele wurden dagegen Steinkugeln verschossen ...

»Octavius!«, rief plötzlich eine freudig erregte Stimme und riss ihn aus seinen Gedanken. »Mein Neffe!«

Die Freunde stutzten: Der Mann, der ihnen da aus dem Graben heraus entgegenkletterte, eine Schaufel in der Hand, war niemand anderer als der große Feldherr selbst! Gaius Julius Caesar! Und er war genau so verdreckt wie seine Legionäre.

»Octavius!», rief der Imperator noch einmal und zog seinen Neffen ungestüm vom Pferd herunter, um ihn innig in die Arme zu schließen.

»Caesar gräbt?«, fragte Agrippa flüsternd.

Decimus nickte. »Er gräbt, er marschiert und er kämpft an der Seite seiner Soldaten. Es gibt nur einen Caesar!«, rief er laut und ließ seinen Blick über die Legionäre und Hilfskräfte schweifen, die das unerwartete Auftauchen der beiden jungen Männer als willkommenen Anlass für eine kurze Pause nahmen.

Julius Caesar trat zwei Schritte zurück und deutete mit einer weit ausladenden Handbewegung stolz auf Octavius. »Mein Neffe!«, erklärte er mit fester Stimme und fuhr fort: »Die Götter begünstigen uns wieder einmal mit einem guten Omen! Hab ich nicht Recht, Männer?«

Die Soldaten murmelten beifällig. Caesar umarmte ihn erneut, und Octavius erwiderte die Umarmung, als sei er Caesars Sohn. Er hatte sofort begriffen, was sein Onkel mit der so ausgesprochen herzlichen Begrüßung bezweckte: Der Feldherr wollte den Funken seiner guten Laune auf seine müden Soldaten überspringen lassen.

»Du glühst ja vor Fieber«, flüsterte ihm Caesar ins Ohr. Tat er das wirklich? Octavius griff sich beunruhigt an die Stirn. »Lass es niemanden merken«, fuhr sein Onkel wispernd fort. »Du darfst niemals auch nur die geringste Schwäche zeigen!«

Octavius nickte und befreite sich aus Caesars Umarmung. Was hätte er jetzt für ein Bad und ein Bett gegeben! Aber es gab Wichtigeres zu tun: Er packte sich die Schaufel des ihm am nächsten stehenden Soldaten, stieg hinunter in den Graben und rammte sie in die nasse, schwere Erde. »Legionäre!«, rief er. »Lasst ihr auch mich, den Neffen Caesars, beim Graben helfen?«

Die Legionäre blickten bewundernd auf ihn und setzten dann die Arbeit an den Schanzen fort. Caesar lächelte zufrieden und kletterte zu seinem Neffen ins Schlammloch hinunter. Im nächsten Moment hoben sie Schulter an Schulter, gemeinsam mit den Soldaten, die Stellung weiter aus.

Marcus Agrippa stieg rasch von seinem Pferd und griff sich ebenfalls eine Schaufel, um es Octavius gleichzutun. Sein Freund wurde ihm immer unheimlicher. Vor vier Tagen, als er noch stöhnend Blut gepinkelt hatte, hatte Agrippa bereits seinen Tod befürchtet. Vor nicht einmal einer Stunde war er mindestens noch halb tot gewesen. Doch wenn er sich jetzt verstohlen umsah, gab es in der ganzen Stellung niemanden, der so verbissen arbeitete wie Octavius. Spielte er ihnen allen etwa ständig eine Komödie vor, oder war er einfach nur ein Ausbund an Disziplin und Selbstbeherrschung?

Nach zwei Stunden Wühlerei in der Erde hatte Caesar ein Einsehen gehabt und war mit Octavius und Agrippa ins Lager zurückgekehrt. Dort konnten sich die Freunde endlich waschen, rasieren und vor allem trockene Kleidung anziehen. Danach nahmen sie gemeinsam mit den Stabsoffizieren und dem Lagerpräfekten ein eher karges Abendessen an Caesars Tafel ein.

Das Zelt des Imperators unterschied sich kaum von der Unterkunft eines Offiziers. Es war bemerkenswert schlicht eingerichtet: ein Bett, zwei Stühle und zwei Truhen, in denen sich Caesars persönliche Habe und seine Uniformen befanden. Auf einem Holzgestell hingen seine Rüstung, sein berühmter roter Umhang und sein Schwert.

Der einzige Unterschied bestand in der Größe des Zeltes: Es verfügte über einen zweiten, abgeteilten Raum, in dem ein grob gezimmerter Tisch stand. Dort konnte Caesar seine Besprechungen abhalten und Gäste bewirten. Außerdem befanden sich noch zwei mannshohe Holzregale in dem Raum, auf denen jede Menge Schriftrollen lagerten, sowie ein schmales Feldbett. Octavius schielte sehnsüchtig zu der schmalen Pritsche hinüber, als die Wachen plötzlich einen Kurier hineinführten, der dem Feldherrn eine dünne Schriftrolle überreichte und sofort wieder hinausgeleitet wurde. Caesar entrollte das Papier und überflog es. Octavius spürte, dass es sich um schlechte Nachrichten handeln musste, auch wenn sich sein Onkel in diesem Moment darum bemühte, seine wahren Gefühle zu unterdrücken.

Auch die Offiziere und Marcus Agrippa hielten inne und vergaßen das Essen. Jeder der anwesenden Männer fixierte den Imperator und wartete gespannt darauf, was er ihnen gleich mitteilen würde.

Endlich legte Julius Caesar das Schriftstück zur Seite, räusperte sich und blickte in die Runde. »Wir haben Sextus und Cornelius Pompeius mittlerweile durch ganz

Spanien gejagt. Wir haben Corduba belagert, wir haben Ategua eingenommen, doch jetzt stehen wir uns hier, vor Munda, gegenüber – unsere acht Legionen gegen die 13 der Verräter.« Die Offiziere tauschten nervöse Blicke. Octavius und Agrippa verstanden die Unruhe nicht, doch bereits im nächsten Moment wurden sie mit einer unfassbaren Neuigkeit konfrontiert.

»Ihr wisst«, fuhr Caesar fort, »dass die Truppen unserer Gegner nur des Geldes wegen kämpfen. Sie sind müde und abgekämpft – längst nicht mehr so schlagkräftig wie noch zu Anfang des Krieges. Immer wieder hört man von Meutereien. Und so hoffte ich, dass – wenn unsere beiden Reservelegionen aus Gallien zu uns stoßen würden –, sich die Pompeiianer trotz ihrer zahlenmäßigen Überlegenheit ergeben würden. Und nun das!« Er deutete auf die Schriftrolle. »Ein Aufstand in Gallien. Unsere Reserve wird niemals hier ankommen!«

Octavius war wie vor den Kopf geschlagen. Lähmendes Entsetzen breitete sich an der Tafel aus. »Was wirst du nun tun?«, fragte er.

»Ich weiß es nicht!«, antwortete Caesar mit einem Schulterzucken.

Caesar *wusste* nicht, was er tun sollte? Der Imperator lächelte, als er sah, wie sehr er seinen Neffen mit dieser Antwort verwirrt hatte. »Ich bin kein Gott, Octavius«, sagte er sanft. »Ich bin nur ein Feldherr, der für das Leben seiner Männer verantwortlich ist!« Sein Führungsstab nickte. Die Freunde konnten es an den Gesichtern der Offiziere ablesen, wie sehr sie ihrem Oberbefehlshaber vertrauten. Octavius biss sich auf die Unterlippe und senkte beschämt den Kopf. Ausgerechnet er hatte an Caesars Genialität gezweifelt!

In diesem Augenblick war der Zeitpunkt gekommen,

die Tafel aufzuheben. Die Offiziere verließen gemeinsam mit Caesar das Zelt. Sein Onkel hatte ihm mit einem kaum merklichen Blick signalisiert, dass seine Anwesenheit derzeit nicht vonnöten war. Octavius und Agrippa sahen sich hilflos an. Im Grunde waren sie heilfroh, denn eigentlich wollten sie nur noch schlafen – mochte sich auch die militärische Situation dramatisch verändert haben. Es gab jetzt nichts, was sie tun konnten. Sie umarmten sich. Vielleicht war es ja die letzte Nacht, die sie erleben würden. Dann begab sich Marcus Agrippa in die Unterkunft von Lucius Tutilius, um sich hinzulegen und auszuruhen.
Octavius musste noch ein paar Minuten ungeduldig warten, bis ein paar Bedienstete die Tafel abgeräumt hatten. Kaum hatte der Letzte von ihnen das Zelt des Imperators verlassen, warf er sich, angezogen wie er war, auf das Feldbett und schlief augenblicklich ein.

Octavius und Agrippa waren mit ihren Pferden auf einen Hügel geritten. Unter ihnen, in der staubtrockenen Ebene, tobte die Schlacht. Die Sonne brannte erbarmungslos vom Himmel, und sie sahen, wie sich der sandige Boden allmählich vom Blut der Verwundeten und Gefallenen rötete. Agrippa machte ihn auf einen überraschenden Flankenangriff des Feindes aufmerksam. Octavius zögerte keine Sekunde, sondern wandte sich an den Kommandanten der dritten Kohorte und gab den Befehl zum sofortigen Gegenschlag. Doch während sie den Hügel hinunterstürmten, legte sich plötzlich eine unheimliche Stille über das Schlachtfeld, die wenige Augenblicke später von einem Trompetensignal zerrissen wurde. Octavius kniff die Augen zusammen. Er sah, dass die Soldaten ihre Waffen sinken ließen. Auch die Reiter-

truppen stellten ihre Kampfhandlungen ein. Ihre Pferde schnaubten und tänzelten nervös.
Alle, ob Freund oder Feind, blickten nun zu einem Soldaten herüber, der mit gezogenem Schwert neben einem knienden Mann in Generalsuniform stand. Der Mann hielt den Kopf gesenkt. Sein Hals war entblößt. Und der Soldat war sein Marcus Agrippa! Aber er schlug nicht zu, sondern er wartete geduldig auf Julius Caesar. Octavius wunderte sich, als er sah, dass sein Onkel ganz gegen seine Gewohnheit in einer goldenen Sänfte auf das Schlachtfeld getragen wurde. Außerdem war er nicht allein, sondern in Begleitung einer wunderschönen, jungen Frau gekommen. Octavius traute seinen Augen nicht: Das war ja Livia!
Julius Caesar entstieg der Sänfte und half ihr galant heraus. Octavius sah, dass sie schwanger war. Sie sah ihn an, deutete auf ihren geschwollenen Leib und lachte. Die Legionäre begannen zu jubeln, und wer in seiner Nähe stand, schlug ihm auf die Schulter und beglückwünschte ihn zum unverhofften Kindersegen. Aber Octavius wusste, dass dieses Kind nicht von ihm war, sondern von Caesar!
Der Imperator schritt gemeinsam mit Livia auf den knienden Mann zu. Livia hielt ein weißes Leinentüchlein in der Hand. Caesar deutete auf den General und sah dann die junge Römerin verliebt an. Livia hob die Hand. Das Leinentüchlein flatterte im Wind. »Nein!«, wollte Octavius rufen, aber er brachte keinen Ton heraus. Livia wandte sich zu ihm um. Sie lachte ihn aus. Dann ließ sie das Tüchlein fallen. Als es den Boden berührte, schlug Marcus Agrippa zu. Die scharfe Klinge seines Schwertes blitzte für den Bruchteil einer Sekunde im gleißenden Sonnenlicht auf und blendete ihn. Dann

rollte auch schon der Kopf des Generals in den Sand. Marcus Agrippa bückte sich, hielt das abgeschlagene Haupt Catos an den Haaren hoch, und ein ungeheurer Jubelsturm aus tausenden von Kehlen fegte über das Schlachtfeld …

»Wie fühlst du dich jetzt?«, fragte eine Stimme.

Octavius schlug die Augen auf und erschrak. Eine dunkle Gestalt beugte sich über ihn. Gegen das Licht der Ölfunzel konnte er das Gesicht des Fremden nicht erkennen. Er sah nur, dass der unheimliche Besucher ein scharf geschnittenes Profil hatte, wobei die Nase das auffälligste Merkmal war. »Bestens!«, antwortete Octavius mechanisch.

Julius Caesar lächelte. »Dir geht es alles andere als bestens«, meinte er, »aber immerhin geht es dir schon etwas besser. Komm mit!« Er warf ihm einen wärmenden Umhang zu. »Eben, im Schlaf, warum hast du da Cato erwähnt?«, fragte er, während sich Octavius vom Feldbett hinunterrollte.

»Habe ich das, Onkel?«

Caesar nickte. »Aber Cato wurde nicht geköpft, er stürzte sich nach seiner Niederlage von Utica selbst in sein Schwert – leider!«

»Ich weiß«, stotterte Octavius, »ich muss wohl geträumt haben … im Schlaf geredet!«

»Natürlich hast du das«, sagte Julius Caesar. »Aber nun lass uns gehen. Beeil dich!«

Octavius hatte Mühe, seinem Onkel durchs Lager zu folgen. Er stolperte mehr, als dass er lief. Ab und zu drangen grunzende Schnarchlaute durch die Zeltwände. Ach, hätte er doch noch ein wenig schlafen können! »Schnell, schnell«, trieb ihn Julius Caesar zur Eile an. »Wir haben nicht viel Zeit!«

Erst als sie den befestigten Eingang des Lagers passierten, gelang es Octavius, mit seinem Onkel Schritt zu halten. Caesar war zwar schon 54 Jahre alt, aber das merkte man ihm keinen Augenblick an, obwohl Octavius wusste, dass auch sein Onkel mit einigen Zipperlein gestraft war.
Die kühle Nachtluft half ihm, wach zu werden. Octavius wollte nicht schon wieder eine jämmerliche Figur abgeben. Aber die ganze Zeit fragte er sich, was sein Onkel wohl vorhatte; was er ihm zeigen wollte, mitten in dieser mondlosen Nacht.
»Und wer ist diese Livia?«, fragte Julius Caesar plötzlich. Was hatte er im Schlaf nur alles von sich gegeben! »Livia Drusilla«, antwortete Octavius überrascht. »Ich habe sie zufällig in Rom getroffen … auf der Straße.«
»Drusilla«, überlegte Caesar. »Ich glaube, ich erinnere mich schwach an diesen Namen.«
»Ich erinnere mich noch bestens«, kicherte Octavius. »Sie hat mich geohrfeigt, als ich ihr erzählte, dass ich auf dem Weg zu dir nach Spanien wäre.»
»Uns haben die Nobiles schon immer gern Schwierigkeiten bereitet, was?« Octavius wunderte sich über den vertrauten, väterlichen Ton seines Onkels. »Aber denk immer daran, dass du bereits verheiratet bist!«, fügte Caesar schmunzelnd hinzu.
»Verzeih, Onkel – ich bin Clodia lediglich versprochen und sie mir. Wir haben uns erst einmal gesehen.»
»Na und? Versprochen ist doch wie verheiratet, wenn ich mich recht entsinne!« Julius Caesar lachte.
»Ich habe sie nicht einmal angerührt!«, protestierte Octavius.
»Vielleicht hättest du das lieber tun sollen, Neffe«, wandte der Imperator orakelnd ein. »Nur die Götter

werden wissen, ob du diese Freuden des Lebens noch verspüren wirst!«

Octavius wurde erst in diesem Moment wieder schlagartig bewusst, dass er sich auf einem Schlachtfeld befand, und nicht auf einer Vergnügungsreise. Und dass er noch vieles lernen musste – sofern ihm das Schicksal dafür genügend Zeit schenken würde …

Sie marschierten ungefähr eine halbe Stunde kreuz und quer durch die Finsternis. Julius Caesar wusste jedoch genau, welchen Weg sie einzuschlagen hatten. Zwischendurch hielt er an und horchte. Danach änderte er die Richtung und strebte dem Kamm eines Hügels zu, was Octavius daran merkte, dass sie nun bergauf liefen. Oben angekommen, duckte sich Caesar und zog ihn an seinem Umhang mit hinab in Deckung. Die Zweige eines Busches streiften sein Gesicht. »Genau hier«, sagte sein Onkel, »werden wir nun warten, bis der Morgen anbricht.«

Octavius zog sich seinen Umhang fester um den Hals. Zum Glück hatte der Regen aufgehört, und der ständige Wind, der über das hügelige Land strich, trocknete den Boden ziemlich rasch. »Wirst du morgen angreifen?«, fragte er. Zu gern hätte er jetzt Caesars Gesicht gesehen. »Ich bin es so leid, römisches Blut zu vergießen, Octavius«, antwortete Caesar ausweichend. Seine Stimme klang plötzlich sehr müde. Octavius konnte sich vorstellen, dass die Miene seines Onkels gequält aussah. »Dieser Bürgerkrieg war so schrecklich überflüssig – und er ist es noch, mehr denn je!«

»Aber du musst kämpfen – für Rom!«, rief Octavius halblaut.

Sein Onkel legte ihm eine Hand beschwichtigend auf die Schulter. »Sprich leiser«, flüsterte Caesar und fuhr fort: »Habe ich nicht genug gekämpft? Seit vier Jahren kämpfe ich nun schon fast ununterbrochen gegen die Pompeianer. In Thapsus, in Utica – und nicht zuletzt auch im Senat. Ich kämpfte um mein Leben und Pompeius Magnus um das seine. Als man ihm in Ägypten den Kopf abschlug – wusstest du eigentlich, Neffe, dass ich damals den Nobiles angeboten habe, ihnen alle meine Legionen zu überlassen, im Tausch gegen den Frieden?«

»Nein«, wisperte Octavius. Das war ihm neu.

»Dreihundert Senatoren waren mit meinem Vorschlag einverstanden, aber zweiundzwanzig haben ihn abgelehnt!«

»Warum?«

»Weil sie ihre Privilegien nicht aufgeben wollten. Weil sie schon immer die Richter und Beamten bestochen haben. Weil sie den Bauern weiterhin das Land stehlen wollten – und weil sie mir nicht trauten! Seit dem Gallischen Krieg haben die Nobiles Angst vor dem starken Caesar. Und sie haben eine andere Vorstellung davon, wie Rom regiert werden soll. Es sind zwar nur wenige Senatoren, aber es sind die mächtigsten. Bis auf Cicero sprechen sie es nicht laut aus, aber sie hoffen insgeheim, dass Cornelius und Sextus das Leben ihres Vaters rächen.«

»Aber nicht du hast ihn erschlagen lassen, sondern Ptolemaeus!«, wandte Octavius ein. In Rom war allgemein bekannt, dass Caesar öffentlich Tränen vergossen hatte, als ihm der jugendliche ägyptische König damals bei seiner Ankunft in Alexandria – wohin sich Pompeius Magnus und seine Truppen geflüchtet hatten – den abgeschlagenen Kopf und den Siegelring seines ehemaligen Verbündeten und Schwiegersohns präsentiert hatte. Pto-

lemaeus hatte einen Offizier der pompeianischen Leibwache bestechen lassen, der daraufhin seinen Feldherrn heimtückisch von hinten erschlagen hatte.
Pompeius Magnus war mit der Tochter Caesars, Julia, verheiratet gewesen, hatte aber nach deren überraschendem Tod im Jahre 54 ausgerechnet die Tochter des Metellus Scipio geheiratet, der zu den erbittertsten Gegnern Caesars zählte. Aber es war nicht dieser familiäre Bruch allein gewesen, der den Bürgerkrieg zwischen den Pompeianern und Caesars Legionen ausgelöst hatte: Wegen der Anarchie, die damals in Rom herrschte, hatte der Senat den fähigen Pompeius zum alleinigen *consul sine collega* gewählt. Er sollte als starker Mann, als Diktator, die Ordnung in Rom im Sinne der Republik wiederherstellen. Der andere starke Mann des Staates – Caesar – befand sich zu jener Zeit in Gallien, wo er das Amt eines Prokonsuls erfüllte. Doch nun wurde der Eroberer Galliens vom Senat per Ultimatum dazu aufgefordert, diese Provinz abzugeben, sein Heer zu entlassen und seinen Titel niederzulegen. Weil Caesar dieses Ansinnen jedoch ablehnte, kam es am 7. Januar 49 zu einem weiteren Senatsbeschluss, durch den Pompeius mit der Verteidigung der Republik gegen Caesar beauftragt wurde.
»Alea iacta est!«, murmelte Octavius, aber sein Onkel schüttelte den Kopf.
»Als ich damals – zum Kampf entschlossen – mit meinen Truppen den Rubico überschritt und nach neun Jahren wieder auf dem Boden meines Vaterlandes stand, sagte ich zwar dieses Sprichwort, aber ich benutzte den Konjunktiv: ›Alea iacta esto‹. Da hat der Schreiber nicht gut aufgepasst!«
»Natürlich!«, entgegnete Octavius. »Die Würfel konnten ja noch gar nicht gefallen sein – sie *sollten* es erst ...«

»Binnen vier Tagen nahm ich vier Städte im Handstreich«, erinnerte sich Caesar. »Und nach weiteren acht Tagen ergaben sich die Pompeianer bei Corfinium.«
»Aber warum hast du Pompeius und alle anderen Verschwörer damals begnadigt?«, wollte Octavius wissen.
»Weil man mit Milde am Ende mehr erreicht«, antwortete der Feldherr.
»Verzeih mir, Onkel, aber ich glaube, du täuschst dich«, wagte Octavius zu widersprechen. »So gut wie alle, denen du damals hast deine Milde angedeihen lassen, haben dich ein zweites Mal verraten. Und jetzt schlafen sie nur wenige Schritte von uns entfernt, geschützt von ihren 13 Legionen und bereit, dir den Kopf abzuschlagen!«
Caesar blickte zum Himmel hinauf. Am Horizont war ein erster feiner, grauer Schleier zu sehen. »Der Morgen bricht an«, sagte er zögernd und reckte den Kopf vorsichtig über das Gebüsch. »Sieh nur, Octavius, dort unten, das Lager der Pompeianer!«
Octavius spähte ebenfalls über den Busch hinweg. Sie waren höchstens 300 Schritte vom äußeren Befestigungsring entfernt, der mit hohen Palisaden aus angespitzten Baumpfählen bewehrt war.
»Sextus und Cornelius sind vortreffliche römische Generäle. Genau wie ihr Vater Magnus, genau wie … ich. Und Labienus an ihrer Seite taktiert hervorragend. Ich erinnere mich gut an ihn, wie er mit mir gegen die Barbaren kämpfte. Er war es, der die Manipelstrategie unserer Legionen entwickelt hat. Und nun haben die Pompeianer nicht nur eine schier unbezwingbare Befestigungsanlage gebaut, sondern sie verfügen auch noch über die besten Soldaten der Welt …!«
»… über Römer, so wie du, Onkel«, vollendete Octavius

flüsternd den Satz. »Aber es gibt einen entscheidenden Unterschied: Unsere Soldaten kämpfen und sterben für Rom. Die Pompeianer dagegen verrecken für ein bisschen Sold.«

»Doch ihretwegen sind wir hier. Begreifst du jetzt, wie irrsinnig das alles ist?«

Caesar legte sich auf den Bauch und robbte vorsichtig um den Busch herum. Octavius tat es ihm nach, wobei er darauf achtete, den Kopf ja nicht zu hoch über das hohe Gras zu heben, das an dieser Stelle wuchs. Es war noch ein bisschen heller geworden. Daher hatten sie jetzt nicht nur einen hervorragenden Ausblick auf das feindliche Lager, sondern auch auf das Gelände davor.

»Behaupten deine Feinde nicht inzwischen, du wolltest dich zum König machen?«, flüsterte Octavius.

»Diktator, Kaiser oder Monarch, sagen sie – aber was schert mich ein Titel? Rom wird untergehen, wenn sich nichts ändert! Die gesamte Welt wartet doch bereits sehnsüchtig darauf.»

»Worauf?«

»Auf Frieden. Auf Sicherheit, auf unbestechliche Magistraten und Richter, auf eine Regierung für das *ganze* römische Volk. Dafür bin ich bereit zu sterben!«, antwortete der Imperator.

»Nur Caesar kann eine solche Welt erschaffen!«, sagte Octavius. Er wusste, dass diese Worte pathetisch klangen, aber das sollten sie auch.

Julius Caesar schwieg. Er starrte auf das Lager des Feindes. Dann murmelte er plötzlich: »Genau wie ich es mir dachte! Es wird zu schwierig sein, von dieser Seite aus eine Bresche zu schlagen! Ich muss die Entscheidung auf offenem Feld suchen.« Er seufzte tief. »Der Preis für die Freiheit wird sehr, sehr hoch sein, Neffe!«

»Wir haben aber keine andere Wahl«, entgegnete Octavius kalt und sah seinem Onkel furchtlos in die Augen. »Rom hat keine andere Wahl. Wann wirst du angreifen?« Um Caesars zusammengekniffene Lippen spielte nun ein unmerkliches Lächeln. Schließlich sagte er: »Jetzt!« In diesem Moment spürte Octavius, wie der Boden unter ihm leicht erzitterte.

»Du merkst, es wird höchste Zeit«, sagte sein Onkel. Im Lager der Pompeianer waren erste Bewegungen auszumachen. Sie robbten hinter das Gebüsch zurück, dann erhoben sie sich vom Boden und rannten, so schnell sie konnten, zurück. »Übrigens«, rief Caesar nach einigen Minuten atemlos, »hatte ich dir eigentlich erzählt, dass König Bogud von Mauretanien in der vergangenen Nacht mit seinem Reiterheer eingetroffen ist, während du schliefst?«

»Nein!«, stieß Octavius hervor, aber er sah plötzlich die Zuversicht auf Caesars Gesicht, und das machte ihm Mut.

Im Gegensatz zu Octavius, der sich für strategische Überlegungen noch nie besonders interessiert hatte, war es für Marcus Agrippa keine besonders große Überraschung, dass sich Caesar zum sofortigen Angriff entschlossen hatte. Während sie sich in der Unterkunft von Lucius Tutilius gegenseitig halfen, Brustpanzer und Beinschienen anzulegen und sich die Schwerter umzugürten, gab er seinem Freund eine kleine Kostprobe seiner exzellenten militärischen Kenntnisse. »Bestimmt wissen Cornelius und Sextus Pompeius ebenfalls, dass Caesar vergeblich auf die ersehnte Verstärkung aus Gallien gewartet hat. Sie werden jetzt wahrscheinlich gemütlich frühstücken und dann gemächlich ihre Legionen aufmarschieren lassen. Aber sie haben vermutlich keine Ahnung, dass Boguds Reiter eingetroffen sind. So hat Caesar die Überraschung auf seiner Seite!«

»Trotz der Übermacht von fünf Legionen?«, fragte Octavius zweifelnd.

»Jetzt sind es keine fünf Legionen mehr«, antwortete Marcus Agrippa im Brustton der Überzeugung. »Jetzt sind es höchstens noch zwei!«

Lucius Tutilius erschien im Eingang des Zeltes. »Es wird Zeit«, sagte der kampferfahrene Centurio. »Der Aufmarsch beginnt bereits.« Octavius fiel auf, dass der Hauptmann sein dünnes Weidenstöckchen nervös zwischen den Fingern drehte.

»Wo werden wir kämpfen?«, fragte Marcus Agrippa entschlossen.

»Ihr seid meiner Centurie zugeordnet. Wir sind auf dem linken Gefechtsflügel eingesetzt …»

»Sehr gut!«, rief Agrippa und packte den Griff seines Schwertes.

»… und zwar bei der Nachhut!«, vollendete Tutilius den Satz.

»Nachhut?«, fragte Agrippa verblüfft.

»Ja, bei der Nachhut. Auf Caesars ausdrücklichen Befehl. Ich persönlich bin ab jetzt für eure Sicherheit verantwortlich!«, sagte der Centurio und wandte sich an Octavius. »Auch wenn du der Neffe des Imperators bist, so bitte ich ganz besonders dich, immer an meiner Seite zu bleiben, damit ich nach dieser Schlacht nicht kopflos durch die Welt rennen muss …»

Marcus Agrippa sah seinen Freund und den Centurio enttäuscht an. Octavius nickte bedächtig. Ihm schien es zu Agrippas Verwunderung ganz recht zu sein, dass sein Onkel sie beide schützen wollte. Ruhig wandte er sich an seinen Freund und sagte: »Marcus, du wirst deine Tapferkeit bestimmt noch unter Beweis stellen können. Los: Lass uns aufsitzen.«

Der Aufmarsch der Truppenverbände wurde von zahlreichen Hornbläsern begleitet. Gleichzeitig entstand durch die einheitliche Marschbewegung der Legionäre ein wallendes und stampfendes Geräusch. Und je härter der Untergrund war, desto lauter wurden die Tritte der genagelten Ledersohlen, desto mehr zitterte der Boden. Wenn man gegen unerfahrene Barbaren kämpfte, reichte oft schon dieser Lärm, um eine Schlacht zu entscheiden. Aber diesmal handelte es sich um einen gleichwertigen Gegner …

Von ihrem höher gelegenen Standort aus bewunderten Octavius und Marcus Agrippa das atemberaubende Schauspiel. Octavius' Wangen glühten – diesmal aber nicht vor Fieber, sondern vor Aufregung. Er zählte sieben Schlachtreihen. Die drei mittleren erstreckten sich über eine Breite von sicherlich mehr als einer Meile. Jede dieser Schlachtreihen bestand wiederum aus jeweils sechs Reihen von je zehn Kohorten und entsprach damit einer vollständigen Legion. Die beiden Schlachtreihen an den Flügeln waren nicht so breit, aber dafür tiefer gestaffelt. Zwischen den Kohorten marschierten die leicht bewaffneten Bogenschützen, und an den Flanken waren die Reiterstaffeln der Legion postiert.

Damit hatte Julius Caesar bereits sechs Siebtel seiner Truppen in die Schlacht geworfen. Wenn Octavius jetzt seinen Blick nach links wandte, sah er praktisch das Spiegelbild dieses Aufmarsches – mit dem Unterschied, dass die Pompeianer noch sechs weitere Legionen in Reserve hielten. Er musste sich zusammenreißen, um

seine aufkeimende Furcht zu verbergen. Die Gewissheit, dass Caesar auch noch über Geschütze verfügte – und dass sich in seinem Rücken die Hälfte des mauretanischen Reiterheeres befand –, konnte ihn kaum beruhigen. Denn diese einzige Legion, der sie beide zugeteilt waren, konnte man angesichts der gewaltigen Übermacht des Feindes wahrlich nicht als schlagkräftige Nachhut bezeichnen.
Beide Heere rückten langsam aufeinander zu. Sie waren vielleicht noch knapp eine halbe Meile voneinander entfernt. Julius Caesar ritt vor seinen Truppen der mittleren Phalanx. Sein leuchtend roter Umhang war weithin zu sehen. Als er die Linie der Geschütze erreicht hatte, hob er die Hand. Das gesamte Heer der Caesarianer hielt abrupt an. Eine tödliche Stille senkte sich über das Schlachtfeld.
»Legionäre!«, rief Caesar. »Heute werdet ihr zum letzten Mal gegen Euresgleichen kämpfen – gegen römische Soldaten. Doch wenn sie diejenigen sein sollten, die diese Schlacht gewinnen, werdet ihr zu Sklaven werden – zu Sklaven der Reichen, die sich nicht um eure Familien und euer Zuhause scheren!« Er ließ seinen Blick über die Gesichter der Legionäre schweifen, um ihre Reaktion zu beobachten. Diese Männer würden die Spitze der Angriffsformation bilden. Diese Männer würden wahrscheinlich als Erste sterben. Auf ihr mutiges Vorgehen kam es entscheidend an. »Eine kleine Gruppe reicher und korrupter Männer ist dabei, Roms Größe zu vernichten«, fuhr Caesar fort. »Ich frage euch daher: Seid ihr bereit, heute für die Freiheit zu sterben?«
Die Soldaten antworteten mit einer einzigen Stimme. »Ja!«, schrie es aus tausenden von Kehlen. »Ja!«
»Seid ihr auch bereit, für die Gerechtigkeit zu sterben?«

»Ja»!, brüllten die Legionäre erneut.
»Für eure Kinder und eure Heimat?«
»Ja!«
»Seid ihr also bereit, euer Leben für Rom zu geben?«, schrie Caesar. Seine Stimme überschlug sich. Das Heer der Pompeianer hatte sich inzwischen bis auf Schussweite genähert.
Mit einem einzigen machtvollen Schrei zogen die Legionäre der mittleren Phalanx ihre Schwerter aus den Scheiden, schwenkten die Fahnen und schlugen mit ihren Speeren gegen die Schilde. Caesar nahm die Zügel seines Grauschimmels auf und ließ ihn steigen. Gleichzeitig zog er sein Kurzschwert und erhob es in Richtung der feindlichen Soldaten.
»Also dann, Männer!«, rief er. »Für Rom!«
In diesem Moment eröffneten die Geschütze das Feuer. Ein Hagel von Steinkugeln fegte durch die geschlossenen Reihen der Pompeianer. Die Geschützmannschaften leisteten Schwerstarbeit. Sie feuerten Salve um Salve in Richtung des Feindes, aber Octavius bemerkte zu seinem Entsetzen, dass jeder gefallene Pompeianer sofort durch einen Hintermann ersetzt wurde.
Weitere Trompetensignale ertönten. Jetzt preschten die Bogenschützen durch die Lücken zwischen den Kohorten und ließen Tausende von Pfeilen herabregnen. Gleichzeitig wurde die Marschformation aufgelöst, und die einzelnen Truppenteile verschoben sich wie riesige, lebende Quader und rückten genau nach dem vorher ausgearbeiteten Schlachtplan voran.
Bis zu diesem Zeitpunkt hatten die Pompeianer noch keine Gegenwehr gezeigt. Der Abstand zwischen den beiden Heeren betrug jetzt noch höchstens 300 Fuß. Plötzlich löste sich jedoch die erste Reihe ihrer Kohorten

auf. Tausende pompeianischer Legionäre rannten wie ein Mann 200 Fuß nach vorn und schleuderten Wurfspieße auf die caesarianischen Soldaten. Praktisch die gesamte erste und zweite Angriffsreihe fiel. Nur Caesar schien unverwundbar zu sein. Octavius hatte trotz der Entfernung genau gesehen, dass sich sein Onkel nicht einmal geduckt hatte, obwohl er auf seinem Pferd im Grunde ein perfektes Ziel abgab.

Kaum dass die Pompeianer ihre Speere geworfen hatten, rannten sie zurück und formierten sich neu. Das war eine gänzlich neue und überraschende Taktik, die ihren Zweck nicht verfehlte. Denn nun stockte der Vormarsch der Caesarianer – obwohl die Trompeter ununterbrochen das Angriffssignal bliesen und das Heer des Feindes unerbittlich vorrückte.

Caesar tauschte einen verzweifelten Blick mit Decimus, der mit stoischem Gesichtsausdruck einen Pfeil aus seinem Brustharnisch herauszog. So wie er sich dabei anstrengte, erkannte der Imperator sofort, dass sich der geniale Labenius an ihren gemeinsamen Gallischen Feldzug erinnert haben musste. Dabei war es Caesars Idee gewesen, stets besonders weiche Pfeilspitzen zu schmieden, die sich beim Aufprall verbogen, entsetzliche Wunden rissen und nur mit aller Kraft herausgezogen werden konnten. Wenn nun aber die anderen Truppenteile sahen, dass sein Angriff stockte, war die Schlacht verloren, noch bevor sie richtig begonnen hatte.

»Was tut Caesar denn da?«, fragte Lucius Tutilius konsterniert.

Auch die beiden Freunde hielten den Atem an, als sie hilflos mit ansehen mussten, wie der Imperator sein Schicksal auf todesmutige Weise herausforderte: Er sprang vom Pferd, riss sich seinen Helm hinunter, griff sich das *Pilum* und den Schild eines gefallenen Legionärs und lief allein auf die mittlere Kohorte des Feindes zu. Er schleuderte kraftvoll den Speer, und sie sahen, wie sich die Waffe in die Brust eines Pompeianers bohrte. Die Antwort war ein Pfeilhagel, aber Caesar hatte sich blitzschnell unter den Schild verkrochen. Er schwankte, aber er fiel nicht – und dann erhob er sich, drehte sich zu seiner ersten Kohorte um und rief: »Schämt ihr euch nicht, euren General diesen Verrätern auszuliefern?«

»Vorwärts, Soldaten!«, brüllte Decimus, sprang ebenfalls von seinem Pferd und stürmte mit Riesenschritten auf den Imperator zu. »Für Rom!«, schrie er. »Für Julius Caesar!«

Jetzt kam Bewegung in seine Legionäre. »Für Caesar!«, riefen sie und gingen endlich geschlossen zum Angriff über. Schon waren Caesar und Decimus von der Kohorte verschluckt, die sich nun in Formation unaufhaltsam nach vorne, in Richtung des Feindes schob. Ihrem Beispiel folgte das gesamte Heer, so wie es Caesar gewollt hatte, der sich nun gemeinsam mit Decimus in der trügerischen Sicherheit hinter der ersten Angriffsformation befand. Schlachtreihe um Schlachtreihe wälzte sich voran, wobei es schien, als würden die pompeianischen Heerführer in aller Ruhe diese erste Welle abwarten. Ihnen stand schließlich fast die doppelte Zahl an Soldaten zur Verfügung.

Menschenmaterial, dachte Octavius und beobachtete mit Grausen die vielen Pulks, die sich nun rasch auf dem Schlachtfeld bildeten; Pulks aus Soldaten, die gegeneinander drängten, die das Kurzschwert in Leiber hineinstachen und ihre Spieße in Hälse. Metall prallte auf Metall, hier zersplitterten Knochen, dort platzte ein Gesicht auf, überall wälzten sich tödlich verwundete

Männer auf der blutgetränkten Erde, schrien manchmal nach ihren Müttern oder starben lautlos.

Für Marcus Agrippa war es ein Wunder, für Octavius dagegen eine logische Konsequenz, dass sich im Verlauf der brutalen Schlacht ziemlich bald eine Erkenntnis durchsetzte: Ein Mann kämpfte offensichtlich entschlossener, wenn es ihm um eine *Sache* ging. Obwohl die Pompeianer zahlenmäßig überlegen waren, kam es den Freunden auf ihrem Aussichtplateau so vor, als würden die Truppen der Brüder Pompeius ganz langsam aber stetig zurückweichen. Immer mehr Pulks lösten sich auf, immer mehr Pompeianer suchten ihr Heil in der Flucht.

Auf einmal ertönte ein gänzlich neues Trompetensignal über dem Schlachtfeld, und schon im nächsten Moment bebte die Erde: Das geteilte Reiterheer der Mauretanier galoppierte über die Hügel und nahm das Heer des Feindes von zwei Seiten in die Zange. Octavius beobachtete, dass die pompeianischen Generäle nun versuchten, ihre Reserven in die Schlacht zu führen, aber angesichts der vielen fliehenden Kameraden, die den wartenden Soldaten zum Teil blutüberströmt entgegenkamen, war dies ein aussichtsloses Unterfangen. Mit klopfendem Herzen rief Octavius: »Sieh nur, Marcus, sie legen ihre Waffen nieder!« Doch die mauretanischen Reiter kannten keine Gnade. Die Fliehenden wurden brutal von den Hufen ihrer kleinen, wendigen Pferd niedergetrampelt oder mit dem Krummschwert niedergemacht – selbst diejenigen, die sich längst ergeben hatten.

Octavius sah Marcus Agrippa durchdringend an. Er wusste, wie sehr es seinen Freund juckte, sich einmal selbst ins Getümmel zu stürzen. Denn für Marcus

Agrippa gab es nichts Schlimmeres, als auf einem Platz für Feiglinge zu stehen und aus der Ferne zu beobachten, wie andere ihr Leben gaben. Er war Soldat und fühlte sich zum Kämpfen berufen.

»Für Rom?«, fragte Octavius plötzlich. Im erschien der Zeitpunkt günstig zu sein.

Agrippa runzelte die Stirn. »Und Caesars Befehl?«

Octavius zog sein Schwert.

»Für Rom!«, rief er und gab seinem Pferd die Sporen.

»Octavius!«, schrie der Centurio entsetzt, aber es war zu spät, ihn aufzuhalten.

»Für Rom!«, sagte Agrippa lächelnd zu dem Hauptmann, zog ebenfalls sein Schwert und machte sich an die Verfolgung des Freundes.

Lucius Tutilius reagierte sofort. Er löste die Formation seiner Kohorte auf, und dann rannten die 81 Legionäre, so schnell sie nur konnten, den beiden Reitern hinterher. Am liebsten hätte der Centurio lauthals geflucht. Denn für ihn ging es jetzt nicht mehr nur um Rom, sondern vor allem um seinen Kopf.

Marcus Agrippa hatte seinen Freund schnell eingeholt. Doch je näher sie dem Zentrum der Schlacht kamen, desto mulmiger wurde es ihnen. Es bestand schon ein gewaltiger Unterschied zwischen dem Beobachten einer Schlacht aus sicherer Entfernung und der direkten Begegnung mit dem Tod. Zu seiner Überraschung stellte Octavius fest, dass er Hemmungen hatte, sein Schwert in einen feindlichen Soldaten hineinzustoßen, der laut brüllend auf ihn zugelaufen kam. Wie in Trance, ließ er sich von dem Pompeianer vom Pferd ziehen. Marcus Agrippa sah die Gefahr in letzter Sekunde. Er warf sich aus vollem Galopp auf den feindlichen Legio-

när und tötete ihn nach einem kurzen Gerangel mit einem gezielten Stich seines Dolches in die Halsschlagader.
»Du musst kämpfen!«, schrie er seinem Freund zu, bükkte sich nach Octavius' Schwert und drückte es dem Freund in die Hand. Danach machte er sich mit seinem Schwert an die Arbeit. Octavius hatte nicht gemerkt, dass er ganz allein eine ganz spezielle Centurie des Feindes angegriffen hatte, die zu seinem großen Glück jedoch bereits arg dezimiert worden war. Er hatte dieses Ziel jedoch nur ausgewählt, weil er inmitten der einfachen Legionäre eine prächtige Uniform entdeckt hatte. Doch nun sahen sich die Freunde ungefähr zwanzig Legionären gegenüber, die sich nach dem ersten Schrecken formierten und auf sie zu stürmten. Auch der General hatte sein Schwert gezogen. Nun gab es kein Zurück mehr. Octavius und Agrippa standen Rücken an Rücken und kämpften ums nackte Überleben. Bereits nach den ersten Hieben, die einen Soldaten zuerst den Arm und dann das Leben kosteten, bemerkte Octavius zu seiner großen Erleichterung, dass er Blut geleckt hatte. Ein unnatürliches Fieber ergriff rasend schnell Besitz von ihm. Er spürte weder Angst, noch Erschöpfung oder Schmerz. Und er konnte sich auch nicht daran erinnern, sein Schwert jemals so geschickt geführt zu haben. Was Agrippa mit seinen Bärenkräften gelang – nämlich einen heranstürmenden Feind nach dem anderen niederzumachen –, schaffte Octavius mit seiner einzigartigen Gewandtheit.
Doch ohne Lucius Tutilius hätten Octavius und Marcus Agrippa ihre Freude über den Waffengang nicht lange genießen können. Die Übermacht war zu groß. Die Centurie traf noch gerade rechtzeitig ein – in dem

Moment, als Octavius, von einem Schwerthieb gegen den Helm getroffen, ohnmächtig zu Boden sank. Bevor er das Bewusstsein restlos verlor, spürte er noch, wie mehrere kraftlose Leiber auf ihn stürzten. Irgendwo in der Ferne hörte er, wie Marcus Agrippa verzweifelt seinen Namen rief, doch dann begann es in seinen Ohren zu rauschen, und eine schwarze Welle schwemmte ihn fort.

Wenig später stand fest, dass Julius Caesars Armee die Schlacht zu ihren Gunsten entschieden hatte. Den Sieg hatte der Imperator vor allem den mauretanischen Reitern zu verdanken. Aber das Gemetzel war noch nicht vorbei. Erschrocken musste der Imperator mit ansehen, wie viele seiner sonst so disziplinierten Soldaten sich für die langen, entbehrungsreichen Jahre des Bürgerkriegs an ihren bereits geschlagenen Feinden grausam rächten. Es wurden keine Gefangenen gemacht. Aus Erfahrung wusste der Kriegsherr, dass sie jetzt kein noch so rigider Befehl vom Töten abhalten konnte. Das vermochten allein Müdigkeit und Erschöpfung. Der Imperator stand regungslos im Kreise seiner Stabsoffiziere und beherrschte sich mühsam. Decimus sah, dass Caesars Augen voller Tränen waren.

»Der Sieg ist dein, Caesar!«, rief er fröhlich.

»Sieg?«, fragte der Imperator und starrte ihn aus wässrigen Augen verständnislos an. »Von was für einem Sieg redest du? Das ist Barbarei! Niemand sorgt sich um die Verwundeten. Niemand birgt die Toten. Verbrennt die Leichen unserer Männer und die der anderen zusammen! Römer zu Römern! Jetzt soll das Blutvergießen für immer ein Ende haben!«

Er wischte sich verstohlen ein Träne von der Wange.

Dann wandte er sich erneut an Decimus. »Hast du Octavius gesehen?« Sein Stabsoffizier schüttelte den Kopf. »Dann bitte, mein treuer Decimus: Finde ihn!«

Lucius Tutilius hatte die Legionäre seiner Centurie um Octavius und Marcus Agrippa herum postiert. Octavius lag ohnmächtig in den Armen seines Freundes. Er atmete schwach und hatte sich bisher nicht aufwecken lassen. Beide hofften inständig, dass ihm der Schwerthieb nicht den Kopf zertrümmert hatte. Es war schließlich schon öfter vorgekommen, dass man einem äußerlich nicht verwundeten Soldaten den Helm abgenommen hatte, woraufhin einem die Schädelhälften entgegenkamen.
Andererseits hatten die unerfahrenen jungen Männer außerordentlichen Mut bewiesen, als sie ausgerechnet die persönliche Leibgarde von Cornelius Pompeius angegriffen hatten. Der eine der beiden Führer der Pompeianer saß jetzt wie ein Häuflein Elend ein paar Schritte entfernt von Octavius und Agrippa und stierte auf den Boden. Der Centurio hatte ihm in letzter Sekunde das Schwert entreißen können, das Cornelius bereits angesetzt hatte, um sich selbst zu töten. Dann hatte Lucius Tutilius einen Boten zu Caesar geschickt.
Warum dauerte es nur so lange, bis der Feldherr und sein Stab über das blutgetränkte Schlachtfeld zu ihnen geeilt kamen?
»Macht Platz für den großen Caesar!«, ertönte Decimus' Stimme. Lucius Tutilius schreckte aus seinen Gedanken hoch. Seine Legionäre traten zur Seite, und Caesar betrat den Kreis. Sofort kniete er sich neben Octavius nieder. Den pompeianischen Gegner beachtete er nicht.
»Er ist verwundet, aber wir wissen nicht, wie schwer. Ein

Schwerthieb traf seinen Kopf«, sagte Marcus Agrippa leise.
Der Imperator deutete auf zwei Wunden an der linken Schulter und am Arm, aus denen Octavius blutete. Er sah jedoch sofort, dass diese Verletzungen leichterer Natur waren und begann, selbst den Lederriemen zu öffnen, der den Helm auf Octavius Kopf festhielt. Niemand wagte ihm zu widersprechen. Vorsichtig nahm Caesar seinem Neffen den Helm ab.
Die Erleichterung, dass sein Kopf bis auf eine dicke Beule unversehrt war, konnte man dem Feldherrn deutlich anmerken. Und auch Marcus Agrippa atmete tief durch.
»Octavius«, sagte Caesar kopfschüttelnd zu dem Ohnmächtigen. »Du solltest doch nicht kämpfen. Hatte ich dir nicht befohlen, hinter den Linien zu bleiben?«
»Es war dein Neffe, Caesar, der Cornelius Pompeius gefangen nahm«, wagte sich Lucius Tutilius einzumischen, obwohl dies natürlich nicht ganz der Wahrheit entsprach.
In diesem Moment öffnete Octavius die Augen und lächelte seinen Onkel mühsam an.
»Ist es ein Sieg für Rom?«, fragte er mit belegter Stimme.
»Ja«, antwortete Caesar, »für Rom … mein Sohn!«
Octavius erschrak. Wie hatte ihn Caesar eben genannt? Auch Agrippa, Decimus und die anderen Offiziere waren erstaunt darüber, dass Caesar ihn ›Sohn‹ genannt hatte. Der Imperator nahm ihn in seine Arme. »Mein Sohn!«, sagte er erneut und strich ihm beinahe zärtlich über die geschwollene Stirn. Es klang, als hätte der große Führer ein Gelübde ausgesprochen. Octavius schloss die Augen.
In diesem Moment erhob sich Cornelius Pompeius und bat seinen Gegner um ein Schwert.

»Diese Bitte kann ich dir nicht gewähren, Cornelius Pompeius«, antwortete Caesar. »Mit dem Blutvergießen soll es nun vorbei sein.«

Doch jeder der Anwesenden ahnte, dass dies nicht der wahre Grund war, dem Besiegten das traditionelle Recht auf den Selbstmord zu verweigern. Vielmehr kam es Caesar darauf an, bei seinem Einmarsch in Rom dem Senat und allen anderen, die ihm feindlich gesonnen waren, den geschlagenen Feind zu präsentieren und in einer demütigenden Zeremonie zu entwaffnen. Am besten beide Brüder, zusammen mit seinem ehemaligen General Labienus. Aber der war in der Schlacht gefallen, und Sextus Pompeius war wie vom Erdboden verschluckt.

»Du weißt genauso gut wie ich, dass der Tod zu meinen Pflichten gehört und dass ich ihn nicht fürchte, Caesar«, erwiderte der Führer der Pompeianer stolz. Und noch ehe Caesar darauf etwas erwidern konnte, riss er einem der Legionäre das Schwert aus der Scheide. Aber Decimus war schneller. Noch ehe sich der Pompeianer das Schwert in den Leib rammen konnte, schlug er ihm mit einem einzigen Streich den Kopf ab. So stahl er ihm die letzte Ehre.

Für einen kurzen Moment schloss Caesar die Augen. Aber so sehr er auch in sich hineinhorchte: Er empfand keinen Schmerz über den Tod des Pompeianers, dessen Leben irgendwann so oder so gewaltsam geendet hätte. Dafür fühlte der große Feldherr eine eigentümliche Leere und darüber hinaus auch eine große Sorge; die Sorge um die Zukunft des römischen Imperiums, deren Gelingen auch von dem tapferen jungen Mann abhängen konnte, der in seinen Armen lag und wieder bewusstlos geworden war. Seinem *Sohn* Gaius Octavius. Caesar hatte in diesem Moment die wichtigste Entscheidung seines Lebens getroffen. Doch dies durfte zu diesem frühen Zeitpunkt noch niemand wissen – am wenigsten Octavius selbst.

Kapitel III

Der Bürgerkrieg war vorbei, und inzwischen waren schon 74 Tage vergangen, seitdem die siegreichen Caesarianer die brennenden Leichenberge von Munda hinter sich gelassen hatten. 30.000 Männer waren in der Schlacht gefallen, die Zahl der Verwundeten war nur unwesentlich geringer. Sextus Pompeius, der einzige Überlebende aus der Führungsriege der Pompeianer, blieb jedoch spurlos verschwunden. Es hieß, dass er im Norden Spaniens mit ein paar versprengten Getreuen im Begriff war eine Kriegsflotte aufzubauen.

Aber all dies war zweitrangig geworden, jetzt, wo der kilometerlange Tross der siegreichen Legionen Caesars vor den Toren Roms aufmarschierte. Octavius und Marcus Agrippa hatten einen Ehrenplatz zugewiesen bekommen. Sie ritten direkt hinter dem siegreichen Imperator, in einer Reihe mit Decimus und den anderen Generälen, die sich in der Schlacht von Munda ausgezeichnet hatten.

Während des Rückmarschs hatte Octavius häufig Gelegenheit gehabt, mit seinem Onkel zu sprechen, wobei er ehrlicherweise zugeben musste, dass diese Gespräche eher einseitig geführt wurden. Denn wenn Octavius den Mund aufgemacht hatte, dann hatte er zumeist gefragt – und der mächtigste Mann Roms hatte geantwortet. Aber bereits die Fragen des jungen Mannes hatten den Imperator erkennen lassen, dass sein Neffe eine bemerkenswert schnelle Auffassungsgabe besaß – und einen scharfen Verstand, der es ihm erlaubte, die zuweilen komplizierten politischen Zusammenhänge zu erkennen und drei bis vier Schritte im Voraus zu denken. Julius Caesar

ließ sich seine Freude darüber jedoch mit keiner Silbe, mit keiner Miene anmerken.
Auch Octavius, der zwischen den Zeilen lesen und Zwischentöne erfassen konnte, zog es vor, über die Inhalte seiner Unterredungen mit Julius Caesar zu schweigen. Die Römer – im Besonderen der Senat und die Nobiles – würden schon früh genug den scharfen Wind zu spüren bekommen, den Caesar durch die verstaubten Führungsstrukturen des Staates wehen lassen wollte.
Auch wenn der Diktator zu Beginn des Bürgerkriegs die Alleinherrschaft nicht als sein erklärtes Ziel formuliert hatte, so war in ihm jetzt durch seinen überwältigenden Sieg doch der Ehrgeiz entstanden, seine unangefochtene Stellung innerhalb des Staatsapparates zu festigen und auszubauen.
Ein wesentliches Instrument hierfür war ›Milde‹: die *clementia Caesaris,* die er seinen besiegten Gegnern im Krieg, nun aber auch ihren adeligen Unterstützern im Senat zu gewähren bereit war. »Gnade vor Recht ergehen zu lassen«, hatte Octavius eines Tages keck gefragt, »dies ist doch für gewöhnlich Sache eines Herrschers. Gehört Gnade dann nicht zu den Tugenden eines Königs – und ist Rom nicht eine Republik?«
Julius Caesar hatte ihn auf diese Frage hin stumm angesehen und wissend gelächelt, und Octavius hatte erkannt: Keine Antwort ist manchmal die klarere Antwort.
Für ihn stand fest, dass sein Onkel jetzt offensichtlich doch das Ziel verfolgte, die römische Republik für sich zu vereinnahmen und die knapp einhundert Jahre alte Demokratie zu zertreten. Er sah darin nichts Verwerfliches, denn er vertraute seinem politischen Lehrmeister

blind. Er hatte staunend mit angesehen, wie Caesar ununterbrochen Boten mit neuen Dekreten und Erlassen in die Hauptstadt hatte vorausschicken lassen, und als sie jetzt in die geschmückten Straßen Roms einmarschierten, wo ihnen Tausende frenetisch zujubelten, hatten Caesars Vertraute, die er in Rom besaß, den zukünftigen Weg des Imperators zur Macht bereits geebnet …
Einer von ihnen schien ausgerechnet Marcus Antonius zu sein, der den Imperator freudestrahlend am Stadttor empfing. Anders als bei ihrer letzten Begegnung, stellte Octavius fest, trug Antonius jetzt eine prachtvolle Uniform. Er sah aus wie der Kriegsgott Mars persönlich. Octavius und Marcus Agrippa tauschten einen verwunderten Blick. Hatte Caesar den kraftstrotzenden Krieger nicht höchstpersönlich vor einem guten halben Jahr aus dem Amt gejagt? Hatte er ihm nicht auch Verschwendungssucht und ›Vielweiberei‹ angelastet? Marcus Agrippa zuckte mit den Schultern. Die hohe Kunst des politischen Ränkespiels war ja bekanntlich nicht die seine.
»Marcus Antonius!«, rief Julius Caesar zur Begrüßung. »Hast du mir wenigstens einen Becher Wein übrig gelassen, um meine Rückkehr zu feiern?«
»Ich habe selbst jeden Tropfen gebraucht, seitdem du mich in dieser elenden Stadt festgesetzt hast, während du abgehauen bist, um dich zu amüsieren!«, erwiderte Marcus Antonius lachend. Er riss sein Pferd herum und trabte an die Seite des Imperators.
Von oben regnete es Blüten auf die siegreichen Caesarianer herab. Die Menschen hatten zwischen den Häusern farbenfrohe Girlanden über die Straßen gespannt; sie standen dicht gedrängt zu beiden Seiten des Weges und schrien sich vor Freude heiser. Octavius und Marcus

Agrippa fühlten sich in diesem Moment, als wären sie die Retter der Welt.
Plötzlich wandte Julius Caesar seinen Kopf herum und zeigte auf Octavius und Marcus Agrippa: »Marcus Antonius, ich möchte, dass du meinen Neffen, Octavius, und seinen Freund Marcus Agrippa kennen lernst. Die beiden haben sich in der Schlacht von Munda tapfer geschlagen!«
Marcus Antonius drehte sich ebenfalls zu Octavius um. Er lächelte. »Wir kennen uns schon, Caesar«, sagte er, und an Octavius gewandt fuhr er fort: »Die Nachricht von eurer Tapferkeit ist euch beiden bereits nach Rom vorausgeeilt.«
Während Marcus Agrippa rot wurde, erwiderte Octavius diese unüberhörbare Schmeichelei mit einem bescheidenen Lächeln, das auch Julius Caesar nicht entging.
»Sehr gut, Octavius – lasst euch ja nicht zu sehr von Marcus Antonius' Lobhudelei beeindrucken!«, bemerkte sein Onkel und winkte der jubelnden Menge fröhlich zu.
In diesem wohl berechneten Augenblick holte Marcus Antonius eine dünne Schriftrolle unter seinem Brustpanzer hervor und überreichte sie dem Imperator, der ihn nun fragend anblickte.
»Caesar«, sagte Marcus Antonius und senkte seine Stimme, »jetzt ist es an der Zeit, diese Stadt zu säubern. Hier sind die Namen deiner Feinde!«
Octavius tat unbeteiligt, aber er hatte die Worte des Kriegers trotz des Lärms recht gut verstanden. Damit ihm nichts entgehen konnte, ließ er sein Pferd kurz antraben, wobei er darauf achtete, dies wie ein Versehen aussehen zu lassen.

»Aber was wäre erreicht, wenn man sie alle umbringt?«, erwiderte Julius Caesar.

»Was bringt es dir, dass sie alle in der Stadt herumstolzieren, intrigieren und eine Verschwörung gegen dich anzetteln?«, fragte Marcus Antonius zurück. Er schien verblüfft zu sein. Julius Caesar schüttelte den Kopf. Octavius sperrte seine Ohren so weit auf wie möglich.

»Unsere Waffe wird die Milde und nicht der Terror sein!«, sagte der Imperator.

Diese Worte überzeugten Marcus Antonius keineswegs. Er runzelte die Stirn. »Du legst deine Waffen nieder, aber deine Feinde ganz sicher nicht! Sieh dich doch um: Sie winken dir freundlich zu, aber in ihren Gewändern haben sie den Dolch verborgen!«

Julius Caesar antwortete nicht, sondern gab Marcus Antonius die Schriftrolle zurück. Für ihn war die kurze Unterhaltung beendet.

Octavius ließ sich mit seinem Pferd wieder in die Reihe zurückfallen. Sein Onkel hatte Recht getan: Auch seiner Meinung nach waren weder Ort noch Zeitpunkt dazu geeignet, politische Entscheidungen von so ungeheurer Tragweite zu diskutieren. Rom war schließlich auch nicht an einem Tag erbaut worden. Überdies hatte inzwischen ohnehin etwas ganz anderes seine Aufmerksamkeit erregt.

»Sie beobachtet mich!«, sagte er unvermittelt zu Marcus Agrippa.

»Wer?«

»Das Mädchen, das ich heiraten werde«, grinste Octavius und deutete auf das hübsche Gesicht, das er zufällig in der Menge entdeckt hatte.

»Wo?«, fragte Marcus Agrippa und spähte in die Richtung, konnte aber nichts entdecken. Da waren nur Gesichter, da waren nur hübsche junge Frauen!

»Na dort!«, rief Octavius übermütig, und jetzt sah auch Marcus Agrippa ihr Gesicht.
»Ist das nicht das Mädchen aus der Gasse?«
»Ja, genau die«, erwiderte Octavius und bemerkte plötzlich, dass Livia den Kopf demonstrativ zur Seite drehte, als er dicht an ihr vorbeiritt.
»Du solltest ihr besser mal deine Wunden zeigen«, stichelte Marcus Agrippa. »Vielleicht beeindruckt sie wenigstens dein Heldenblut!« Doch das Lachen blieb ihm im Halse stecken, denn als er die Miene seines Freundes bemerkte, ahnte er, dass es Octavius ernst war, dass er sich niemals davon abbringen lassen würde, um dieses Mädchen zu werben.
Die Parade näherte sich nun dem Forum Romanum, wo der Senat, die Magistraten und die Vertreter der Volksversammlung ein Spalier gebildet hatten. Die einfachen Truppenteile schwenkten um und marschierten in Richtung des Marsfeldes; die Befehlshaber, Generäle und Offiziere dagegen ritten weiter auf das Forum. Julius Caesar stieg von seinem Pferd und betrat mit ausladenden Schritten die Rednertribüne am südwestlichen Ende des Platzes. Der rote Umhang umwehte seine hagere Gestalt. Er breitete die Arme aus. Langsam begann der Jubel zu verebben. Doch Julius Caesar wartete, bis sich völlige Stille über das Forum senkte. Dann rief er: »Niemand, der gegen mich gekämpft hat, soll meine Rache fürchten!«
Octavius beobachtete, wie sich Skepsis auf das Gesicht von Marcus Antonius legte. Die kleine Gruppe der einflussreichen und altgedienten Senatoren, allen voran Cicero, der vielleicht klügste Mann, der jemals in diesem Herzstück der Republik das Wort ergriffen hatte, schien diese Worte Caesars dagegen mit Erleichterung aufzu-

nehmen. Kein Wunder, dachte Octavius, waren sie doch von jeher die eigentlichen Gegner des Imperators gewesen.

»Deshalb verkünde ich, Julius Caesar, hiermit eine Generalamnestie! Der Bürgerkrieg, der Rom über so viele Jahre entzweite, ist zu Ende!«

Nun brach ohrenbetäubender Jubel los. Julius Caesar nutzte die Gunst des Augenblicks und ließ sich von der begeisterten Menge minutenlang feiern. Dann stieg er von der Rednertribüne hinunter und ging gemessenen Schrittes zu seinem Pferd zurück.

Octavius hatte plötzlich einen Einfall. Er sprang aus dem Sattel, nahm die Zügel des Pferdes seines Onkels auf und sorgte dafür, dass Caesar in aller Ruhe aufsteigen konnte, ohne dass sein Pferd tänzelte. Nicht nur Marcus Agrippa, auch die Stabsoffiziere wunderten sich – und am allermeisten Marcus Antonius.

Als Caesar die Hilfestellung dankend in Anspruch nahm und auf sein Pferd stieg, sagte Marcus Antonius in den Jubel hinein: »Ich bin nur ein einfacher Militär, o Caesar. Sag mir, was wird dann unser nächster Sieg sein?«

Sein Gesicht drückte unübersehbares Missfallen aus – über Caesars dürre Worte, aber wohl auch über den forschen jungen Neffen, der seiner Meinung nach alles versuchte, um die Gunst des Diktators zu erringen.

Caesar sah ihn fragend an. Da platzte es aus Octavius heraus: »Marcus Antonius – dies soll das Ende des Krieges sein! Jetzt geht es nur noch um Frieden und Gerechtigkeit für alle!«

Marcus Antonius schnappte wie ein Fisch nach Luft. Was nahm sich dieses Bürschchen heraus! Aber Caesar nickte.

»Mein Sohn spricht die Wahrheit!«, sagte er.

Der Krieger riss die Augen auf und starrte Octavius an. »Sohn?«, fragte er entsetzt. Ganz Rom wusste, dass der Diktator nur einen Sohn hatte, Kaisarion, den er mit der ägyptischen Königin Kleopatra während einer zweimonatigen Liebesreise auf dem Nil gezeugt hatte, kurz nachdem er sich erfolgreich in den ägyptischen Geschwisterkrieg eingemischt und mit den römischen Legionen Kleopatra auf den Thron verholfen hatte.
Octavius schwieg weise. Er hatte nicht vor, seinem Onkel noch einmal ins Wort zu fallen. Und ›Sohn‹ Caesars zu sein, das klang schließlich unvergleichlich viel besser, als ›Neffe‹. Gleichzeitig hielt er dem Blick des Kriegers mit einem unergründlichen Lächeln stand - und Marcus Antonius ahnte in diesem Moment zum ersten Mal, dass dieser Octavius offenbar aus ganz besonderem Holz geschnitzt war.

Die neue Milde des Imperators hatte zur Folge, dass sich am nächsten Abend auch seine politischen Gegner in seinem privaten Domizil zu einem Empfang versammeln durften. Während sich Marcus Agrippa inmitten der illustren Gesellschaft ziemlich unwohl fühlte, genoss Octavius den Trubel. Allerdings gefiel ihm weniger das Fest selbst – die Tänzerinnen, die Musik und der Wein, der in Strömen floss –, sondern vielmehr die vielen neuen Eindrücke, die ihm diese Gesellschaft vermittelte.
Ihm schien es, als wäre der Festsaal in zwei Hälften geteilt: Auf der einen Seite hielt sich Caesar auf, der stets von einer dichten Menschentraube – seinen getreuen Anhängern, aber auch entsetzlich vielen Speichelleckern – umringt wurde. Auf der anderen Seite des Saales hatten sich die Nobiles zusammengefunden, unter ihnen

auch der wortgewaltige Cicero – die Hüter der Republik, die nun ihre Felle davonschwimmen sahen – und das weitaus schneller, als sie es erwartet hatten. Denn ein geschickter Schachzug Caesars hatte den Einfluss dieser mächtigen Männer von heute auf morgen arg beschnitten: Kraft seiner diktatorischen Vollmacht hatte er die Zahl der Senatoren auf 900 erhöhen lassen. Nun saßen plötzlich Männer in diesem wichtigsten Gremium, die vorher noch nie ein öffentliches Amt bekleidet hatten. Aber ihre politische Unerfahrenheit spielte keine Rolle. Hauptsache, sie würden Julius Caesar durch ihren kometenhaften gesellschaftlichen Aufstieg auf immer treu ergeben sein.

Darüber hinaus hatte Caesar wenige Stunden nach der Verkündung der Generalamnestie die Magistraten Roms antreten lassen, um die Ausmusterung der altgedienten Legionäre zügig voranzutreiben. Zehntausende von ihnen hatten nun ein Anrecht auf ein ordentliches Stück Ackerland, auf eine großzügige Abfindung – und nicht zuletzt durften diese kampferprobten Männer jetzt endlich auch eine Familie gründen und für neue Generationen sorgen. »Ein Staat«, hatte Caesar seinem Neffen verraten, »ist immer nur so stark wie seine Armee.« Octavius hatte genickt, das Wort ›Staat‹ jedoch im Stillen durch das Wort ›Herrscher‹ ersetzt. Dies war eine weitere Lektion, die er verinnerlicht hatte: Octavius begriff, dass die Macht eines Diktators im Wesentlichen auf dem römischen Heer beruhte, das man deswegen selbstverständlich bei Laune halten musste …

In diesem Moment tauchte Fulvia auf, die gefurchtete Gattin des Marcus Antonius. Sie war die erste Frau, die den notorischen Weiberhelden gezähmt hatte; aber dies wohl nur, weil sie sehr vermögend war. Während der

Bürgerkriegswirren hatte sie zwei Männer beerdigen müssen, die Verbindung mit Marcus Antonius war ihre dritte Ehe. Fulvia war zusammen mit Calpurnia, der Frau des Imperators, erschienen; eine zurückhaltende, schüchterne Person, die von der dominanten Gestalt Fulvias förmlich erdrückt wurde. Die Gäste, die bis dahin gesessen hatten, erhoben sich, um der Hausherrin – wahrscheinlich jedoch eher der Gattin des Marcus Antonius – ihre Hochachtung zu erweisen. Octavius wunderte sich: Von den Nobiles erhob sich niemand – auch das hübsche junge Mädchen nicht, dass sittsam am Rand eines Ruhebettes saß, Trauben naschte und ihn offenbar schon eine ganze Weile beobachtet hatte.

Nun war er Livia Drusilla zum dritten Mal begegnet. Die Ohrfeigen, die sie ihm damals in der dunklen Gasse gegeben hatte, würde er jedoch niemals vergessen. Und ihren empörten Blick, als er an ihr vorbeigeritten war, auch nicht. Er verzichtete absichtlich auf eine Geste des Erkennens und schaute unbeteiligt in eine andere Richtung. Wenige Augenblicke später stand sie jedoch plötzlich neben ihm.

»Ich habe mich nicht erhoben!«, sagte sie.

Octavius nickte.

»Ich habe mich nicht erhoben, weil meine Eltern dies auch nicht getan haben. Und ich kann meine Eltern in der Öffentlichkeit nicht beschämen«, erklärte sie. Sie musste ihn wirklich genau beobachtet haben.

»Dann müsste sie doch deine Anwesenheit an der Seite des Neffen Caesars erst recht beschämen!«, erwiderte Octavius.

»O nein!«, Livia lächelte spöttisch. »Sie denken jetzt, ich will dich aushorchen. Deine niedrige Geburt ist doch ebenso bekannt wie meine altadlige Abstammung. So kann mein Ziel doch nur der Versuch sein, dir ein paar Geheimnisse zu entlocken.«

Sie hatte Mut. Sie hatte Temperament. Sie war wunderschön. Und sie fürchtete sich keineswegs vor ihm, sondern war sofort zum Angriff übergegangen. Im Grunde war es nur eine Fortsetzung ihrer Unterhaltung in der dunklen Gasse. Aber diesmal, schwor sich Octavius, würde diese Livia Drusilla das Schlachtfeld nicht als Siegerin verlassen. Wenn ihn ein Weibsstück derartig provozierte – warum sollte er dann höflich bleiben?

»So, so – aushorchen!«, rief er. Und fuhr mit gesenkter Stimme fort: »Es gibt, wie man hört, doch adlige Damen, die das größte Vergnügen daran haben, sich Liebhaber von niedriger Herkunft zu halten?«

Livia Drusilla nickte. »Sicher. Schauspieler, Gladiatoren, sogar Hausknechte. Aber das sind die ausgefallenen Spielarten von ›niedrig‹ – du jedoch, *Neffe,* bist nur ein recht bescheidener Niedriggeborener …«

»Der Adel ist selbstverständlich für seine Bescheidenheit bekannt«, antwortete Octavius grinsend. Ihr Ton war anmaßend und verletzend – und dennoch klang ihre Stimme süß und aufregend in seinen Ohren. Wie alt sie wohl sein mochte? Octavius schätzte sie auf 14

»Aber ich bin doch bescheiden. Und sogar noch unschuldig!« Livia hielt sich erschrocken die Hand vor den Mund. »Oh, das war jetzt aber gar nicht bescheiden, oder?«

Octavius spürte, dass er gegen seinen Willen heftig errötete. Livia Drusilla konnte ihre Arroganz kaum unterdrücken. Plötzlich jedoch wurde ihr Blick ernst. Julius Caesar und Marcus Antonius kamen in Begleitung des Aemilius Lepidus, des amtierenden Konsuls von Rom, durch den Saal geschlendert. Der Diktator wurde von beiden Männern flankiert, die ihn jeweils um Haupteslänge überragten. Und dennoch schien Julius Caesar irgendwie größer zu wirken. Ja, dachte Octavius, er überstrahlte sie beide.

»Caesar will sich selbst zum König krönen!«, flüsterte Livia und deutete verstohlen auf eine hochgewachsene Frau, die in diesem Augenblick mit ihrem Gefolge den Saal betrat. Octavius erkannte das Gesicht von Kleopatra, der Königin von Ägypten: Verbündete Roms und sagenhafte Verführerin. Livia nickte. »Und sie wird seine Königin sein!«

Octavius warf einen Seitenblick auf Caesars Gemahlin, das verschreckte Ding. Als ihre Nebenbuhlerin den Saal betreten hatte, hatte sie sich brav erhoben; wie alle Anwesenden, bis auf die Nobiles natürlich. Und ihm entging nicht, dass Marcus Antonius die wunderschöne Ägypterin mit seinen Blicken förmlich auszog, während Julius Caesar die Mutter seines unehelichen Kindes mit freundlicher Zurückhaltung begrüßte. Octavius fragte sich in diesem Moment, wie sich wohl Calpurnia und Fulvia fühlen mussten.

»Wirst du ihn aufhalten können?«, wisperte Livia.

»Wen – Julius Caesar? Warum sollte ich?«, gab Octavius die Frage verblüfft zurück.

»Und selbst wenn – du würdest dir die Königin auch nur zur Feindin machen!«

Was redete Livia da? Octavius verstand nicht, worauf sie hinauswollte.

»Da sieht man, dass du überhaupt noch nichts verstehst«, meinte sie dann. »Du bist eben nur … ein Junge!«

Jetzt endlich begriff Octavius, was sie meinte: Feldherren wie Julius Caesar machten schließlich bei ihren Eroberungszügen nicht auf dem Schlachtfeld Halt, sondern setzten anschließend alles daran, die neue Allianz

durch ein persönliches Verhältnis mit den jeweiligen Machthabern – oder Machthaberinnen – zu festigen: Caesar und Kleoptra – das war sicherlich eine romantische Flussfahrt gewesen, aber mit wahrer Liebe hatte ihre Beziehung natürlich nichts zu tun.
Aber was ihm Livia da eben unterstellt hatte, war eine erneute, wenn auch nur verbale, Ohrfeige. Sie hatte doch tatsächlich die Frechheit besessen, ihm seine Unerfahrenheit vorzuhalten. Warum tat sie das? Was hatte sie vor? Octavius war einen Moment lang verwirrt. Aber gleichzeitig hielt er den Augenblick für gekommen, dieses arrogante und eingebildete Mädchen zurechtzustutzen.
»Die Königin?«, rief er aus und warf einen kurzen Blick auf die schöne Ägypterin, die von Julius Caesar und Marcus Antonius belagert wurde. »Ach was – auch sie ist doch nur ein kleines Mädchen. So wie du!« Das war natürlich übertrieben; im Grunde war es sogar schlichtweg falsch, Kleopatra als *kleines Mädchen* zu bezeichnen, aber Octavius kam es schließlich nur darauf an, Livia Drusilla einmal deutlich zu verstehen zu geben, was er von derlei Anzüglichkeiten hielt.
Doch Livia lächelte ihn kokett an. »Ja«, sagte sie, »nur ein Mädchen.« Sie plinkerte mit den Augenlidern und setzte plötzlich das zauberhafteste Lächeln auf, das er jemals gesehen hatte. Für einen Moment lang glaubte er in ihren Augen zu erkennen, dass sie ihn in Wahrheit sehr gern hatte. Octavius spürte erneut, dass er errötete. So etwas hatte er ja noch nie erlebt. Diesem wunderbaren Geschöpf würde er alle Unverschämtheiten gern verzeihen. Zu schade, dass sie sich jetzt auf den Weg zurück zu ihren Eltern machte. Er konnte den Blick einfach nicht von ihr abwenden. Aber jetzt musste er unbedingt einen Schluck Wein trinken, denn seine Kehle war entsetzlich

trocken und sein Magen krampfte sich zusammen. So und nicht anders, dachte Octavius, musste es sich wohl anfühlen, wenn man sich unsterblich verliebte.

Am nächsten Morgen wurden die beiden Freunde von Julius Caesar aufs Forum mitgenommen, wo für diesen Tag mehrere Gerichtsverhandlungen angesetzt waren.
»Ich danke dir, dass du mir den Fall dieses Bauern vorgetragen hast«, sagte Caesar unvermittelt, als sie gleich neben dem *Rostrum* Platz nahmen, der Rednertribüne, die nun für den Richter reserviert war. Kläger und Beklagte standen sich zu beiden Seiten des erhöhten Richtertisches gegenüber.
»Der Fall des Bauern?«, fragte Agrippa.
Octavius nickte. »Erinnerst du dich nicht? Wir sind ihm doch in unserer ersten und letzten Nacht hier in Rom auf der Straße begegnet. Der Mann mit den beiden kleinen Mädchen, der behauptete, man habe ihm sein Land gestohlen … Ich habe meinem Onkel irgendwann davon erzählt.«
Marcus Agrippa tippte sich an die Stirn.
»Ich habe Nachforschungen anstellen lassen«, wisperte Caesar, »und ich verspreche dir, mein lieber Neffe: Heute wirst du die Geburt des neuen Rom erleben – beginnend mit der Gerechtigkeit für alle!«
Octavius sah zweifelnd zu dem Bauern hinüber, der mit einem Anwalt gekommen war. Ihre Blicke trafen sich und ein dankbares Lächeln huschte über das Gesicht des einfachen Mannes. Octavius reagierte jedoch nicht, sondern musterte den Beklagten, einen der angesehensten adligen Senatoren Roms. Sein Name war Gaius Cassius Longinus – und sein Anwalt war kein Geringerer als Cicero selbst.

»Gegen Cicero wird dein Bauer bestimmt nichts ausrichten können!«, flüsterte Marcus Agrippa.
Octavius wiegte den Kopf hin und her. Ihm erschien es ohnehin rätselhaft, warum sich Julius Caesar für einen derart unbedeutenden Rechtsstreit interessierte.
Cicero ergriff das Wort: »Es ist verständlich, dass dieser Bauer das Land seiner Väter zu behalten wünscht. In diesem Fall jedoch unterstehen wir Kräften, die stärker sind als die Ahnen. Wir unterstehen der Führung des Gesetzes. Ein Vertrag wurde geschlossen mit einem der angesehensten Edelmänner – mit Gaius Cassius Longinus!« Octavius beobachtete, wie der Bauer immer kleiner wurde. Cicero schenkte der Gegenpartei einen herablassenden Blick und fuhr fort. »Diesem Mann wurde ein Kredit gewährt - für den das Land und das bäuerliche Anwesen als Sicherheiten eingetragen wurden. Leider kam der Schuldner mit der Zahlung der Zinsen in Verzug. Somit ist der in Frage kommende Besitz nun das legale Eigentum des Cassius Longinus – so steht es in dem Vertrag!«
Die Menschenmenge murmelte zustimmend.
»Aber der Hof meines Mandanten ist abgebrannt!«, warf der Anwalt des Bauern schüchtern ein.
»Dafür kann man Cassius Longinus wohl nur schwerlich verantwortlich machen!«, sagte Cicero lächelnd. In der Menge waren einzelne Lacher zu hören.
In diesem Moment erhob sich Julius Caesar plötzlich von seinem Platz und rief: »Aber haben wir nicht einen Zeugen, der das Gegenteil behauptet?«
»Einen Zeugen?«, fragte Cicero überrascht.
Caesar nickte dem Richter zu, der daraufhin mehreren Prätorianern ein Zeichen gab. Die Soldaten gaben den Weg für zwei ihrer Kameraden frei, die einen finster aus-

sehenden Kerl in ihre Mitte genommen hatten. Octavius hielt den Atem an: Natürlich, dies war offensichtlich ein abgekartetes Spiel, aber ihm entging nicht, dass der Edelmann Cassius Longinus beim Anblick des Mannes erbleichte.

»Das ist er ja!«, schrie der Bauer aufgeregt. »Dieser Mann hat mein Haus in Brand gesetzt und ist geflohen, bevor ich ihn fassen konnte!«

Der Richter ging nicht weiter auf das Geschrei des Klägers ein, sondern zeigte auf den mutmaßlichen Brandstifter: »Dieser Mann hat heute früh zugegeben, den Hof des Klägers in Brand gesteckt zu haben!«, donnerte er. Cicero und Longinus tauschten einen unsicheren Blick. »Ist das die Wahrheit?«, fragte der Richter. Der Brandstifter schaute betreten zu Boden und nickte beschämt. »Warum hast du es getan? Wurdest du dafür bezahlt?« Der Mann nickte erneut. »Von wem?«

Jetzt hob der Brandstifter seinen Kopf und deutete auf Cassius Longinus. Die Menge hielt den Atem an.

»Lügner!«, zischte der beschuldigte Longinus.

Cicero hob beschwörend die Hände. »Mein Mandant, Cassius Longinus, bestreitet diese Verleumdung!«

»Außerdem ist er kein Römer! Er darf nicht gegen mich aussagen!«, rief Longinus aufgeregt.

Noch ehe der Richter etwas darauf erwidern konnte, erhob sich Caesar erneut und trat vor. »Cicero! Setze doch bitte freundlicherweise deinen Mandanten davon in Kenntnis, dass jeder, der unter dem römischen Gesetz lebt, vor diesem Gesetz gleich ist!«

Die Menge begann spontan zu jubeln. Julius Caesar blickte zufrieden auf die Bürger der Hauptstadt herab und setzte sich nach einer kurzen Weile wieder hin.

Der Richter ergriff das Wort: »Das Gesetz, Cicero, zwingt mich, diesem Zeugnis zu glauben. Cassius Longinus wird daher schuldig gesprochen. Ich verurteile ihn, den Schaden in Höhe von 10.000 Sesterzen zu ersetzen. Außerdem erkläre ich hiermit seine Ansprüche auf das Land und den Hof für null und nichtig!« Zum Bauern gewandt fuhr er fort: »Dein Hof und dein Land werden dir somit zurückgegeben.«
»Siehst du, mein Sohn?«, sagte Julius Caesar augenzwinkernd. »Das ist das neue Rom …!«
An diesem Vormittag erlebten die Zuschauer noch so manche Überraschung. Octavius und Agrippa waren jedenfalls ziemlich beeindruckt, wie schnell die Magistraten Caesars neue Richtlinien in die Tat umgesetzt hatten. Als sie sich gegen Mittag an einer Garküche zwei Portionen Stockfisch genehmigten, tauchte plötzlich der Bauer auf, warf sich vor Octavius auf den Boden und begann, den Saum seiner Toga zu küssen. Octavius erschrak.
»Danke, ich danke dir, danke!«, rief der Mann überschwänglich. »Ich verdanke dir mein Leben!
»Bitte, steh doch auf. Ich habe deinen Fall doch nur weitergetragen!«, entgegnete Octavius.
Marcus Agrippa schwieg, aber sein Blick drückte Missfallen aus. Der Bauer erhob sich, blieb aber im Staub der Straße knien. »Ohne deine Fürsprache wäre mein Leben zerstört, meine Familie müsste verhungern!«
Agrippa konnte diese demutsvolle Haltung nicht mehr mit ansehen und zog den Bauern am Schlafittchen auf die Beine. »Nun steh schon auf! Nicht er, Julius Caesar hat für Gerechtigkeit gesorgt«, schnauzte er den Mann an.
»Doch ohne dich hätte Caesar nie etwas von mir erfahren. Trotz deiner privilegierten Stellung hast du dich meiner und meiner Familie angenommen. Ich werde für

dich zu den Göttern beten, obwohl sie dich schon kennen, Octavius. Ja – die Götter haben dich erwählt. Du bist ein großer Mann. Bald wird die Welt erfahren, was ich heute schon weiß ...«

Er fiel noch einmal auf die Knie, küsste Octavius die Füße, sprang dann auf und rannte davon. Octavius stand regungslos da. Er schien nachzudenken, aber sein Gesichtsausdruck strahlte Zufriedenheit aus – ja, geradezu Glück.

»Ich würde es ja nicht glauben, aber ich habe es mit eigenen Augen gesehen!«, knurrte Agrippa. »Du hast es genossen, als er dir die Füße geküsst hat!«

»Habe ich nicht!«, entgegnete Octavius entschlossen.

»Hast du doch!«

»Nein!«, schrie Octavius wütend, warf seinen Stockfisch achtlos in den Rinnstein und stiefelte davon. Agrippa verharrte auf der Stelle und blickte ihm nach. In diesem Moment schossen ihm eine Menge Gedanken durch den Kopf. Was hatte Octavius vor? Was bewegte seinen Freund in Wirklichkeit – und was bedeutete dies alles auch für seine eigene Zukunft? Marcus Agrippa stellte fest, dass ihn all diese Fragen ausgesprochen beunruhigten.

Julius Caesar stand auf dem Balkon seines Arbeitszimmers. Die Nacht war lau und klar, und die Dunkelheit der Neumondnacht verstärkte den herrlichen Sternenhimmel. Der Diktator ließ seinen Blick über Rom schweifen. Normalerweise erfüllte ihn dieser Blick mit großer Freude, aber er fühlte sich müde und erschöpft. Es klopfte an der Tür. Caesar wandte sich um. Octavius stand auf der Schwelle zum Balkon. »Du hast mich rufen lassen, Onkel?«, fragte er.

»Ja, Octavius, komm. Es ist eine so herrliche Nacht!«

Octavius trat auf den Balkon heraus und stellte sich neben den Diktator an die Brüstung.
»Ist es nicht eine wunderschöne Stadt?«, fragte Julius Caesar.
»Die schönste Stadt der Welt!«
Caesar wandte ihm sein Gesicht zu. »Aber du hast die Welt doch noch gar nicht gesehen, Neffe. Und das ist unerlässlich. Du wirst deshalb nach Griechenland abreisen – und zwar schon morgen. Marcus Agrippa und zwei andere hoffnungsvolle junge Männer werden dich begleiten!«
»Wie bitte?«, fragte Octavius.
»Ja«, antwortete Caesar. »Du wirst Rhetorik studieren und mit meinen mazedonischen Legionen exerzieren. Lucius Tutilius und seine Centurie werden wieder für eure Sicherheit sorgen.«
»Du schickst mich fort?«, Octavius war unüberhörbar enttäuscht.
»In Munda und während unserer gemeinsamen langen Reise habe ich dir von einer Welt erzählt, die noch nicht existiert. Diese Welt muss erst noch erschaffen werden. Sonst ist Rom verloren!«
»Du wirst sie erschaffen, Onkel!«, murmelte Octavius.
»Ich habe mich für diese Aufgabe entschieden, Octavius. Die Götter haben mich gerufen, und ich folge ihrer Stimme. Aber die Götter bestimmen unser Leben nicht vor. Es ist nun an dir, dich zu entscheiden. Wenn du diesen Traum mit mir teilen willst, so kann er jetzt auch der deinige sein, mein Sohn!« Schon wieder hatte ihn Caesar einen *Sohn* genannt. Octavius sah seinen Onkel erschrocken an. »Doch du musst dich darauf vorbereiten. Lerne, studiere. Gewinne vor allem das Vertrauen der Soldaten. Vertraue auch du ihnen, höre auf sie, lebe für sie

– dann werden sie für dich bis in den Tod gehen!« Er atmete ein paar Mal tief ein und aus und legte ihm dann die Hand auf die Schulter. »Denn schon bald werden viele von ihnen genau dies tun müssen. Doch auch ich fordere von dir nicht weniger als dein Leben, Octavius!«
Octavius sah seinen Onkel verständnislos an.
Caesar hob mahnend den Zeigefinger und legte ihn kurz auf seine Lippen, ehe er fortfuhr: »Ich habe dich heute Nachmittag durch den Senat ins Patriziat erheben lassen. Du gehörst jetzt dem Altadel der römischen Aristokratie an. Und du wirst mich auf dem nächsten Feldzug als mein Reiterführer begleiten!«
»Ein Feldzug?«, fragte Octavius verblüfft.
»Es geht gegen die Parther«, flüsterte Julius Caesar. »Ich werde meine Pläne jedoch erst in ein paar Wochen dem Senat vorlegen.«
Octavius war angesichts der letzten Sätze aus dem Mund des Diktators fassungslos. Julius Caesar hatte ihn wie einen engsten politischen Berater ins Vertrauen gezogen. Doch darüber hinaus hatte er ihm den Weg in eine glänzende Zukunft geebnet. Jetzt musste er die Tür nur noch aufstoßen und über die Schwelle treten.
»Bist du bereit, dein Leben Rom zu widmen, mein Sohn?«, fragte Julius Caesar.
»Bedingungslos – ja!«, antwortete Octavius sofort, ohne lange zu überlegen.
»Sehr gut«, murmelte der Diktator und umarmte ihn. Wie einen Sohn.

Nachdem er das Haus seines Onkels verlassen hatte, war Octavius wie betäubt durch die nächtlichen Straßen gewandert. Irgendwann, er wusste gar nicht wie, war er auf das Forum Romanum gelangt, wo er sicherlich mehrere Stunden gesessen hatte. Er war vollkommen verwirrt, und er hätte jetzt jemanden gebraucht, dem er sein Herz ausschütten, den er um Rat fragen konnte. Aber seine Mutter und seine Schwester Octavia hielten sich nach wie vor in Nola in Kampanien auf, und Marcus Agrippa erschien ihm – obwohl er sein bester Freund war – nicht der Richtige zu sein. Plötzlich jedoch durchzuckte ihn ein Gedanke: Livia Drusilla – vielleicht konnte er sich ja an sie wenden. Schließlich hatte sie ihm deutlich genug gezeigt, dass sie Interesse an ihm hatte. Es war sicherlich verrückt, sich mit seinen Sorgen ausgerechnet an jemanden zu wenden, den man nur *glaubte* zu kennen, aber eine innere Stimme sagte ihm, dass er Livia Drusilla vertrauen konnte, obwohl ihr Vater Marcus Livius Claudianus bekannt dafür war, die republikanische Idee zu unterstützen. Und außerdem – jetzt waren sie ja von gleichem Stand!

Nicht einmal eine halbe Stunde später wusste Octavius, dass er sich nicht in ihr getäuscht hatte. Denn kaum, dass er an die Tür der mächtigen Patrizierfamilie geklopft und einem verschlafenen Hausbediensteten seinen Wunsch vorgetragen hatte, erschien auch schon Livia im Eingang, hakte ihn unter und führte ihn in ein kleines Atrium, wo sie – wie sie sagte – niemand stören würde. Octavius schlug das Herz bis zum Hals. Sie hatte offenbar auf ihn gewartet, denn es war ja keineswegs die selbstverständlichste Sache von der Welt, mitten in der Nacht an die Tür eines so einflussreichen Mannes zu klopfen und die Tochter des Hauses zu einem Spaziergang abzuholen.

Aber Livia hatte den Spieß bereits herumgedreht. Sie stand vor ihm und sah ihn erwartungsvoll an. Wie schön sie war, dachte Octavius und brachte zunächst kein

Wort heraus. Schließlich sagte er bedächtig: »Ich danke dir, dass du mich empfangen hast!«
Sie hielt sich jedoch keine Sekunde lang mit irgendwelchen Förmlichkeiten auf, sondern verblüffte ihn gleich mit ihrer ersten Frage. »Wovor hast du Angst?«, meinte sie unverblümt.
Hatte er Angst? Hatte er seine Unsicherheit wirklich nicht verbergen können? »Bitte, sag mir, was du weißt. Julius Caesar verheimlicht mir etwas!«, flüsterte er.
»Seinem Neffen? Ich weiß doch auch nichts Genaues, Octavius!«, antwortete sie ausweichend.
»Aber warum will er, dass ich Rom schon morgen verlassen soll?«
»Hör einfach auf ihn!«, meinte sie lakonisch und zuckte mit den Schultern.
»Warum?«, fragte er ärgerlich.
»Es kursieren Gerüchte. Eine Verschwörung … vielleicht?«
»Verschwörungen gab es schon immer!«
»Aber hier kannst du wahrscheinlich nichts tun, um deinem Onkel zu helfen«, sagte sie, plötzlich ernst.
»Und wie kann ich ihm dort helfen … in Mazedonien?«
»Indem du lernst! Indem du lernst, ein Soldat zu werden, ein Redner, ein Politiker. Ist es vielleicht das, was Caesar von seinem … Neffen will?«
»Aber ich wollte nie Politiker werden«, warf Octavius ein.
Livia schüttelte den Kopf. Sie glaubte ihm kein Wort. »Dann liebst du Caesar nicht! Es ist sein Wille – und du musst ihm gehorchen!«
Octavius nahm all seinen Mut zusammen und legte seine Hand auf ihre Schulter. Er nickte langsam. »Danke«, sagte er. »Hab Dank für deine offenen Worte. Aber …

du hasst ihn! Deine Familie hasst und fürchtet Julius Caesar!«
»Ja«, sagte Livia schlicht.
»Und warum hilfst du mir dann?«, stieß er hervor.
Livia blickte ihm wortlos in die Augen. Octavius holte Luft, um irgendetwas Belangloses zu sagen – aber in diesem Moment beugte sie sich vor und presste ihre Lippen auf seinen Mund. Nach dem ersten Schrecken erwiderte Octavius ihren Kuss. Livia schmiegte sich eng an ihn. Er umarmte sie und streichelte ihren Rücken. Ihr Kuss dauerte nun schon lange – sehr lange, und ihre Zunge wurde immer fordernder. Octavius brach der Schweiß aus.
Doch schon im nächsten Moment löste sich Livia aus der Umarmung. Ihre Lippen glänzten. Sie lächelte. Ihre grünen Augen erinnerten Octavius an zwei funkelnde Smaragde. Sie wischte sich mit einer raschen Handbewegung übers Kinn und brachte ihre Toga in Ordnung, und mit einem Seitenblick aufs Haus sagte sie sanft: »Du musst jetzt gehen, Octavius!«
Als er kurze Zeit später ihr Haus verließ und auf die menschenleere Straße hinaustrat, zerriss es ihm fast das Herz. Aber er hatte sich vorgenommen, mannhaft zu sein und sich seinen Abschiedsschmerz auf keinen Fall anmerken zu lassen. Er drehte sich auch nicht noch einmal nach ihr um, sondern ging stoisch, hoch erhobenen Hauptes, geradeaus. Doch er konnte spüren, dass Livia ihm nachblickte. Er hatte noch nie ein so tiefes Gefühl für jemanden empfunden; weder für seine Mutter, seine Schwester noch für seinen besten Freund Marcus Agrippa. Nicht einmal für Julius Caesar. Und dass ihm dies nun immer unheimlicher wurde, lag natürlich daran, dass Livia schließlich *dem Feind* angehörte, der Gruppe der entschiedenen Gegner seines Onkels. Hoffentlich

hatte er jetzt keinen unverzeihlichen Fehler begangen! Auf einmal ärgerte er sich, dass er sich zu dieser Narretei hatte hinreißen lassen – sein Abschiedsschmerz verwandelte sich nun rasch in Furcht.
Octavius konnte ja nicht ahnen, dass Livia in diesem Moment exakt das Gleiche dachte.

Octavius und Marcus Agrippa verließen Rom kurz nach Sonnenaufgang. In Brundisium würde ein Schiff auf sie warten; dort würden sie auch Lucius Tutilius sowie ihre beiden Begleiter treffen, die Caesar erwähnt hatte. Octavius war gereizt. Marcus Agrippa, der den kurzen Streit mit seinem Freund wegen des Bauern schon längst vergessen hatte, versuchte, Octavius mit allerlei Albernheiten aufzumuntern, aber er hatte nur mäßigen Erfolg. Octavius ritt missmutig neben ihm her und sagte kaum ein Wort. Erst gegen Abend wurde er gesprächiger und ließ dem Freund gegenüber erkennen, was der Grund für seine miserable Stimmung war, ohne allzu viele Einzelheiten zu erwähnen.
Etwa zur gleichen Zeit kam es im römischen Senat zu hitzigen Debatten zwischen Caesar, seinen Anhängern und der Gruppe der Aristokraten, die den ganzen Tag über miterleben mussten, wie sie durch Caesars reformatorische Ideen ihren Führungsanspruch Scheibchen für Scheibchen verloren.
Vor allem der am Vortage so gedemütige Senator Cassius Longinus konnte sich nicht damit abfinden, dass dem ›Pöbel‹, wie er die Plebejer gern und häufig bezeichnete, in Zukunft mehr Rechte eingeräumt werden sollten. Andere Senatoren wiederum hatten kein Hehl daraus gemacht, dass sie alles daran setzen würden, die Macht des Diktators möglichst zu beschneiden – obwohl sie

doch eigentlich wissen mussten, dass es praktisch unmöglich sein würde, das Rad wieder zurückzudrehen. Diese Gruppe hatte sich um die Gebrüder Brutus, Decimus und Manius Junius, versammelt. Cicero dagegen, obwohl ein erklärter Gegner des Diktators, wollte sich von dieser Gruppe nicht vereinnahmen lassen und stand lieber etwas abseits, als Caesar zu seiner Abschlussrede am heutigen Sitzungstag anhob. Dabei wandte er sich – regelrecht provozierend, wie die adligen Senatoren meinten – ausschließlich an das Volk.

»Unsere Insignien tragen die Inschrift: Senat und Volk von Rom«, sagte Caesar. Seine Stimme war vom vielen Reden heiser. »Diese Einheit hat uns groß gemacht. Doch wir haben es zugelassen, dass die verschiedenen Parteien uns spalten. Zwar ist der Bürgerkrieg nun beendet, doch die Parteien setzen ihr Zerstörungswerk fort und verbreiten die Korruption!« Im Volk erhob sich Beifall. Cassius Longinus strafte Julius Caesar mit einem eisigen Blick. Der Diktator wirkte grimmig entschlossen. »Um die Einheit zwischen Senat und Volk wiederherzustellen, habe ich aber keine andere Wahl, als Amts- und Machtbefugnisse zu ergreifen – in einem Maße wie keiner jemals zuvor. So will ich als *dictator perpetuo* die restlichen Jahre meines Lebens der Eintracht und der Wohlfahrt Roms widmen!«

Erneut brandete Applaus auf. Cassius Longinus konnte dies alles nicht mehr mit anhören. Er wandte sich an die Gebrüder Brutus. »Ich bin sicher, Kleopatra hat ihn größenwahnsinnig gemacht – noch nie hat Rom geduldet, dass die Macht in den Händen eines einzigen Mannes liegt!«

»Jedenfalls nicht so lange«, meinte Decimus Brutus. Seine Stimme klang eisig. »Was sagst du dazu, Cicero?«

Der erfahrene Politiker wandte sich um. »Nun, Julius Caesar behauptet ja glaubwürdig, im Namen der Freiheit zu handeln. Doch ich meine, er erhebt sich im Namen dieser Freiheit selbst zum König!«
»So ist es nun unsere Pflicht, zu handeln!«, warf Janius Brutus ein.
»Und zwar jetzt!«, rief Cassius Longinus halblaut.
Cicero lächelte spöttisch. »Und wie wollt ihr handeln? Mit Gewalt vielleicht?«
»Spar dir deinen Sarkasmus für andere auf, Cicero!«, sagte Junius Brutus.
»Deine Worte klingen zwar hart, doch in einem hast du ausnahmsweise Recht: Tyrannenmord verstößt nicht gegen das Gesetz!«, erwiderte der streitbare Politiker.
»Es wäre unsere vornehmste Pflicht. Caesar raubt uns unsere Privilegien für seine eigene Herrschaft. Rom wird niemals einen König krönen!«, meinte Cassius Longinus kämpferisch.
»Also, wenn ich euch recht verstehe, meine Freunde«, sagte Cicero und verschränkte die Arme vor der Brust, »dann glaubt ihr offensichtlich, dass Caesars Diktatur auf Lebenszeit nicht sehr lange dauern wird …«
Seine Miene drückte Unentschlossenheit aus. Cicero war zwar kein Feigling, aber seine wirkungsvollste politische Waffe war noch immer das Wort – und nicht der Dolch oder das Schwert. Doch wenn er diese Gruppe Adliger beobachtete, wenn er in ihre wütenden, entschlossenen Gesichter blickte, dann fragte er sich besorgt, ob Julius Caesar richtig gehandelt hatte, als er seine spanische Leibwache entließ.

Kapitel IV

Der Winter in Apollonia[4] war trotz der südlichen Gefilde ungewöhnlich hart gewesen. Octavius, Marcus Agrippa, Maecenas und Rufus hatten daher am ganzen Leib zu spüren bekommen, was es hieß, ein Legionär zu sein. Vor allem Octavius hatte unter der ständig feuchten Kleidung gelitten und mehrere Fieber- und Hustenschübe überstehen müssen. Doch ganz gleich, ob es gestürmt, geschneit oder geregnet hatte: Lucius Tutilius hatte kein Erbarmen gekannt und die vier jungen Männer in alle Regeln der Kriegskunst eingewiesen. Sie hatten den Nahkampf geübt, das Werfen mit dem pilum, das Bogenschießen, das Reiten und das Exerzieren sowieso. Und wenn dann die abendliche Dunkelheit endlich hereingebrochen war, hatten sie im funzeligen Licht der Öllampen mit ihrem griechischen Lehrer namens Apollodoros auch noch literarische Studien betreiben müssen.

Doch auf diese Weise waren die vier jungen Römer in kürzester Zeit zu Männern herangereift – und zu einer verschworenen Gemeinschaft. Dabei besaßen sie höchst unterschiedliche Vorlieben und Neigungen. Octavius interessierte sich zwar vornehmlich für die geistigen Wissenschaften, machte aber auch als Soldat eine recht gute Figur, obwohl er ziemlich geschwächt war. Doch wie immer, wenn es darauf ankam, in der Öffentlichkeit zu bestehen, biss er die Zähne zusammen.

Marcus Agrippa und die anderen strotzten nur so vor Gesundheit. Sein bester Freund fühlte sich, was Octa

[4] Das griechische Apollonia wurde im 3. Jh. n. Chr. durch Erdbeben und Überschwemmungen zerstört. Die Stadt lag in der Nähe der heutigen Stadt Fier im südlichen Albanien und ist ein bedeutendes archäologisches Zentrum.

vius erwartet hatte, auf dem Exerzierplatz wie zu Hause: Er war der begabteste Militär des vierblättrigen Kleeblatts und verstand sich deshalb auch hervorragend mit Rufus, einem kräftigen, aber gutmütigen Spross eines apulischen Rittergeschlechts, der Unmengen von Wein vertragen konnte, häufig doppelte Portionen in sich hineinschlang und im übrigen ein lustiger, unterhaltsamer Kerl war. Maecenas freilich fiel aus der Rahmen: Bereits in den ersten Tagen nach ihrer Ankunft in der Garnison hatte Lucius Tutilius zu seinem Leidwesen festgestellt, dass er aus diesem zart besaiteten Mann wahrscheinlich niemals einen militärisch denkenden Soldaten formen könnte. Wo andere Männer brüllten, kreischte Maecenas wie ein hysterisches Weib, und wenn andere nach einem Sturz vom Pferd trotz schmerzender blauer Flekke wieder aufstanden, blieb er wimmernd liegen. Außerdem fror er ständig. Das ging allen so – aber er zeigte es. Dafür aber besaß dieser Maecenas einen messerscharfen politischen Verstand, den er vorzüglich und nicht zuletzt auch unterhaltsam in Worte kleiden konnte. So manche Nacht hatten er und Octavius inzwischen damit verbracht, über Rom und die Welt zu palavern, und der Neffe Caesars hatte erkannt, dass seinem neuen Freund mit allergrößter Wahrscheinlichkeit eine glänzende Karriere in Magistrat und Senat bestimmt war. Darüber hinaus hatte Maecenas, dieser geborene Diplomat, einen erlesenen und ausgefallenen Geschmack, was vor allem seine extravagante Kleidung, seinen Hang zu Schminke und natürlich auch die frugalen Freuden des Lebens betraf. Seinen Freunden war es jedenfalls ein Rätsel, woher er stets die köstlichen Leckereien bezog, die auch ihnen eine willkommene Abwechslung zum kargen Fraß in der Garnison boten.

Mitte März des Jahres 44 hatte sich das Wetter endlich gebessert. Tagsüber war es jetzt angenehm warm, und in den insgesamt sechs römischen Legionen, die in Apollonia stationiert waren, machte sich eine gewisse Unruhe breit. Der Feldzug gegen die Parther stand bevor, und die Soldaten warteten ungeduldig auf neue Nachrichten aus der Hauptstadt – sie warteten auf ihren Feldherrn, Julius Caesar.

An den Iden des März, am 15. dieses Monats, wartete auch Maecenas mit Ungeduld auf seine Freunde. Von seinem Burschen hatte er Teppiche auf einen sanften Hügel schaffen lassen, von wo aus man einen herrlichen Ausblick über die gesamte Garnison sowie die Stadt genießen konnte. Im Westen glitzerten die Schaumkronen des Ionischen Meeres. Wein und Wasser, eingelegte Oliven und Käse, frische Früchte und als Hauptgericht kaltes, gebackenes Lamm. Maecenas hatte wieder einmal an alles gedacht. Und nun hatte er mächtigen Hunger.

»Wo bleibt ihr denn nur!«, rief er mit seiner hellen Stimme, als sich die drei anderen müde und abgekämpft von unten näherten. Sie waren verdreckt, verschwitzt und ihre Muskeln schmerzten. Stöhnend ließen sie sich auf den Teppichen nieder.

»Lucius Tutilius hat dich vermisst«, stieß Rufus außer Atem hervor.

Maecanas füllte drei Becher mit Wein und streckte sie seinen Freunden entgegen.

»Was hast du den ganzen Tag lang eigentlich getan?«, fragte Marcus Agrippa und leerte seinen Becher in einem Zug.

»Wahrscheinlich hat er geschlafen«, meinte Rufus lakonisch, ließ sich auf den Rücken fallen, streckte alle viere von sich und schloss die Augen.

Maecenas entblößte wie unabsichtlich seinen linken Unterarm, den ein straffer Verband zierte. Während er dann seinen Freunden das Essen reichte, sagte er: »Ich habe mich von der schweren Verwundung erholt, die ich im gestrigen Kampf erlitt!«

Octavius und Rufus lachten laut auf.

»Sich beim Ziehen des eigenen Schwertes zu schneiden, hat wohl nichts mit Kampf zu tun!«, rief Agrippa.

»Der Spott eines großen Soldaten verletzt mich tiefer als dieses Schwert«, entgegnete Maecenas beiläufig.

»Sei du nur vorsichtig mit deinem Spott!«, grollte Agrippa.

Maecenas sah ihn durchdringend an. »Ich spotte nicht. Jeder hat bereits bemerkt, wie sehr sogar der Kommandant dieser Legion dein Talent anerkennt. Du bist, ohne dich sonderlich anzustrengen, wirklich ein großartiger Soldat!« Agrippa runzelte missmutig die Stirn. Maecenas nickte. »Nur an Lob musst du dich, scheint mir, noch gewöhnen!«

Octavius lächelte. Nachdem sie ein paar Bissen zu sich genommen hatten, tippte sich Maecenas plötzlich an die Stirn und holte unter seinem Teppich eine große quadratische Ledermappe hervor, bei deren Anblick Marcus Agrippa erstarrte.

»Und das ist noch längst nicht alles!«, rief er und nahm ein paar lose Blätter aus der Mappe heraus. »Ich habe nämlich heute Nachmittag ganz zufällig eine interessante Entdeckung gemacht. Seht her, meine Freunde: Agrippa, dieser große Krieger, ist nämlich in Wirklichkeit ein Architekt …«

Er hielt zwei Zeichnungen hoch, perspektivische Skizzen eines Aquaedukts und eines Tempels. Agrippa sprang auf und stürzte sich auf Maecenas. Der Ringkampf dauerte nur kurz: Im Nu hatte er ihm die Blätter abgenommen. Maecenas lag im grünen Gras des Hügels und lachte. »Er will gar nicht nur kämpfen und töten: Nein, er will auch bauen! Und, nebenbei bemerkt, Marcus Agrippa – deine Skizzen da sind gar nicht mal schlecht!«

Marcus Agrippa schob die Zeichnungen mit rotem Kopf in die Mappe zurück. Maecenas wandte sich an Octavius und Rufus. »Habt ihr gesehen? Der Tempel, der Aquaedukt – alles große Bauwerke, die er eines Tages bestimmt konstruieren wird!«

»Du hast mir nie etwas von deinen Zeichnungen erzählt«, sagte Octavius. Von den dreien war er von dieser, bisher gänzlich unbekannten Seite seines besten Freundes sicherlich am meisten überrascht.

»In Zukunft lasst ihr meine Sachen in Ruhe!«, murmelte Marcus Agrippa, aber Maecenas überhörte ihn absichtlich, schenkte Wein nach und erhob seinen Becher.

»Freunde! Eigentlich sind wir doch vier Könige: Octavius ist unser Anführer, Rufus ist unser Soldat, Agrippa ist unser Architekt und ich, Maecenas bin …«

»Das Großmaul!«, rief Marcus Agrippa und alle lachten – bis auf das Großmaul selbst, das keine Miene verzog.

»… Maecenas, der Politiker! Erhebt euch! Einen Trinkspruch auf uns! Denn uns wird die Welt gehören!«

Sie standen auf dem Hügel, hoben die Becher gen Himmel und kamen dann mit dem Wein in der Mitte zusammen.

»Auf die Welt!«, rief Rufus.

»Auf die Welt!«, antworteten Maecenas und Marcus Agrippa zugleich.

»Schwören wir, dass wir niemals unsere Freundschaft verraten werden?«, fragte Octavius in die Runde hinein.

Maecenas, Marcus Agrippa und Rufus nickten begeistert. »Niemals!«, brüllten sie und stießen mit ihren Bechern so heftig an, dass der Wein nur so spritzte.

Etwa zur gleichen Zeit eröffnete Julius Caesar eine weitere Sitzung des römischen Senats. Er wollte in fünf Tagen nach Mazedonien aufbrechen, um von dort aus gegen die Parther zu Felde zu ziehen. Den Senatoren war es jedoch nicht klar, ob der Diktator einen Rachefeldzug plante – für die schwere Niederlage des Marcus Linus Crassus im Jahre 53 v. Chr., was zur Folge hatte, dass dieses mächtige Volk seitdem die römische Provinz Syria bedrohte – oder ob Caesar das Reich der Parther, das sich im Osten bis weit nach Mesopotamien hinein erstreckte, erobern wollte.
Dafür aber war klar, dass es ein langer und kostspieliger Feldzug werden würde, und es gab nicht wenige, die sich darüber wunderten, dass sich Julius Caesar trotz seines hohen Alters und seines angegriffenen Gesundheitszustandes einer solchen Strapaze aussetzen wollte. Außerdem: War es wirklich klug von ihm, angesichts der Gerüchte über einen möglichen Umsturz Rom zu verlassen?
Cicero, der im Herzen ein Republikaner war, wusste, dass Caesar überdies alle Warnungen vor einem möglichen Attentat in den Wind geschlagen hatte. Und das bereitete dem alten Fuchs Sorge. Schließlich hatte er seine Ohren überall – und er war sich schon lange nicht mehr sicher, ob der Diktator tatsächlich richtig mit seiner Entscheidung lag, auf eine Politik der Versöhnung zu bauen. Außerdem sah er es ihm an der Nasenspitze an, dass er müde wirkte, ja, fast schon gleichgültig. Doch schon vor einem halben Jahr, nach der Rückkehr

aus Spanien, hatte ihn Caesar zur Seite genommen und gesagt: »Mein Wohlbefinden, Cicero, ist in erster Linie für den Staat wichtig. Ich habe längst Macht und Ruhm im Überfluss erreicht – doch sollte mir etwas zustoßen, dann wird Rom von Unruhen erschüttert werden; dann wird es einen weitaus schlimmeren Bürgerkrieg geben, als du ihn bisher erlebt hast!«

Als Caesar an diesem 15. März den Senat betrat und auf seinem goldenen Amtssessel Platz nahm, bemerkte Cicero zu seiner Überraschung, dass sich die Gruppe der Nobiles wie auf Kommando von ihren Plätzen erhob, gemessenen Schrittes auf Julius Caesar zuging und ihn umringte. Es sah so aus, als wollten sie ihm ein eiliges Gesuch unterbreiten, aber Cicero bemerkte, dass die Gesichter der Nobiles bleich waren und dennoch eine tödliche Entschlossenheit ausstrahlten. Zwei Prätorier, die Senatoren Censorinus und Sabinus schienen ebenfalls irritiert zu sein. Sie waren bekennende Caesarianer, erfahrene Militärs, die den scharfen Geruch der Angst, den Männer vor einer unausweichlichen Schlacht verströmen, sofort witterten. Sie spürten ebenfalls, dass irgendetwas Ungewöhnliches vorging, und sie erhoben sich, um Caesar zu Hilfe zu eilen.

Doch es war zu spät.

Auf ein Zeichen von Marcus Brutus hin zogen die Nobiles Dolche hervor und stachen gemeinsam auf Julius Caesar ein. Der Diktator versuchte verzweifelt, sich zu wehren. Er sprang auf, aber nach wenigen Sekunden lehnte er bereits blutüberströmt am Standbild des Pompeius und sackte dann, ohne einen Laut von sich zu geben, tot in sich zusammen.

Dies alles war unglaublich schnell gegangen. Die allerwenigsten der Senatoren hatten überhaupt mitbekom-

men, dass Julius Caesar gerade vor ihren Augen erstochen worden war. Doch dann trat Marcus Brutus vor, reckte die rechte Hand mit dem blutigen Dolch empor und rief: »Cicero – ich beglückwünsche dich zur wiedergewonnenen Freiheit!«
Ciceros Gesicht wurde weiß wie Marmor. Er griff sich an die Brust. Sie hatten es also doch getan: Die Nobiles hatten den Diktator ermordet. Doch warum sprach Brutus gerade ihn persönlich an? Er saß zwar zwischen allen Stühlen, aber dem Kreis der Verschwörer gehörte er nicht an! Um ihn herum brach Panik aus. Voller Angst flohen die Senatoren hinaus aufs Forum. Auch einige der Verschwörer suchten ihr Heil in der Flucht, und innerhalb weniger Stunden herrschte auf den Straßen Roms ein heilloses Durcheinander. Denn das Volk antwortete keineswegs mit Jubel und Erleichterung auf die Nachricht vom Tode des *Tyrannen* – es reagierte vollkommen verstört. Die meisten Geschäfte und Tavernen schlossen, Menschen verbarrikadierten sich in ihren Wohnungen, und die wenigsten sprachen von Freiheit.
Damit hatten die Verschwörer nicht gerechnet. Und Cicero, der noch Stunden nach dem Attentat in Gedanken versunken und voller Trauer auf seinem Platz im Senat saß, begann zu ahnen, dass der langen und blutigen römischen Geschichte ein weiterer schwerer Fehler hinzugefügt worden war.
Wenig später erfuhr auch Marcus Antonius die fürchterlichen Neuigkeiten. Auch er bedauerte den Tod Caesars – aber nicht sehr lange. Denn noch am gleichen Tage griff er nach der Macht.

Die Tage in Apollonia zogen sich dahin. Noch immer gab es keine neuen Nachrichten aus Rom, und die Offiziere bekamen immer größere Schwierigkeiten, die niederen Dienstgrade bei Laune zu halten. Der Frühling war schließlich die Zeit des Aufbruchs, und die Armee kampierte bereits jetzt schon seit über einem halben Jahr in Mazedonien. Es wurde immer schwieriger, die Disziplin der Truppe aufrechtzuerhalten.

Lucius Tutilius, der inzwischen zum Legionskommandanten befördert worden war, überwachte nach wie vor die militärische Ausbildung seines Schutzbefohlenen Octavius. Er war recht zufrieden mit den Fortschritten, die der Neffe Caesars gemacht hatte. Als Reiterführer der Feldherren würde er den Diktator bestimmt nicht blamieren – und sich selbst auch nicht. Zwar war es für einen jungen Mann von entsprechender Herkunft selbstverständlich, mit leitenden Aufgaben betraut zu werden, aber Tutilius hatte schon so manchen stolzen Adler unter seine Fittiche nehmen müssen, der sich am Ende als Spatz entpuppte. Octavius und seine Freunde – Maecenas selbstverständlich ausgenommen – gehörten glücklicherweise nicht zu dieser Spezies, dachte der erfahrene Ausbilder und befahl einen neuen Angriff auf den Pflock.

Dieser Pflock stand am Ende einer kurzen Reitbahn. Er hatte die Länge eines durchschnittlichen Legionärs – und den sollte er ja auch darstellen. Statt eines Kopfes saß jedoch ein stramm gebundener, runder Strohballen auf der Pfahlspitze. Die Aufgabe bestand nun darin, das Schwert in vollem Galopp in dieses ›Gesicht‹ hineinzustechen, ohne dabei vom Pferd zu fallen und ohne das Schwert zu verlieren.

Agrippa und Rufus lösten diese nicht ganz einfache Aufgabe selbstverständlich bereits beim ersten Versuch. Octavius aber hatte bisher ein halbes Dutzend Mal den

Pflock mit seinem Schwert verfehlt. Nun visierte er zum siebten Mal das Ziel an. Die ganze Reitertruppe, die er bald befehligen sollte, hatte sich versammelt, um zuzuschauen. Octavius presste seinem Gaul die Unterschenkel in die Flanken, trieb das Tier wagemutig an, zog das Schwert und schwang es über seinem Kopf.

»Mit der Spitze zustoßen!«, brüllte Lucius Tutilius. »Nicht schlagen!«

Im letzten Augenblick senkte Octavius das Schwert und stieß zu.

»Sehr gut! Zurück – und die Attacke noch einmal ...!«, wollte der Kommandant schon rufen, aber in diesem Moment flog Octavius in hohem Bogen aus dem Sattel, überschlug sich in der Luft und fiel hart auf den Schild, den er am linken Unterarm mit sich führte. Das Schwert steckte federnd im Holz – Octavius hatte den Stoß um wenige Zentimeter zu tief angesetzt.

Die anderen Reiter lachten. Es hatte in der Tat ziemlich komisch ausgesehen, wie Octavius von seinem Pferd so unfreiwillig abgestiegen war.

»Vielen Dank, Octavius, dass du uns allen gezeigt hast, wie gefährlich es sein kann, ein Schwert mit voller Kraft zu tief hineinzustoßen«, rief Tutilius gut gelaunt, doch dann bemerkten sie, dass sich Octavius offensichtlich doch ernsthaft verletzt hatte.

Er krümmte sich auf dem Boden und keuchte vor Schmerzen. Jeder Atemzug tat ihm weh – er glaubte, sein Brustkorb würde auseinander fliegen. Agrippa war als Erster bei ihm und wollte ihm aufhelfen, aber Octavius schüttelte den Kopf, winkte ab und kam zumindest schon einmal auf die Knie.

»Bist du verletzt, Octavius?«, fragte Lucius Tutilius besorgt, als er im Laufschritt den Verletzten erreicht hatte.

»Nein, Kommandant Tutilius: Ich bin nicht verletzt. Lass es mich noch einmal versuchen!« Octavius riss sich zusammen und erhob sich. Die Schmerzen in seinem Brustkorb waren fürchterlich. Er bekam kaum Luft, aber er versuchte, sich so wenig wie möglich davon anmerken zu lassen.

»Dein Pferd, Octavius«, sagte Agrippa und reichte dem Freund die Zügel.

Octavius griff nach den Zügeln, packte dann die Mähne des Tieres und versuchte aufzusitzen. Aber sein linker Arm fiel kraftlos wieder hinunter.

Lucius Tutilius nahm ihm die Zügel wieder aus der Hand. »Hör auf. Spar dir deine Tapferkeit lieber für eine richtige Schlacht auf, Octavius«, sagte er, und zu Marcus Agrippa und Rufus gewandt: »Bringt ihn ins Zelt!«

Maecenas lag bäuchlings auf seinem Bett und dichtete. Es gehörte zu seinen Lieblingsbeschäftigungen, ebenso feinsinnige wie auch romantische Verse zu ersinnen, aus denen Liebe und Begehrlichkeit nur so tropften. Dass er diese Verse später in Rom weitaus häufiger jungen Männern als Frauen vorlesen wollte, wunderte und störte niemanden. Als die Zeltwand zur Seite geschlagen wurde und Agrippa und Rufus den verletzten Octavius hineinschleppten, sprang er sofort vom Bett auf. Octavius war schon ganz grün im Gesicht. Er jaulte auf, als ihn die Freunde so vorsichtig wie möglich auf sein Lager betteten, und er bat im nächsten Augenblick darum, aufrecht sitzen zu können.

»Er fiel unglücklich vom Pferd«, sagte Marcus Agrippa zu Maecena. »Bleib bei ihm!«

»Ich fürchte, die Rippen sind gebrochen!«, meinte Maecenas und trat zu Octavius ans Bett. Ganz leicht berührte er dessen Brustkorb mit seinem Finger.

Octavius fuhr zusammen. »Ich kann aber nicht in diesem Zelt bleiben!«, stieß er hervor.
»Bist du wahnsinnig? Den nächsten kräftigen Schlag überstehst du nicht!«, rief Rufus. »Mach keinen Unsinn, Octavius!«
Maecenas sah seine Freunde ernst an. »Ihr habt alle Recht – aber er kann tatsächlich nicht hier bleiben!«
»Was weißt denn du schon? Du verlässt doch dieses Zelt nie!«, rief Agrippa ärgerlich.
»Ich bin auch nicht Caesars Neffe!« Maecenas Stimme war schneidend. Agrippa und Rufus schwiegen betroffen. Natürlich war ihnen klar, dass ein Kommandant immer seiner Vorbildfunktion nachkommen musste.
Maecenas streifte sich seine Tunika ab. Halbnackt riss er den Dolch aus Agrippas Gürtel und begann den Stoff in breite Streifen zu schneiden.
»Damit werde ich seine Brust fest umwickeln. Aber ihr müsst verhindern, dass irgendjemand ihn berührt. Er muss sich ja auch nur ganz kurz bei seiner zukünftigen Truppe sehen lassen. Schein …«, flüsterte Maecenas, »ist alles!«
Agrippa und Rufus zogen ihrem Freund vorsichtig die Uniform aus. »Du hast vollkommen Recht«, sagte Agrippa plötzlich versonnen.
Maecenas sah ihn überrascht an. »Was höre ich da? Ein Lob aus dem Munde des Generals?«
»Jetzt beeil dich. Dein nackter Anblick übersteigt sonst meine Kräfte!«, erwiderte Agrippa und hielt die Arme seines Freundes vorsichtig hoch. Rufus stützte ihn im Rücken. Octavius verzog sein Gesicht zu einem Lächeln und versuchte, dabei nicht zu lachen, denn schon das tat mörderisch weh, und ihm wurde beinahe schlecht vor Schmerzen.

In diesem Moment betrat Lucius Tutilius das Zelt. Er wirkte verstört und wedelte nervös mit einer dünnen Schriftrolle herum.
»Keine Sorge, Lucius«, presste Octavius hervor. »Es geht gleich wieder.«
Doch der Kommandant schüttelte den Kopf. »Das ist soeben aus Rom gekommen«, sagte er. Sein Gesicht war aschfahl. »Julius Caesar ist ermordet worden!« Jetzt standen Tränen in seinen Augen. Die vier jungen Männer waren wie vor den Kopf geschlagen. Julius Caesar tot? Ermordet?
»Wer hat das getan?«, fragte Octavius ruhig. Die Schmerzen in seinem Brustkorb hatte er vollkommen vergessen.
Lucius Tutilius entrollte hastig das Papier und überflog es rasch. »Es waren wohl die Nobiles – hier sind ein paar Namen aufgeführt: Marcus Brutus, Cassius Longinus, Servius Galba, Lucius Aquila, Decimus ...«
»Decimus!«, rief Octavius erschrocken und sah Marcus Agrippa an. Er hatte auf einmal das Bild vor Augen, wie Marcus Agrippa und er von Decimus in Munda empfangen worden waren, wie Decimus den Bruder des Sextus Pompeius mit seinem Schwert geköpft hatte ...
»Ein sehr gemischtes Häuflein von Verrätern«, sagte plötzlich Maecenas in die Stille hinein. »Einige von ihnen haben nach der Schlacht von Munda Caesars Milde erfahren dürfen, wenn ich mich nicht irre. Andere wiederum, wie Decimus, haben ihm bisher treu gedient!«
»Ich verstehe das alles nicht«, sagte Marcus Agrippa.
»Steht auch Ciceros Name auf der Liste?«, fragte Maecenas. Lucius Tutilius schüttelte den Kopf.
»Ein feiger Tyrannenmord«, sagte Octavius düster.

»Aber was versprechen sie sich davon?«, fragte Marcus Agrippa erneut. »Die Freiheit? Unsinn! Was wird nun geschehen?«

Octavius überprüfte den Sitz des Verbands, den Maecenas inzwischen vollständig angelegt hatte. Sein Freund hatte ein Wunder vollbracht. Wenn er flach atmete, hatte er kaum Schmerzen. Vorsichtig erhob er sich und ging einige Schritte im Zelt umher.

»Was nun geschehen wird?«, ergriff Maecenas das Wort. »Nun, ich denke, vor allem unser Freund Octavius ist in großer Gefahr.«

»Wie kannst du so etwas sagen, Maecenas?«, fragte Rufus verblüfft.

»Ganz einfach: Julius Caesar besaß faktisch die Alleinherrschaft über den Staat. Seien wir ehrlich: Er gerierte sich doch bereits wie ein Kaiser, und sicherlich dachte er auch dynastisch!« Marcus Agrippa, Rufus und auch Lucius Tutilius konnten Maecenas nicht recht folgen.

»Was unser Freund Maecenas damit sagen will, ist«, meinte Octavius, »dass mein Onkel wahrscheinlich alles daran setzen wollte, die Macht nicht aus den Händen der iulischen Familie zu geben.«

»Aber du bist doch gar kein Iulier«, wandte Marcus Agrippa ein, »auch wenn deine Mutter dem Geschlecht entstammt.«

»Und Caesar hat bereits einen Sohn – Kaisarion!«, rief Lucius Tutilius aufgeregt dazwischen, aber Maecenas lächelte milde.

»Lucius Tutilius, glaubst du im Ernst daran, Rom würde einen ägyptischen Bastard – und sei er auch von Caesar und Kleopatra gezeugt worden – als Führer akzeptieren?« Er deutete mit dem Finger auf Octavius. »Nein: Du bist sein nächster männlicher Verwandter, Octa-

vius!« Octavius nickte. »Und hat er dich nicht öfter als ›seinen Sohn‹ bezeichnet?«
»Ja, das hat Caesar getan«, flüsterte Octavius.
Die Freunde sahen sich erschrocken an.
»Deshalb könntest du der Nächste sein!«, rief Maecenas. »Wir wissen nicht, was die Verschwörer vorhaben – und wir wissen auch nicht, wer derzeit in Rom das Sagen hat.«
»Was willst du bloß tun, Octavius?«, fragte Marcus Agrippa. Seine Stimme klang verzweifelt.
»Ich werde nach Rom gehen«, sagte Octavius leise, aber bestimmt. »Ganz gleich, was passiert ist: Als derjenige, der ich bin, habe ich dem Toten gegenüber meine Verpflichtungen zu erfüllen. Auch bei Caesars Mutter hielt ich schließlich die Leichenrede!«
»Aber das könnte dein Tod sein!«, rief Rufus.
»Wenn er alleine geht. Doch es stehen sechs Legionen hinter ihm«, sagte Lucius Tutilius grimmig.
Octavius aber hörte ihnen plötzlich gar nicht mehr zu. Stattdessen griff er nach seinem roten Umhang, der neben dem Zelteingang hing. Er warf ihn um und trat wortlos hinaus an die Luft. Maecenas wollte ihm nachlaufen, aber Marcus Agrippa hielt ihn zurück. Er ahnte, dass sein Freund jetzt allein sein wollte.
Octavius schlug den Weg zu den Klippen ein. Der Wind hatte aufgefrischt und half ihm, die vielen Gedanken, die in seinem Kopf umherschwirrten, zu ordnen. Als er die Klippen erreichte, starrte er zunächst einige Minuten in die schäumende Brandung, die gegen die zerklufteten Felsen klatschte. Sein roter Umhang wehte, und wer ihn jetzt sah, hätte meinen können, Julius Caesar stünde dort. Langsam hob Octavius den Kopf und blickte zum Himmel hinauf. Er fühlte, wie ihn die Trauer über-

mannte. Zuerst kamen die Tränen. Dann entrang sich seiner Brust ein heftiges Schluchzen, das sich steigerte, bis er schließlich hemmungslos weinte.

So stand er, bis die Sonne als orangefarbener Ball im Meer versank. Als er sich umwandte, sah er, dass ihm seine Freunde gefolgt waren, doch sie warteten in gebührendem Abstand. Er ging festen Schrittes auf sie zu. Die Tränen waren getrocknet, die Haare zerzaust, er war bleich, aber er hatte eine Entscheidung getroffen. »Ich werde nach Rom gehen«, sagte er.

»Die mazedonischen Legionen werden dich begleiten. Sie waren Caesar treu, nun werden sie ganz bestimmt hinter dir stehen!«, erwiderte Marcus Agrippa.

»Nein, Marcus«, sagte Octavius und schüttelte den Kopf. »Ich werde allein gehen – aber ich werde euch so schnell als möglich Nachricht geben, wann ihr mir folgen könnt!«

Zweiter Teil

Der junge Caesar

Kapitel V

Ein paar Tage später traf Octavius zu Fuß in der süditalienischen Stadt Lupiae ein. Seit der Nachricht vom Tod seines Onkels hatte er sich nicht mehr rasiert. Aber die Bartstoppeln waren nicht nur traditioneller Ausdruck der Trauer über den Verlust eines geliebten Verwandten, sondern jetzt dienten sie auch seiner Sicherheit. Octavius legte keinen Wert darauf, erkannt zu werden. Die innenpolitische Lage war unübersichtlich und unberechenbar – und als Großneffe des ermordeten Diktators musste er damit rechnen, den Verschwörern im Weg zu stehen. Daher hatte er auch nicht den direkten Weg über Brundisium gewählt.

Sein nächstes Reiseziel war das Haus seiner Mutter in Nola, aber hier in Lupiae wollte er sich erst einmal gründlich von der anstrengenden Wanderung ausruhen. Nachdem er eine Stunde lang durch die Stadt geirrt war, fand er eine Herberge, die vertrauenerweckend aussah. Er bestellte sich einen Krug Wein und eine Schüssel Puls mit Hammelfleisch, und als er gegessen und getrunken hatte, bekam sein Leben langsam wieder einen Sinn. Zum vollkommenen Glück fehlte ihm jetzt nur noch ein Bett.

Während er sich mit einem dünnen Kienspan ein paar Fleischfasern aus den Zähnen pulte, traten zwei Kaufleute an seinen Tisch und fragten höflich, ob sie sich setzen dürften. Einer von ihnen stammte, seiner Toga nach zu urteilen, aus der Hauptstadt. Was sollte Octavius dagegen haben? Er deutete auf die freien Stühle und rückte ein Stück zur Seite. Die beiden nahmen Platz, bestellten dasselbe wie er und begannen sich zu unterhalten.

»Und, mein lieber Gnaeus – was erzählt man sich in Rom?«, fragte der Kaufmann, der offenbar in Lupiae zu Hause war.

Der andere schlug die Hände über dem Kopf zusammen. »In Rom regiert der Schrecken«, sagte er. »Seit dem Tode Caesars traut man sich kaum, aus dem Hause zu gehen!«

Octavius war augenblicklich wieder hellwach. Ganz entgegen seiner Gewohnheit bestellte er einen weiteren Krug von dem sauren Wein. Die beiden Männer musterten ihn kurz, aber Octavius tat so, als würde er es nicht bemerken.

»Wie du vielleicht gehört hast«, fuhr der Römer fort, »hat es bei der Leichenverbrennung Caesars auf dem Forum entsetzliche Tumulte gegeben. Marcus Antonius hat eine flammende Rede gegen die Verschwörer gehalten, aber gleichzeitig wurden sie amnestiert. Trotzdem sind einige von ihnen auf der Flucht, andere sind in der Stadt geblieben. Das Volk aber will Rache!«

Octavius verschluckte sich am Wein. Der Kaufmann aus Lupiae klopfte ihm besorgt auf den Rücken.

»Danke, Herr!«, sagte Octavius bescheiden, als er wieder reden konnte. »Verzeiht, aber ich bin gerade auf dem Weg nach Rom und ebenfalls begierig, Nachrichten zu erfahren.«

Der römische Kaufmann wandte sich dem unrasierten Fremden zu, der zwar abgerissen aussah, aber durch seine gewählte Ausdrucksweise auffiel.

»Julius Caesar ist ermordet worden!«, sagte er schließlich.

Octavius nickte. »Das weiß ich wohl, aber wer hält zur Zeit die Macht in den Händen? Wer bekleidet das Amt des Konsuls?«

Der Römer zuckte mit den Schultern. »Marcus Antonius und Publius Dolaballa«, antwortete er. »Aber da ist noch Caesars Testament …«

»Was für ein Testament?«, fragte sein Gegenüber, und auch Octavius setzte eine leidlich interessierte Miene auf. Er schenkte den beiden Männern Wein aus seinem Krug nach.

Der Römer dankte, trank einen Schluck und beugte sich vor. »Am Tag vor meiner Abreise hat der Senat Caesars Testament für gültig erklärt. Darin vermacht er ein Viertel seines Vermögens den beiden Enkeln seiner Schwester Julia. Die Hälfte seines übrigen Vermögens soll an das männliche Volk von Rom verschenkt werden – das Legat beträgt 300 Sesterzen für jeden!«, flüsterte er.

»Und die andere Hälfte?«, fragte der andere.

Octavius überschlug die gewaltige Summe im Kopf. In Rom lebten ungefähr 300.000 Männer. 90 Millionen Sesterzen würden ausreichen, um den Sold zweier Legionen für mehr als zwei Jahre zu bezahlen!

Auch der Kaufmann aus Lupiae konnte rechnen. »300 Sesterzen«, sagte er, »eine hübsche Summe. Aber bist du sicher, dass du sie auch bekommst?«

Der römische Kaufmann fuhr fort: »Caesar hat seinen Sohn zum Testamentsverwalter bestimmt!«

Octavius räusperte sich. »Verzeiht«, sagte er, »aber meines Wissens hat Julius Caesar gar keinen Sohn!«

Sein Gegenüber wiegte den Kopf. »Doch, er hat einen Sohn – und das dürfte Marcus Antonius wahrscheinlich nicht besonders gut gefallen!«

»Wer ist es?«, fragte Octavius, der spürte, dass er rote Ohren bekommen hatte. Sein Herz klopfte ihm bis zum Hals. Es konnte doch nicht sein, dass der Diktator den unehelichen Kaisarion zum Haupterben eingesetzt hatte! »Caesar hat einen gewissen Gaius Octavius postumus adoptiert«, erzählte der römische Kaufmann. »Es handelt sich dabei um seinen Großneffen. Er soll das Testament Caesars vollstrecken, aber niemand weiß, wo er sich derzeit aufhält. Es heißt jedoch, die Legionen, die Caesar in Brundisium für seinen Feldzug gegen die Parther versammelt hat, würden seine Ankunft verzweifelt herbeisehnen.«

Octavius zwang sich, ruhig zu bleiben. Diesen römischen Kaufmann hatten ihm die Götter an seinen Mittagstisch geschickt! Und das junge Ding, das den beiden jetzt das Essen servierte, ebenfalls. Octavius wünschte den beiden Kaufleuten einen guten Appetit. Dann trank er bewusst langsam seinen Wein aus. Fast hätten ihm die Hände gezittert, fast hätte er laut aufgelacht. Wenn es stimmte, was der römische Kaufmann gerade erzählt hatte, dann saßen die beiden in diesem Augenblick mit dem neuen Caesar an einem Tisch in einer Taverne in der Provinz.

Wenn er ehrlich mit sich selbst war, dann hatte Octavius insgeheim sogar damit gerechnet, dass sein Onkel im Falle seines Todes eine größere Aufgabe für ihn bereithalten wollte. Niemals jedoch hätte er damit gerechnet, dass ihn der Diktator mittels seines letzten Willens offiziell in die iulische Familie aufgenommen und damit praktisch zu seinem legitimen Nachfolger bestimmt hatte. Auf der anderen Seite schwebte er aber nun in noch größerer Gefahr. Octavius konnte sich sehr gut vorstellen, dass vor allem Marcus Antonius seine Ankunft in Rom bestimmt nicht herbeisehnen würde. Seine Vorsichtsmaßnahme, inkognito zu reisen, hatte sich als vollkommen richtig herausgestellt.

Octavius griff mit gespielter Gelassenheit nach seinem Becher, leerte den Wein und warf ein paar Münzen auf den Tisch. Seinen ursprünglichen Plan, sich in Lupiae auszuruhen, hatte er längst über den Haufen geworfen. Nein, er würde sich sogleich auf den Weg machen – nach Brundisium natürlich. Nola konnte ruhig noch ein paar Tage warten.

Als Octavius am zweiten April des Jahres 44 in Brundisium eintraf, vergewisserte er sich zunächst einmal, ob der römische Kaufmann die Wahrheit erzählt hatte. Dazu musste er sich nur einen Abend lang in den Schänken herumtreiben, die in der Nähe der Garnison lagen und die von den Offizieren der caesarianischen Legionen besucht wurden. Wein lockert bekanntlich so manche Zunge, und so erfuhr er zu seinem Glück, dass sich inzwischen sogar einige der engsten Berater Caesars in die Garnison geflüchtet hatten und seiner Ankunft harrten. Es war wie ein Traum.

Am nächsten Morgen begab sich Octavius zu Fuß in die Garnison. Als er den Wachtposten gegenüber erwähnte, wer er war, und dass er die Senatoren Censorinus und Sabinus zu sprechen wünschte, wurde er sofort ins Zelt des Legionskommandanten geführt. Kurze Zeit später erschienen die beiden Prätorianer – und dankten Jupiter für das Erscheinen des jungen Mannes.

Octavius war erschüttert, als ihm die beiden Senatoren den feigen Mord an seinem Onkel schilderten. Julius Caesar war von 35 Stichen verletzt worden, aber kein Arzt hatte mit Gewissheit sagen können, welche der Verletzungen tödlich gewesen war. Die Verschwörer waren äußerst geschickt vorgegangen: Auf diese Weise konnte kein Alleinschuldiger bestimmt werden.

»Und Marcus Antonius und Publius Dolaballa? Und nicht zuletzt auch Cicero«, fragte Octavius, »wie verhalten sie sich?«

Senator Sabinus, ein bedächtiger und ruhiger Mann, machte ein sorgenvolles Gesicht. »Marcus Antonius hat die Macht in Rom an sich gerissen. Er wohnt jetzt in Caesars Haus …«

»… wo ihm Caesars Witwe Calpurnia im ersten Schrecken alle Papiere ausgehändigt hat! Publius ist nur sein Lakai.«

Sabinus beugte sich vor. »Marcus Antonius tut alles, um seine Macht zu festigen. Mit Hilfe von Caesars Geheimschreiber Faberius hat er einige von Caesars Gesetzesvorlagen manipuliert und erweitert. Schon am Tag nach der Leichenverbrennung hat Antonius eine Flut von Erlassen herausgegeben. Cicero hat dies zwar im Senat öffentlich gegeißelt, aber es fehlt einfach jede Kontrolle über die Rechtmäßigkeit dieser Beschlüsse!«

Octavius wiegte den Kopf bedächtig hin und her. »Wie sehen diese Beschlüsse aus?«, wollte er wissen.

»Neuerdings genießen die Sizilianer das römische Bürgerrecht«, antwortete Censorinus, »und das, obwohl diese Provinz weder eine römische Stadt noch wenigstens einen angemessenen Anteil von Römern an der Gesamtbevölkerung besitzt!«

»Aber das ist noch längst nicht alles!«, rief Sabinus. »Marcus Antonius verschenkt Freisprüche und Legate, als wären es Zitronen. Sogar rechtskräftig verurteilte Verbrecher hat er begnadigt!«

»Und die Verschwörer werden nicht verfolgt?«, wandte Octavius ein.

»Nein«, antwortete Censorinus. »Marcus Antonius fürchtet ein erneutes Aufflammen des Bürgerkriegs, wenn er mit seinen Legionen versucht, die Verschwörer um Brutus zu stellen!«

»Was soll jetzt geschehen?«, fragte Sabinus. Seine Stimme klang regelrecht verzweifelt.

Octavius ließ sich seine Überraschung nicht anmerken. Da saßen ihm zwei altgediente Senatoren gegenüber und fragten ihn um Rat. Ihn, den jungen Mann, der noch nicht ein einziges Mal politische Verantwortung getragen hatte. Ihn, der im Prinzip über keinerlei Erfahrung, sondern nur über theoretisches Wissen verfügte. Das war mehr als nur ein Traum.

In diesem Moment beschloss Octavius endgültig, nach der Macht zu greifen und sein politisches Erbe anzutreten. Das hieß zwar, dass er sich eine Menge Feinde schaffen würde – allen voran wohl Marcus Antonius –, aber im Gegensatz zu dem legendären Krieger besaß Octavius durch das Testament des Diktators so etwas wie das legitime Recht, Caesars letzten Willen in die Tat umzusetzen. Außerdem: Was er hatte er schon zu verlieren? Was zählte sein Leben im Vergleich zum Römischen Imperium? Und hatte er Julius Caesar nicht in die Hand versprochen, sein Leben für Rom zu geben?

»Wenn wir dieses irrsinnige Treiben des Marcus Antonius beenden wollen, so benötigen wir wahrscheinlich den Rückhalt der Armee«, sagte Octavius vorsichtig.

Senator Sabinus seufzte. »Das sehe ich tatsächlich als das größte Problem an, Octavius«, antwortete er. »Denn sieh, auch Aemilius Lepidus, der noch von Julius Caesar als Statthalter in Gallien eingesetzt wurde, verfugt über sechs Legionen. Auch er spielt mit dem Gedanken, nach der Macht zu greifen – aber er ist bekanntlich von recht schwachem Charakter.«

»Und die Legionen in Apollonia unterstehen Dolaballa

und damit faktisch Marcus Antonius«, fügte Censorinus hinzu. »Darüber hinaus hat Antonius weitere vier Legionen aus Ägypten in den Osten des Reiches beordert.«

»Macht zehn Legionen für Marcus Antonius«, wandte Octavius düster ein.

»Doch hier in Brundisium sind immerhin vier frische Legionen stationiert, die dich unterstützen werden, Octavius!«, sagte Sabinus.

»Kein Legionär marschiert ohne Aussicht auf Sold!«, warf Octavius ein. Dabei fragte er sich, ob er überhaupt jemals marschieren würde, denn seine Gegenspieler waren ihm militärisch haushoch überlegen.

Senator Sabinus lächelte: »Der Jahrestribut der Provinz Asia[5] liegt gut bewacht in dieser Garnison. Überdies kannst du über die vorhandenen Gelder verfügen, die Julius Caesar für den Feldzug gegen die Parther bereitgestellt hat!«

Octavius wollte seinen Ohren nicht trauen: Nur mit einem Stecken und einem Bündel war er nach Brundisium gekommen; zu Fuß, wie ein Bettler – und mit vier kampfstarken Legionen und mehreren Millionen Sesterzen könnte er die Stadt wieder verlassen. Ihm fielen die Worte seines Onkels ein: »Ein Herrscher ist immer nur so stark wie seine Armee.« Jetzt hatte er eine Armee. Doch viel wichtiger war, dass er plötzlich über viel Geld verfügte. Dabei besaß er weder eine offizielle Berechtigung, noch einen Auftrag – aber wenn ihm der Senat von Rom diese Unterstützung durch zwei altgediente Mitglieder förmlich aufdrängte, warum sollte er sie dann zurückweisen? Außerdem warteten in seiner Heimat Kampanien noch immer viele tausend Veteranen Cae-

[5] Apulien

sars darauf, ausbezahlt zu werden. Mit den Sesterzen, über die er nun verfügen durfte, würde er mit Leichtigkeit weitere Truppenverbände zusammenstellen können. Dann würde er sogar eine große Armee befehligen. Aber den Marsch auf Rom wollte er nicht allein wagen.

»Ich benötige sofort einen Kurier«, sagte er unvermittelt. »Und einen Schreiber!« Seine Stimme war schneidend, fordernd, im Befehlston. So, als ob er niemals etwas anderes gelernt hatte. Die beiden Senatoren sahen ihn fragend an. Octavius erhob sich und sah die beiden Senatoren durchdringend an. »In dieser Situation brauchen wir jeden verfügbaren Freund. Verlässliche Männer wie ihr, die bereit sind, für Rom zu sterben. Also frage ich euch: Seid ihr willens, euer Leben für Rom zu geben?« Die beiden Prätorianer schwiegen einen Augenblick lang betreten. Dann nickten sie beide. Octavius lächelte zufrieden: »So wie ich auch. Und wie meine Freunde, die in Apollonia auf meine Nachricht warten!« Octavius hatte eine weitere Schwelle überschritten. Nun gab es kein Zurück mehr.

Am sechsten Mai des Jahres 44 v. Chr. kehrte Octavius nach Rom zurück. Er war allein. Die Warnungen seiner Freunde Maecenas und Marcus Agrippa, die ein paar Meilen vor der Stadt mit den Legionen aus Brundisium in Wartestellung lagen, hatte er in den Wind geschlagen – genauso wie die Befürchtungen seiner Mutter Atia und seiner Schwester Octavia, die gleich zweimal in Tränen ausgebrochen waren: Einmal, weil sie ihn endlich wieder in die Arme hatten schließen können; ein zweites Mal, weil er sich von ihnen nicht abbringen ließ, das Erbe des Diktators anzutreten und sich trotz seines jugendlichen Alters und seiner Unerfahrenheit den mächtigsten Männern Roms entgegenzustellen. Aber Octavius war sich vollkommen sicher, das Richtige zu tun. Wie er es vorausgesehen hatte, war es ihm gelungen, mit dem ihm zur Verfügung stehenden Geld die Veteranen Caesars zu mobilisieren. Jetzt wollte und musste er das römische Stadtvolk auf seine Seite bringen. Sein politischer Instinkt und sein Gespür für die wahren Bedürfnisse der einfachen Leute sagten ihm, dass sich die Menschen vor allem nach Frieden und Sicherheit sehnten, sowie nach mindestens einer warmen Mahlzeit täglich. Und sie würden jedem, der ihnen dies zusichern konnte, bedingungslos folgen. Er hatte sich lediglich ein paar Stunden in Nola aufgehalten und war dann weiter nach Rom gereist. Sein erster Weg führte ihn zum Stadtprätor, wo er das Testament seines Onkels offiziell annahm und seinen Namen in Gaius Caesar änderte. Damit war Octavius endlich auch seinen Geburtsnamen los, der ihn trotz seiner Zugehörigkeit zum Patriziat der Stadt immer als einen Mann von relativ bescheidener Herkunft kennzeichnen würde.

Sein zweiter Weg führte ihn zum Haus seines Onkels. Der junge Caesar ließ sich nicht aufhalten. Die Wachen traten beeindruckt zur Seite, als er mit wehendem rotem Umhang über die Schwelle fegte und schnurstracks in den ersten Stock stiefelte, wo nun wahrscheinlich der ahnungslose Marcus Antonius saß und sich als neuer Herrscher Roms zu etablieren versuchte. Gaius Caesar hatte sich die Überraschung auf dem Gesicht des Kriegers zwar bereits in allen Einzelheiten vorgestellt, aber es war doch etwas anderes, den Bären persönlich in seiner Höhle zu besuchen. Sein Herz schlug schneller, als er ohne anzuklopfen die Türe aufriss, in den Raum stürmte und mitten im Arbeitszimmer stehen blieb.

Marcus Antonius war nicht allein. Publius Dolaballa schnarchte auf einem Ruhesofa – und ausgerechnet Aemilius Lepidus stand neben dem großen Krieger am Kartentisch. Die beiden Männer hatten eine Karte des Römischen Reiches ausgebreitet. Aha, dachte der junge Caesar, da wird offensichtlich bereits eine Beute verteilt, ohne dass alle Jäger anwesend sind.
Antonius und Lepidus schreckten hoch. Wegen des Bartes erkannten sie ihn nicht sofort, aber dann blickte Marcus Antonius in die stahlblauen Augen des Neffen, der nun der Sohn des Diktators war. Er wusste nicht, was er sagen sollte – und Aemilius Lepidus hätte sich in diesem Moment wahrscheinlich am liebsten unter den Tisch verkrochen.
Der junge Caesar deutete eine leichte Verbeugung an. »Aemilius Lepidus. Marcus Antonius!«, sagte er kalt und musterte die beiden Älteren respektlos von oben bis unten.
Es dauerte eine Weile, bis Marcus Antonius die Sprache wiederfand. »Warum hast du mich nichts von deiner Rückkehr nach Rom wissen lassen?«
»Ich dachte, es sei zu gefährlich«, antwortete Gaius Caesar. Seine Stimme hatte einen arglosen Klang.
»Das ist wahr!«, gestand der Krieger zu und musste schlucken.
Octavius ließ seinen Blick ausgiebig durch das Zimmer schweifen. »Du hast dir Caesars Haus genommen …!«
»Julius Caesar hätte es so gewollt!«, antwortete Marcus Antonius. Seine Stimme zitterte leicht.
Gaius Caesar musste sich beherrschen. »Du hast ihn sterben sehen!« Er warf Aemilius Lepidus einen abschätzigen Blick zu.
Marcus Antonius hob entschuldigend die Schultern.

»Zwanzig Männer mit gezückten Dolchen ...«, stammelte er. »Ich weiß selbst nicht, weshalb ich noch am Leben bin!«

»Nun, die Verschwörer werden deinen Tod nicht gewollt haben, nehme ich an«, erwiderte Octavius, weiterhin Arglosigkeit heuchelnd. Gleichwohl hatte er mit diesen Worten seinem potentiellem Widersacher zu verstehen gegeben, dass er ihn verdächtigte, Teil der Verschwörung gewesen zu sein.

Marcus Antonius hatte sich noch immer nicht gefangen. Er hatte niemals damit gerechnet, dass dieser *Knabe* so raffiniert sein könnte. Und noch bevor er etwas sagen konnte, erhob der junge Caesar erneut so etwas wie eine Anklage. »Cassius, Decimus und Brutus sind geflohen. Wann willst du sie endlich verfolgen?«, fragte er vorwurfsvoll, wobei er Aemilius Lepidus absichtlich übersah.

Marcus Antonius gefiel es ganz und gar nicht, von diesem forschen jungen Dachs ausgefragt zu werden. »Der Senat würde mir nie den Auftrag dazu geben! Er ist immer noch voll von ihren Freunden!«, rief er.

Der zweite Konsul Publius Dolaballa bewegte sich unruhig im Schlaf. Octavius lächelte. »Was schert dich der Senat! Das *Volk* verlangt Vergeltung!«

»Allein Decimus befehligt sechs Legionen«, wandte nun Aemilius Lepidus schüchtern ein.

»Sechs Legionen? Ach so!«, rief Gaius Caesar und lachte. »Ja, mir war natürlich nicht klar, dass ihr euch fürchtet, die Mörder Caesars auf dem Schlachtfeld herauszufordern.«

Marcus Antonius reckte sich und schlug unerwartet mit der Faust auf den Tisch. »Einen weiteren Bürgerkrieg entfachen – ist es das, was du willst, *Kind?*« Seine Stimme überschlug sich vor Zorn.

Der junge Caesar blieb ruhig. »Ich heiße Gaius Caesar«, sagte er leise.
Marcus Antonius und Aemilius Lepidus erstarrten. Publius Dolaballa war aufgewacht und rieb sich verwundert die Augen.
»Ich würde dir raten, vorsichtig zu sein, wenn du seinen Namen nennst«, zischte der Krieger.
Doch Octavius schüttelte bedauernd den Kopf. »Als sein Erbe habe ich seinen Namen angenommen!«
Marcus Antonius legte die Stirn in Falten. »Es wird einige Zeit brauchen, bis der Senat und das Plebisziat Caesars Testament ratifiziert haben – wenn sie es überhaupt ratifizieren. Bis dahin würde ich mich nach Hause begeben: Du musst dich in Sicherheit bringen!«
»Verzeih, Marcus Antonius: Aber ich bin zu Hause!«, erwiderte Octavius freundlich.
Mit diesen Worten drehte er sich auf dem Absatz um und verließ den Raum, ohne die Türe hinter sich zu schließen. Aemilius Lepidus griff sich an die Brust und setzte sich schwer atmend auf einen Schemel. Marcus Antonius kratzte sich verlegen an der Nase. Sie sahen sich an und begriffen in diesem Moment, dass es dem Sohn Caesars nicht um Geld ging, sondern ausschließlich um die Macht.
»Ich habe das Gefühl, dass die Zahl unserer Feinde größer wird«, sagte Marcus Antonius mit belegter Stimme.
»Das sehe ich leider auch«, erwiderte Aemilius Lepidus und nickte traurig.
»Wer war denn das?«, fragte der ahnungslose Publius Dolaballa und gähnte herzhaft.

In Rom hatte sich die Ankunft des jungen Caesar und seiner Legionen wie ein Lauffeuer herumgesprochen.

Das Volk schöpfte wieder Hoffnung. Denn als Erster Konsul hatte Marcus Antonius ausgerechnet die stadtrömische Bevölkerung bisher bitter enttäuscht. Was nützte es den Römern, dass Sizilien nun dem römischen Gesetz unterstand und die Bewohner der Insel *ihre* Bürgerrechte genossen? Warum sollten sie in Jubel darüber ausbrechen, dass er Caesars Veteranen in den Provinzen Land versprochen hatte? Stattdessen hatten sie vergeblich darauf gewartet, dass Marcus Antonius den ermordeten Diktator in den Rang eines Gottes erhoben hatte. Und die angekündigten Spiele zögerte er unverständlicherweise hinaus. Darüber hinaus traute ihm das Volk einfach nicht. Obwohl er bekennender Caesarianer war, galt Marcus Antonius vielen als zu wenig berechenbar, als ein gewiefter Taktiker, der mit allen politischen Gruppierungen Freundschaften pflegte und der sich bis jetzt um alle Klippen geschickt herumlaviert hatte. Gleichzeitig hatte er sich enorm bereichert.
Auch bei der Armee verlor Marcus Antonius in den folgenden Tagen an Rückhalt. Seine Legionäre liefen in Scharen zu den Truppen des jungen Caesar über, der ihnen einen besseren Sold versprochen hatte. Zudem musste er feststellen, dass sich auch die Senatoren einer nach dem anderen dem Sohn Caesars anschlossen – allen voran Cicero.
So stand Gaius Caesar zwei Wochen nach seiner Ankunft in der Hauptstadt auf dem Rostrum des Forum Romanum. Hinter ihm hatte sich der Senat versammelt, zu beiden Seiten wurde er von Marcus Agrippa und Maecenas flankiert – und zu seinen Füßen wartete eine unübersehbare Menschenmenge gespannt darauf, was er verkünden würde.
Gaius Caesar breitete die Arme aus und wartete, bis sich

der aufgeregte Mob beruhigt hatte. Dann sagte er mit fester Stimme: »Ihr Bürger Roms. Ich spreche hier zu Ehren und im Namen Julius Caesars. Er hat als Konsul und Prokonsul dem Senat und dem Volk von Rom treu gedient. Er hat ganz Gallien erobert und unterworfen. Mit eigenen Mitteln hat er den Sitz des römischen Senats erbaut – doch er wurde daran gehindert, mehr zu tun: mehr für Rom, mehr für euch!« Gaius Caesar schwieg und wartete auf die Reaktion des Volkes. Verhaltener Applaus brandete auf, verebbte aber rasch wieder. »Was wollte Julius Caesar, frage ich euch – und ich gebe auch gleich die Antwort: Er strebte Wohlstand und Gerechtigkeit für alle an – Frieden und Sicherheit. Aber sein Leben wurde brutal beendet!« In der Menge erhob sich zustimmendes Gemurmel. »Doch ich stehe hier, um das Werk *meines Vaters* fortzuführen. So werde ich, Gaius Caesar, als sein legitimer Erbe dem Volk von Rom die Tibergärten zugänglich machen … und die Hälfte seines Vermögens an das Volk von Rom verteilen: 300 Sesterzen für jeden römischen Mann – so wie es in seinem Testament geschrieben steht!«

Über das Forum Romanum fegte nun ein unbeschreiblicher Jubelsturm hinweg. Mit solch klaren, einfachen Aussagen konnte das Volk endlich etwas anfangen. Octavius winkte in die Menge und drehte sich zufrieden zu Maecenas um. Der beugte sich zu ihm herüber und sagte: »Das war endlich mal eine gute Rede!«

»Natürlich!«, antwortete Gaius Caesar grinsend. »Du hast sie doch auch geschrieben!«

»Eben! Aber jetzt verkünde dem Volk bitte noch rasch unsere weiteren Ideen – und vergiss in deinem Überschwang ja nicht das Brot und die Spiele!«

Die amtierenden Konsuln Marcus Antonius und

Publius Dolaballa standen gemeinsam mit Aemilius Lepidus in einiger Entfernung und mussten ohnmächtig mit ansehen, wie es dem adoptierten Sohn Caesars mühelos gelang, das stadtrömische Volk mit einer einzigen Rede geschlossen hinter sich zu versammeln. Und als sie dann noch sahen, dass ausgerechnet Cicero der erste der Senatoren war, der Gaius Caesar begeistert die Hand schüttelte und zu beglückwünschen schien, brachen sie regelrecht zusammen.

»Was zählt eigentlich noch die legale Befehlsgewalt im Vergleich zu dem bisschen Geld?«, knurrte Marcus Antonius.

»Nichts!«, rief Aemilius Lepidus. »Aber was nun?«

»Flucht«, sagte Publius Dolaballa tonlos. Sein Gesicht war bleich. »Uns bleibt nur die Flucht. Dann müssen wir weitersehen.«

»Nein!«, erwiderte Marcus Antonius. »Wir werden nicht fliehen. Wir werden lediglich abrücken und uns um die Mörder Caesars kümmern. Wir werden Brutus und Decimus zum Kampf herausfordern. Wir werden siegen und uns ihrer Legionen bemächtigen. Unsere Legionen reichen vermutlich schon jetzt nicht mehr aus, um den Jüngling in seine Schranken zu weisen.« Seine Stimme war brüchig. Lepidus und Dollaballa sahen ihn entsetzt an.

Marcus Antonius nickte und sagte flüsternd: »Ich habe ihn leider unterschätzt!«

»Deine Worte haben mich zutiefst bewegt, Octa… verzeih mir, Gaius Caesar«, sagte Cicero, der den erschöpften Redner unten am Fuße des Rostrums empfing. »Sie haben meinen Kummer wieder erweckt. Gewiss, Caesar und ich hatten unsere Meinungsverschiedenheiten, doch wie du sicher weißt, gehörte ich nicht zu seinen Mördern …«

In Octavius Gesicht regte sich kein Muskel. »Warum sollte ich so etwas annehmen?«, fragte er. »Nur weil dich Brutus nach den tödlichen Stichen laut zur Freiheit beglückwünschte?«

Cicero nickte schuldbewusst. Doch sogleich nahm er die zweite Hürde in Angriff. »Und nun wird Rom bedroht: von einem, der nicht einmal bereit ist, Caesars letzten Willen zu erfüllen.«

»Marcus Antonius sagte mir, es sei nur eine Frage der Zeit, bis er den Senat bitten werde, das Testament meines Vaters zu vollstrecken«, gab sich Gaius Caesar naiv.

»Eher wird er dein Todesurteil vollstrecken!«, erwiderte Cicero mahnend.

Octavius schien auf einmal fassungslos zu sein. Oder tat er nur so? Auch für den alten Fuchs Cicero war der junge Caesar undurchschaubar.

»Dann musst du Rom sofort verlassen!«, flüsterte Marcus Agrippa aufgeregt, aber Cicero legte ihm besänftigend die Hand auf den Unterarm.

»Das darf er auf keinen Fall! Jetzt, wo Marcus Antonius die Verschwörer bis nach Gallien jagen will …«

»Da weißt du aber mehr als ich, Cicero!«, sagte der junge Caesar lächelnd, und von *dieser* Nachricht war er wirklich überrascht.

Der alte Senator hob die Schultern. »Ich sehe nur, dass Rom dich braucht! Deshalb werde ich mich deiner Sache annehmen! Was kann ich also für dich tun?«

Diese Frage kam für Gaius Caesar vollkommen unvorbereitet. Er warf Maecenas einen fragenden Blick zu.

»Wir wissen leider nicht, wo wir wohnen sollen!«, sagte sein Freund hastig.

Der junge Caesar hielt den Atem an. Er konnte es nicht fassen, dass Maecenas die Frechheit besaß, den großen Cicero um einen derartig lapidaren Gefallen zu bitten. Andererseits hatte er es inzwischen auch satt, bei den Soldaten in Zelten zu hausen.
»Keine Sorge. Ich werde euch umgehend ein adäquates Haus besorgen!«, beeilte sich Cicero zu sagen. Er bemerkte zu seiner Freude, dass es doch noch einige Dinge – wenn auch nur ganz profane – zu geben schien, mit denen man den Sohn Caesars beeindrucken konnte. So nickte er zufrieden und meinte im versöhnlichen Plauderton: »Wir können vieles füreinander tun ... Caesar!«

Cicero hatte nicht zu viel versprochen. Für die drei jungen Männer bot das ehemalige Haus des Dichters Hortensius neben dem Tempel des Apollo Platz in Hülle und Fülle. Gaius Caesar war überwältigt. Sein ganzes Leben lang hatte er in relativ bescheidenen Verhältnissen leben müssen, doch nun nannte er mehr als zehn Zimmer sein Eigen. Maecenas und Marcus Agrippa ging es ungefähr genauso.
Maecenas hatte sich dabei als Organisationstalent erwiesen und sich wieder einmal selbst übertroffen. Blitzschnell hatte er für Personal und Mobiliar gesorgt – und für die Sicherheit des jungen Caesar war, wie schon in der Vergangenheit, die Centurie des treuen Lucius Tutilius zuständig, die in dem großzügigen Anwesen problemlos untergebracht werden konnte. Luxus war zwar etwas anderes, aber darauf kam es den drei Freunden auch gar nicht an, und den Legionären erst recht nicht.
Gaius Caesar hatte ohnehin etwas ganz anderes im Sinn: Jetzt wollte er Livia Drusilla endlich wiedersehen. Es war

ihm vollkommen gleichgültig, dass er schon seit seiner Kindheit einer anderen jungen Frau, Clodia, versprochen worden war. Diese Angelegenheit würde Maecenas in den nächsten Tagen unauffällig für ihn regeln. Die bevorstehende Scheidung würde in aller Stille vollzogen werden. Er und Clodia waren sich bisher eh nur einmal kurz begegnet, und bei dieser Gelegenheit hatte es gerade zu einem schüchternen Blick gereicht. Kein Wunder: Sie war ja damals auch erst sechs Jahre alt gewesen und er nicht einmal zwölf. Von gegenseitiger Zuneigung konnte man also kaum sprechen. Und weil er das Mädchen nicht entehrt hatte, konnte es problemlos an die Familie »zurückgegeben« werden.

Schon den ganzen Tag über hatte Gaius Caesar ein angenehmes Kribbeln in der Magengrube gespürt, wenn er an Livia dachte. Gleich am frühen Morgen hatte er Maecenas als Liebesboten zu ihrem Haus geschickt. Der war mit einer guten Nachricht zurückgekehrt: Auch Livia wollte ihn unbedingt treffen. Aber sie wollte merkwürdigerweise auf dem Forum auf ihn warten, kurz vor Sonnenuntergang. Das hatte ihn erstaunt, aber auf der anderen Seite war es sicherlich klüger, nicht das Haus ihres Vaters zu betreten. Denn der galt nach wie vor als unbeirrbarer Republikaner und wurde hinter vorgehaltener Hand sogar dem Verschwörerkreis um Brutus zugerechnet. Und Gaius hatte wahrlich keine Lust, sich zu einem romantischen Treffen von schwer bewaffneten Legionären begleiten zu lassen.

Doch nun wartete Gaius Caesar bereits über eine Stunde auf seine Angebetete. Immer wieder wurde er wegen vorübereilender Senatoren und Magistraten dazu gezwungen, sich hinter einer Säule zu verstecken und sein Gesicht zu verbergen. Er wurde immer ungeduldi ger, ärgerlich und schließlich wütend. Was bildete sich dieses Mädchen ein? Immerhin war er einer der mächtigsten Männer Roms. Vor und in der Stadt lagen seine insgesamt sechs Legionen, während sich Marcus Antonius – so wie es Cicero vorausgesagt hatte – mit seinen Truppen und Getreuen Hals über Kopf zur Verfolgung der Verschwörer aufgemacht hatte, die sich angeblich in der Nähe von Mutina verschanzt hatten. Wie konnte Livia es wagen, ihn so lange warten zu lassen?

Als die Dunkelheit der Nacht über Rom hereinbrach, fühlte sich Gaius Caesar ein wenig erleichtert, weil ihm nun das elende Versteckspiel erspart bleiben würde. Andererseits: Jetzt wartete er bereits über drei Stunden.

Aber all sein Ärger verflog in dem Augenblick, als er sie seinen Namen sagte hörte, seinen neuen Namen: »Gaius Caesar!« Oh, welch Wohlklang lag in ihrer neckischen Stimme, dieses liebevolle Gurren, wenn auch, wie immer, eine Spur zu frech …

Er stürzte auf sie zu, umarmte sie stürmisch und wollte sie küssen. Doch sie wehrte ihn ab.

»Nein, Gaius Caesar, ich kann deine Leidenschaft nicht erwidern«, sagte sie ernst.

»Warum?«, fragte er, verblüfft und enttäuscht zugleich, ließ sie jedoch nicht aus seiner Umarmung frei.

»Dafür ist es leider zu spät …«, antwortete Livia ausweichend.

»Zu spät?« Er sah in den Sternenhimmel hinauf und lächelte. Dann blickte er ihr in die Augen und schmunzelte. »Es ist allerdings schon recht spät. Aber *für was* ist es zu spät?«

»Ich werde heiraten!«, sagte sie laut.

Ein Schwerthieb in den Leib hätte nicht schmerzhafter sein können. Octavius ließ sie augenblicklich los und

wich ein paar Schritte zurück. »Wie denn? Warum?«, stotterte er.
»Mein Vater verlangt es!«
»Und wen wirst du heiraten?«, fragte er. Seine Kehle war trocken wie ein Ackerboden nach jahrelanger Dürre.
»Sein Name ist Tiberius Claudius Nero. Die Heirat mit einem Claudier ist für uns Livier natürlich eine wichtige Allianz …«
»Eine Allianz!«, fuhr Gaius Caesar auf.
»… um unsere alten Geschlechter zu schützen«, erwiderte Livia voller Überzeugung.
Gaius Caesar griff sich an die Stirn. Er fühlte plötzlich Hustenreiz in sich aufsteigen, er fühlte das Fieber wiederkommen, dass ihn seit Monaten verschont hatte; er fühlte, wie die ganze Welt über ihm zusammenstürzte.
»Caesars Tod und die Machtergreifung des Marcus Antonius bedeuten eine große Gefahr für meine Familie. Bitte, Gaius Caesar – du musst das verstehen!«
»Und was ist mit mir?«, rief er anklagend.
»Gaius«, sagte sie zärtlich, »es war sehr mutig von dir, nach Rom zurückzukehren. Aber jetzt musst du deine ganze Kraft einsetzen, um deine Ziele zu erreichen und deine Feinde zu besiegen!«
»Was redest du da?« Gaius Caesar konnte sich vor Zorn kaum mehr beherrschen.
Doch Livia ließ sich nicht beirren. »Wenn du überleben willst, brauchst du noch viel mehr Geld!« Octavius sah sie ratlos an.
Livia nickte. »Heirate es!«, meinte sie dann entschlossen.
Gaius blickte zu Boden. Seine Hände ballten sich zu Fäusten. Sein Herz zersprang in diesem Moment mit einem lauten Klirren in Millionen Teile. Er schüttelte fassungslos den Kopf.

»Danke für deine Hilfe«, meinte er schließlich und versuchte gar nicht erst, seinen sarkastischen Ton zu unterdrücken.
»Dieser Rat ist leider alles, was ich im Augenblick für dich tun kann …«, stieß sie leise hervor.
»O nein: Bitte vergib auch dem dummen Jungen vom Lande, der sich eingebildet hat, du könntest dir etwas aus ihm machen!«
Livia Drusilla blickte ihn traurig an. Ja, wenn er sich weiterhin ihr gegenüber so benahm, wie er sich jetzt benahm, dann war er tatsächlich immer noch ein dummer Junge. Zumindest, was seine Sichtweise von einer Verbindung zwischen Mann und Frau betraf. Von einer wirklich wichtigen Verbindung. Aber, fragte sich Livia, warum hatte ihn Maecenas nicht wenigstens schonend auf ihre Nachricht vorbereitet? Sie hatte seinem Liebesboten doch schon am Morgen haarklein auseinander gesetzt, dass sich die Situation verändert hatte.
Aber nun wollte sie Gaius Caesars Wut nicht länger ertragen. Livia wandte sich rasch um und lief in die Dunkelheit hinaus. Er sah ihr fassungslos nach, legte dann den Kopf in den Nacken, sah erneut zu den Sternen hinauf und brach lautlos, von Schmerz übermannt, in die Knie. So verharrte er eine ganze Weile, von einem trockenen Schluchzen geschüttelt.

Maecenas und Marcus Agrippa hatten sich mit mehreren Krügen Wein ins Atrium ihres neuen Domizils zurückgezogen. Es tat gut, endlich wieder ein richtiges Dach über dem Kopf zu haben und festes Mauerwerk um sich herum. Aber vor allem Agrippa begriff noch immer nicht, warum ihnen ausgerechnet Cicero bei der Wohnungssuche geholfen hatte.

Maecenas rollte mit den Augen. »Was ist daran so schwer zu verstehen? Er tut es, weil er jetzt auf Caesar und seine Legionen gegen seinen Intimfeind Marcus Antonius setzt!«
»Legionen?«, fragte Agrippa. »Ich höre immer nur: Legionen! Können wir uns denn der Loyalität der makedonischen Legionen sicher sein?
»Ich weiß es nicht«, erwiderte Maecenas bedächtig. »Jedenfalls noch nicht! Erst, wenn wir zusätzliches Geld auftreiben.«
»Also haben wir keinen einzigen zusätzlichen Legionär in unserem Rücken!«, erregte sich Agrippa.
»Mehr noch als Schwerter brauchen wir Geld, Marcus! Braucht Caesar Geld. Ohne Geld geht in der Politik nämlich gar nichts!«
Aber Agrippa hatte offenbar genug von Maecenas Gerede. »Politiker werden durch Schwerter gelenkt. Soldaten! Das ist die einzige Sprache, die Rom versteht ...«
Maecenas lächelte. »Was verstehst du schon von Rom, du Bauer!«
»Und du verstehst nichts vom Leben – nun ja, Kleider und Wein natürlich ausgenommen!«
»Genug jetzt!«, brüllte eine Stimme. Maecenas und Marcus Agrippa erschraken. Gaius Caesar hatte unbemerkt das Atrium betreten. »Ja, Marcus Agrippa – wir brauchen das Geld ... Auch um den Sold der mazedonischen Legionen zu bezahlen.« Gaius Caesar zitterte vor Erregung. Maecenas wusste warum. »Dieses verfluchte Geld ist, so scheint mir, tatsächlich wichtiger als alles andere!«, fuhr der junge Caesar fort. »So musste ich es jedenfalls heute Abend erfahren.«
Maecenas nickte betroffen. Nun hatte Livia Drusilla es ihm also gesagt. Er konnte seinem Freund die Enttäu-

schung gut nachfühlen. Rasch schenkte er Gaius Wein ein und reichte ihm den Becher. Octavius trank gierig und verlangte einen zweiten Becher, den er ebenfalls in einem Zug leerte.

»Was ist passiert, Octavius?«, fragte Marcus Agrippa, dessen Sinne vom Alkohol bereits leicht benebelt waren. Außerdem konnte er sich nicht abgewöhnen, den Freund noch immer bei dessen altem Namen zu nennen.

»Was passiert ist, willst du wissen?«, rief der junge Caesar und schleuderte den Becher mit voller Wucht an die Wand des Innenhofes. »Du hast es doch eben selbst gesagt: Wir brauchen Geld – und ich soll es heiraten!«

»Ist denn Livias Vater so reich?«, Marcus Agrippa kratzte sich am Kopf.

»Nein«, warf Maecenas leise ein, »Octavius müsste das Geld der Flavia Scribonia heiraten …«

»Wer ist denn Flavia Scribonia?«, lallte Agrippa.

Maecenas blieb ruhig und sah Gaius Caesar fest in die Augen. »Flavia Scribonia ist ein Mädchen, das unseren Helden mit dem gebrochenen Herzen schon seit langem vergöttert. Und Livia Drusilla weiß das!«

Gaius Caesar erstarrte. Maecenas, sein Freund, war also auch nichts anderes als ein lausiger Intrigant! Er hatte gewusst, dass Livia Drusilla bereits vergeben war – und dennoch hatte er ihm nichts verraten. Hatte ihn einfach ins offene Messer laufen lassen. Das sollte er nun büßen: Gaius griff an seine Hüfte, aber da war kein Schwert, das er dieser kleinen Ratte in den Leib stoßen konnte. Also bückte er sich rasch nach einem Krug Wein und warf ihn mit aller Kraft nach Maecenas. Er verfehlte ihn, obwohl Maecenas keine Anstalten gemacht hatte, dem Krug auszuweichen. Der Krug zersplitterte an der Wand, und ein Weinregen ging auf Maecenas nieder.

»Töte mich ruhig, wenn dir danach ist!«, rief Maecenas und stieß Marcus Agrippa grob mit dem Fuß an. »Los, Agrippa! Gib ihm dein Schwert.« Agrippa verstand nicht so recht, was Maecenas von ihm wollte. Der wandte sich nun an Gaius, der mit hängenden Schultern in der Mitte des Atriums stand und vor Wut bebte. »Bist du ein Anführer, Gaius?«, fragte Maecenas provozierend. »Es ist jetzt wirklich nicht der Zeitpunkt, um auf halbem Wege stehen zu bleiben. Unsere Leben stehen schließlich auf dem Spiel ...!«

»Deins bestimmt! Und zwar in diesem Augenblick!«, schrie Gaius, riss Agrippas Schwert aus der Scheide und stürzte sich auf Maecenas. Der wich jedoch keinen Zentimeter zurück, sondern schielte nur mitleidig auf die scharfe Spitze der Waffe, die wenige Zentimeter von seiner Nasenspitze entfernt auf und ab tanzte.

»Du faselst unentwegt von deinem Schicksal, aber du musst es selbst beim Schopfe packen! Es wird dir jedenfalls nicht von Livia auf einem goldenen Teller serviert werden!«, sagte Maecenas ruhig.

Gaius schwieg betroffen und ließ das Schwert sinken. Dann schleuderte er es quer durch den Innenhof. Es krachte scheppernd an eine Wand. Er sah Maecenas an, nickte und sagte: »Wir brauchen Caesar.«

Ein Lächeln erschien auf Maecenas' Gesicht. »Caesar ist tot!«, meinte er trocken, griff nach seinem Becher Wein und erhob ihn in Richtung seines Freundes. »Lang lebe Caesar!«, rief er und gab Marcus Agrippa einen weiteren Tritt.

Marcus Agrippa fiel es jedoch schwer, Octavius auf Anhieb als neuen Diktator anzuerkennen. Nein, für ihn war er ein Freund, ein Mensch wie jeder andere – kein Caesar.

»Gebrauche doch wenigstens einmal deinen Verstand, Marcus Agrippa«, sagte Maecenas ungeduldig. »Bist du bereit, einen neuen Caesar zu akzeptieren, oder nicht? Bist du bereit, Rom den gierigen Adligen aus den Händen zu reißen, oder nicht? Stehst du für das Volk ein, oder nicht?«

Agrippa nickte bedächtig und seufzte. Dann erhob er sich langsam. Er vergaß nicht, seinen Becher in die Hand zu nehmen. Als er dem jungen Caesar gegenüberstand, erhob er ihn ebenfalls in seine Richtung. »Ja, Maecenas«, sagte er feierlich, »du hast Recht: Nur unser Octavius kann Rom zurück in die Freiheit führen …«

»Lang lebe Gaius Caesar!«, rief Maecenas.

»Lang lebe Gaius Caesar!«, rief nun auch Marcus Agrippa.

Beide leerten sie ihren Becher bis zur Neige.

Gaius betrachtete die beiden eindringlich. Sie hatten ihn überzeugt. Er durfte die kostbare Zeit, die ihm gegeben war, nicht weiterhin mit Nebensächlichkeiten verplempern. Jetzt kam es nur noch darauf an, seine Macht zu bündeln und zu stärken. Er musste zukünftig noch viel mehr einen kühlen Verstand und ein kaltes Herz bewahren. Er musste Livia Drusilla vergessen. Er musste sich auf sich selbst konzentrieren und alles andere vergessen.

»Ich danke euch, meine Freunde«, rief er emphatisch. »Dann erkläre ich jetzt meine Zeit für gekommen!«

Die offizielle Ratifizierung des Testaments von Julius Caesar durch den römischen Senat wenige Wochen später war nur noch eine Formsache. Maecenas auf der caesarianischen und Cicero auf der republikanischen Seite hatten im Hintergrund ganze Arbeit geleistet und die unentschlossenen Senatoren mit sanftem Druck und viel Überredungskunst davon überzeugt, dass der Sohn Caesars endlich eine offizielle Stellung bekleiden musste, um legal handeln zu dürfen. Denn bis zu diesem Zeitpunkt hatte er sich immer nur auf seine legitimen Verpflichtungen berufen, die sich aus der Hinterlassenschaft seines Onkels ergaben.

Schließlich hatte die herrschende Angst vor einer weiteren Machtzunahme des Marcus Antonius gesiegt. Sogar die republikanisch gesinnten Senatoren begriffen, dass in dem adoptierten Sohn des Diktators ein entscheidendes Gegengewicht zu dem unberechenbaren Krieger vorhanden war.

Gaius Caesar selbst hatte sich in diesen Wochen politisch ziemlich bedeckt gehalten. Dafür hatte er in den Armen Flavia Scribonias des Öfteren nach Gelegenheiten gesucht, seine unerfüllte Liebe zu Livia Drusilla zu begraben. Flavia Scribonia war die Tochter von Scribonius Lubo, dem Schwiegersohn des noch immer flüchtigen Sextus Pompeius. Der wiederum hatte inzwischen tatsächlich eine starke Kriegsflotte aufgebaut und begann zunehmend, das westliche Mittelmeer unsicher zu machen. So manche Getreidelieferung, die das kontinuierlich und schnell wachsende Rom dringend benötigte, hatte deswegen den Besitzer gewechselt oder lag auf dem Meeresgrund. Doch noch war von einer Hungersnot in der Hauptstadt zum Glück nicht die Rede.

Gaius begriff zusehends, wie wichtig die richtigen Beziehungen für ihn waren. Es dauerte nicht lange, da wusste er diese Verbindungen auch gnadenlos zu nutzen – und zwar ausschließlich für sein erklärtes politisches Ziel, die Nachfolge Caesars. Manchmal, wenn er schweißgebadet und völlig ausgepumpt seinen Kopf auf Flavias üppige Brüste legte, dachte er mit Vergnügen nicht nur an die vergangenen lustvollen Augenblicke, die ihm diese schöne und erfahrene Frau bereitet hatte, sondern er ging im Geiste auch die vorteilhaften Verflechtungen durch, die sich aus dieser Verbindung ergeben konnten. Wer weiß, dachte Octavius, vielleicht würde ihm durch die bevorstehende Heirat sogar Sextus Pompeius, dieser skrupellose Seeräuber, irgendwann einmal nützlich sein.

Die Hochzeit mit Flavia war relativ bescheiden gefeiert worden. Maecenas hatte es immer und immer wieder durchgerechnet, aber selbst ihre außerordentlich große Mitgift würde gerade für die Bezahlung der mazedonischen Legionen – deren Führungsspitze von Marcus Agrippa bearbeitet worden war – reichen, sowie für die prachtvollen Spiele, mit denen der junge Caesar die Stadtbevölkerung Roms endgültig hinter sich gebracht hatte. Danach, so hatte Maecenas mit sorgenvoller Miene gesagt, müsste sich Gaius Caesar seine künftigen Einnahmequellen selbst sichern – durch die Tribute, welche die Provinzen ihm zahlen mussten. Das alles waren jedoch die Gedanken, die er in Augenblicken wie diesen hasste.

»Du musst aufstehen, Gaius«, sagte Flavia und zupfte ihn zärtlich an seinem schweißnassen Haar. »Der Senat wartet nicht auf dich!«

Das Gesicht des jungen Caesar tauchte zwischen ihren Schenkeln auf. »Du wirfst mich aus dem Bett?«, fragte er lauernd und tauchte schon im selben Moment wieder ab. Ein Schauer fuhr Flavia über den Rücken. Sie stöhnte leise auf und begann sich lustvoll zu winden. Nicht nur was die Politik anging, hatte sich der junge Caesar als lernfähiger Schüler erwiesen. Und so schamlos er sich mit Hilfe seiner Berater inzwischen der Senatoren und Magistraten bediente, so war er auch zwischen den

Laken. Schon als sie ihn das erste Mal auf Caesars Siegesfeier gesehen hatte, war es um Flavia Scribonia geschehen gewesen. Leider hatte er damals nur Augen für Livia Drusilla gehabt.

Gaius schob seinen sehnigen Körper über sie und drang in sie ein. Dieser Mann war einfach unersättlich, dachte Flavia, aber sie war es ja auch. Sie spreizte ihre Beine weit auseinander und griff mit der rechten Hand nach unten, wo sie begann, seine Hoden zärtlich zu streicheln. Wenige Augenblicke später explodierte Gaius in ihr. Dabei klammerte er sich an ihr fest wie ein Ertrinkender.

»Du musst jetzt wirklich aufstehen«, flüsterte sie.

Gaius hustete und nickte. »Wenn es denn sein muss!«, rief er und sprang federnd aus dem Bett. »Reicht denn die Zeit wenigstens noch für ein Bad?«, fragte er gut gelaunt. Flavia Scribonia nickte. Er sah sie lüstern an. »Warum begleitest du mich dann nicht in die Therme?«, fragte er und lachte.

Zwei Stunden später betrat Gaius Caesar den Senat. Er fühlte sich stark, wie schon lange nicht mehr. Und er strahlte Zuversicht aus. Cicero erhob sich, ging ihm entgegen und begrüßte ihn herzlich. Gaius nahm Platz, während Cicero mit den Händen um Ruhe bat. Das Gemurmel in Roms höchstem Gremium erstarb. »Heute ratifizieren wir Julius Caesars Testament und erfüllen damit auch seinen letzten Willen – die postume Adoption seines Neffen Octavius, der von nun an den Namen Gaius Caesar Octavianus tragen soll«, sagte Cicero. Gaius hörte mit unbewegter Miene zu. Der Name Octavianus – statt Octavius – war lediglich ein Zeichen seiner erfolgten Adoption. Aber auch ihn würde er so schnell als möglich ablegen.

Die Senatoren spendeten höflichen Beifall. Maecenas,

der ganz in seiner Nähe saß, nickte aufmunternd zu ihm hinüber. Cicero bedeutete Gaius mit einem Zeichen, sich zu erheben. Er war jetzt einer der ihren und durfte – was eine besondere Ehre bedeutete – seine Stimme in der höchsten Rangklasse, unter den ehemaligen Konsuln abgeben. Als sich Gaius von seinem Platz erhob, verebbte der Applaus.

»Ich danke euch, dass ihr den Wunsch meines Vaters erfüllt habt«, sagte er. »Doch leider geschieht dies gegen den Willen des Konsuls Marcus Antonius …«

Die Senatoren erschraken – was hatten diese Worte zu bedeuten? Gaius Caesar wartete, bis wieder Ruhe eingekehrt war, und vollendete den Satz: »… der Schande über diese Versammlung gebracht hat, als er Rom verließ und einen illegitimen Feldzug gegen Decimus begann!«

Senator Sabinus erhob sich: »Aber Decimus war einer von Caesars Mördern!«

»O ja, das war er«, donnerte Gaius Caesar. »Und niemand wünscht inbrünstiger als ich, ihn der Justiz zu überantworten! Aber hat etwa der Senat Decimus dieses Verbrechens angeklagt? Oder Cassius und Brutus?« Er machte absichtlich eine Pause und blickte in die Runde. »Nein!«, rief er dann laut. »Marcus Antonius handelte auf eigene Faust! Er ist mit seinen Legionen ausgerückt, ohne zuvor auch nur einen Einzigen von uns um Rat zu fragen. Das ist ein schwerer Verstoß gegen das Gesetz! Kein Mann kann und darf sich außerhalb der Gesetze der Republik stellen – aus welchem Grund auch immer!«

In diesem Moment sprang Cicero auf und deutete theatralisch auf den jungen Caesar: »Gaius Caesar Octavianus hat diesen gefährlichen Tyrannen mutig entlarvt! Ich erkläre Marcus Antonius zum Feind der Republik!«

Bereits im nächsten Moment erhoben sich einzelne Zurufe, die nach wenigen Augenblicken zu einem Chor der Zustimmung anschwollen. »Überdies erkläre ich das Konsulat für vakant!«, schrie Cicero mit hochrotem Kopf. Maecenas und Gaius tauschten inmitten des Tumults einen verstohlenen Blick. »Ich erkläre mich daher trotz dieser gefährlichen Zeiten bereit …«
Gaius Caesar sprang plötzlich auf. »Cicero!«, rief er laut. Der Lärm verstummte. Cicero runzelte ärgerlich die Stirn über den Zwischenruf. »Gestatte mir, dass *ich* dem Senat den Namen des nächsten Konsuls von Rom vorstelle …!« Cicero lächelte. Das Lächeln ging jedoch schon im nächsten Moment in ein Strahlen über. Er verneigte sich sogar vor dem *Jüngling*. Octavius fuhr fort: »Zum neuen Konsul von Rom erkläre ich hiermit …« Er verließ seinen Platz, ging langsamen Schrittes hinüber zum goldenen Amtssessel des Ersten Konsuls, setzte sich ganz selbstverständlich hin und blickte entspannt in die Runde der verblüfften Gesichter. »… Gaius Caesar!«, fuhr er fort, »Sohn des Julius Caesar!«
Einen Augenblick lang herrschte erstauntes Schweigen. Dann brachen fast alle Senatoren in lautes Lachen aus. Sie hatten ihn zwar in ihren Kreis aufgenommen, aber nun schien der Knabe denn doch zu scherzen. Oder war er vielleicht sogar verrückt?
Cicero fand die Situation überhaupt nicht komisch. »Mit welcher Befugnis, Gaius Caesar, nimmst du dir dieses Recht heraus?«, rief er aufgeregt.
»Mit welcher Befugnis, fragst du, Cicero?«, entgegnete der junge Caesar und lümmelte sich provozierend im Sessel. Doch schon im nächsten Moment setzte er sich wieder kerzengerade hin, deutete auf die Türen des Senatssaals und rief: »Das da, das ist meine Befugnis!«

Die Türen flogen auf. Die Senatoren erstarrten. Cicero wischte sich den Schweiß von der Stirn. Im geordneten Laufschritt strömten drei Centurien in den Senatssaal und bezogen rund um das Plenum Stellung. An der Spitze marschierte Marcus Agrippa. Lucius Tutilius umringte mit zwei Reihen Prätorianern den jungen Caesar.

»Auch das Forum ist von Soldaten besetzt!«, rief ein Senator.

»Ein Umsturz!«, schrie eine zweite Stimme. Aber der Rest der Kurie verhielt sich still. So etwas, dachte Gaius, nennt man wohl lähmendes Entsetzen. Er tauschte einen weiteren Blick mit Maecenas, der inzwischen übers ganze Gesicht lächelte.

Marcus Agrippa baute sich vor Gaius Caesar auf, verbeugte sich leicht und machte Meldung. »Die makedonischen Legionen unter dem Kommando von Marcus Agrippa! Einst unterstanden sie Caesar. Von jetzt ab unterstehen sie seinem Sohn!«

Kapitel VI

Das unüberhörbare Säbelrasseln hatte wie ein gewaltsamer Umsturz ausgesehen, aber schon tags darauf verzichtete der junge Caesar plötzlich auf den höchsten und einflussreichsten Beamtentitel, den Rom zu vergeben hatte, um nicht noch mehr Öl in das Feuer zu gießen, das im Senat zwischen den beiden konkurrierenden Gruppen immer wieder aufloderte. Es reichte ihm, dass die republikanische Mehrheit um Cicero – der sich freilich bis dahin immer wieder um Ausgleich bemüht hatte – nun eines wusste: Der Sohn Caesars war gewillt, seine Ansprüche notfalls auch mit Hilfe des Militärs durchzusetzen.

Als neue Konsuln – von Gaius Caesars Gnaden – wurden Hirtius und Pansa gewählt. Darüber hinaus hatte er seine Legionen dem Senat großzügig zur Verfügung gestellt, der ja selbst keine bewaffneten Truppen unterhielt, um Beschlüsse durchzusetzen – Maßnahmen gegen Marcus Antonius, dessen Streben nach mehr Macht inzwischen sogar von den Caesarianern ängstlich beobachtet wurde.

Angeführt von Maecenas auf der caesarianischen und Cicero auf der republikanischen Seite, entschieden sich die Senatoren deshalb dafür, Marcus Antonius zum Staatsfeind zu erklären. Gleichzeitig erhoben sie den Diktator Julius Caesar unter die Götter und verliehen dem jungen Caesar zum ersten Mal die *fasces*, die Feldherrnwürde, und damit ein *imperium* – den offiziellen Auftrag, Marcus Antonius zu entmachten, der zu diesem Zeitpunkt mit seinen Legionen vor Mutina lag und die Verschwörer Brutus und Cassius belagerte, die sich mit

ihren Heerscharen in der noch jungen Stadt verschanzt hatten.
»Mir gefällt das nicht«, klagte der junge Caesar am Vorabend des Abmarsches nach Norditalien. Er blickte Maecenas vorwurfsvoll an. »Habe ich nicht geschworen, die Mörder meines Onkels zu verfolgen und seinen Tod zu rächen? Und jetzt stehe ich plötzlich mit einigen von ihnen zusammen – gegen die Caesarianer!«
»Aber eben nur gegen die unter den Caesarianern, die Marcus Antonius unterstützen«, erwiderte Maecenas. Er saß entspannt am Kartentisch in Gaius Caesars Bibliothek und studierte interessiert die neuesten Entwürfe eines gigantischen Aquaedukts, die Marcus Agrippa gezeichnet hatte. Rom wurde von Tag zu Tag größer; der Bedarf an Trinkwasser stieg ständig. Wenn der Krieg erst einmal vorbei war, wollte Marcus Agrippa dieses ehrgeizige Projekt einer Wasserleitung aus dem Süden der Abruzzen in die Hauptstadt in Angriff nehmen. Unter den Skizzen befanden sich die Karten der Festungsanlagen von Mutina – aber die interessierten den Schöngeist Maecenas weitaus weniger.
Der junge Caesar winkte ärgerlich ab. Manchmal wurde ihm regelrecht schwindlig, wenn er an die verworrene Situation dachte.
»Jetzt weißt du wenigstens, warum ich mich auf dem Schlachtfeld so viel sicherer fühle als in der Politik«, brummte Marcus Agrippa, der gemeinsam mit Rufus auf dem Boden des Atriums hockte, wo sie ihre Schwerter akribisch mit Granitsteinen schliffen, bis die Klingen scharf wie Rasiermesser waren. »Da muss ich mich wenigstens nur auf mich selbst verlassen!«
Maecenas zog verwundert die Augenbrauen hoch. »Gaius«, sagte er ernst, »zügele deine Ungeduld. Glaube

mir, du wirst sehen, wie schnell sich schon bald die Machtverhältnisse ändern können – zu deinen Gunsten. Aber noch ist Marcus Antonius zu mächtig.« Marcus Agrippa schielte erschrocken zu den beiden Freunden herüber. Maecenas war wahrscheinlich der Einzige, der es sich leisten konnte, so direkt und schonungslos mit dem Sohn Caesars zu sprechen.

»Wenn es so ist, dann verrate mir, warum der angeblich so mächtige Marcus Antonius und ich die Verschwörer jetzt nicht einfach gemeinsam bekämpfen sollen! Die Gelegenheit wäre günstig. Brutus und Cassius sitzen in Mutina wie Ratten in der Falle!«

Maecenas lächelte. »Um den Verschwörern ihre gerechte Strafe zukommen zu lassen, fehlt dir die gesetzliche Handhabe – so wie Marcus Antonius auch! Nicht einmal Cicero würde es schaffen, die republikanische Mehrheit des Senates vollständig auf deine Seite zu bringen. Und genau darauf setzt der alte Fuchs: Er hofft, dass wir durch den internen Machtkampf entscheidend geschwächt werden. Doch er irrt!«

»Mir fehlt ein Amt, um entscheiden zu können!«, rief Gaius Caesar ärgerlich, der schaudernd daran dachte, dass sich schon bald viele tausend gleich gesinnte Soldaten gegenüberstehen würden, die bereit waren, für ihre jeweiligen Anführer zu sterben.

»Beruhige dich doch bitte«, sagte Maecenas gelassen. »Du wirst dieses Amt schon bald innehaben. Vertraue einfach deiner Stärke, vertraue deinen Heerführern, und vertraue den Göttern – aber«, kicherte er, »vertraue vor allen Dingen meiner unübertroffenen Weitsicht!«

Drei Monate später vereinigten sich ein paar Meilen vor Mutina die makedonischen Legionen, die von Marcus

Agrippa befehligt wurden mit den Veteranenverbänden aus Kampanien, die unter dem Kommando von Rufus standen, sowie einer relativ kleinen Streitmacht aus vier Legionen, an deren Spitze die beiden neuen römischen Konsuln Hirtius und Pansa ritten. Dabei handelte es sich jedoch in erster Linie um unerfahrene Rekruten, die von den neuen Konsuln zum Militärdienst gepresst worden waren. In weiser Voraussicht überließ ihnen Gaius Caesar die ehrenvolle Aufgabe, die Hauptlast des Angriffs zu tragen. Agrippas und Rufus' Legionen sollten an den Flanken kämpfen und die Nachhut bilden.
Zweimal binnen sechs Tagen krachten beide Heere aufeinander: Am 14. und 15. April des Jahres 43 v. Chr. kam es beim *Forum Gallorum* zur ersten Schlacht zwischen den beiden caesarianischen Gruppen, und die kampferprobten Verbände des Marcus Antonius richteten unter den jungen Soldaten der beiden römischen Konsuln ein entsetzliches Blutbad an.
Gleich zu Beginn des erbittert geführten Kampfes wurde Konsul Pansa schwer verwundet. Er starb nur Stunden später unter den Händen der Ärzte. Als jedoch Marcus Agrippa und Rufus ihre frischen und gut ausgebildeten Truppen in den Kampf warfen, zogen sich die Legionen von Marcus Antonius zurück und sammelten sich erneut. Diesen Moment nutzten die Verschwörer zur Flucht: Decimus, Brutus und Cassius brachen mit ihren Legionen aus Mutina aus und setzten sich in Eilmärschen ab; Brutus in Richtung der Provinz Macedonia, Cassius' Ziel dagegen hieß Syria. Gaius Caesar schäumte vor Wut, aber Maecenas erinnerte ihn sanft daran, dass es jetzt einzig und allein um die Vorherrschaft unter den Anhängern des ermordeten Diktators ging. Alles andere, so Maecenas, konnte warten.

Sechs Tage später, am 21. April, wurde das Heer des Marcus Antonius vor Mutina geschlagen. Anstatt jedoch bis zum letzten Mann zu kämpfen, zog es der große Krieger vor, sich mit seinen geschlagenen Soldaten bis nach Gallien zurückzuziehen, wo er sich mit seinem alten Freund Aemilius Lepidus verbündete, der seinerseits sechs frische Legionen mitgebracht hatte.
Für Gaius Caesar, der aus taktischen Gründen auf eine Verfolgung verzichtet hatte, war nun der Weg nach Rom erneut frei; vor allem deswegen, weil auch der unglückliche Konsul Hirtius im Kampf sein Leben verloren hatte. Er übernahm ganz selbstverständlich die Reste der Legionen der beiden gefallenen Konsuln, was ihn militärisch außerordentlich stärkte. Jetzt konnte er erneut seinen Anspruch auf ein Konsulat anmelden.
Doch schon wenige Tage später erreichte ihn die Nachricht, dass ihm die republikanisch gesinnte Mehrheit im Senat nun nicht nur das Konsulat verweigerte, sondern auch noch ganz offen damit begann, die Verschwörer zu unterstützen: Die Senatoren bestätigten die neuen Machtpositionen der Verschwörer in den Provinzen, in die sie geflohen waren.
Zur gleichen Zeit proklamierten im Norden Marcus Antonius und Aemilius Lepidus den Kampf gegen die Mörder Caesars als gemeinsames Ziel.
Als Gaius Caesar von diesen rasanten Veränderungen des Machtgefüges eingeholt wurde, fühlte er sich – nicht ganz zu Unrecht, wie Marcus Agrippa grollte – ins Abseits gedrängt. Aber wie immer, wenn er wie in der Vergangenheit mit dem Rücken zur Wand gestanden hatte, erwachte in ihm die eisenharte Kämpfernatur. Ihm war vollkommen klar, auf welche Seite er sich zukünftig stellen musste, wenn er sein wahres Ziel – das

freilich bisher nur Maecenas erahnte – nicht verfehlen wollte: die Alleinherrschaft.

»Jetzt ist deine Zeit gekommen«, sagte der Freund, der schon längst sein engster politischer Berater war, bedeutungsvoll, als sie sich mit ihren Legionen erneut auf den Weg nach Rom machten. »Nun musst du auf die Nobiles keine Rücksicht mehr nehmen.«

Viele Jahre später, als er sich schon Augustus nannte und nennen ließ, würde Gaius Caesar immer wieder betonen, dass es das Volk war, das ihn am 19. August desselben Jahres, zusammen mit seinem Onkel Quintus Pedius, zum Konsul gewählt hatte. Tatsächlich aber – und das geschah auch in voller Absicht – hatte die Stadtbevölkerung Roms gar keine andere Wahl gehabt: Die Hauptstadt des Reiches wimmelte nur so vor Legionären, die peinlich genau darauf achteten, dass auch ja die *richtige* Stimme abgegeben wurde. Auch der Senat befand sich erneut unter der totalen Kontrolle des Militärs.

Noch am Tage seiner Ernennung zum Konsul sorgte der junge Caesar für die Einrichtung eines Sondertribunals gegen die Verschwörer, womit er sein lauthals propagiertes Versprechen, den Mord an seinem Onkel zu rächen, endlich auf eine einwandfreie rechtliche Grundlage stellte. Darüber hinaus ließ er in weiser Voraussicht den Senatsbeschluss wieder aufheben, durch den Antonius und seine Anhänger zu Staatsfeinden erklärt worden waren – andernfalls hätte er niemals mit dem großen Krieger verhandeln können. Doch so ritt Rufus bereits zwei Tage später ritt, von einer Centurie Prätorianer begleitet, mit einem persönlichen Schreiben von Gaius Caesar an Marcus Antonius in den Norden des Reiches, nach Gallien – während es der junge Caesar

selbst genoss, endlich einmal wieder mehrere Nächte hintereinander in den Armen von Flavia Scribonia zu verbringen.
Kurze Zeit später stellte er jedoch mehr oder weniger überrascht fest, dass ihn seine Gattin zu langweilen begann. Überdies war sie schwanger. Für Gaius Caesar begannen nun wilde Wochen – und noch wildere Nächte mit den schönsten und begehrtesten Mätressen der Hauptstadt. Flavia Scribonia ertrug diese Tatsache nur schwer, aber als Angehörige der obersten Gesellschaftsschicht kannte ja auch sie das ungeschriebene Gesetz, dass die römische Ehe vor allem der Fortpflanzung diente, während das Vergnügen gerne auf einer grüneren Wiese gesucht und meistens auch gefunden wurde.
»Du stößt dir ja fleißig deine Hörner ab«, sagte Marcus Agrippa eines Tages zu seinem Freund. »Aber die Frau, die dich wirklich interessiert, Gaius, hast du doch eigentlich schon längst gefunden!«
Gaius Caesar senkte beschämt den Blick. Das tat er nur, wenn er an Livia dachte. Wie oft hatte er versucht, dieses Mädchen, das inzwischen eine wunderschöne, begehrenswerte Frau geworden war, zu vergessen.
Aber es wollte ihm einfach nicht gelingen.

»Wenigstens sind sie pünktlich!«, brummte Marcus Agrippa, blinzelte in die Sonne und deutete auf die Kuppe eines Hügels, wo in diesem Moment, in ungefähr zwei Meilen Entfernung, an die 1.000 Reiter erschienen. Auch Gaius Caesar spürte, dass der Boden unter ihm zitterte. Marcus Agrippa patschte mit der Hand nervös auf den Griff seines Schwertes. Für den jungen Caesar und seinen Berater Maecenas sah es aus, als wollte sich ihr Freund Mut machen. Schließlich hatten sie selbst nur eine Hand voll leicht bewaffneter Reiter zu der konspirativen Unterredung mitgebracht, die an diesem außergewöhnlich milden Oktobertag auf Einladung von Gaius Caesar bei Bononia stattfinden sollte – um ihre friedliche Absicht zu demonstrieren.

»Du wirst dein Schwert bestimmt nicht brauchen«, sagte Gaius Caesar, aber auch ihm war nicht besonders wohl beim Anblick der vielen gepanzerten Reiter. »Marcus Antonius mag ein gefürchteter Krieger sein und ein aufbrausender ungeschlachter Mensch, aber im Grunde seiner Seele ist auch er ein Mann von Ehre!«

Maecenas nickte heftig, aber Marcus Agrippa erwiderte die Worte seines Freundes mit einem eher zweifelnden Blick. Wie auch immer – nun war es zu spät, um einen Rückzieher zu machen.

Gaius Caesar hatte einen rechteckigen Holztisch und drei Stühle an diesen Ort bringen lassen, einen schmalen, windgeschützten Talkessel. Darauf standen sechs Krüge, drei davon mit Wasser, die anderen drei mit Wein gefüllt. Seine Feldzeichen steckten bereits in der fetten Erde, die mit Ginster und Lavendel übersät war, was diesem Ort einen ungemein friedlichen Anschein gab. Gaius Caesar atmete tief durch, erhob sich von seinem Stuhl und ging den Reitern alleine und unbewaffnet entgegen.

Als die Kavalkade noch 300 Doppelschritte entfernt war, parierte der Mann an der Spitze sein Pferd durch und hob die Hand. Die Soldaten hielten diszipliniert an; der erste Reiter und ein zweiter, beide in Generalsuniform, verließen ihren Verband und näherten sich im Schritttempo dem jungen Caesar, nur gefolgt von zwei Lanzenträgern.

»Salve, Marcus Antonius, Aemilius Lepidus!«, begrüßte

Gaius Caesar die beiden Männer, während deren Lanzenträger zum Tisch ritten und zwei lange Speere in den Boden rammten, an denen die Banner von Antonius und Lepidus flatterten. Daraufhin ritten sie sofort wieder zu ihrer Truppe zurück und reihten sich ein.

»Nun, Kleiner!«, sagte Marcus Antonius arrogant und warf einen kurzen Blick auf die armselige Centurie seines Widersachers, »du hattest uns zu dieser Unterredung gebeten. Und jetzt sag mir, welchen Grund es für Lepidus und mich geben sollte, dich in diesem Augenblick am Leben zu lassen?«

Gaius Caesar sah den massigen Krieger furchtlos aus seinen stahlblauen Augen an und breitete gleichzeitig entwaffnend die Hände aus. »Ich wollte euch lediglich bitten, mir zu helfen, den Tod meines Vaters zu rächen!« Er griff nach den Zügeln, um Marcus Antonius das Absitzen zu erleichtern. Aemilius Lepidus beachtete er kaum. Marcus Antonius lachte laut auf und ließ sich lässig aus dem Sattel gleiten. Er wartete nicht auf seinen Begleiter, sondern ging schnurstracks und mit riesigen Schritten auf den Tisch zu. Gaius Caesar schaffte es, mit ihm Schritt zu halten, Aemilius Lepidus dagegen stolperte hinterher.

»Lepidus ist schwach«, flüsterte Maecenas Marcus Agrippa zu. »Bei dieser Unterredung hat er wahrscheinlich bloß die Rolle des höflichen Zuhörers.«

Marcus Agrippa sah seinen Freund erstaunt an. »Er befehligt immerhin sechs Legionen!«, wisperte er, doch Maecenas winkte ab. »Du verstehst nicht viel von Politik, oder etwa doch, Marcus Agrippa?«, sagte er dann in frotzelndem Ton. Marcus Agrippa seufzte laut auf. Manchmal juckte es ihn gewaltig, den unverschämten Besserwisser mit seinem Schwert zu kitzeln.

Gönnerhaft deutete Marcus Antonius mit der Hand auf das Kopfende des Tisches. »Der Ehrenplatz gebührt natürlich dir … Sohn des Caesar!«, sagte er. Dies war eine ziemliche Unverschämtheit – schließlich war er ja nicht der Gastgeber –, doch Gaius überging die Stichelei und nahm schweigend den ihm zugewiesenen Platz am Kopfende ein. Allerdings wartete er nicht, bis sich die beiden Älteren gesetzt hatten – eine kleine Revanche unter Feinden.

Maecenas nickte zufrieden.

»Du bist jetzt Konsul von Rom, und du befehligst die mazedonischen Legionen. Wozu brauchst du uns dann noch?«, fragte Marcus Antonius, der wie so häufig direkt aufs Thema kam und dabei kein Blatt vor den Mund nahm. Sein Ton war gehässig und aggressiv. Furcht und Schrecken zu verbreiten war letztendlich das, was er unter Diplomatie verstand.

In aller Seelenruhe schenkte Gaius seinen Gästen erst einmal Wein und Wasser ein und trank dann auch selbst einen Schluck. Marcus Antonius leerte den Wein in einem Zug und wischte sich mit dem Handrücken den Mund ab. Lepidus dagegen nippte nur an seinem Becher. Nach einer Weile stützte sich Gaius mit den Ellenbogen auf der Tischplatte ab und beugte sich leicht vor. »Ihr wisst genau, dass ich diese Aufgabe nicht alleine bewältigen kann. Wie wir doch sicherlich alle wissen, beginnen Brutus, Cassius und Decimus damit, den Osten des Reiches systematisch auszupressen. Sie zwingen alle wehrfähigen Männer zum Dienst in ihren Legionen; sie rauben, sie stehlen, und sie bereichern sich hemmungslos, um vielleicht das größte Heer aufstellen zu können, das jemals …«

Marcus Antonius hieb mit der Faust auf den Tisch. Intuitiv griff Marcus Agrippa in diesem Augenblick erneut nach seinem Schwert, aber Maecenas legte ihm beruhigend eine Hand auf den Unterarm. Ohnehin hätte Agrippa seinem Freund niemals rechtzeitig zu Hilfe eilen können – er stand fast dreißig Fuß vom Tisch entfernt.

»Während der Schlacht von Mutina sind die Verschwörer geflohen. Du bist schuld, dass sie entkommen konnten. Dann stiehlst du mir meinen Sitz im Senat – und jetzt bittest du ausgerechnet mich um Hilfe?«, brauste Marcus Antonius auf.

»Mit Hilfe von Sextus Pompeius' Flotte kontrollieren sie jetzt die Getreidelieferungen. Von beiden Seiten! Sie könnten Rom aushungern«, mischte sich Aemilius Lepidus ein.

»Ganz richtig, Aemilius«, erwiderte Gaius freundlich. »Allein schon deshalb wollt ihr sie doch vernichten. Ohne meine Hilfe könnt ihr das aber nicht – aber ohne *eure* Hilfe kann ich es ebenfalls nicht.« Marcus Antonius schüttelte lachend den Kopf. Es war ein richtiger Lachanfall – dieser ›Jüngling‹ machte ihm Spaß. Seit wann ließ sich ein Marcus Antonius von so einem Bengel herumkommandieren! Gaius ließ ihn sich wieder beruhigen, bevor er fortfuhr: »Der Senat konnte es gar nicht abwarten, dich zum Staatsfeind zu erklären. In Rom hast du nur noch sehr wenige Freunde, die hinter dir stehen, Marcus Antonius, und das weißt du genau. Doch ich, dein Ankläger, habe mittlerweile vor dem versammeltemnSenat erklärt, dass du ein Held bist – und kein Staatsfeind!« Er verzichtete darauf zu erwähnen, dass er absichtlich die Möglichkeit verpasst hatte, die zahlenmäßig unterlegenen Truppen des Kriegers nach den Schlachten bei Mutina zu verfolgen und zu vernichten.

Marcus Antonius würde sich jetzt ohnehin daran erinnern. »Eigentlich hat der Senat nun keine andere Wahl, als dich wieder in ein offizielles Amt einzusetzen, es sei denn …«

»… ich würde mich weiterhin gegen dich stellen«, vollendete Marcus Antonius den Satz, »und die Republikaner dadurch stärken!«

»Dann begreifst du vielleicht auch endlich, Marcus Antonius, dass ich es gewesen bin, der mit seinem Handeln die rechtliche Grundlage geschaffen hat, den Verschwörern ihre gerechte Strafe zukommen zu lassen! Doch bevor wir uns jetzt auf Decimus, Brutus und Cassius stürzen, müssen wir Rom kontrollieren, und zwar *ganz* Rom!«

Antonius und Lepidus schienen auf einmal von dem jungen Caesar recht beeindruckt zu sein. Aber gleichzeitig ärgerte es sie auch, dass sie von diesem Dachs belehrt wurden, wie Schuljungen. So gaben sie sich große Mühe, möglichst gleichgültig zu wirken. Gaius, der sie genau beobachtete, genoss ihre aufkeimende Unsicherheit.

»Bist du etwa ganz allein zu dieser Schlussfolgerung gekommen, du … großer Stratege?«, fragte Marcus Antonius und warf einen weiteren, nervösen Seitenblick auf Maecenas und Marcus Agrippa, der ihn unfreundlich musterte. Gaius reagierte mit keiner Miene auf diese erneute Bosheit. Der Krieger blies seine Wangen auf. »Nun«, meinte er dann, »wir könnten Rom zwar einnehmen, aber wir könnten die Stadt nicht halten …«

»… wenn wir unsere Truppen abziehen müssen, um deinen Vater zu rächen!«, rief Lepidus dazwischen.

»Ja – natürlich geht es auch um Rache – aber doch nicht nur!«, sagte Gaius Caesar mit einem aufreizenden Unterton, in dem milder Tadel durchklang. »Ich frage euch: Wollt ihr tatenlos zusehen, wie die reichen Provinzen im Osten geplündert werden und sich die Republikaner im Senat an ihrer neu gewonnenen Macht berauschen?«

»Tatsache ist, dass unsere augenblickliche Stärke auf den Schultern unserer Soldaten beruht«, sagte der große Krieger plötzlich in ruhigem, ernsthaftem Ton und ließ damit endlich auch einmal seinen Verstand aufblitzen.

Gaius Caesar und Aemilius Lepidus nickten. »Unsere Truppen würden zusammen natürlich das gewaltigste Heer bilden, das Rom jemals erlebt hat«, murmelte der junge Caesar.

»Und der gemeine Legionär bekommt eine immer größere politische Bedeutung!«, fügte der Krieger hinzu.

»Der Legionär will vor allem bezahlt werden. Und er will ein Stückchen Land, wenn sein Dienst vorüber ist!«, pflichtete ihm Lepidus bei.

»Das heißt jedoch im Grunde nichts anderes, als: man … wir brauchen Geld«, warf der junge Caesar ein, der im Inneren bereits frohlockte, dass die beiden seinem Weg folgten.

»Sehr viel Geld – das wir leider nicht haben!«, meinte Marcus Antonius. »Es sei denn, wir tun, was dein Vater sich immer geweigert hat, zu tun …«

»Proskriptionen!«, stieß Gaius Caesar hervor und erschrak. Damit hatte er nicht gerechnet.

Aemilius Lepidus kratzte sich am Kinn. »Ein probates Mittel. Wer sollte uns in Rom daran hindern?«

Marcus Antonius zog wie aufs Stichwort eine dünne Schriftrolle unter seinem Brustpanzer hervor und legte sie vor dem jungen Caesar auf den Tisch. Gaius starrte ängstlich auf das Papier.

»Erinnerst du dich noch, junger Caesar? Dein Onkel gab

sie mir zurück, aber ich habe sie wohlweislich behalten. Auf dieser Liste stehen mehr als 300 Senatoren, 2.000 Ritter und die gleiche Anzahl an Magistraten«, sagte Marcus Antonius kalt. »Jedermann, der unser Feind ist, wird für vogelfrei erklärt, und jeder Bürger Roms kann ihn ungestraft umbringen.«

»Wir könnten Belohnungen aussetzen!«, kicherte Aemilius Lepidus.

Gaius schwieg. Er rang lange mit sich selbst. Zögernd sagte er schließlich: »Proskriptionen sind nichts anderes als legalisierter Mord. Julius Caesar hat so etwas immer abgelehnt. Er wollte nicht als zweiter Sulla in die Geschichte eingehen.«

»Deswegen ist er heute auch tot! Deswegen sitzen wir heute hier!«, rief Marcus Antonius. »Schreib die Namen deiner Feinde auf. Du kannst endlich wieder gutmachen, was … dein Vater versäumte!« Zur Bekräftigung schlug Marcus Antonius mit der Faust auf den Tisch.

»Ich habe aber keine Namen«, sagte Gaius Caesar leise.

»Ach was!«, rief Marcus Antonius. »Du hast keinen Mut! Menschen sterben aus vielerlei Gründen, doch Feigheit ist immer tödlich. Schließlich heißt es ›töten oder getötet werden‹, Caesar!« Er lehnte sich gemütlich im Stuhl zurück. »Im Moment wäre die Sache jedenfalls recht einfach!«, fügte er hinzu.

Gaius stand plötzlich auf. Er hatte das dringende Bedürfnis, nachzudenken. Allein. Er ging ein paar Schritte, entfernte sich ein Stück vom Tisch, argwöhnisch beobachtet von Marcus Antonius und Aemilius Lepidus, sorgenvoll betrachtet von seinen Freunden. Proskription! Welch ein harmloses Wort für eine schlimme Sache. Zu gern hätte er jetzt Maecenas und vielleicht auch Marcus Agrippa um Rat gefragt, aber diese Blöße wollte er sich vor den beiden Caesarianern nicht geben. Eigentlich war die Entscheidung ja auch schon längst gefallen. Ein entsetzliches Morden würde Rom, ja wahrscheinlich ganz Italia erschüttern. Heiligte der Zweck tatsächlich dieses Mittel? Wo blieb die sprichwörtliche ›Milde Caesars‹? Hatte sich der große Diktator bei der Wahl der Instrumente zum Erhalt der Macht vielleicht doch geirrt? Gaius bemühte sich, an irgendetwas zu denken, was ihm die Antwort erleichtern würde. Er richtete seinen Blick in die Ferne. Die Welt verschwamm vor seinen Augen. Und dann, endlich, sah er das Bild Caesars vor sich, wie er blutüberströmt und röchelnd neben der Statue des Pompeius zu Boden sank – umgeben von seinen Mördern. Er schüttelte sich vor Ekel. Und vor Zorn. Langsam ging er an den Tisch zurück und nahm wieder Platz. Marcus Antonius hatte inzwischen die Schriftrolle geöffnet und schob sie ihm, kaum dass er saß, über den Tisch zu.

»Ich habe mir übrigens erlaubt, eine gewisse Livia Drusilla aus der Liste zu streichen«, bemerkte er beiläufig. »Den Namen ihres Ehemannes habe ich jedoch stehen lassen.«

»Streich auch seinen Namen!«, sagte Gaius Caesar rasch. Marcus Antonius grinste übers ganze Gesicht. »Warum? Du willst doch seine Frau. Das ist deine Chance!«

Gaius schüttelte verneinend den Kopf und schob dem Krieger die Schriftrolle wieder zurück. Mit einem Achselzucken griff Antonius nach einer Feder, die ihm Lepidus gereicht hatte, benetzte den Kiel mit etwas Speichel und kratzte den Namen des Tiberius Claudius Nero von der Liste. Dann schob er Gaius Caesar das Papier erneut zu und hielt ihm die Feder hin. Der junge Caesar nik-

kte. Dann verlangte er nach Tinte und begann, nachdem ihm Maecenas rasch eine kleine Amphore gebracht hatte, ein paar Namen aufzuschreiben. Antonius und Lepidus beobachteten ihn dabei mit grimmigen Mienen.
»Warum Cicero?«, fragte Gaius Caesar plötzlich, als er zufällig den Namen des großen Redners entdeckte. Es fühlte sich an wie ein Stich ins Herz.
»Weil ich ihn nicht ausstehen kann!«, gab Marcus Antonius ehrlich und unumwunden zu.
»Du hasst ihn also, obwohl er unserer Sache dienlich war? Er hat sich tatkräftig um Ausgleich bemüht!«, rief Gaius Caesar.
»Er kannte die Verschwörer!«
»Aber kannte er auch ihre Pläne? Cicero hat Caesar nicht ermordet!«
»Nein. Doch er hat den Tod deines … Vaters billigend in Kauf genommen. Für die Freiheit!«
»Das glaube ich nicht!«, erwiderte Gaius Caesar. »Cicero hat genau gewusst, dass die Ermordung Caesars nur einen neuen Bürgerkrieg entfachen würde!«
»Trotzdem!« Marcus Antonius blieb hart. »Es muss sein. Auch Cicero muss sterben. Er ist wie eine Schlange. Er windet sich immer überall durch.«
Der junge Caesar überlegte eine Weile. Cicero tat ihm Leid. Aber er wusste auch, dass sein ganzer Plan jetzt wegen dieses einen Lebens scheitern konnte. Wegen eines lächerlichen kleinen Menschenlebens! Wegen eines alten Mannes! Die Worte seines Onkels klangen in seinen Ohren: »Du darfst keine Schwäche zeigen – niemals!« Schließlich nickte er traurig und legte das Blatt, auf dem Ciceros Name stand, zu den anderen. Marcus Antonius und Lepidus lächelten zufrieden. Das Morden würde schon bald beginnen – aber erst nachdem sie

noch rasch den Westen des Reiches unter sich aufteilten: Lepidus erhielt die Provinz Narbonensis sowie Spanien, Gaius Caesar bekam Sizilien, Sardinien und Africa zugesprochen, Antonius aber behielt, wie durch ein früheres Volksgesetz bestimmt gewesen war, die Provinzen Gallia Cisalpina und die Gallia Comata.

Auch Maecenas fiel ein Stein vom Herzen.

Der junge Caesar wusste, dass er sich nun – militärisch gesehen - in der schwächsten Position befand. Was nützten ihm die beiden großen Inseln im Mittelmeer, wenn der Pirat Sextus Pompeius mit seiner starken Kriegsflotte in diesen Gewässern nach wie vor sein Unwesen trieb. Und auch Africa würde der junge Caesar erst einmal erobern müssen, und wahrscheinlich käme er dabei der ägyptischen Königin Kleopatra in die Quere, die ja schon lange ein Auge auf Marcus Antonius geworfen hatte …

Obwohl ihn diese Aufteilung benachteiligte, fügte sich der junge Caesar bescheiden den Vorschlägen der beiden Älteren. Denn was weder Marcus Antonius, noch Aemilius Lepidus bedacht hatten, würde sich – wenn Maecenas Recht behielt – schon bald als Trumpf im Kampf um die Vorherrschaft erweisen: Gaius Caesar besaß noch immer Rom – das mächtige Zentrum des Staates.

Das Triumvirat war beschlossene Sache. Die drei Männer erhoben sich fast gleichzeitig von ihren Stühlen und reichten sich feierlich die Hände.

Drei Wochen später wurde die Proskriptionsliste ans Rostrum auf dem Forum Romanum genagelt. Marcus Antonius und Aemilius Lepidus kampierten inzwischen mit zwei Legionen vor den Stadtmauern. Es war Nacht. Kurze Zeit, nachdem der letzte Nagel ins Holz getrieben worden war, zog sich der eben noch klare Winterhimmel über der Stadt plötzlich zu. Gaius Caesar stand einsam, wie gebannt neben dem Rostrum und sah hinauf in die unheimliche Wolkenformation, die sich innerhalb weniger Minuten gebildet hatte. Von Ferne her grollte Donner, der immer näher kam, Blitze durchzuckten die Dunkelheit, und kurze Zeit später prasselte Regen hinunter, der von starken Windböen begleitet wurde. Und obwohl er zu frieren begann, verharrte Gaius Caesar dort, wo er war und ließ das Wasser über sein Gesicht laufen. Niemand sollte die Tränen sehen, die er in diesem Moment vergoss.

Ein schepperndes Geräusch hinter ihm ließ ihn zusammenfahren. Er hatte keine Ahnung, wie lange er so gestanden hatte, vollkommen abwesend und wie betäubt. Er wirbelte herum und zog sein Schwert. Aber es war Marcus Antonius, der nun vor ihm stand. Wassertropfen schimmerten auf seinem Brustpanzer.

»Weißt du, wie man eine neue Welt erschafft, Caesar?«, schrie er in das Inferno hinein. Gaius sah ihn erwartungsvoll an. Marcus Antonius wartete jedoch noch ein paar Augenblicke, um der Antwort auf seine Frage mehr Gewicht zu verleihen. Gaius bemerkte gleichzeitig das halbe Dutzend Centurien, die im Rücken des großen Kriegers angetreten waren. Die Legionäre schwärmten bereits in kleinen Grüppchen aus und verschwanden mit gezückten Waffen in den Seitenstraßen, die vom Forum aus in die Stadt führten. Endlich sagte Marcus Antonius: »Indem man die alte zerstört!«

»Genau das geschieht nun«, meinte der junge Caesar traurig.

Doch Marcus Antonius schüttelte den Kopf. »Nein«, erwiderte er. »Das hier ist nur der Anfang!«

Kapitel VII

Draußen auf dem Forum Romanum schrie das Volk sich die Kehlen heiser, und drinnen in der Kurie erhoben sich die Senatoren von ihren Plätzen, um den drei Siegern von Philippi frenetischen Beifall zu spenden. Marcus Antonius, der von Gaius Caesar und Aemilius Lepidus flankiert wurde, nahm den Jubel äußerlich unbewegt entgegen, obwohl es vor allem seiner Feldherrenkunst zu verdanken gewesen war, dass die Mörder Julius Caesars in zwei Schlachten vernichtend geschlagen worden waren.

Der große Krieger fühlte sich stark und unbesiegbar wie niemals zuvor. Wäre er nicht gewesen, dann würde jetzt wohl nicht der abgeschlagene Kopf des Verschwörers Marcus Brutus auf der halben Säule vor ihm ruhen und aus horngelben Augäpfeln auf die jubelnden Männer in ihren weißen Togen starren.

Der ›Knabe‹ Gaius – nun, auf dem Schlachtfeld hatten einmal mehr Marcus Agrippa und Quintus Rufus die Drecksarbeit für den Sohn Caesars erledigt. Nach dem Sieg über die Republikaner hatte sich der Bengel endlich seinen wilden Trauerbart abrasieren können. Und Aemilius Lepidus? Der rangierte für Marcus Antonius inzwischen sogar noch unter dem jungen Caesar; er hielt ihn für einen willensschwachen Ja-Sager und Mitläufer ohne eigene Meinung. Aber diese beiden Probleme würden sich bald von selbst erledigen. Spätestens wenn bekannt wurde, wer von den drei Triumviri zukünftig welche Aufgaben zu erledigen hatte, würde auch der letzte Römer begreifen, wer hier das Sagen haben würde. Und er – Marcus Antonius – hatte sich vorgenommen, diese

Entscheidungen, die er nach zähen Verhandlungen den beiden Triumvirn letztendlich diktiert hatte, höchstselbst vor den Senatoren zu verkünden. Doch nun wollte er zunächst einmal die Huldigungen genießen.
Antonius musste innerlich grinsen, als er einen verächtlichen Seitenblick auf das vertrocknete Haupt des Verschwörers warf. Selbst wenn Brutus noch am Leben gewesen wäre, hätte er wohl kaum jemanden im Senat erkannt. Und er hätte wohl auch keinen einzigen Verbündeten mehr gefunden …
Praktisch die gesamte republikanische Senatorenriege war den Proskriptionen zum Opfer gefallen. Antonius selbst wusste zum Beispiel nicht einmal den Namen desjenigen, der jetzt auf dem Platz von Cicero saß, seinem ehemaligen Erzfeind, dem er den Kopf am liebsten persönlich abgeschlagen hätte; einer von vielen tausend Köpfen, die in jenen Tagen und Nächten gerollt waren – wie dann später auch nach der Schlacht von Philippi. Nun würde sich keine republikanische Hand mehr nach der Macht im Staate ausstrecken. Alle Verschwörer waren tot, dazu fast alle, die sie geistig, moralisch und materiell unterstützt hatten, und noch eine Vielzahl hoher Beamter, die ihnen dabei hilfreich zur Seite gestanden hatten. Ihre Familien hatte man davongejagt, mit kaum mehr als den Kleidern, die sie am Leibe trugen. Ihre Häuser, Ländereien und Vermögen waren beschlagnahmt worden. Nur auf diese Weise hatte das Triumvirat den Feldzug und vor allem auch den Sold der Legionäre bezahlen können, die schließlich den Sieg in Macedonia davongetragen hatten.
Marcus Antonius war wie berauscht von den Huldigungen, die ihm lautstark entgegengebracht wurden. So entging ihm, dass ihn Gaius während des ohrenbetäu-

benden Jubelsturms genau beobachtet hatte. Und der junge Caesar hatte die Verachtung, die der große Krieger für ihn und Aemilius Lepidus empfand, nicht nur gespürt, sondern auch deutlich gesehen. Marcus Antonius mochte vielleicht ein begabter Feldherr sein, aber er hatte erstaunlicherweise noch immer nicht gelernt, sein Mienenspiel zu kontrollieren. Sein Gesicht war wie ein offenes Buch, in dem ein geübter Gedankenleser wie Gaius hervorragend blättern konnte. So hatte er bereits während der zähen Verhandlungen über die Aufteilung der Provinzen und Aufgaben genau gewusst, dass dieses zweite Triumvirat noch lange nicht das Ende des Bürgerkriegs bedeuten konnte. Denn Marcus Antonius behandelte ihn nach wie vor wie einen ›Jüngling‹ – und den Aemilius Lepidus beachtete er im Grunde überhaupt nicht. Aber darüber sprach Gaius mit niemandem – noch nicht jedenfalls; weder mit Maecenas, noch mit Marcus Agrippa – und schon gar nicht mit Rufus, den er inzwischen in Verdacht hatte, dass er heimlich mit Marcus Antonius korrespondieren könnte. Worüber, das konnte sich Gaius nicht erklären. Doch bald würde er seinen Freund zur Rede stellen müssen …

Er hatte sich dazu entschlossen, abzuwarten, sich in Geduld zu üben und aufs Wesentliche zu konzentrieren – auf die schwierigen Aufgaben, die vor ihm lagen; schreckliche Aufgaben, die ihm Marcus Antonius aufgebürdet hatte – die für ihn gleichsam als Brosamen abgefallen waren. Maecenas würde sicherlich einen seiner berüchtigten hysterischen Anfälle erleiden, wenn er davon erfuhr.

Nachdem der Applaus der Senatoren einfach nicht enden wollte, ergriff nun einer der ältesten Senatoren,

Plancus, die Initiative. Mit einem Lorbeerkranz in den Händen trat er vor und bat um Ruhe.
»Heute wollen wir die Sieger von Philippi ehren!«, rief er laut. Erneut brandete Beifall auf, der jedoch augenblicklich erstarb, als sich Plancus dem jungen Caesar zuwandte und dessen Namen rief.
Gaius Caesar beugte sein Haupt und lächelte glücklich, als ihm Plancus den Lorbeerkranz aufs Haar drückte, so als ob er den ungeheuerlichen Affront gar nicht bemerkte, dass sich im Senat nicht eine einzige Hand für ihn rührte. Aemilius Lepidus blickte verwundert zu ihm herüber, während Marcus Antonius wider Willen die unglaubliche Selbstbeherrschung des jungen Caesar anerkennen musste; was *das* anging, so war der ›Knabe‹ in der Tat unschlagbar. Gaius lächelte immer noch, als Aemilius Lepidus seinen Lorbeerkranz aus den Händen des Senators empfing und brav beklatscht wurde; er freute sich sogar noch, als Marcus Antonius die besonders ehrenvolle Auszeichnung ›Held von Philippi‹ empfing und ein weiterer Jubelsturm durch die Kurie toste. Ja, dachte Gaius Caesar in diesem Moment, Menschen waren wie Schafe. Sie waren dumm. Die meisten sicherlich. Alles, was sie zu ihrem vermeintlichen Glück benötigten, war ein Leithammel. Und so wie es aussah, hieß der Leithammel derzeit nun einmal Marcus Antonius. Aber seine Zeit würde kommen …
Plancus breitete die Arme aus. »Hiermit beantrage ich die einstimmige Erklärung des Senats, dem Triumvirat sämtliche Machtbefugnisse zu verleihen – und zwar für die Dauer von fünf Jahren!«
Die Senatoren erhoben sich wie ein einziger Mann. 900 rechte Hände flogen nach oben. Senator Plancus erkannte auf Einstimmigkeit. Der erneute Jubel pflanzte

sich bis hinaus auf das Forum fort, und Gaius stellte im Stillen fest, dass Marcus Antonius in diesem Moment das Ziel seiner Wünsche erreicht hatte

Er hob herrisch die Hand. »Senatoren!«, sagte der große Krieger mit kräftiger Stimme. »Nun endlich hat Rom einen wahren Frieden. Die Mörder des Julius Caesar haben mit ihrem Leben bezahlt – seine Ehre ist endgültig wiederhergestellt.« Die Senatoren applaudierten voller Begeisterung. Eine weitere Handbewegung ließ den Applaus in Sekundenschnelle verebben. Antonius fuhr fort: »Wir nehmen eure ehrenvolle Ernennung an – und ich verspreche euch, dass sich das neuerliche Triumvirat einzig und allein für die … Wiedererrichtung des römischen Staates einsetzen wird. So lege ich Rom in die fähigen Hände des Gaius Caesar, wo er die Aufgabe wahrnehmen wird, unsere tapferen Veteranen anzusiedeln! Aemilius Lepidus obliegt zukünftig die Verwaltung unserer afrikanischen Provinzen, und ich … ich werde in den Osten unseres Reiches zurückkehren, wo ich schon bald Julius Caesars letzten Traum verwirklichen werde: die Unterwerfung der Parther!«

Jetzt war es heraus. Gaius suchte das Gesicht von Maecenas in der Menge, was ziemlich einfach war – denn zum einen stand er neben dem riesenhaften Marcus Agrippa, zum anderen war er der einzige Anwesende, dessen Gesichtszüge vollkommen entgleist waren. Maecenas starrte ihn mit offenem Mund an, fassungslos, voller Schrecken und Zorn.

»Was hast du dir nur dabei gedacht, Gaius?«, fragte er wenig später vorwurfsvoll, als sie zu dritt auf einer eiligst zusammengezimmerten Holztribüne standen, die man am Ende der Via Appia errichtet hatte, direkt vor dem

Stadttor, das nach Süden hinaus führte. Auch Marcus Agrippa wollte nicht glauben, dass sich Gaius von den beiden anderen Triumvirn so fürchterlich hatte übertölpeln lassen.

Es galt, die beiden Triumvirn zu verabschieden. Marcus Antonius führte den feierlichen Zug seiner Offiziere zu Pferde an, gefolgt von Aemilius Lepidus und seinen Männern. Als Marcus Antonius an ihnen vorbeiritt, grüßte er militärisch zur Tribüne herauf. Gaius Caesar erwiderte freundlich den Gruß.

»Da zieht er nun hin, mit all unseren Legionen und der gesamten Flotte Roms!«, flüsterte Maecenas, unhörbar für die Umstehenden, und seufzte gequält auf.

Gaius sah ihn verwirrt an. »Natürlich. Wenn er einen Feldzug gegen die Parther führen will und gleichzeitig die Bucht von Alexandria unter Kontrolle halten muss …«

Agrippa rückte näher an Gaius heran, schaute aber stur geradeaus und bemühte sich, beim Sprechen die Lippen so wenig wie möglich zu bewegen. »Nur lässt er uns nicht mehr als eine kleine Zahl von Rekruten!«

Auch Gaius sah stur weiter nach vorn und winkte den Offizieren zum Abschied zu. Dies war sicherlich der schlechteste Zeitpunkt, um sich mit den Freunden über die Zukunft zu unterhalten, ihre gemeinsame Zukunft, aber was sollte er tun?

»Es sind immer noch drei Legionen und 4.000 Reiter!«, zischte er. »Darüber hinaus stehen noch über 150.000 Veteranen unter Waffen!«

»Die jetzt entwaffnet und angesiedelt werden müssen«, entrüstete sich Agrippa.

Gaius nickte bedächtig, nicht ohne eine gewisse Nachdenklichkeit. »Wohl wahr«, stieß er hervor.

»Marcus Antonius hat Rom gezeigt, dass er der wahre Nachfolger Caesars ist. Nicht du!«, entrüstete sich Maecenas.

Gaius fühlte sich in die Defensive gedrängt. »Wir sind ein Triumvirat. Ein Bündnis! Die Herrschaft ist gleichmäßig unter uns aufgeteilt …«

»Du träumst!«, wisperte Maecenas und winkte Lepidus zu, der in diesem Moment unter ihnen vorbeiritt. Der Triumvir beachtete die drei Freunde auf der Tribüne jedoch kaum. »Du siehst es ja selbst: Ein großartiges Bündnis ist das, wirklich und wahrhaftig«, fuhr Maecenas fort. »Erkläre mir doch einmal, Gaius, warum Lepidus eigentlich all die Kornkammern und Antonius die reichsten Provinzen des Reiches beherrscht – den Osten und Gallien …«

»… und Ägypten!«, warf Agrippa dazwischen.

»Und Ägypten, jawohl – während du dich mit Narbonensis hast abspeisen lassen!«

»Freunde«, flüsterte Gaius versöhnlich, »vergesst nicht: Ich habe immer noch Rom!«

Maecenas winkte ab. »Rom ist umgeben von Bauernhöfen, die durch den Krieg völlig heruntergekommen sind. Wie willst du dein stadtrömisches Volk ernähren, großer Triumvir?«

»Mit dem Getreide des Lepidus!«

»Dann sollten wir gemeinsam die Götter anflehen, dass dieses Getreide auch irgendwann einmal hier ankommt!« Maecenas schickte Aemilius Lepidus einen skeptischen Blick hinterher.

»Überdies hat mir auch Marcus Antonius versprochen, für die Versorgung der Veteranen aufzukommen«, fügte Gaius hinzu. Maecenas und Marcus Agrippa sahen ihn erstaunt an.

»Marcus Antonius? Hat dir etwas versprochen?«, fragte Agrippa ungläubig. »Und, vertraust du ihm etwa?«
Gaius nickte heftig mit dem Kopf. Er hatte es satt, sich von den Freunden vor aller Augen zurechtweisen zu lassen. Kritik konnte er zwar ganz gut vertragen – vor allem, wenn sie, wie er in diesem Fall zugeben musste, berechtigt war – aber dies war nun wirklich der denkbar schlechteste Zeitpunkt. Und seine Miene sprach Bände – was die beiden Freunde sofort bemerkten.
»Ich glaube eher, dass Marcus Antonius etwas ganz anderes im Sinn hat«, witzelte deshalb Marcus Agrippa, um das ernsthafte Gespräch zu Ende zu bringen.
»O ja«, feixte nun auch Maecenas. »Wie hieß dieses Frauenzimmer noch mal?«
»Kleopatra?«, fragte Marcus Agrippa und kicherte.
Gaius Caesar presste die Lippen aufeinander. Nicht, weil ihn seine Freunde veralberten, sondern weil sie natürlich Recht hatten. Er musste jetzt Härte zeigen – gegen besseres Wissen so tun, als ob er alles im Griff hatte. Dabei spielte er ein Spiel mit enorm hohem Risiko: Seine Stellung innerhalb des Triumvirats war tatsächlich schlicht und einfach erbärmlich. Marcus Antonius hatte die Macht an sich gerissen, Aemilius Lepidus besaß nichts, wurde aber immerhin noch mit großem Pomp nach Africa abgeschoben – doch er, Gaius Caesar, besaß im Grunde überhaupt nichts. Bis auf einen riesengroßen Haufen Probleme.

Innerhalb weniger Monate wurde Gaius Caesar zum bestgehassten Mann Roms. Seine rigide Ansiedlungspolitik löste eine Massenbewegung aus. Zwar hatte sich mehr als die Hälfte aller Veteranen dafür entschieden, weiterhin dem Heer zu dienen, aber 70.000 Veteranen

pochten auf ihren rechtmäßigen Anspruch auf ein Stückchen Land – Ackerland, das faktisch nicht vorhanden war. Vom Norden bis hin in den tiefsten Süden Italiens wurden nun Bauern enteignet, wurden die Ländereien von Großgrundbesitzern parzelliert. Hunderttausende von Vertriebenen hatten plötzlich weder ein Zuhause, noch Arbeit oder ein Einkommen. Und wer nicht auf dem Land unter freiem Himmel verhungern wollte, suchte sein Glück in den Städten, die förmlich explodierten. Allein Rom verzeichnete binnen eines halben Jahres einen Anstieg der Bevölkerung um mehr als 100.000 Menschen: Die Seuchengefahr stieg ins Unermessliche, und marodierende Plünderer- und Mörderbanden verwandelten die Straßen in ein lebensgefährliches Pflaster.
Die Situation ähnelte frappierend den Zuständen, wie sie schon einmal zu Julius Caesars Zeiten geherrscht hatten. Nur dass es jetzt viel schlimmer war.
Wer sich weigerte, seinen Besitz einem Veteranen und dessen Familie zu überlassen oder zu teilen, musste mit dem Tod rechnen. Die Legionäre, die unter Marcus Agrippas Kommando standen, verrichteten Schwerstarbeit. Nur selten wurden Ausnahmen gemacht, wie bei dem Dichter Vergil, der erst auf Maecenas persönliche Intervention bei Gaius seine väterlichen Güter bei Mantua zurückerhielt. Daraufhin pries Vergil den jungen Triumvir als göttergleiche Erscheinung – die Masse der Bevölkerung aber verdammte ihn. Der Hass ging so weit, dass es der Pöbel sogar wagte, ihn mit Steinen und Dreck zu bewerfen, wenn er sich auf den Straßen der Hauptstadt sehen ließ. Fortan verließ er sein Domizil auf dem Palatin, das er ununterbrochen vergrößern ließ, nur noch unter dem Schutz einer eigens für ihn abkom-

mandierten Leibgarde. Gaius war klar, dass er sich in diesen Zeiten nur noch auf seine Armee verlassen konnte. Deshalb wurden seine Legionäre ausnahmslos gut versorgt – aber schon brauten sich am Horizont neue Unwetter zusammen …

Marcus Antonius, ohnehin schon ein massiger und muskulöser Mann, hatte seit seiner Ankunft in Alexandria mächtig zugelegt. Er genoss sichtlich seinen Reichtum und seine Macht – er genoss vor allem aber seine Göttin, die sich halbnackt vor ihm auf dem Boden rekelte und ihn mit schlangenartigen Bewegungen und liebreizendem Augenaufschlag dazu bewegen wollte, von *ihrem* Thron hinunterzusteigen und sich neben sie zu legen, um eine weitere Schlacht mit ihr zu schlagen. Seitdem er Kleopatra auf seinem Weg nach Osten in Tharsos begegnet war – weit weg von Rom, weit weg von seiner Gemahlin Fulvia –, war es um den großen Krieger geschehen. Er war ihr regelrecht verfallen – und sie ihm.

Seine persönliche Teilnahme am Feldzug gegen die Parther hatte er verschoben; derzeit kümmerten sich 14 seiner Legionen unter dem Kommando von zweien seiner treuesten Generäle um das Grenzproblem im fernen Syria; allerdings nur mit mäßigem Erfolg.

»Worüber denkst du denn bloß die ganze Zeit nach?«, fragte die ägyptische Königin. Ihrer Stimme nach zu urteilen, schmollte sie, weil er sie nicht genügend beachtete. Sie erhob sich vom Boden, streifte sich ein Leinenkleid über, ließ sich dann sichtlich beleidigt auf ein Ruhekissen fallen und fächelte sich mit einem kostbaren Fächer aus Straußenfedern gelangweilt Luft zu.

Marcus Antonius, der wegen der Hitze seine prächtige

Tunika bis zu den Hüften heruntergelassen hatte, kratzte sich am Kopf.
»Ich habe neue Nachrichten aus Rom erhalten«, sagte er bedächtig. »Mein Bruder Lucius und meine Frau, Fulvia: Sie haben ein Heer aufgestellt und sich auf die Seite der Bauern geschlagen. Salviendus Rufus berichtet von Aufständen, die Gaius jedoch niedergeschlagen hat. Jetzt haben sich Lucius und Fulvia in Perusia verschanzt – und Sextus Pompeius soll bereits auf den westlichen Inseln gelandet sein …«
Kleopatra zuckte die Achseln. »Der junge Gaius Caesar wird eingekreist. Sogar von seinen Freunden. Waar es nicht das, was du wolltest?«
Marcus Antonius erhob sich, schlenderte zu einem niedrigen Tisch hinüber und langte in eine Schale frischer Feigen.
Als er herzhaft in eine Frucht biss, lief ihm der Saft an den Mundwinkeln hinunter. Er kaute genüsslich und lange.
Kleopatra verzog das Gesicht vor Langeweile.
Marcus Antonius wischte sich Hände und Mund achtlos mit seiner Tunika ab.
»Ganz so einfach ist es leider nicht, Geliebte! Bedenke, dass Gaius Caesar nur der Teil eines Ganzen ist«, sagte er. »Wenn ihn mein Bruder angreift, greift er das Triumvirat an! Lucius macht mich damit lächerlich – vor allem, wenn er jetzt auch noch, wie berichtet wird, auf meine elf gallischen Legionen unter dem Kommando von Calenus zurückgreifen will.«
Genau in diesem Augenblick wurde ein Bote angekundigt. Kleopatra ließ ihn hereinführen, nahm die Schriftrolle entgegen und betrachtete das Siegel auf der Außenseite. Der Bote, ein römischer Reiter, grüßte Marcus

Antonius, machte Meldung und zog sich dann sofort wieder zurück.

Kleopatra lächelte. »Wo du doch gerade von ihm gesprochen hast«, sagte sie und hielt Marcus Antonius die Schriftrolle entgegen. »Hier: vom Triumvir Caius Caesar persönlich!« Marcus Antonius öffnete das Schreiben. »Warum liest du das überhaupt? Wir wissen doch, was er schreibt!«

Aber Marcus Antonius hörte ihr nicht zu. »Im Namen unserer Freundschaft, bitte ich dich um Hilfe, und zwar durch die Übersendung von Getreide, um der Hungersnot Einhalt zu gebieten«, murmelte er beim Lesen, übersprang den einen oder anderen Satz und fuhr dann wiederum murmelnd fort: »Die gegenwärtige Krise bedroht uns alle … Das Triumvirat kann nicht überleben … und so weiter und so fort!«

»Und?«, fragte Kleopatra in spöttischem Ton.

»Er bettelt um ein paar Millionen Sesterzen!«

»Soll Lepidus ihm doch das Getreide schicken«, erwiderte sie. »Du denkst doch sicher nicht im Traum daran, ihm zu helfen!«

»Wenn ich dadurch diesen neuen Bürgerkrieg aufhalten kann!«

Kleopatra setzte sich kerzengerade hin. »Das ist nicht dein Ernst!«

»O doch! Wer das Triumvirat besiegt, besiegt auch mich! Ganz gleich, ob es sich dabei um den Pöbel handelt oder um meinen Bruder!«

»Nicht, wenn wir nach Rom marschieren, diesen aufgeblasenen Jüngling töten und seinen Kopf auf einen Pfahl spießen, den wir dann auf dem Forum Romanum aufstellen werden!«, rief Kleopatra.

»Ein paar Millionen machen mir nichts aus«, erwiderte

Marcus Antonius süffisant. Ihre blutrünstigen Pläne entlockten ihm nur ein mildes Lächeln. Er hatte nämlich keinerlei Lust, irgendwohin zu marschieren. Viel lieber aß er jetzt noch eine weitere Feige und spülte sie mit einem kräftigen Schluck Wein hinunter.

»Und was ist, wenn es Gaius dadurch gelingt, Rom in den Griff zu bekommen?«, fragte Kleopatra, erhob sich und schritt auf ihn zu, wobei ihr Kleid wie versehentlich von ihrer Schulter rutschte.

Marcus Antonius Augen bekamen einen feuchten Schimmer. »Wie denn das? Sogar Caesar ist an dieser Aufgabe gescheitert. Der ›Knabe‹ hat keine Chance!«

»Und du?«

»Ich bin ein Gott. Weißt du das nicht? Und Götter sind geduldig – und unbesiegbar!« Er umfasste ihre Hüften. Kleopatra schmiegte sich an ihn, blickte ihm in die Augen und sagte. »Ein Gott bist nur in Ägypten, mein General! Allzu schnell hast du die hiesigen Bräuche gelernt …!«

Er zog sie enger an sich heran und küsste zärtlich ihren Nacken. »Meine Lehrerin ist eine lebende Göttin«, sagte er und drückte Kleopatra langsam nach unten auf den Boden. Sie roch verführerisch nach ihrer Geheimrezeptur, einem Parfüm aus Jasmin, Mandelblüte, Myrrhe und einer winzigen Prise Weihrauch.

Schon lagen sie nebeneinander, schon ruhte seine Hand auf ihrem Schenkel und verirrte sich spielerisch in den Falten ihres Kleides. »Und je mehr Zeit ich zwischen ihren Schenkeln verbringe, desto größer und unwiderstehlicher wird auch meine Göttlichkeit!«, flüsterte er ihr ins Ohr.

Kleopatra gurrte wie eine Taube. Sie ließ ihren Kopf nach hinten fallen und zog ihn mit einer Kraft, die man ihrem schmalen Körper niemals zugetraut hätte, über sich.

Gaius Caesar saß gedankenverloren auf einer steinernen Bank im Atrium und starrte ins Leere. Zum ersten Mal in seinem Leben fühlte er sich von den Göttern verlassen – und es gab nichts, was ihn hätte aufheitern können. Kein Würfelspiel, keine Frauen – schon gar nicht seine eigene. Flavia Scribonia lief mit ihrem immer dicker werdenden Bauch herum, war ständig unpässlich und verbreitete miserable Stimmung. Die Türe zum Atrium öffnete sich. Gaius schaute kurz hoch. Maecenas und Agrippa erschienen; Agrippa in der Uniform eines Generals. Sie war blutbesudelt. Er sah erschöpft aus – und verbittert. Fürsorglich brachte ihm Maecenas einen Becher Wein, den Agrippa in einem Zug leerte.

»Die Stadt ist jetzt wieder ruhig, endlich«, sagte er und setzte sich neben Gaius auf die Bank. Maecenas baute sich vor den beiden auf und verschränkte die Arme.

»Gab es viele Opfer?«, fragte der junge Caesar.

Agrippa lächelte traurig. »Nur unter den Bürgern und Bauern!«

»Wir waren schon häufig noch viel schlimmer dran. Doch am Ende haben wir immer gesiegt!«, sagte Maecenas.

Agrippa sah ihn wütend an. »Ja! Als wir einen gerechten Grund hatten! Doch wofür kämpfen wir nun?«

»Ich würde sagen, um unser Leben!«, erwiderte Maecenas sarkastisch.

»Ich bedauere, dass es so weit kommen musste«, flüsterte Gaius fast unhörbar.

»Genau. Wir sind jetzt genauso wie die Männer, die wir früher verachtet haben. Oder glaubst du, dass ich mich jetzt wie ein Held fühle, nachdem meine Soldaten gerade ein paar Hundert ausgemergelter Gestalten niedergemacht haben?« Agrippa war nahe daran, die Beherrschung vollends zu verlieren.

Gaius wusste auf diese Anklage nichts zu erwidern. Maecenas räusperte sich. »Aber dadurch bleiben wir am Leben. Oder würdest du es vorziehen, von ihnen umgebracht zu werden?«

Agrippa schenkte Maecenas' Worten keine Beachtung, sondern wandte sich mit vorwurfsvoller Miene an Gaius: »Du hast mich vor langer Zeit davon überzeugt, dieses ›Triumvirat‹ zu unterstützen. Aber damit haben wir ein Ungeheuer zum Leben erweckt. Das Triumvirat steht in krassem Widerspruch zu allen Gesetzen Roms – und wir stehen am Rande eines Krieges!«

»Wenn ich mir diese Bemerkung erlauben darf«, warf Maecenas ein, »dann befinden wir uns doch eher schon mittendrin! Rufus' sechs Legionen haben den Belagerungsring bei Perusia geschlossen …!«

Gaius gebot seinem Freund mit einer Handbewegung Einhalt. Ihn interessierte jetzt das, was Marcus Agrippa loswerden sollte. »Was soll ich denn deiner Meinung nach tun?«, fragte er den Freund.

»Das Volk will nicht nur den Frieden – es braucht ihn!«, antwortete der General. »Triff dich mit Marcus Antonius … und meinetwegen auch mit Lepidus. Führt die Institutionen der Konsuln und Tribune wieder ein. Schafft wieder eine echte Republik. Dann könnten wir beginnen, Tempel zu errichten, Straßen zu bauen und Wasserleitungen für … für das Volk!«

»Ich habe Marcus Antonius geschrieben, und ihn um mehr Geld gebeten«, antwortete Gaius.

Maecenas lachte auf. »Er wird dir kein Geld geben! Marcus Antonius verprasst die Tribute, die ihm der Osten geben muss, in Kleopatras Bett! Es freut ihn doch nur, wenn du hier versagst!«

Der junge Caesar schüttelte müde den Kopf. »Ich habe bereits versagt. Ihr sagt es doch selbst: Lucius Antonius und Fulvia halten Brandreden in Perusia ... vom Norden her bedrohen uns die Legionen von Marcus Antonius ...«

»Seine Generäle machen inzwischen, was sie wollen!«, nickte Marcus Agrippa.

»... im Westen sammelt Sextus Pompeius neue Truppen, um sie gegen mich ins Feld zu führen – und das Volk ... hasst mich!«, vollendete Gaius seine kurze Rede. »Also frage ich euch: Habe ich nun versagt, oder nicht?«

»Das ist alles vollkommen absurd!«, entrüstete sich Maecenas und wandte sich an Agrippa. »Vor allem dein Vorschlag einer ›neuen Republik‹! Schon Julius Caesar wusste genau, dass Rom nur unter der Führung eines einzigen Mannes überleben kann ... und wird!«

»Und was ist, wenn ich nicht dieser Mann bin?«, fragte Gaius in scharfem Ton.

»Erspar uns bitte deine falsche Bescheidenheit«, rief Maecenas und schlug die Hände theatralisch über dem Kopf zusammen.

Marcus Agrippa erhob sich, warf einen sorgenvollen Blick auf Gaius und füllte einen weiteren Becher mit Wein, den er fast ebenso gierig hinunterschüttete wie den ersten. Dann blickte er Maecenas ärgerlich an und sagte: »Hast du überhaupt einen Plan, oder plapperst du nur wieder darauf los ... wie immer?«

Maecenas grinste frech zurück.

»Einen Plan ... nun, noch ist es kein Plan, aber eines steht für mich fest: Wir brauchen nicht die Unterstützung von Marcus Antonius! Wir müssen auf jeden Fall und mit allen Mitteln die römische Aristokratie auf unsere Seite ziehen!«

Gaius glaubte sich verhört zu haben.

»Die Nobiles? Oder besser gesagt, was von ihnen noch übrig ist?«, höhnte Marcus Agrippa. »Du und deine Aristokraten, Maecenas – das ist das Einzige, was dich jemals interessiert hat … deine jämmerlichen aristokratischen Ambitionen!«

»Ich habe weder Ambitionen – noch Illusionen. Aber die Nobiles repräsentieren noch immer einen Großteil der römischen Macht. Und: Sie unterstützen Marcus Antonius, von dem sie glauben, dass er ihre Interessen wahren wird!«

»Du glaubst doch nicht wirklich, dass mich ausgerechnet die Nobiles in ihre Arme schließen werden?«, fragte Gaius mit einem hämischen Unterton.

»Ich verlange doch auch gar nicht, dass sie ihre Tuniken für dich heben!«, antwortete der Freund und deutete plötzlich ein paar Tanzschritte an. Marcus Agrippa winkte ab und schenkte sich Wein nach. Dieser Maecenas war ja total übergeschnappt!

»Was verlangst du also?«, fragte Gaius ruhig.

Maecenas lächelte. »Zieht euch was Anständiges an. Ich habe alles vorbereitet. Heute Nacht gehen wir aus, um neue Freunde zu finden!« Er tänzelte auf Marcus Agrippa zu und tippte ihm mit dem Zeigefinger auf die Brust. »Anständige Kleider!«, sagte er. »Hässliche Männer mit schartigen Schwertern werden diese Schlacht nicht gewinnen … Wo willst du hin, Gaius?«

Der junge Caesar drehte sich um. »Ich will nur Scribonia davon unterrichten!«, antwortete er verblüfft. »Und ich will mich umziehen!«

»Letzteres solltest du rasch tun«, sagte Maecenas, »aber deine langweilige Frau mit ihrem dicken Bauch … Scribonia lässt du *bitte* zu Hause!«

Das Haus des Plancus war mindestens doppelt so groß wie das Domizil des Triumvir. Es lag zurückgezogen inmitten eines fantastischen Gartens, den man zu dieser späten Stunde jedoch am besten durch die Nase wahrnehmen konnte. Als Gaius den schweren, süßen Duft der Bougainville und des Oleanders roch, stieg unerwartet ein grausamer Hustenreiz in ihm auf. Keuchend begab er sich zu einem kleinen Springbrunnen und befeuchtete seine trockene Kehle.

»Geht's wieder?«, fragte Maecenas besorgt. Gaius hüstelte und nickte. Maecenas deutete auf das Haus, vor dem einige wenige Öllampen den Weg zur bombastischen Haustür illuminierten. »Hübsch, nicht wahr? Der Mann ist eben stinkreich!«, lachte er.

»Er ist schließlich auch der Legat des Marcus Antonius!«, knurrte Agrippa.

»Doch schon morgen könnte er dein Vertrauter sein, Gaius. Lass deinen Charme spielen! Zeig ihm, dass es sich auf Dauer lohnen würde, dir Gefolgschaft zu leisten … und nicht irgendeiner ägyptischen Königin!«

Gaius grinste ihn an. Was war dieser Maecenas doch für ein durchtriebener Hund!

Senator Plancus hatte weder Kosten noch Mühe gescheut. Rund um ein großes Wasserbecken im hinteren Teil des Gartens, in dem Hunderte von kleinen Lichtern schwammen, hatte sich eine illustre Gesellschaft versammelt – schöne Frauen, einige junge und viele ältere Männer, von denen Gaius einige das letzte Mal auf dem Fest im Hause seines Onkels gesehen hatte. Doch nun gehörten sie zu denjenigen, die dem großen Krieger Marcus Antonius die Füße leckten. Sie hatten sich rechtzeitig von den Octavianern abgewandt und waren zu Antonianern mutiert – um ja nicht ihre Privilegien zu verlieren. Dutzende schwarzer Sklaven balancierten große Tabletts mit Wein, Wasser und jeder Menge erlesenster Speisen durch die Menge. Gaius und seine beiden Freunde traten aus dem Haus auf die Terrasse hinaus, die aus einem einzigen großen Mosaik bestand: die Schlacht von Philippi. Im ersten Moment wurden sie überhaupt nicht beachtet. Doch als die Gäste ihrer im Laufe der nächsten Minute gewahr wurden, ließ das fröhliche Geplauder schlagartig nach, und eisige Stille senkte sich über das Fest.

»Das ist doch hoffnungslos!«, flüsterte Gaius.

Maecenas betrachtete das auffällige Mosaik, auf dem sie standen. »Ja«, meinte er dann, »an dieser neureichen Einrichtung des Plancus könnte auch ich in der Tat verzweifeln. Doch vergiss nicht, seinen ausgezeichneten Geschmack zu preisen … Da kommt er!«

Gaius merkte sofort, dass Plancus' freundliches Lächeln nur aufgesetzt war.

»Triumvir Gaius Caesar, durch deinen Besuch in meinem Haus erweist du mir eine große Ehre!«, säuselte er mit öliger Stimme und winkte eiligst einen seiner Sklaven heran.

»Eine noch größere Ehre ist es mir, deine Gastfreundschaft genießen zu dürfen, Plancus«, erwiderte Gaius höflich.

»Etwas Süßes vielleicht?«, fragte der Gastgeber und deutete auf das Tablett, das mit ausgesprochen extravaganten Leckereien beladen war – Leckereien, die Gaius Caesar, wie er im Stillen zugeben musste, noch niemals

zuvor gesehen hatte. Weil er sich noch nie sonderlich dafür interessiert hatte.
Dennoch griff er neugierig nach dem erstbesten Stück und steckte es sich in den Mund. Es war ungeheuer süß, zäh und klebte am Gaumen.
»Es handelt sich hierbei um ein parfümiertes Gelee aus Rosen«, erklärte Plancus. »Marcus Antonius selbst hat es mir geschickt!«
Gaius antwortete nur mit einem Lächeln – er war krampfhaft bemüht, den Bissen, der in seinem Mund immer größer statt kleiner zu werden schien, herunterzuschlucken – und griff nach einer Dattel. Die kannte er wenigstens. Als die klebrige Masse endlich seine Speiseröhre hinunterrutschte, betrachtete er die Frucht in seinen Händen und sagte: »Und diese Dattel hier … hat etwa die Königin von Ägypten selbst sie für dich gepflückt?«
Plancus erstarrte. Maecenas und Agrippa freilich ebenfalls. Maecenas räusperte sich – Gaius sollte Plancus hofieren und nicht in seinem eigenen Haus – vor allen Gästen – beleidigen.
Gaius aß die Dattel mit Genuss. Zufrieden bemerkte er, dass der Stachel, den er dem ehrwürdigen Senator eben verpasst hatte, ziemlich tief sitzen musste. Plancus war vor Zorn sprachlos. Er beeilte er sich, zwei weitere Sklaven herbeizuwinken, die den Neuankömmlingen Wein und Wasser kredenzen sollten.
Staunend registrierten die Freunde, dass Plancus seinen Wein nicht, wie in Rom normalerweise üblich, in Bechern, sondern in kostbaren Glaskelchen servieren ließ.
»Ah«, meinte Gaius, »diese Kelche erscheinen mir feinstes Kunsthandwerk zu sein. Diese Arbeit beherrschen meines Wissens nach nur die Ägypter … Stammen sie

ebenfalls von der Königin, oder wurden sie dir vom König geschenkt?«

Noch immer starrten die Gäste schweigend zu ihnen herüber. Niemand sagte ein Wort, kein einziges Geräusch war zu hören, denn diese Auseinandersetzung versprach spannend zu werden.

Plancus hatte sich offenbar entschlossen, die Herausforderung anzunehmen.

»Ägypten hat keinen König!«, rief er laut.

»Bist du dessen so sicher?«, erwiderte Gaius arrogant. »Es ist heutzutage bekanntlich ziemlich leicht, einen König zu krönen …!«

Maecenas und Agrippa starben in diesem Moment tausend Tode. Die Spannung zwischen den beiden Männern hatte sogar die Sklaven erfasst. Einer von ihnen ließ den Kelch, den er Gaius mit zitternder Hand hingehalten hatte, plötzlich scheinbar versehentlich fallen. Er zerschellte klirrend auf dem Boden. Der Sklave sank sofort in die Knie.

»Ich bitte um Entschuldigung!«, sagte Gaius. »Ich war wohl etwas ungeschickt.«

Plancus war jetzt noch wütender, wobei Gaius sich amüsiert fragte, ob dies an seinem Benehmen, am zerschlagenen Weinkelch oder wohl doch an beidem zusammen lag. Der Senator winkte den Haushofmeister herbei, deutete auf den Sklaven, der wie erstarrt auf dem Boden kniete und nicht wagte, sich zu rühren und sagte: »Fünfzig Peitschenhiebe!«

Der Haushofmeister, ein vierschrötiger Mann mit brutalen Gesichtszügen, nickte, packte den Sklaven wie einen jungen Hund im Nacken und riss ihn mit sich fort. Plancus sah Gaius lächelnd an. Der nahm einen leeren Kelch vom Tablett und betrachtete ihn eingehend.

»Fünfzig Peitschenhiebe können einen Mann töten«, meinte er plötzlich – und ließ den Kelch fallen. Maecenas und Agrippa starben zum zweiten Mal. Plancus wurde weiß vor Wut. Hätte er jetzt ein Schwert gehabt … Aber Gaius Caesar blieb gelassen. »Wenn du ein solches Geschenk aus Ägypten höher einschätzt, als das Leben eines Sklaven, dann frage ich mich: Was sonst schätzt du noch, was aus Ägypten stammt? Womöglich die Königin selbst?« Er griff nach einem weiteren Glas und ließ es ebenfalls fallen. Plancus riss entsetzt die Augen auf. »Ihren Ehrgeiz?« Schon zerschellte das dritte Glas. »Du unterwirfst dich ihr – nur wegen ein bisschen Glas?« Nun griff er bereits mit beiden Händen zu. Das Spielchen schien ihm allmählich Vergnügen zu bereiten.
»Es reicht!«, keuchte Plancus. »Dem Sklaven wird die Züchtigung erlassen!« Er trat dicht vor den Triumvir. »Ich wusste bisher gar nicht, dass dir das Schicksal eines Sklaven so sehr am Herzen liegt, Gaius!«
»Auch ein Sklave darf nicht ohne einen Richterspruch verurteilt werden. Ich nehme jedoch zu deinen Gunsten nicht an, dass du das Gesetz wissentlich verletzen würdest … Du kennst doch Roms Gesetze?«
»Selbst… selbstverständlich«, stotterte der Senator.
»Sehr gut!« Gaius Caesar sah ihn durchdringend an. »Also folgst du nicht dem Beispiel deines Freundes Marcus Antonius und missachtest die Gesetze Roms?«
In diesem Moment wachten Maecenas und Marcus Agrippa aus ihrer Starre auf. Maecenas lächelte. Er fühlte sich besser als nur wiedergeboren. Er hielt sich wahrlich für einen schlauen Fuchs. Aber nun musste er neidlos anerkennen, dass Gaius Caesar ihn mit dieser meisterlichen Attacke um Längen übertrumpft hatte – und das auch noch gegen seinen Rat: Plancus war ihm wie

ein Gimpel in die Falle gegangen. Der Legat war plötzlich gezwungen, seinen Freund und Gönner Marcus Antonius vor der römischen Gesellschaft zu verleugnen.
»Nein!«, antwortete der Senator mit fester Stimme. »Ich achte die Gesetze Roms – und das weißt du.«
»Dann stimmst du mit mir darin überein, dass Marcus Antonius die römischen Gesetze bricht?«
Plancus wand sich wie ein Wurm am Haken. Er wusste nicht, was er darauf antworten sollte. Er stotterte irgendetwas Unverständliches vor sich hin. Gaius beugte sich betont interessiert vor. »Hörte ich eben ein Ja? Gut. Dann wäre es vielleicht eine gute Idee, wenn du deinen Freund auffordern würdest, sofort die benötigten Gelder zu senden, anstatt sie für eine ägyptische Königin zu verprassen ... oder für schöne Feste!«
Es war eine bittere Niederlage für den Senator. So war er noch nie von jemandem vorgeführt worden. Aber er steckte die ungeheure Schmach weg wie ein echter Mann. »Mein Haus ist auch dein Haus«, sagte er schlicht, verbeugte sich leicht vor dem Triumvir und entfernte sich dann gemessenen Schrittes, um sich wieder seinen geladenen Gästen zu widmen, die nun alle wie wild durcheinander schwatzten. Gaius zwinkerte seinen Freunden zu und blickte verstohlen zu einer jungen Frau hinüber, die jedoch rasch ihr Gesicht abwandte und im Dunkel des Gartens verschwand. Maecenas grinste ihn wissend an, nahm Marcus Agrippa beim Arm und führte ihn zu einem Holzkohlenfeuer, über dem sich ein fettglänzender Hammel drehte.
»Wie das duftet!«, rief Maecenas. »Komm, jetzt lass uns feiern!« Marcus Agrippa ließ sich das nicht zweimal sagen – und Maecenas war selig. Einmal, weil er nun wieder fest an seinen jungen Caesar glaubte; zum zwei-

ten, weil dieser endlich wieder ganz der Alte war – ein unermüdlicher Jäger und Sammler, den Reizen der jungen Mädchen und Frauen verfallen.

»Ich wusste nicht, dass du so ein Talent für die Schauspielerei hast … Triumvir Gaius Caesar!«, sagte Livia, als sie sich im Halbschatten einer Palme gegenüberstanden. Gaius betrachtete sie voller Liebe. So lange hatten sie sich nun schon nicht mehr gesehen, hatten nicht miteinander geredet – und doch hatte nur ein winziger Augenblick genügt, um ihre gegenseitige Liebe wieder aufflammen zu lassen. Sie ist noch schöner geworden, dachte er, jetzt, wo sie den unschuldigen Blick des Mädchens verloren hatte und als stolze, erwachsene Frau von zwanzig Jahren auf ihn zuschritt. Wer von beiden wen gefunden hatte, war unnötig zu erwähnen. Wichtig war nur, dass sie sich auf Anhieb gefunden hatten.
Gaius beherrschte sich. Er wollte nicht zittern, aber das gelang ihm kaum; Livia Drusilla war offenbar nach wie vor der einzige Mensch, der ihm seine Gelassenheit rauben konnte.
»Und ich wusste nicht, dass du auch hier bist!«, erwiderte er nervös.
»Leider bin ich erst zum letzten Akt deiner Vorstellung gekommen!«
»Das war kein Theater!«, antwortete er ärgerlich. Musste sie ihn denn immer necken?
Livia hob die Schultern. »Theater oder nicht: Die Strategie deines Auftritts war sehr beeindruckend!« Sie sah ihm tief in die Augen und hielt seinem Blick stand.
»Wie geht es deinem Sohn Tiberius?«, fragte Gaius plötzlich.
»Und deine Frau – trägt sie nicht auch ein Kind im

Bauch?«, erwiderte sie frech. Dieser kleine Schlagabtausch mit ihm bereitete ihr sichtliches Vergnügen. »Wie lautet der Spruch der Wahrsager: Wird es ein Junge oder ein Mädchen?«

»Macht es dir womöglich etwas aus?«

»Warum hast du sie geheiratet, dieses reizlose Geschöpf? Flavia Scribonia ist doch viel zu alt für dich!«

Gaius stutzte: Livia eifersüchtig? Das war doch gar nicht möglich! »Ich habe nur deinen Rat befolgt, Livia. Ich habe sie wegen ihrer Verbindungen und natürlich auch wegen ihres Geldes geheiratet … Und du?«

»Ich?«

»Dein Mann … Tiberius Claudius Nero. Er ist gegen mich. Er unterstützt Lucius Antonius …!«

Livia legte ihre rechte Hand auf den Bauch. »Ich bin zum zweiten Mal schwanger«, sagte sie leise, aber ihre Stimme klang nicht glücklich.

Gaius verzog seinen Mund zu einem spöttischen Lächeln. »Junge oder Mädchen – was meinen die Wahrsager?«

»Die Wahrsager meinen, dass du drauf und dran bist, alles zu verlieren«, flüsterte sie eindringlich. »Antonius wird bald alles an sich reißen!«

»Welcher von beiden? Lucius Antonius?« Gaius schüttelte lächelnd den Kopf, wurde aber sogleich wieder ernst. »Nein. Marcus Antonius wird mich nicht angreifen. Mich fürchtet er nicht, genauso wenig, wie er alles andere fürchtet. Er wartet nur auf mein Versagen, er *wartet!* Und er sieht nicht, dass Kleopatra die einzige Gefahr für ihn bedeutet – Antonius ist ihr mit Haut und Haaren verfallen.«

»Frauen sind meistens gefährlich!«, wisperte Livia und trat dicht an ihn heran. Er nahm den Duft ihrer Haare wahr. Als er an ihr herunterblickte, bemerkte er die flache Wölbung ihres Leibes. Ihr Brüste waren dafür schon prall wie die einer stillenden Amme. Immer näher schob sie sich an ihn heran. Schon spürte er ihre harten Brustwarzen durch den dünnen Stoff seines Gewandes, und für einen Moment wich er fast schüchtern vor ihr zurück.

Ihr Lächeln vertiefte sich. Endlich, dachte sie, habe ich ihn da, wo ich ihn immer schon haben wollte. »Aber Frauen können zuweilen auch sehr nützlich sein!«, stieß Livia auf einmal hervor und presste ihren Mund auf seine Lippen. Ihre Zunge war fordernd, und er gab sofort ihrem Drängen nach, erwiderte ihre stürmische Umarmung, so gut er konnte. Sie war es, die in diesem Moment die Initiative ergriff, die ihre Hände überall hatte und sich nach wenigen Augenblicken, ohne sich von seinen Lippen zu lösen, an den breiten Stamm der Palme lehnte, ihn an sich heranzog und ihre Toga zurückschlug.

»Nimm mich!«, bat sie flehend, drückte seinen Kopf hinunter, griff in seine Haare und drückte sein Gesicht in ihre Scham. Doch Gaius hielt sich nicht lange damit auf, sondern entblößte sich, schob seinen Unterarm unter ihre linke Kniekehle und hob Livias Bein hoch. Sie schob ihm ihren Unterleib entgegen, griff nach seinem geschwollenen Geschlecht und half ihm, in sie einzudringen. Sie stöhnte auf, als er keuchend in sie hineinstieß; immer und immer wieder, bis sie beide gleichzeitig den Höhepunkt ihrer brennenden Leidenschaft erreichten und in diesem Rausch der Sinne miteinander verschmolzen. Und dann passierte etwas, was Gaius Caesar vorher noch mit keiner anderen Frau passiert war: Normalerweise zog er sich nämlich gern für

eine ganze Weile zurück, wenn er mit einer Frau geschlafen hatte – und das betraf auch Scribonia. Dann wollte er in Ruhe gelassen werden und möglichst auch kein Wort reden, bis er von selbst wieder auf die Idee kam, ein zweites oder drittes Mal in Angriff zu nehmen. Doch jetzt, wo er die glücklich lächelnde Livia in den Armen hielt, ertappte er sich dabei, wie er ihr Zärtlichkeiten ins Ohr flüsterte, wie er an ihrem Ohrläppchen knabberte und ihren herrlichen Körper sanft streichelte. Es war ihm dabei vollkommen gleichgültig, dass sie das Kind eines anderen Mannes unter ihrem Herzen trug – und ihr schien es ja auch vollkommen gleichgültig zu sein. »Ich liebe dich, Livia«, sagte er plötzlich. »Ich habe dich immer geliebt!«
»Ich weiß«, antwortete sie leise, »und ich liebe dich auch, Gaius – von ganzem Herzen!«
»Und … willst du dich jetzt von ihm …?«
»Psst!«, flüsterte sie. »Sprich es einfach nicht aus.« Sie sah ihn verliebt an und küsste ihn weich auf den Mund. »Ja!«, sagte sie dann.

Auf dem Rückweg zu ihrem Domizil auf dem Palatin überkamen ausgerechnet Maecenas Zweifel, ob Gaius das Richtige getan hatte, indem er ihren Gastgeber lächerlich gemacht hatte. Der müde Marcus Agrippa hatte sich schon früher von dem Fest verabschiedet; das gab Maecenas Gelegenheit, sich einmal ganz in Ruhe mit Gaius zu beratschlagen. Aber so sehr Maecenas auch auf ihn einwirkte: Gaius hatte für keines der drängenden Probleme, die sich derzeit aus der verworrenen Situation ergaben, ein Ohr, sondern pfiff fröhlich ein paar Liedchen durch die Nacht.
»Was ist bloß los mit dir?«, fragte Maecenas beleidigt.

»Und wenn du mit mir schon nicht über unsere militärische Situation oder dein ungebührliches Benehmen auf dem Fest reden möchtest, dann verrate mir doch wenigstens, wer die schöne junge Unbekannte war, mit der du dich so lange unterhalten hast?«

»Oh, die junge Frau? Du hast sie nicht erkannt? Wie schade!«, rief Gaius Caesar. »Du wirst es nicht glauben, aber ich habe eine äußerst vorteilhafte Heirat mit ihr ausgehandelt!«

»Bist du wahnsinnig? Ich werde niemanden heiraten … und schon gar nicht eine Frau!«

Gaius lachte. »Keine Sorge, Maecenas«, sagte er. »Nicht du sollst heiraten.«

»Sondern?«

»Sondern ich!«

»Sag jetzt nicht, dass dieses Mädchen – ich meine diese Frau … dass es sich dabei um Livia Drusilla gehandelt hat!«

»Doch«, antwortete Gaius. »Und ich liebe sie, seit ich sie das erste Mal gesehen habe!«

Maecenas blieb verblüfft stehen. Gaius konnte förmlich *hören,* wie es in seinem klugen Gehirn ratterte. »Dann wirst du ja in eine der nobelsten und mächtigsten Familien Roms einheiraten!« Er schien geradezu überwältigt von den politischen Vorteilen, die diese Verbindung mit sich bringen würde.

»Dann sollte ich sofort Verhandlungen mit Sextus Pompeius aufnehmen. Vielleicht könnte ich ihn ja endlich dazu überreden, den Seeweg nach Westen freizugeben und die Inseln zu räumen«, sagte Gaius.

»Und vielleicht solltest du ihn auch ein wenig an der Macht schnuppern lassen. Stell ihm doch ein Konsulariat in Aussicht … so in ungefähr fünf Jahren!«

Gaius nickte. »Keine schlechte Idee. Aber zuerst will ich Livia Drusilla heiraten.«
»So langsam«, sagte Maecenas lächelnd, »entwickelst du dich zu einem echten Römer!«

Und so geschah es auch. Allerdings hatte Rom einen derartigen Eheskandal noch nicht erlebt. Er erregte weitaus mehr Gemüter als der wackelige Burgfrieden, den Gaius Caesar mit Sextus Pompeius schließen konnte, und der ihm eine seiner vielen Sorgen nahm – wenn auch vermutlich nur vorübergehend.
Scheidungen und Eheschließungen aus machtpolitischen Gründen standen in Rom zwar auf der Tagesordnung – aber nicht nur, dass Gaius Caesar seine Frau wenige Wochen nach der Geburt seiner Tochter Julia verstieß – die er sogleich in sein Haus aufnahm und von Ammen versorgen ließ – nein, er brachte es sogar fertig, den obersten Priesterrat zu einer Ausnahmereglung zu drängen, die es ihm ermöglichte, die hochschwangere Frau eines anderen Mannes zu heiraten, obwohl das Kind nicht von ihm stammte. Dass Livias schwächlicher Ehemann Tiberius Claudius Nero dabei sein Heil in der Flucht nach vorn sah und sich die peinliche Blöße gab, auch noch als Brautvater zu fungieren, schmälerte den Skandal nur wenig. Tiberius Claudius Nero war eben nicht mehr und nicht weniger als ein kleiner Opportunist – allerdings ein Opportunist mit Weitsicht: Er traute Gaius Caesar offensichtlich mehr Erfolg im Kampf um die Macht in Rom zu, als die meisten anderen Senatoren und hohen Beamten, die nach wie vor auf Seiten des Marcus Antonius standen und abwarten wollten, wie der ›Jüngling‹ langsam zwischen den verschiedenen Machtblöcken zerrieben wurde.

Nachdem Livia ihren zweiten Sohn, Drusus, geboren hatte, wurden das Neugeborene und sein Bruder Tiberius ins Haus des leiblichen Vaters gebracht. Gaius Caesar und seine Freunde jedoch machten sich mit ihrem letzten Aufgebot auf den Weg nach Perusia, um gemeinsam mit den sechs Legionen des Rufus den Aufrührer Lucius Antonius und Fulvia aus der Stadt zu vertreiben. Der Bürgerkrieg war wieder voll entflammt.

KAPITEL VIII

Gaius Caesar stand auf einem felsigen Hügel über dem Tiber und schaute erschüttert in den Talkessel hinunter, auf dessen Grund Perusia lag. Aus der Stadt wälzte sich ein endloser Strom zerlumpter und entkräfteter Soldaten: die Reste der fünf Legionen, die der Aufrührer Lucius Antonius zusammen mit seiner Schwägerin Fulvia, der Gemahlin des Marcus Antonius, hierher ins Verderben geführt hatte. Die Soldaten warfen ihre Waffen weg und wurden von den siegreichen Octavianern in Empfang genommen. Mehrere Durchbrüche hatte man in die zwei gewaltigen Befestigungsanlagen getrieben, mit denen Perusia vom Umland abgeriegelt war. Durch diese Durchbrüche wurden die Verlierer nun in die Gefangenschaft getrieben.
Gaius hatte bereits angeordnet, lediglich die Senatoren und Ritter der besiegten Armee, aber keinen einzigen der besiegten Soldaten, auch keine *Centurii,* als Staatsfeinde hinrichten zu lassen. Sie hatten ja nur die Befehle ihres Führers Lucius Antonius befolgt. Darüber hinaus hatten sie tapfer gekämpft. Sie hatten fürchterlich gehungert. Und: Sie waren Römer.
Auch auf der Seite der Octavianer hatte es enorme Verluste gegeben. Kein einziger Tag war während der monatelangen Belagerung vergangen, ohne dass sich zwischen den beiden Stellungen, die Gaius Caesar und Lucius Antonius im Abstand von ungefähr 500 Doppelschritten rund um Perusia angelegt hatten, erbitterte Kämpfe ereignet hatten. Zwischen den Gräben und Wällen, die mit Palisaden und mehr als 1.500 Türmen verstärkt worden waren, moderten jetzt Tausende von Leichen.

Gaius rümpfte die Nase. Selbst hier oben war der Gestank, der sich wie eine Glocke über den Talkessel gestülpt hatte, kaum zu ertragen: eine ekelerregende Mischung aus Qualm, verbranntem und verwesendem Fleisch.

Der Brandgeruch verstärkte sich rasch. Das lag daran, dass jetzt immer mehr Häuser in der Stadt in Flammen aufgingen. Von seinem Aussichtspunkt konnte der junge Caesar gut beobachten, wie mehrere Centurien seiner tapferen Ersten Legion die Straßen Perusias systematisch nach Antonianern und Bewohnern durchkämmten. Die Überlebenden sollten auf dem Marktplatz, wo sich auch der Opferaltar seines vergöttlichten Vater, Divis Julius, befand, zusammengetrieben werden. Dort würde man sie dann trennen: Legionäre sollten die Stadt verlassen dürfen, Familien auch, aber die Ratsherren Perusias würden mit ihrem Leben dafür bezahlen müssen, dass sie dem Aufrührer Lucius Antonius und seinen Truppen Unterschlupf gewährt hatten. Zudem würde man die Stadt in Schutt und Asche legen. Gaius Caesar wollte ein Exempel statuieren; er hatte Marcus Agrippa für die strikte Erfüllung dieses Befehls persönlich verantwortlich gemacht.

Schaudernd wandte sich Gaius ab und ging langsam den Hügel hinunter in die Garnison, wo die zahlreichen Hilfskräfte inzwischen mit dem Abbau und Verladen der Mannschaftszelte beschäftigt waren. Er begegnete der ungeheuren Disziplin der römischen Armee immer wieder aufs Neue mit dem Staunen eines Kindes. Diese Männer marschierten, kämpften – starben manchmal, oder wurden verwundet – und arbeiteten wie Pferde. Wenn man sie gut behandelte, wenn man für eine anständige Verpflegung und die pünktliche Zahlung des

Solds sorgte, wenn man ihnen eine großzügige Abfindung versprach und ein Stückchen Land, nachdem sie ihren Militärdienst absolviert hatten, dann funktionierten sie so exakt und zuverlässig wie die Gezeiten des Meeres. Viele von ihnen hatten schon mehr als 18 Jahre in der Armee verbracht; das waren diejenigen, die bereits mit Julius Caesar in Gallien gekämpft hatten. Doch selbst für diese altgedienten Recken würde der Krieg auch jetzt noch nicht vorbei sein, denn Gaius Caesar hatte durch einen Zufall erfahren, dass Marcus Antonius, der nach wie vor in Ägypten weilte, ernsthafte Vorbereitungen für eine Invasion im südlichen Italien traf.
Dieser Zufall war ein Brief, der eigentlich an seinen Freund Rufus persönlich gerichtet war. Ein unerfahrener Legionsschreiber hatte ihn jedoch mit der gesamten Post für den Führungsstab der Octavianer in das Zelt des Triumvirs gebracht. Gaius Caesar war bass erstaunt gewesen, als er auf der Schriftrolle das Siegel des Marcus Antonius entdeckt hatte. In seiner Verwunderung hatte er Maecenas heimlich um Rat gefragt, aber der hatte nicht lange gezögert und das Siegel erbrochen.
Auf diese Weise hatte Gaius zwei wichtige Dinge erfahren: Zum einen, dass Marcus Antonius sich anschickte, mit einem Dutzend Legionen in Italien zu landen. Jetzt konnte er in aller Ruhe die hierfür notwendigen Gegenmaßnahmen vorbereiten. Zum anderen aber, dass sein treuer Freund Rufus tatsächlich einen fleißigen Schriftverkehr mit Marcus Antonius pflegte und ihm ganz offen angeboten hatte, ihm zukünftig mit seinen sechs Legionen zur Seite zu stehen.
Es war traurig, aber es war leider auch wahr. Sein Verdacht, den er schon in Rom gehegt hatte, hatte sich als richtig erwiesen. Rufus hatte ihn hintergangen. Verraten

allerdings hatte er ihn nicht, denn schließlich waren er und Marcus Antonius vom Rang her absolut gleichberechtigt. Beide waren Triumvirn und hatten – gemeinsam mit dem Dritten, Lepidus, im Bunde – geschworen den Staat wieder aufzurichten. Aber richteten die Triumvirn den Staat auf – oder waren sie nicht viel eher im Begriff, Rom mit ihrem gnadenlosen Kampf um die Macht vollkommen zu zerstören? Unter anderen Umständen wäre es selbstverständlich möglich gewesen, Rufus und seine Legionen einem anderen Triumvir zu unterstellen – zum Beispiel für einen Feldzug, mit dem man versucht hätte, die Interessen des gesamten Staates zu wahren.

Gaius hatte Tränen in den Augen gehabt. Tränen der Wut, aber auch Tränen der Trauer. Ausgerechnet Rufus, einer seiner engsten Mitstreiter, schien ihm den Sieg in diesem Bürgerkrieg nicht mehr zuzutrauen und hatte bereits vorsichtig um einen Wechsel der Seiten angefragt. Ihm war daher nichts anderes übrig geblieben, als ihn seines Kommandos zu entheben und zunächst in Rom unter Hausarrest zu stellen. Offiziell hieß es freilich, Rufus sei schwer erkrankt.

Auch der erschrockene Maecenas hatte eine sofortige Hinrichtung des Freundes abgelehnt, jedoch weniger aus Mitleid, sondern weil Rufus bei seinen Soldaten außerordentlich beliebt war. Nicht auszudenken, wenn diese gut 30 000 Mann plötzlich gemeutert hätten – die Octavianer waren ihren Gegnern zahlenmäßig ohnehin weit unterlegen.

»Was wird nun mit mir geschehen?«, fragte Lucius Antonius, als Gaius gemeinsam mit Maecenas sein Zelt betrat, in dem der gefangen genommene Bruder des Triumvirs unter strenger Bewachung seit zwei Tagen saß.

»Willst du mich hinrichten lassen? Oder soll ich mich in mein Schwert stürzen?«
Gaius Caesar befahl den Prätorianern mit einer Handbewegung, das Zelt zu verlassen. Als die Soldaten verschwunden waren, bot er seinem Gefangenen zunächst einen Wein und etwas *puls* an – Lucius Antonius sah hungrig aus. »Und wo ist Fulvia?«, wollte der Gefangene außerdem wissen.
»Ich habe sie natürlich gehen lassen, diese ... Soldatenbraut. Einer meiner Kundschafter berichtete mir, sie sei in das Lager des Plancus geflohen. Kurz darauf seien dann beide Hals über Kopf abgereist. Plancus hat seine Legionen offensichtlich im Stich gelassen!«
»Das kann nicht sein!«, rief Lucius Antonius. »Plancus war der Erste, der mir zu Hilfe geeilt ist ...«
»... und er war wohl auch der Erste, der es sich anders überlegt hat«, warf Maecenas gehässig ein. »Plancus war schon immer ein schamloser Opportunist, der nur auf sein eigenes Wohl bedacht war – oder besser: auf seinen Wohlstand.«
»Ich bin gespannt, ob du noch viel Gelegenheit dazu haben wirst, solch freche Reden zu halten, Maecenas«, erwiderte Lucius Antonius kampfeslustig, denn zu verlieren hatte er ja nichts mehr.
»Spielst du vielleicht auf die Hilfe der Legionen aus dem Norden an?«, fragte Gaius gelassen. Lucius Antonius gefiel ihm. Er war kein Feigling, sondern zeigte noch im Angesicht seines bevorstehenden Endes Mut und Charakter.
»Calenus ist mit 11 Legionen auf dem Weg hierher«, antwortete der jüngere Bruder des großen Kriegers. »Darüber hinaus stehen Bassa und Pollio mit zwei Heeren nicht einmal 20 Meilen entfernt von hier. Sogar in

Perusia hat man den Feuerschein ihres Lagers am Himmel gesehen. Was willst du mit deinen lächerlichen zehn Legionen gegen diese Übermacht ausrichten – vor allem, wenn jetzt …

»… auch noch dein Bruder von Süden her angreifen will?«, vollendete Gaius Caesar den Satz. Lucius Antonius wurde blass. Der junge Caesar zuckte gelassen die Achseln und sah ihn mitleidig an. »Ja, Lucius, du siehst, dass es äußerst schwierig ist, vor mir etwas zu verbergen. Praktisch unmöglich! Überdies gibt es kein einziges Anzeichen dafür, dass die Legionen von Bassa und Pollio mich nun nach deiner Niederlage angreifen werden.«

»Es war nur der Hunger«, murmelte Lucius Antonius, »der meine Soldaten besiegt hat.«

»Und es ist Fortuna, die uns auch weiterhin siegen lassen wird!«, lachte Maecenas. Der geschlagene Feldherr sah ihn verständnislos an. »Ja, Lucius, stell dir vor: Vor nicht einmal sechs Tagen ist Calenus gestorben. Einfach so. Fiel tot von seinem Pferd. Aber wie solltest du das hinter den Stadtmauern von Perusia auch erfahren?«

»Calenus tot? Was redest du da?«, fragte Lucius Antonius unwirsch.

»Warte! Sei doch nicht so ungeduldig«, meinte Maecenas. »Es kommt nämlich noch viel besser: In dem Augenblick, als deine ausgehungerten Soldaten damit begannen, zu unseren Truppen überzulaufen, erschien plötzlich der junge und unerfahrene Sohn des Calenus und stellte elf Legionen wie selbstverständlich unter das Kommando von Gaius Caesar!«

Lucius Antonius atmete schwer. »Ist das wahr?«, fragte er den jungen Caesar.

Gaius Caesar nickte bedächtig. »Die Soldaten marschieren bereits nach Brundisium«, sagte er. »Wenn du so willst, habe ich deinem Bruder gerade elf voll ausgerüstete Legionen gestohlen. Oder sollte ich besser sagen, ich habe sie gefunden? Übrigens sind auch die führungslosen Soldaten des Plancus gerade im Begriff, zu uns überlaufen. Hat es dich denn nie gewundert, Lucius, warum Bassa und Pollio die ganze Zeit gezögert haben, uns anzugreifen und in die Zange zu nehmen?«

Lucius Antonius wurde auf seinem Stuhl immer kleiner.

»Sie waren einfach zu unentschlossen«, warf Maecenas ein, »doch jetzt haben sie es sich endgültig anders überlegt und rücken wieder ab.«

»Und das alles zusammen hat meinen Sieg über dich erst möglich gemacht«, sagte Gaius Caesar und verschränkte die Arme. »Vielleicht noch etwas Wein, Lucius?«

»Nein. Ich verlange mein Schwert«, keuchte der Gefangene.

»Diese Bitte kann ich dir leider nicht erfüllen!«

»Dann töte mich!«

»Auch das wird, fürchte ich, nicht möglich sein«, entgegnete Gaius. »Wie würde es denn aussehen, wenn ich den Bruder meines geschätzten Amtsbruders hinrichten ließe?« Lucius Antonius sackte in sich zusammen. »Ich werde daher dein Leben nicht nur verschonen – sondern ich werde dich mit einem hübschen Legat versehen und nach Hispania schicken. Dort wirst du sorgenfrei leben können. Allerdings wäre es für dich besser, wenn du in Zukunft einen weiten Bogen um Rom machen würdest.«

Lucius Antonius nickte apathisch, griff dann nach seinem Becher und trank den Wein in einem Zug aus.

Sieben Monate später hatte Marcus Agrippa Brundisium in eine Festung verwandelt. Insgesamt fünf Legionen hatten die Stadt fest im Griff, 10.000 Legionäre hielten den Hafen besetzt und künstliche Sperren verhinderten den Zugang zum offenen Meer. Marcus Antonius und seine Truppen hatten mit mehr als 200 Schiffen aus Alexandria übergesetzt, doch jetzt lagen diese Schiffe auf Reede, und es hatte mehr als zwei Tage gedauert, bis der letzte Legionär ausgeschifft worden war.

Dem großen Krieger war nicht wohl in seiner Haut. Mit vielem hatte er gerechnet, aber niemals mit der Möglichkeit, dass ihn sein Widersacher Gaius Caesar mit einer Übermacht erwarten würde. Auf der anderen Seite waren seine Legionen frisch, sie hatten sich auf diesen Feldzug sogar regelrecht gefreut – denn nach diesem Kampf würden die meisten von ihnen endgültig in ihre Heimat Italia zurückkehren können –, während Gaius Caesars Armee wahrscheinlich kriegsmüde war. Jedenfalls hoffte Marcus Antonius das, als sich die beiden Heere am Tage der Entscheidung in wenigen Doppelschritten Entfernung gegenüberstanden. Es wäre allerdings nicht das erste Mal gewesen, dass er trotz einer zahlenmäßigen Überlegenheit des Gegners siegreich vom Schlachtfeld stolzieren würde.

Die Sonne spiegelte sich in den blank polierten Helmen und Rüstungen der Soldaten und ließ ihre Schwerter und Lanzen funkeln. Und auch auf der Gegenseite schien die Oktobersonne blendend auf römische Helme, Kurzschwerter, Schilde und Lanzen. Auch auf der Gegenseite sprach man die Sprache der Römer, und Marcus Antonius bemerkte plötzlich, dass so mancher seiner tapferen Legionäre den Blick nach unten senkte. Taten sie das, weil sie fürchteten, im Gegenüber einen alten Kameraden zu erkennen? Womöglich einen, mit dem man vor Jahren Seite an Seite gegen einen Feind des Römischen Reiches gekämpft hatte?

Gaius Caesar hatte diese Erfahrung ja schon in Perusia gemacht. Auch das war eine Schlacht gewesen, in der sich Freund und Feind kaum unterschieden hatten. Und doch waren es echte Feinde gewesen, so wie jetzt.
Marcus Antonius war sich im Klaren darüber, dass der ›Jüngling‹ noch einen weiteren Vorteil in diesem Bruderkrieg auf seiner Seite hatte, nämlich die Hauptstadt Rom, die ja seit jeher als Sitz des wahren römischen Herrschers galt. Doch von den Triumvirn war er, Antonius, doch eigentlich der Mächtigste. Er besaß Gallien, die reichen östlichen Provinzen und wohl auch Ägypten – auch wenn sich dieser Besitz eher auf die amtierende Königin beschränkte.
Und nur weil er nicht in Rom saß, hieß das doch wohl noch lange nicht, dass er seine Machtansprüche klaglos dem jungen Caesar überlassen musste! Nein: Heute würde er diesem Knaben endgültig beweisen, dass er es niemals hinnehmen konnte, wenn man ihm den ihm gebührenden Rang aberkannte.
Mit gerunzelter Stirn blickte Marcus Antonius dem gewaltigen Heer seines Rivalen entgegen. Er war erstaunt, dass sich Gaius Caesar, wie früher sein Adoptivvater, in die vorderste Linie begeben hatte. Das war ungewöhnlich, dass er neben Marcus Agrippa ritt – und überhaupt: Wo waren eigentlich Rufus und Maecenas?
Marcus Antonius gab Befehl, die Hörner blasen zu lassen. Die lautstarke Antwort folgte prompt – und als die octavianischen Soldaten begannen, mit ihren Schwertern auf die Schilde zu trommeln, taten die Antonianer im nächsten Augenblick das Gleiche. Marcus Antonius lächelte siegesgewiss.
Gaius Caesar dagegen stellte konsequent eine betrübte Miene zur Schau. Deshalb hatte er sich auch gegen seine

Gewohnheit die Rüstung umschnallen lassen. Es galt, jedem einzelnen Legionär klar zu machen, dass der große Krieger Marcus Antonius der Nestbeschmutzer war; dass er so weit ging, seine eigenen Landsleute in Unterzahl anzugreifen und es deshalb jede Menge Tote geben würde. Kein Wunder, war dieser Mann doch unter den verderblichen Einfluss der schönen Kleopatra geraten, was nicht gerade dazu angetan war, ihn beim römischen Volk beliebter zu machen.

Als Marcus Antonius sein Schwert hob, setzten sich seine Kohorten gehorsam in Bewegung. Ohne nachzudenken fielen die Soldaten in den gewohnten Gleichschritt, zückten ihre Schwerter, bildeten mit den Schwertern einen Panzer und brachten ihre Lanzen in Angriffsposition.

Gaius und Agrippa gaben ohne zu zögern den Befehl zum Gegenangriff. Dumpf hallten jetzt die Geräusche der Waffen über das Schlachtfeld. Über 150.000 Männer, die auf einer Breite von mehr als einer Meile aufeinander zu marschierten – wobei sich die Flanken letztlich immer an der Mitte orientierten – versuchten, alle Gefühle zu verdrängen, um sich dem Kampf zu stellen, der sie erwartete; dem Kampf, der über ihr Leben, ihr Weiterleben entscheiden würde. Vor allem das Gefühl der Angst.

Es war, dachte Lucius Tutilius, der Erste Centurio Agrippas, als würde man seinem eigenen Spiegelbild entgegenlaufen. Noch nie war es ihm so schwer gefallen, in eine Schlacht zu ziehen. Und er, der sein Ohr stets dicht bei seinen Leuten hatte – näher zumindest als die Stabsoffiziere –, wusste, dass den Kameraden genau so zumute war. Perusia, wo Römer und Römer mit einer nie gekannten Erbarmungslosigkeit aufeinander eingedroschen hatten, war nicht ohne Folgen für die Armee geblieben. Tutilius spürte, wie sein Schritt erlahmte. Zuerst war es nur ein leichtes Zögern, dann ein Stolpern – und ein Seitenblick zeigte ihm, dass es vielen seiner Kameraden ähnlich erging.

»Die Götter sind zornig!«, sagte er plötzlich laut.

Marcus Agrippa und Gaius Caesar sahen ihren treuesten Kämpfer verblüfft an. Auch sie hatten gemerkt, dass die exakte Schlachtformation der Armee plötzlich einem wahren Sauhaufen glich. Überall wurden nun Befehle gebrüllt; links und rechts gerieten Legionäre aus dem Tritt – doch wenn sie nach vorne schauten, dann stellten sie fest, dass auch die Truppen des großen Kriegers das exakte Marschieren offenbar verlernt hatten.

»Was soll denn das heißen?«, schrie Agrippa, der eine derartige Disziplinlosigkeit noch nie gesehen hatte.

Tutilius sah ihn hilflos an und deutete dann mit seinem Schwert auf die Kohorte der Antonianer, die ihnen entgegenkam: »Dort, der Zenturio: Das ist mein Bruder!«, sagte er kläglich.

Die Spitzen der beiden Heere hatten sich inzwischen auf Wurfweite genähert. Aber kein Speer flog, kein Pfeilregen prasselte hernieder.

Das Schwert des Centurios wies direkt auf einen Soldaten in der gegnerischen Linie, aber es zitterte. Tutilius' Augen suchten den Blick des anderen, fanden ihn und hielten ihn fest. Schon oft hatten sie gegeneinander gekämpft: erst als Jungen mit Holzschwertern auf dem steinigen Hof im Haus ihres Vaters, später dann auf der Wiese mit echten Schwertern, als sie in der gemeinsamen Ausbildung ihre Kräfte gemessen hatten. Die Brüder kannten jede Schwäche, jede Stärke des anderen, aber niemals zuvor hatten sie sich als Erzfeinde gegenübergestanden.

Auch sein Bruder, der Magnus Tutilius hieß, hatte ihn längst erkannt. Seine Augen wurden größer, je geringer der Abstand zwischen ihnen wurde, und Lucius dachte, dass sich der jüngere Magnus kaum verändert hatte. Wie lange schon hatten sie sich nicht mehr gesehen!

Marcus Antonius bellte seine Befehle wie ein wütender Straßenköter über das Schlachtfeld, aber er und seine Offiziere mussten feststellen, dass sie nicht gehört wurden. Ihre ersten Schlachtreihen gerieten ebenfalls immer stärker aus dem Tritt.

Dafür hörte man jetzt immer mehr Männer, welche die Namen derjenigen riefen, die sie in der Masse des Gegners zufällig entdeckten; Brüder, Vettern, Freunde, Nachbarn. Es waren zwar nicht allzu viele, die ihre Gegner persönlich erkannten, aber die Zahl reichte aus, um den Aufmarsch zum Stehen zu bringen. Lucius Tutilius' Herz begann wie wild zu schlagen, als ihm sein Bruder nicht einmal zehn Doppelschritte entfernt gegenüberstand. Er ließ sein Schwert sinken und sah sich um. Verwirrung, Verdruss und Überraschung hatten die steinernen Mienen der Soldaten belebt.

Sein Bruder sah Marcus Antonius an, hob dann sein Schwert in die Luft und ließ es mit großer Geste zu Boden fallen. Der große Krieger war fassungslos: Was tat dieser Mann da bloß? Wusste er nicht, dass auf Befehlsverweigerung die Todesstrafe stand?

»Er ist doch mein Bruder«, sagte Magnus Tutilius leise, und Tränen standen in seinen Augen.

In diesem Moment wusste Marcus Antonius, dass der Centurio niemals seine Waffe wieder erheben würde.

Aber immer noch war diese Verweigerung ein Einzelfall. Die nachrückenden Soldaten schoben vorwärts, die Waffen zum Kampf bereit, und jede Sekunde konnte jetzt die Schlacht beginnen. Das Geschiebe und Gedrängel nahm zu. Warum waren die Vorderen stehen geblieben? Die Nachricht, dass sich Männer wieder erkannt hatten, pflanzte sich rasend schnell durch die Reihen der Kohorten fort. Und noch mehr Schwerter fielen zu Boden – auf beiden Seiten.

»Attacke!«, brüllte Marcus Antonius. Aber niemand rührte sich, kein Soldat folgte seinem Befehl. Die Frontlinien waren auf ganzer Breite erstarrt. Der große Feldherr senkte die Stimme zu einem kalten Zischen: »Ich werde jedem Mann, der nicht angreift, eigenhändig den Kopf abschlagen!« Hier stand seine Autorität auf dem Spiel. Wenn er nicht sofort eingriff, machte er sich lächerlich. Er wollte nicht als der Verhöhnte in die Geschichte eingehen, sondern als Sieger – als Triumphator über Gaius Caesar.

Auch Agrippa und Gaius wechselten einen ratlosen Blick. Der junge Caesar saß regungslos auf seinem Pferd. War das nun das Ende? Fühlte sich so der Machtverlust an, wenn einem die Truppen einfach nicht mehr gehorchten und zum Gegner überliefen? Doch als er bemerkte, dass sein Kontrahent Marcus Antonius im gleichen Dilemma steckte, flog plötzlich ein Lächeln über sein Gesicht, denn ein Geistesblitz durchzuckte ihn: Das hier, dachte Gaius, war kein Überlaufen zum Feind, auch kein normaler Ungehorsam, sondern etwas ganz anderes: Die Soldaten hatten erkannt, dass auch sie Macht besaßen – Macht über diejenigen, die sie in die Schlacht trieben. Hier hatten sich 150.000 Männer versammelt – Römer –, die auf einmal nicht mehr ohne weiteres bereit waren, aufeinander einzuschlagen, um die Machtinteressen ihrer jeweiligen Triumvirn durchzusetzen. Gaius Caesar wurde von einer tiefen Zufriedenheit durchströmt. In diesem Augenblick erkannte er die ungeheure Möglichkeit zum Frieden, die sich ihm bot. Dazu aber musste er sein Gesicht wahren – umso mehr, weil Marcus Antonius gerade im Begriff war, seines zu verlieren.

»Tötet jeden Mann, der sich weigert zu kämpfen!«, herrschte der große Krieger seine Offiziere an, aber selbst die verweigerten ihm nun die Gefolgschaft. Nur zögernd setzte sich einer seiner Stabsoffiziere in Bewegung, gab seinem Pferd die Sporen und ritt in die erste Reihe, wo Magnus Tutilius inzwischen seinen Helm abgenommen hatte. Der Offizier hob sein Schwert. Er schickte sich an, zuzustoßen und den eigenen Mann zu umzubringen – aber dann ließ er die Hand wieder sinken, als der Centurio noch einmal auf sein Gegenüber deutete und mit dieser seltsamen, fernen Stimme sagte: »Er ist doch mein Bruder!«

Ratlos wandte sich der Offizier seinem Feldherrn zu.

»Töte ihn! Töte ihn auf der Stelle!«, schrie Marcus Antonius, rasend vor Wut. »Das ist ein Befehl! Töte ihn!« Schon griff er selber nach seinem Schwert, doch Gaius kam ihm zuvor.

Der junge Caesar ritt direkt auf seinen Feind zu. Auf den Mann, der sich vorgenommen hatte, ihn in Stücke zu hacken. Wie selbstverständlich ließ er den Schutz seiner Männer hinter sich und lieferte sich ganz und gar der Gnade des Feindes aus.

»Gaius, was tust du da?«, rief Marcus Agrippa entsetzt, doch das Unfassbare, mit dem wohl nur der junge Caesar gerechnet hatte, geschah: Die Centurie des Feindes gab ihre Angriffsformation auf, teilte sich und bildete eine Gasse für den Triumvir. Ruhig, im langsamen Schritttempo, ritt Gaius durch die Reihen des Feindes

und brachte sein Pferd schließlich neben Marcus Antonius zum Stehen.
»Salve, Marcus Antonius«, sagte er.
»Salve, Gaius Caesar«, erwiderte der große Krieger und schluckte.
Er wusste, dass eine aufgeheizte Menschenmenge nur schwer zu bändigen war. Eine falsche Bewegung würde genügen, und seine Soldaten würden über Gaius herfallen, ihn umbringen und dann würde das Morden auf breiter Front beginnen – Bruder hin, Neffe her.
Nach einer kurzen Weile des Schweigens sagte Marcus Antonius: »So forderst du mich heraus? Dann muss ich dich wohl mit meinen eigenen Händen töten!«
»Nur zu!«, erwiderte Gaius mit hassenswerter Ruhe. »Mein Schwert steckt noch in der Scheide – und dort wird es vorerst auch bleiben.«
Marcus Antonius kniff die Augen zusammen. Er war mit Leib und Seele Soldat und beachtete daher die Regeln des Kampfes. Wenn er Gaius jetzt angreifen und töten würde, wäre dies ein feiger Akt an einem Mann, der sich nicht wehren konnte. Marcus Antonius ließ sein Schwert langsam sinken und schließlich in die Scheide zurückgleiten.
Als er sich nun umsah, bemerkte er zu seinem großen Schrecken, dass die ersten Kampfreihen der beiden Heere bereits miteinander verschmolzen waren. Gebannt betrachteten die verfeindeten Soldaten Schulter an Schulter die beiden mächtigsten Männer der Welt, die nun über ihr weiteres Schicksal entscheiden würden.
Gaius war dem Blick seines Gegners gefolgt. »Die Soldaten sind weiser als ihre Feldherren«, sagte er. »Das sind nicht zwei Armeen, das ist ein Volk!« Dann wandte er sich direkt an seinen Kontrahenten und blickte ihn fle-

hend an. »Kein römisches Blut soll jetzt mehr fließen, Marcus Antonius«, bat er mit gesenkter Stimme, aber immer noch laut genug, dass viele der umstehenden Soldaten seine Worte gut verstehen konnten. Gaius wusste sehr wohl, dass die Sympathien der Römer zur Zeit bei Sextus Pompeius und Marcus Antonius lagen, von denen sie sich ein Ende der Hungersnot erhofften, während sein Ansehen in den Augen des Volkes tief gesunken war.

Aber auch Marcus Antonius musste ihn als Verräter und Despot ansehen, hatte er sich doch entgegen den Vereinbarungen, die sie nach der Schlacht von Philippi getroffen hatten, einen großen Teil des Heeres einverleibt, das eigentlich dem großen Krieger unterstand. So gesehen war das Recht auf der Seite des Marcus Antonius.

Marcus Antonius betrachtete seinen Widersacher. Seiner Meinung nach mussten derartige Streitereien auf dem Schlachtfeld ausgetragen werden. Aber Gaius hatte ihn überrumpelt. Ohne Schwert. Damit wusste er nicht umzugehen.

»Ein Bündnis«, sagte Gaius Caesar plötzlich.

Marcus Antonius riss sein Pferd herum. Wütend musterte er den ›Jüngling‹, während er gleichzeitig nach der passenden Antwort suchte. Ein Bündnis, das war ein Kompromiss, und Kompromisse waren Lösungen für Feiglinge.

»Ich werde dir die Hälfte meiner Legionen geben, damit du die Parther vernichten kannst«, fuhr Gaius murmelnd fort – im Tausch gegen 120 Schiffe!« Die Umstehenden murmelten aufgeregt. Gaius Caesar betete im Stillen zu den Göttern. Hier hatte er jetzt die einmalige Gelegenheit, sich beim Volk – vor allem aber bei seinen Truppen – wieder beliebt zu machen. Er könnte derjenige sein, der den Brudermord verhindert hatte. Das würde ihm in den Augen aller Römer einen deutlichen Vorteil gegenüber Marcus Antonius verschaffen. Sollte der ruhig die Parther besiegen – die waren weit weg! Er aber könnte nun guten Gewissens nach Rom zurückkehren und sich als derjenige feiern lassen, der einen neuerlichen Bruderkrieg verhindert hatte. »Du hast vor dem Senat geschworen, Roms Feinde zu besiegen«, setzte er hinzu.

Marcus Antonius sah unentschlossen aus. Dieser gerissene Hund hatte nicht vergessen, wo er am verwundbarsten war: bei seiner Soldatenehre. Ja, er hatte diesen Schwur geleistet, und er war auch willens, dieses Versprechen einzulösen. Aber was versprach sich Gaius davon, dass er ihm dafür sogar die Hälfte seiner Truppen überlassen wollte? So weit kannte er den ›Knaben‹ mittlerweile: dass er nie etwas tat, wenn es ihm nicht auch zum eigenen Vorteil gereichte. Dabei waren seine Truppen sogar in der Überzahl. Falls es also doch noch zu einer Schlacht käme, würde er mit großer Sicherheit besiegt werden. Warum also plötzlich diese unerwarteten Verhandlungen?

»Und was verlangst du dafür von mir?«, fragte er misstrauisch.

»Wie ich es dir sagte. 120 Schiffe … und ein Bündnis«, wiederholte Gaius ruhig und wies mit einer Handbewegung auf sein Heer. »Senkt die Waffen!«, schrie er Marcus Agrippa zu. Im nächsten Augenblick tönte das Signal aus Dutzenden von Hörnern über das Schlachtfeld. Jetzt erst begriff Marcus Antonius die ganze Tragweite dessen, was hier geschah. Die Octavianer drängten nun noch dichter heran, aber das waren keine zum Kampf bereiten Soldaten mehr, sondern es war das Volk, das die

Waffen niederlegte. Auch sein Heer würde nun nicht mehr kämpfen. Schon begannen die ersten, sich zu umarmen. Tapfere und hartgesottene Veteranen schämten sich ihrer Tränen nicht. Marcus Antonius sah den jungen Caesar prüfend an. Dieser schlaue Fuchs hatte die Sehnsucht nach Frieden eher erkannt. Er hatte ihn geradezu übertölpelt. So gab es nun auch für Marcus Antonius nur noch eines: einzulenken und das Beste aus dieser noch nie dagewesenen Situation zu machen, damit nicht die Soldaten, sondern beide Feldherren als die Überlegenen dastanden. »Ein Bündnis. Einverstanden!«, erklärte er laut.

Sofort erhob sich ein gewaltiges Jubelgeschrei, die Männer warfen die letzten Waffen fort und fielen einander in die Arme.

»Friede!«, schallte es aus Tausenden von Kehlen über das Schlachtfeld. »Friede! Der Krieg ist vorbei!«

Marcus Antonius betrachtete das Schauspiel und drängte sein Pferd dann näher an das seines Widersachers heran, der lächelnd seinen Blick über die römischen Soldaten gleiten ließ, die in einen Freudentaumel gefallen waren. »Kann ich dir vertrauen?«, raunte Marcus Antonius.

Allein schon die Frage verriet ihm, dass Marcus Antonius ihm *nicht* vertraute – und wahrscheinlich war es auch wirklich klüger, dies nicht zu tun. Gleichwohl entgegnete er: »Kann ich *dir* denn vertrauen?« Damit war er einer Antwort geschickt ausgewichen und hatte Marcus Antonius dennoch das Gefühl gegeben, dass sie nun an einem gemeinsamen Strang zogen.

»Niemand wird das jemals glauben«, bemerkte Marcus Antonius und schüttelte den Kopf angesichts der tanzenden und jubelnden Soldaten.

»Richtig«, stimmte Gaius ihm zu, »aber wir brauchen jetzt auch noch unbedingt ein Unterpfand zur Bekräftigung unseres Abkommens.« Marcus Antonius nickte. Gaius warf ihm einen lauernden Blick zu. »Wirst du Kleopatra aufgeben? Sie ist es, die in Rom am meisten gefürchtet wird.«
Marcus Antonius' Gesicht veränderte sich unmerklich, als er den Namen seiner Geliebten aus dem Munde seines Widersachers hörte. Kleopatra verlassen? Sie hatte ihn bezaubert, allerdings, aber auf eine ganz andere Weise, als es sich das dumme, abergläubische Volk vorstellte. Noch nie hatte er eine Frau gekannt, die über solch phänomenale Fähigkeiten verfügte wie die schöne Ägypterin. Wenn er jetzt an sie dachte, ergriff ihn sofort wieder das Verlangen. Kleopatra aufgeben? Undenkbar! Er schüttelte den Kopf. »Nein«, erklärte er mit fester Stimme.
Gaius sah pikiert aus. »Aber um meine Loyalität unter Beweis zu stellen«, fuhr Marcus Antonius hastig fort, »werde ich eine Römerin heiraten.«
Donnerwetter, dachte Gaius, das hatte er dem Mann gar nicht zugetraut. Das war ein kluger Schachzug. Aber er würde ihn noch übertrumpfen. »Hervorragend«, rief er laut. »Dann heirate Octavia – meine arme Schwester hat vor kurzem ihren Mann verloren!« Marcus Antonius lächelte irritiert. Octavia heiraten – dieses blasse, unscheinbare Frauenzimmer? Aber der Vorschlag des jungen Caesar war eigentlich gar nicht so schlecht. Warum war er nicht selbst darauf gekommen? Das waren drei Fliegen mit einer Klappe: Er würde seine Loyalität beweisen können, er konnte sich seinen zukünftigen ehrgeizigen Schwager vom Leib halten – und Octavia war nun wirklich eine Frau, die ihm Kleopatra nicht übel nehmen würde. »Es gibt kein Weib, das

geeigneter wäre, unser Bündnis zu dokumentieren«, fuhr Gaius fort.

Marcus Antonius nickte. »Abgemacht«, erklärte er feierlich, »ich werde Octavia ehelichen!« Dann streckte er Gaius Caesar die Hand entgegen. Gaius ergriff sie, und bei dieser Geste der Versöhnung brachen die Soldaten erneut in Jubel aus.

»Sag mir bitte noch eines, Gaius … Sohn des Caesar«, wandte sich Marcus Antonius jetzt noch einmal direkt an seinen neuen Freund. »Wieso wusstest du von meiner Absicht?«

Gaius Caesar antwortete jedoch nicht, sondern sah ihn nur schweigend an. In seinem Gesicht war plötzlich eine Spur von Trauer zu lesen, als er in diesem Moment an seinen Freund Rufus denken musste. »Hat Rufus mich denn wirklich verraten?«, fragte er schließlich.

Marcus Antonius erschrak und schüttelte rasch den Kopf. Diese Antwort reichte dem jungen Caesar vollkommen.

Die Armeen der Triumvirn nahmen die Eheschließung des Marcus Antonius mit Octavia, der Schwester des jungen Caesar, mit Jubel auf. Zum ersten Mal in der Geschichte Roms hatten die Soldaten ihre politische Kraft erkannt. Auch die Senatoren in der Hauptstadt klatschten artig Beifall und gönnten den beiden Triumvirn einen kleinen *Triumph*, die öffentliche Siegesfeier. Die Begeisterung des Volkes jedoch hielt sich in Grenzen. Denn es hungerte ja weiterhin, zumal Sextus Pompeius nach der Versöhnung von Brundisium seine Blockadepolitik wieder aufgenommen hatte. Auf einmal sah die stadtrömische Bevölkerung in Sextus Pompeius einen Befreier und begann, sich offen gegen die Politik der beiden Triumvirn zu erheben. Gaius Caesar und Marcus Antonius hatten die römische Welt in zwei Hälften geteilt. Aemilius Lepidus hatten sie dabei vollkommen außer Acht gelassen. Es gab jetzt einen Westen und einen Osten. Und die zukünftige Aufgabenverteilung sah vor, dass sich Gaius Caesar mit Sextus Pompeius herumschlagen sollte, während Marcus Antonius an den östlichen Grenzen des Reiches mit den Parthern aufräumen sollte.

Vorerst aber hatten die beiden neuen Freunde – von militärischen Gnaden – recht ordentlich damit zu tun, ihren jeweils eigenen Stall auszumisten. Marcus Antonius' Truppen kehrten in den Straßen der Hauptstadt mit eisernem Besen. Zusammenkünfte und Demonstrationen des geschundenen Pöbels ließ er mit Waffengewalt auflösen. Dabei gab es viele Tote – Marcus Antonius ließ die Leichen der Protestierer zur Abschreckung in den Tiber werfen.

Dieses harte Eingreifen kostete ihn von Tag zu Tag mehr Sympathien im Volk, während Gaius Caesars ramponiertes Ansehen zur gleichen Zeit wieder stieg, wenn auch nur sehr langsam. Einen Rückschlag erlebten er und Marcus Antonius dann, als der junge Caesar den beliebten und bis dato unbescholtenen Heerführer Salvindienus Rufus vor den Senat zerrte und des Hochverrats beschuldigte – seinen Freund.

Doch war es wirklich Hochverrat? Maecenas schüttelte den Kopf: Das Verbrechen, dessen man Rufus beschuldigen konnte, war allerhöchstens als »Aufkündigung der Freundschaft« zu bezeichnen, und das war in keinem Strafgesetz verankert. Trotzdem blieb Gaius Caesar hart. Für ihn kam nur ein Todesurteil in Frage, auch wenn er darüber Tränen vergoss: Er musste der Welt zeigen, wer in Rom das Sagen hatte – wer in Rom herrschte. Rufus wandte sich nach der Verhandlung in seiner Verzweiflung an Marcus Antonius, aber auch der zweite Triumvir war jetzt ein – wenn auch ungekrönter – Monarch.

»Ich fürchte, ich kann dir nicht helfen, Rufus«, sagte der große Krieger, als er ins Domizil des Octavianers geeilt war, um von ihm Abschied zu nehmen.

Rufus sah ihn traurig an. »Ist es, weil du meine Qualitäten als General fürchtest, Marcus Antonius?«, fragte er.

Der Triumvir zuckte die Achseln. Daran hatte er noch gar nicht gedacht! Selbstverständlich würde Gaius Caesar den Tag verfluchen, an dem Rufus' Kopf gerollt sein würde – spätestens dann, wenn er sich einer erneuten militärischen Aufgabe gegenüber sehen würde. Vielleicht sogar wieder gegen ihn? Eine Führungspersönlichkeit wie Rufus war in keinem Fall leicht zu ersetzen. Aber er gab ihm eine ausweichende Antwort: »Nein, Rufus – ich darf meine neue Freundschaft mit Gaius auf keinen Fall gefährden. Dich schätze ich – aber Gaius Caesar liebt dich. Das ist auch der Grund für seine tiefe Enttäuschung … dass du dich auf meine Seite stellen wolltest, als er bereits fast dem Untergang geweiht war.«

Rufus seufzte tief. Er hatte keine Angst, weder vor dem Sterben, noch vor dem Tod. Er empfand seinen Tod lediglich als vollkommen sinnlos. Niemals hatte er Gaius Caesar hintergehen wollen.

Andererseits hatte er bei seiner Verteidigungsrede vor dem Senat zugeben müssen, dass seine konspirativen Briefwechsel mit Marcus Antonius zu jener Zeit höchst ungeschickt gewesen waren. Er hatte seine Vertrauensstellung missbraucht.

»Dann verlass mich jetzt«, sagte Rufus. Er war bleich. »Und gib mir bitte dein Schwert!«

Marcus Antonius sah ihn durchdringend an, griff unter seinen ledernen Brustpanzer und holte einen langen Dolch hervor, den er dem Todgeweihten wortlos in die Hand drückte. Dann verließ er rasch das Zimmer.
Rufus besah sich den schönen Dolch lange. Er fuhr mit dem Daumen über die Klinge. Sie funkelte im Sonnenlicht, das durch das Fenster hineinschien, und sie war scharf. Sehr scharf. »Für Rom?«, fragte er sich, als er die Spitze des Dolches unter den sechsten Rippenbogen auf der Haut ansetzte und die Klinge mit bewundernswerter Selbstbeherrschung langsam, in einer einzigen, fließenden Bewegung, in sein Herz hineintrieb.
Draußen begegnete Marcus Antonius Caesar, der ihn fragend ansah. Als er nickte, schlug der junge Caesar die Hände vors Gesicht und stieß ein trockenes Schluchzen hervor. Als er sich wieder gefangen hatte, stammelte er verzweifelt: »Ein Dankfest! Der Senat hat wegen der Aufdeckung des Verrats ein Dankfest beschlossen!«
Das, dachte Marcus Antonius, wäre nun wirklich nicht nötig gewesen. Das hatte Rufus, der wohl in diesem Moment, nicht einmal zehn Schritte von ihnen entfernt, in einem kahlen Zimmer starb, nicht verdient.
Andererseits aber zog er nun aus dem Verhalten des jungen Caesar zwei weitere Lehren: Die erste lautete, dass ihm Gaius Caesar an brutalem Durchsetzungsvermögen in keiner Weise nachstand. Die zweite lautete, dass er ihn an Skrupellosigkeit mittlerweile glatt überflügelt hatte. Niemals wieder, schwor sich Marcus Antonius, würde er diesen ›Knaben‹ unterschätzen!

Kapitel IX

Marcus Antonius lag auf einem Ruhebett in einem seiner sechs Schlafzimmer im Königspalast von Alexandria und dachte an den Tag vor mehr als sieben Jahren zurück, als er in Rom die Schwester seines Widersachers, Octavia, geheiratet hatte. Er hielt sich inzwischen immer seltener in der Hauptstadt des Reiches auf; wenn doch, dann gesellte er sich regelmäßig zu ihr und gab den fürsorglichen Ehemann.

Octavia war zwar eine ziemlich farblose kleine Frau, aber sie hatte einen patenten Verstand und ein warmes Herz, und sie war eine gute Mutter für ihre beiden Töchter Antonia major und Antonia minor. Doch für Marcus Antonius spielte dies alles keine Rolle. Wenn er mit ihr, eher lustlos natürlich, ins Bett stieg, betrachtete er den Beischlaf nach wie vor als einen politischen Akt.

Mit Kleopatra war die Liebe dagegen etwas ganz anderes.

Genüsslich dehnte und streckte er seine Glieder, griff nach dem kühlen Leinentuch, zog es hoch und schnupperte daran. Sofort hatte er die vergangene Nacht wieder vor Augen. Er und Kleopatra waren jetzt schon so lange ein Paar – und doch konnte ihn diese unersättliche Frau immer wieder überraschen.

Mit geschlossenen Augen tastete er auf die andere Bettseite, bis seine Hand etwas Warmes, Lebendiges fand. Aber es war haarig! Marcus Antonius riss die Augen auf und entdeckte seinen Hund Hector, der offenbar die Gunst der Stunde genutzt und sich neben seinen Herrn ins Bett gelegt hatte. Jetzt war Marcus Antonius wach.

In diesem Moment flog die Tür auf, und Kleopatra kam

mit grimmiger Miene hereingestürzt. Ihrem Gesichtsausdruck nach zu urteilen, war die leidenschaftliche Stimmung der Nachtstunden verflogen; vorbei war auch die Zärtlichkeit, die sie ihm nur ganz selten zeigte und die daher umso kostbarer für ihn war. Jetzt war sie wieder die Herrscherin vom Nil, die sich wahrhaft königlich vor seinem Bett aufbaute und mit fragendem Blick einen Brief schwenkte, ehe sie ihn dann mit säuerlicher Miene auf sein Bett schleuderte.

Marcus Antonius hätte sich eine freundlichere Begrüßung gewünscht.

»Er verhöhnt dich«, sagte sie.

»Wer? Gaius?« Was scherte ihn um diese frühe Stunde das Geschreibsel seines Amtskollegen?

»Wer sonst!«, rief Kleopatra aufgeregt. »Er macht sich über deinen misslungenen Feldzug gegen die Parther lustig.«

Marcus Antonius gähnte und kratzte sich die Brust. »Überrascht dich das? Der Feldzug *ist* misslungen.«

Kleopatra war fassungslos angesichts seiner Ungerührtheit. Für ihren Geschmack hatte dieser Mann inzwischen entschieden zu wenig Ehrgeiz. »Gaius Caesar hatte zehn neue Legionen ausgehoben«, setzte sie aufgebracht hinzu. Marcus Antonius runzelte die Stirn. Aha, dachte sie, Soldaten: Dieses Thema schien wenigstens sein Interesse zu wecken. »Aber hat er dir nur einen der versprochenen Männer geschickt?«, fuhr sie herausfordernd fort. »Außerdem ist das Triumvirat ausgelaufen!«

»Na und? Warum soll ich mich nicht weiterhin als Triumvir anreden lassen?«, fragte Marcus Antonius mit treuherzigem Augenaufschlag. »Ich bin nach wie vor der Herrscher im Osten des Römischen Reiches, und wenn

Gaius daheim in Rom Probleme bekommt, so ist das nicht meine Sache!«
»Probleme?«, rief Kleopatra. »Der ›Jüngling‹ ist schon lange kein Knabe mehr. Er hat inzwischen fast alle seine Probleme gelöst! Er hat Sextus Pompeius besiegt ...«
»Ich war es, der dem Piraten in Milet den Kopf abschlagen ließ, meine Liebe!«, unterbrach er sie lächelnd, doch sie schüttelte verneinend den Kopf.
»Deine Generäle haben das für dich getan – und Gaius und Marcus Agrippa haben ihn davor in die Flucht geschlagen!« Jetzt schrie sie bereits. »Mit Aemilius Lepidus ist er auch fertig geworden!« Er sah sie verständnislos an und kraulte seinen Hund, der wohlig knurrte.
Marcus Antonius war plötzlich müde, furchtbar müde. Er wollte nicht streiten, aber seine angebetete Göttin ließ nicht locker. »Gaius hat Aemilius Lepidus unter Hausarrest gestellt. Er darf zwar noch im obersten Priesterrat sitzen, aber ansonsten ist er vollkommen kaltgestellt. Wusstest du das?« Marcus Antonius atmete tief ein und ließ die Luft hörbar entweichen. »Gaius Caesar wird immer mächtiger – und du siehst ihm dabei zu.«
Damit hat sie in der Tat nicht ganz Unrecht, dachte Marcus Antonius. Nach dem Vertrag von Brundisium war ihm zwar mehr als ein Drittel der römischen Senatoren und Konsuln in den Osten gefolgt, doch nach der blamablen Niederlage gegen die Parther begannen inzwischen nicht wenige von ihnen, ihre Zelte im Osten des Reiches abzubrechen. Sogar der ewige Opportunist Plancus hatte seine Abreise nach Rom angekündigt – und das, musste Marcus Antonius zugeben, bedeutete schon einen relativ großen Verlust. Denn von allen Senatoren und Konsuln hatte Plancus die weitaus besten Verbindungen in den Senat.

So wusste Marcus Antonius, dass es in Rom inzwischen als offenes Geheimnis von Mund zu Mund ging: Die beiden gemeinsamen Herrscher waren mittlerweile zu erbitterten Gegnern im Kampf um die Vorherrschaft geworden. Aber nicht alle offenen Geheimnisse stimmen, dachte er. Er selbst war sich inzwischen nicht einmal mehr sicher, ob der junge Caesar, der mittlerweile auch schon 30 Lenze zählte, tatsächlich noch so etwas wie sein *erbitterter Feind* war.

So weit er es beurteilen konnte, machten er und seine Vertrauten ihren Teil der Arbeit recht gut. Vor allem Marcus Agrippa, den er insgeheim wegen seiner soldatischen Fähigkeiten bewunderte, hatte sich – für ihn überraschend – als genialer Bauherr und Architekt erwiesen. Gaius Caesar hatte die Hungersnot sowie die komplizierte Ansiedlung der Veteranen in den Griff bekommen. Roms Straßen waren inzwischen durch eine eigens eingeführte Polizei-Legion und eine Feuerwehr sicherer geworden. Und Maecenas wiederum war zum unermüdlichen Förderer der Künste avanciert, der alles dafür tat, die größten Dichter, Denker und Schauspieler nach Rom zu locken.

Doch was Marcus Antonius am allerwichtigsten war: Gaius Caesar ließ ihn gewähren. Der ›Knabe‹ ließ ihn in Ruhe, und wenn er sich in Rom aufhielt, war es in den vergangenen Jahren sogar immer ein geradezu freundschaftliches Verhältnis gewesen. Jedenfalls hatten sie sich häufig miteinander prächtig besoffen, hatten fröhlich gewürfelt und manchmal auch kräftig herumgehurt.

Kleopatras Stimme riss ihn aus seinen Gedanken. Ihre Augen blitzten zornig. »Offensichtlich glaubt Gaius Caesar, dass seine Schwester eine mehr als ausreichende Bezahlung für deine Dienste darstellt!«, giftete sie.

Marcus Antonius horchte auf. »Es war bloß eine symbolische Heirat ...«, wiegelte er ab. Sie musste doch wissen, wie sehr er ihr ergeben war. Hatte die letzte Nacht das nicht wieder bewiesen? Hatten sie nicht zusammen bereits drei Kinder gezeugt, die doch wohl genug Beweis dafür waren, dass er sie als seine *wahre* Frau betrachtete? Kleopatra ließ sich durch seine Beschwichtigungsversuche nicht beruhigen. Für sie war Marcus Antonius ohne Frage ein schöner Mann. Ein Mann, der den Frauen gefiel und der sie bisher als Einziger hatte befriedigen können. Der Mann ihres Lebens. Sie hasste die Vorstellung, dass er all die lustvollen Dinge, die er mit ihr tat, auch mit anderen Frauen veranstaltete. Mit einer ganz bestimmten Frau: »Jedes Mal, wenn du in Rom bist, schläfst du mit ihr!«, brach es aus ihr heraus. Keine Frage: Kleopatra hatte die Eifersucht endgültig für sich entdeckt.

Marcus Antonius war verwirrt. Was wollte sie ihm plötzlich damit sagen? Welche unhaltbaren Vorwürfe sollte er sich denn noch anhören? So war es doch die ganze Zeit gewesen! Seit sieben Jahren! »Octavia ist nur ein Teil unseres Vertrages«, erklärte er geduldig, heute Morgen bestimmt zum hundertsten Mal. »Und sie ist ein langweiliges, unbedeutendes Ding. Sie interessiert mich nicht!«

Seiner Meinung nach hatte er Kleopatra daher auch noch nie betrogen. Weder mit Octavia, noch mit den Marketenderinnen Roms.

»Aber deine ägyptische Hure – die interessiert dich!«, fuhr sie ihren Geliebten an. Glaubte er denn etwa, es machte ihr nichts aus, dass man sie in seinem Land, in Rom, inzwischen so nannte? Dabei war sie doch eine Königin; eine Frau von edelstem Blut! Doch die elenden Römer sahen in ihr scheinbar nur eine Hexe, weil sie der Göttin

Isis nahe stand, die von den Römern wiederum mit ihrer Mondgöttin Selene gleichgestellt wurde – der Patronin der Hexen und Zauberer. Aber auch das war natürlich nur ein Teil des Lügengerüsts, das Gaius Caesar und der verschlagene Maecenas ausgetüftelt hatten, um Marcus Antonius immer wieder als denjenigen darstellen zu können, der vom rechten Wege abgekommen war.
Warum aber, fragte sich Kleopatra inzwischen schon verzweifelt, störte ihn das üble Gerede nicht? Und hätte sie ihn direkt danach gefragt, hätte er ihr wahrscheinlich lachend geantwortet: »Weil du eine Zauberin der Liebe bist!«
Überdies hatte Gaius Caesar durch seinen Adlatus inzwischen im ganzen Römischen Reich verbreiten lassen, dass Marcus Antonius nur deshalb in den Osten gegangen sei, damit Kleopatra sich Roms bemächtigen könnte. Seine Gleichgültigkeit war nicht zum Aushalten. Was war bloß los mit dem großen Krieger? »Du wirst die Soldaten, die Gaius dir versprach, erst dann zu sehen bekommen, wenn sie dir auf dem Schlachtfeld gegenüberstehen!«, schleuderte sie ihm entgegen.
Marcus Antonius lachte auf. »Wenn du mir in Zukunft dahingehend zur Seite stündest, hätten wir genug Soldaten, um die Parther zu unterwerfen. Ich brauche Gaius' Legionen nicht – und das wird ihn in Rom daran erinnern, wer der wahre Herrscher des Imperiums ist.« Er versuchte, ein gewinnendes Lächeln aufzusetzen. »Allerdings eben nur dann, wenn Roms mächtigste Verbündete an meiner Seite kämpft …«
Kleopatra fuhr wütend herum und ging dann langsam auf ihn zu. Als Geliebte und Verbündete im Krieg war sie für ihn also gut genug, aber ansonsten stand er nicht zu ihr?
»Ich werde nicht als deine Verbündete an deiner Seite

kämpfen«, fuhr sie ihn an, »sondern nur als … deine Gemahlin!«
Marcus Antonius ließ die Hand sinken, die er beschwichtigend nach ihr ausgestreckt hatte. »Aber du weißt doch, dass ich dich nicht heiraten *kann*«, stammelte er verlegen. Als er jedoch ihren wütenden Blick sah, lenkte er schnell ein. »Ich würde dich wirklich gerne ehelichen«, meinte er, »doch du bist eine *fremde* Königin, und unsere Sitten verbieten das.«
»Dann müssen diese Sitten eben geändert werden! Du könntest es. Also ändere sie!«
Der große Krieger sah sie wie betäubt an. In ihrer unverhohlenen Eifersucht schien Kleopatra nicht zu begreifen, was sie da sagte. Er setzte sich auf. Langsam wurde er zornig. »Wenn ich Gaius' Schwester Octavia, eine Römerin, verstoßen würde, um dich zu heiraten …«
»Ich denke, sie ist eine Fremde, die dich nicht interessiert«, warf Kleopatra wütend ein.
»… dann würde ich nicht nur die ganze Stadt gegen mich aufbringen, sondern auch den Senat!«
Doch Kleopatra sah ihn an, als hätte sie kein Wort von dem gehört oder verstanden, was er gerade gesagt hatte. Sie fuhr sich mit der Zunge über die Lippen und ließ ihren Blick über seinen massigen, nackten Körper wandern, der sich unter dem Laken abzeichnete. »Wirf sie aus deinem Haus – und zwar heute noch!« Marcus Antonius fuhr auf. Was sagte sie da? Kleopatra nickte heftig. »Hast du nicht gehört, was ich gesagt habe? Lass dich von ihr scheiden! Verstoße sie!«
»Doch. Ich habe es gehört«, erwiderte Marcus Antonius leise.
»Ich will wirklich nur, dass du der glücklichste Mann der Welt bist«, flüsterte Kleopatra, jetzt freundlich, und leg-

te sich neben ihn, wobei sie seinen schrecklichen Hund mit einem kurzen Tritt aus dem Bett beförderte. Hector jaulte auf und verkroch sich in eine Ecke.
Marcus Antonius schmolz bereits im nächsten Augenblick dahin. Sie war so wunderbar! Wie ihre Hände ihn jetzt sanft massierten … »Schreibe den Scheidebrief«, wisperte sie, biss ihn zärtlich in seine Brustwarze und nahm seine willenlose Hand, um sie auf ihre Taille zu legen. »Befiehl ihr, euer gemeinsames Haus in Rom sofort zu verlassen! Ich will dich nicht länger mit ihr teilen. Entweder Octavia … oder ich!«
»Und Gaius Caesar?«, raunte Marcus Antonius.
»Wer ist schon Gaius Caesar gegen den wahren Herrscher von Rom?«, fragte sie und legte sich auf den großen Krieger, um ihn gekonnt für eine Weile in eine bessere Welt zu entführen.

Octavia spürte ihr Unglück wie eine gewaltige Last auf ihren Schultern. Aber sie *wollte* leiden. Mühsam setzte sie einen Fuß vor den anderen, als sie die staubige Via Appia nach Süden entlangschritt. Das Rumpeln und Rollen der Maultierkarren hinter ihr, die mit dem gesamten Hab und Gut folgten, nahm sie kaum wahr. Auch die Prätorianergarde sah sie nur verschwommen; die Soldaten, die ihren kleinen Wagenzug begleiteten, um sie sicher zurück nach Nola zu geleiten. Zurück in ein Leben, das für sie jeden Sinn verloren hatte. Denn Marcus Antonius hatte ihr einen Scheidebrief geschickt. Der Mann, den sie nach ihrer unglücklichen Ehe mit Claudius Marcellus als Erfüllung all ihrer Hoffnungen gesehen hatte. Einer, der zunächst wie ein Unwetter in ihr Leben getreten war und der für sie inzwischen zu einer strahlenden Erscheinung geworden war. Marcus

Antonius, der sie auf Wunsch ihres Bruders zu seiner Frau erhoben hatte – dieser wunderbare Mann hatte sie jetzt mit einer einzigen Geste aus seinem Leben gestrichen. Mit einem lächerlichen Brief, der aus fünf Zeilen bestanden hatte.

Dennoch konnte Octavia keinen Hass auf Kleopatra empfinden. Sie hatte noch nie Eifersucht verspürt, obwohl sie genau wusste, dass es sich um Marcus Antonius Geliebte handelte; dass er nie von ihr loskommen würde. Außerdem: Für eine Frau war es im Grunde unmöglich, Marcus Antonius nicht zu lieben. Er war der Inbegriff von Männlichkeit und Charme, und dabei so aufmerksam und liebevoll …

Verstohlen wischte sie sich eine Träne von der Wange. Wie sollte sie jetzt weiterleben – ohne die Aussicht auf seine Besuche, die ihren langweiligen römischen Alltag mit Glück und Leben erfüllt hatten? Die Zeit zwischen seinen Besuchen in Rom war ihr immer endlos vorgekommen, aber jetzt war alles zu Ende. Mechanisch setzte sie einen Schritt vor den anderen auf dem Weg, der sie einer leeren, grauen Zukunft entgegenführte.

Als sie das Trommeln von Hufen hörte, hob sie nicht einmal den Kopf. Erst als Gaius und seine Leibwache neben ihr die Pferde durchparierten, blieb sie stehen, hob den Kopf und sah ihren Bruder mit leerem Blick an. Gaius zügelte sein Pferd und musterte fassungslos die erbärmliche Aufmachung seiner Schwester. »Octavia«, rief er aus, »warum gehst du zu Fuß? Ich habe dir doch eine Sänfte schicken lassen!« Wie eine Büßerin sah sie aus, dachte er, dabei war sie die Schwester des ungekrönten Monarchen von Rom!

»Ich ziehe es vor, zu laufen«, erklärte sie trotzig.

»Warum?«

»Ich will, dass jedermann die Frau sehen kann, die … von ihrem Bruder betrogen wurde!«

Gaius zuckte zusammen. Er stieg von seinem Pferd, gab seiner Leibgarde den Befehl, ihn und Octavia ungestört zu lassen, und schloss zu ihr auf. »Nicht ich, sondern Marcus Antonius hat dich betrogen«, widersprach er.

»Nein.« Octavia sah ihn an. »Er hat *deinen* Plan ausgeführt«, sagte sie mit Bitternis in der Stimme.

»Plan? Ich hatte doch keinen Plan!«, fuhr Gaius entrüs-tet auf. Und doch dachte er jetzt unwillkürlich an das Gefühl der Genugtuung, mit dem er die Nachricht vom Scheidebrief und der überstürzten Hochzeit des Marcus Antonius mit Kleopatra aufgenommen hatte. Einen besseren Schachzug im Kampf um die Vorherrschaft hätte sein Widersacher gar nicht tun können – um ihm zum Vorteil zu gereichen, versteht sich. Fast alle Konsuln waren inzwischen aus Protest gegen die ungeheuerliche Verbindung des Triumvirs – der offiziell ja gar keiner mehr war – nach Rom zurückgekehrt. Darunter waren sogar der gerissene Überläufer Plancus und Marcus Titius, beides Männer, die doch eigentlich ein hervorragendes Verhältnis zum Herrscher des Ostens gehabt hatten. Ausgerechnet durch Kleopatras Liebesglut, die seinem Widersacher den Kopf verdreht hatte, hatte seine Position nun an Stärke zugenommen. Dennoch behauptete er steif und fest: »Ich hatte wirklich keinen Plan, Octavia.«

Aber er merkte sofort, dass ihm seine Schwes-ter kein Wort glaubte.

»Du hast von Anfang an gewusst, er würde mich mit Kleopatra betrügen.«

Gaius wandte unbehaglich den Blick von ihr ab. »Octavia«, sagte er vorsichtig, »auch du wusstest von Anfang an, dass es nicht um Liebe ging, sondern …«,

Sie ließ ihn nicht ausreden. »Das weiß ich wohl. Und trotzdem – du hast es nicht nur gewusst, sondern du hast sogar gehofft, dass er sich eines Tages zu diesem Schritt entschließen würde.« Sie legte ihm die Hand auf den Unterarm. Er sah sie an. »Jetzt hast du endlich deinen Vorwand, um den Senat gegen Marcus Antonius aufzuwiegeln!«
Sie fing an zu weinen. Natürlich hatte sie sich damals nicht gerade freudig seinem Wunsch ergeben, aber sie war bereit gewesen, ihren Bruder als Oberhaupt der Familie anzuerkennen und ihm auch als Herrscher Roms zu gehorchen. Aber dann hatte sie unglücklicherweise begonnen, Marcus Antonius zu lieben.
»Worüber denkst du gerade nach, Bruder?«, fragte sie ihn plötzlich.
»Ich denke gerade darüber nach, wie ich dir beweisen soll, dass er dich nicht liebt!«, antwortete Octavius, doch er hatte gelogen. In Wirklichkeit hatte er sich daran erinnert, wie er vor nunmehr siebeneinhalb Jahren das Zimmer seiner Schwester in Nola verlassen hatte; stolz und freudig erregt, einen Schritt weiter bei der Sicherung seiner Machtposition gekommen zu sein. Plötzlich hatte sich ihm jedoch seine Mutter in den Weg gestellt – und vor Atia war und blieb er, obwohl inzwischen Triumvir, immer nur der ehrgeizige – und zuweilen egoistische – kleine Junge, der zu allem Überfluss auch noch mehr als deutlich wusste, dass er vor ihr nichts verbergen konnte. Scharf hatte sie ihn damals gemustert – genauso, wie Octavia ihn eben angesehen hatte. »Wie konnte ich nur einen so schamlosen Sohn großziehen?«, hatte sie ausgerufen, und die Verachtung in ihrer Stimme war unüberhörbar gewesen.
Damals hatte er sich sofort zu verteidigen gewusst, aller

dings nicht besonders erfolgreich: »Dieses Bündnis mit Marcus Antonius ist äußerst wichtig«, hatte er erwidert. »Und die Heirat deiner Tochter soll es nicht nur besiegeln, sondern bestärken.«
Doch seine Mutter hatte ihn nur traurig angesehen. »Wichtig für wessen Ruhm?«, hatte sie gefragt.
»Für Roms Ruhm.«
Da hatte sie hämisch gelacht. »Rom? Wer ist das? Hat Rom denn *auch* eine Schwester?« Und dann hatte sich Atia brüsk von ihm abgewandt.
»Aber ich liebe ihn!«, hörte er seine Schwester auf einmal neben sich sagen. Er traute seinen Ohren nicht. Und er konnte ihr auf einmal nicht in die Augen schauen.
»Lieben?« Noch immer sah er sie nicht an.
»Und er liebt mich«, fuhr sie heftig fort. »Ich spüre es!« Gaius merkte, dass Octavia die für sie so schreckliche Wahrheit einfach nicht kennen wollte. Er schüttelte den Kopf. »Doch, Gaius, Marcus Antonius liebt mich«, wiederholte sie verzweifelt, »ich kenne ihn doch genau!« Sie schluchzte verzweifelt auf.
»Du kennst ihn nicht, Octavia«, antwortete er. Wenn nämlich einer Marcus Antonius kannte, dann war er es. Und Maecenas natürlich. »Kleopatra hat seinen Geist vergiftet«, fuhr er fort. Das war genau das, was die Leute auf der Straße in Rom redeten, und dies war ihm nur recht. »Und Kleopatra will meinen Tod«, fuhr er fort. »Ist es das, was auch du willst?«, fragte er. Seine Stimme zitterte dramatisch.
»Nein, natürlich nicht! Aber sein Verhalten kommt dir gelegen. Ich wiederhole mich, Bruder: Du hattest alles so von Anfang an geplant. Habe ich Recht? – Bitte, sag mir die Wahrheit.«
Gaius rang einen Moment lang nach Worten. »Nein«,

stieß er schließlich hervor. »Ich wollte dich nicht unglücklich machen. Ich wollte immer nur den Frieden – auch wenn du … wenn wir alle dafür einen hohen Preis zahlen mussten!« Er verschwieg wohlweislich, dass Marcus Antonius schon bald wahrscheinlich einen noch viel höheren Preis würde zahlen müssen.

Octavia wandte sich von ihm ab. »Doch«, sagte sie. »Ich bleibe dabei: Du hast es vorher gewusst. Du und Maecenas … ihr habt mich benutzt! So wie du jeden benutzt, der dich … liebt!«

Sie riss sich von ihm los und folgte, so schnell sie nur konnte den Maultierkarren. Gaius blieb stehen und kratzte sich verlegen im Nacken. Warum hatte sich seine Schwester bloß in diesen Grobian verliebt? Und wie konnte sie darüber nur vergessen, dass sie als Schwester des Triumvirs gewisse Pflichten hatte? Vor allem die Pflicht, ihr Leben in die Dienste des Vaterlandes zu stellen. Doch das hatte niemand voraussehen können – nicht einmal Maecenas!

Gaius winkte seine Leibgarde heran und bestieg sein Pferd. Einen Moment lang erwog er, seine Schwester nach Hause zu begleiten. Aber dann fiel ihm der scharfe Blick seiner Mutter ein, und er hatte überhaupt keine Lust, Atia jetzt unter die Augen zu treten und vielleicht eine weitere Diskussion führen zu müssen.

Antonius nahm den Läufer und überlegte. Wenn er jetzt nicht sehr vorsichtig setzte, würde er seinen Springer verlieren. Auf der anderen Seite lockte ihn die Aussicht, einen Turm zu gewinnen. Er hatte sich erst seit kurzem mit dem Schachspielen angefreundet, das ihm der kleine, hagere Mann, der ihm jetzt im Thronsaal gegenübersaß, geduldig versuchte beizubringen. Dieser

Mann hieß Musa und war Arzt. Er war klug, gleichermaßen beredsam wie verschwiegen und trotz seines jugendlichen Alters schon weit gereist, um seine ärztlichen Künste fortzubilden. Auf einer dieser Reisen in den Osten hatte Musa das Schachspiel entdeckt.

Marcus Antonius war ein gelehriger Schüler. Als strategisch denkender Mensch erkannte er sofort den tieferen Sinn des Spiels, und er war fasziniert von der absolut gleichen Ausgangsposition der beiden Heere – wenn man von dem winzigen Vorteil des Eröffnungszuges einmal absah. Inzwischen gelang es ihm sogar, seinen Lehrer manchmal zu besiegen – wobei ihm Musa jedes Mal bei seinem Leben schwören musste, dass er den großen Krieger nicht absichtlich hatte gewinnen lassen. Aber Marcus Antonius hätte den Arzt ohnehin nicht hinrichten lassen – dafür hatte er ihm schon viel zu häufig eines der kleinen Zipperlein weggezaubert, die sich bei einem Mann seines Alters notgedrungen einstellten.

Während Marcus Antonius überlegte, flogen die Türen auf, und Kleopatra stürzte, erkennbar aufgeregt, in den Thronsaal. Marcus Antonius rollte mit den Augen: An eine Fortsetzung der Partie war nun nicht mehr zu denken. Musa erhob sich sofort und verbeugte sich tief vor seiner Königin, die ihn jedoch gar nicht beachtete, sondern an ihm vorbeirauschte wie das Wasser über die Felskante am Oberlauf des Nils.

Er zog sich auf Zehenspitzen zurück, während Kleopatra wild mit einer Papyrussrolle vor dem Gesicht ihres Ehemannes herumfuchtelte und dabei seine wunderbare Verteidigungsstellung vom Schachbrett fegte. Warum, fragte sich Marcus Antonius, konnte diese Frau nicht einmal normal gehen? Und warum musste sie ihn immer wieder mit diesen albernen Schreiben aus Rom behelligen?

»Du bist ein Feigling!«, eröffnete sie das Gespräch ohne große Einleitung. Also hatte sie nicht die Sehnsucht hierher getrieben. Marcus Antonius lehnte sich zurück, griff nach einem Becher Wein und versuchte, gleichgültig auszusehen. Das war der größte Nachteil einer Ehe: Jeder Streit wurde mindestens hundert Mal wiederholt. Kleopatra hatte hektische rote Flecken auf den Wangen.
»Feigling«, kreischte sie erneut und kam näher wie ein Raubtier vor dem Sprung.
»Kleopatra, bitte ...«, begann er, aber da war sie schon bei ihm und hielt ihm die Rolle förmlich ins Gesicht.
»Das kam heute direkt aus Rom!« Ihre Stimme zitterte vor Empörung. »Von deinem lieben Freund Plancus, diesem Verräter. An jeder Mauer der Stadt hängen Kopien dieses Pamphlets!«
Antonius machte sich gar nicht erst die Mühe, ihr die Rolle abzunehmen, geschweige denn, das Geschriebene zu lesen. Sie würde es ihm ja gleich mitteilen. »Was steht denn darauf?«, fragte er.
»Er nennt mich noch immer ›die ägyptische Hure‹!«
Marcus Antonius konnte sich gerade noch beherrschen, um nicht mit den Achseln zu zucken. Was war daran neu? So nannte man sie in Rom, seit im griechischen Tharos ihr Verhältnis begonnen hatte. Doch nun, wo sie verheiratet waren, musste sie doch wissen, dass sie keine Hure mehr war, sondern die Gemahlin des Marcus Antonius.
»Du stehst doch über solchen Dingen!«, sagte er ruhig.
Kleopatra fuhr wutentbrannt fort: »Er behauptet, ich würde es mit einem Ziegenbock treiben! Er erzählt, meine Kinder hätten Hufe!«
Marcus Antonius musste sich nun doch ein Grinsen verkneifen. Eines musste man nämlich diesem Maecenas

lassen: Seine Einfälle waren witzig. Wer hätte schon gedacht, dass dieser etruskische Rittersspross, ein so edler Herr, sich zu so ungehöriger Polemik versteigen könnte? Kleopatra schien jedoch ernstlich erzürnt zu sein.

»Das ist doch alles lächerlich«, wiegelte Marcus Antonius ab.

»Selbstverständlich ist das lächerlich. Und wie lächerlich das alles ist! Und deshalb fordere ich dich auf: Töte Gaius!«

Marcus Antonius war schockiert. »Es ist nicht Gaius, der solchen Unsinn schreibt«, wandte er ein. »Das alles entstammt dem Geist dieser … Tunte: Maecenas!«

»Töte ihn! Töte Gaius! Bring sie alle um!«, fauchte Kleopatra.

»Aber das nimmt doch niemand ernst!«

»Hör mir zu, Marcus Antonius«, sagte sie gefährlich leise. »Entweder du vernichtest Gaius und seine Lügen, oder ich werde deine erbittertste Feindin.«

Das reichte.

Jede Spur eines Lächelns verschwand aus Marcus Antonius' Blick.

»Droh mir nicht!«, erwiderte er scharf.

Sie trat noch näher an ihn heran. »Ich drohe dir nicht, ich stelle dich lediglich vor die Wahl, Marcus Antonius: Kämpfst du für oder gegen mich?«

Für einen Moment hörte der große Krieger nur sein starkes Herzklopfen.

Dann sagte er zögernd: »Ich liebe dich zwar …«, begann er, doch Kleopatra fuhr ihm über den Mund.

»Dann verteidige mich gegen dieses unverschämte Kind in Rom, du Feigling. Verteidige meine Ehre – die Ehre einer wahren Königin!«

Damit machte sie kehrt und verschwand so schnell, wie

sie gekommen war. Mit einer müden Bewegung fuhr Marcus Antonius sich über die Stirn. Er sah die Figuren auf dem Boden. Sollte er sie nun aufheben, oder nicht? Plötzlich brüllte er auf und wischte das kostbare Brett aus Elfenbein vom Tisch hinunter. Es zersprang in unzählige Stücke. Schweiß trat auf seine Stirn. Er blikkte nach oben, ballte seine Hände zu Fäusten und sagte drohend: »Mich machst du nicht zu einem Bauern!«

Lucius Munatius Plancus hielt sich für einen klugen Mann. Und zwar klug in dem Sinne, dass er sich bisher durch alle politischen Wirren hindurch niemals eindeutig zu einer politischen Seite bekannt hatte. Er wusste genau, wann er sich bedeckt halten und wo er in Erscheinung treten musste, um sich das Wohlwollen der jeweils Mächtigen zu sichern und sich niemals ihren Zorn zuzuziehen. So hatte er es mit Gaius Caesar gehalten – während der Belagerung von Persusia. Und so hatte er es bei Marcus Antonius durchexerziert. Er hatte, nachdem er seine Truppen im Stich gelassen hatte, dafür gesorgt, dass Fulvia, die damals mit dem großen Krieger verheiratet gewesen war – in Sicherheit gebracht werden konnte. Leider war sie dann bald darauf in Griechenland gestorben, diese unbequeme, tapfere Frau.
Und so war er denn mit seinem aufgeweckten Neffen Marcus Titius gleich am ägyptischen Hofe geblieben, wo er schon bald das unbedingte Vertrauen von Marcus Antonius und Kleopatra genießen konnte; und zwar in dem Maße, dass die beiden Potentaten ihn und seinen Neffen zum Zeugen des Testaments gemacht hatten, das Marcus Antonius für den Fall seines Ablebens bei den Vestalinnen in Rom hinterlegt hatte.
Diese Vestalinnen waren die Hüterinnen des Feuers im

Tempel zu Ehren der Feuergöttin Vesta in Rom. Sie hatten sich während ihres Dienstes zu dreißigjähriger Jungfräulichkeit verpflichtet. Kein Mann konnte sie jemals verlocken – bei ihnen glaubte Marcus Antonius seinen letzten Willen in guten Händen.

Die Hochzeit des Marcus Antonius hatte ihm jedoch nicht gefallen. Damit brachte der Triumvir seinen Stern in Rom wieder zum Sinken, und daher hatte der schlaue Plancus sich ziemlich rasch dazu entschlossen, seine Verschlagenheit dem eigentlichen starken Mann, Gaius Caesar, wieder zur Verfügung zu stellen. Die Schmach, die ihm der Sohn des Caesar einst in seinem Hause angetan hatte, war längst vergessen.

Über Maecenas hatten er und Titius, der ebenfalls das Zeug zu einem begnadeten, intelligenten Intriganten hatte, sich an den Herrscher herangetastet. Ihr Wissen um das Testament hatte ihnen dabei wertvolle Dienste geleistet. Eine kleine Bemerkung hier, eine scheinbar unbeabsichtigte Indiskretion da – und Maecenas hatte angebissen. Hatte sich sehr interessiert angehört, was Plancus und Titius über die empörenden Inhalte des Testaments zu wissen meinten, was sie jedoch selbstverständlich nicht ausplaudern durften – hatten sie doch Marcus Antonius gegenüber Verschwiegenheit gelobt.

Maecenas hatte diese interessanten Neuigkeiten sofort zu Gaius weitergetragen. Doch der hatte ihm nur mit unbewegter Miene zugehört – was Maecenas wunderte.

»Nein, Maecenas!«, hatte Gaius Caesar ausgerufen. »Du weißt doch nur zu gut, dass der letzte Wille eines Menschen heilig ist – es wäre ein ernstes Sakrileg, dieses Testament zu öffnen.«

Maecenas hatte enttäuscht die Schultern gehoben.

Livia gegenüber machte Gaius jedoch wenige Tage später keinen Hehl aus seiner Freude über diese Indiskretion. »Stell dir einmal vor, Livia«, sagte er aufgeregt, als sie gemeinsam ein leichtes Nachtmahl zu sich nahmen, »da liegt das Testament des Marcus Antonius in Griffweite vor mir bei den Vestalinnen. Glaubst du nicht auch, dass es die Lösung all meiner Probleme sein könnte?« Aufgeregt sprang er von seinem Stuhl auf und begann, im Zimmer auf und ab zu gehen. »Aber nein«, sagte er dann, erschrocken über sich selbst. »Natürlich dürfte ich sein Testament nicht gegen ihn verwenden. Ich darf es nicht einmal … berühren!«

Livia sah ihn belustigt an. Schauspieler hätte er werden sollen, dachte sie.

»Und wenn ich es nun an mich bringen würde – aber nur zu meiner eigenen Sicherheit?« Livia sagte nichts, sondern kaute zufrieden an einem Stückchen Schafskäse, den sie mit kräftigem Rotwein aus Sicilia hinunterspülte – aber Gaius brauchte sie nur anzusehen, um zu wissen, dass sie ihm zustimmen würde. Sofort rief er nach seiner Leibgarde.

Als er zwei Stunden später zurückkehrte, umklammerte er ein kleines Kästchen aus schwarzem, geschnitztem Ebenholz. Er tat geradewegs so, als wäre es ein Schatz. Wie ein solcher war es auch von den Tempeldienerinnen gehütet worden – aber gegen den eisernen Willen der Triumvirs hatten sie nichts ausrichten können. Livia sah ihm an, dass er die Jungfrauen mit irgendwelchen Mitteln zur Herausgabe des Testaments gezwungen haben musste – aber sie war nicht daran interessiert, zu erfahren, wie er dabei vorgegangen war.

»Jetzt hast du Marcus Antonius in der Hand«, sagte sie und lachte plötzlich auf, denn er stand vor ihr und trug das Testament nach wie vor auf seinen Armen.

Vorsichtig stellte Gaius Caesar das Kästchen auf einer Kommode ab. Gelesen hatte er das Testament des Widersachers noch nicht. Er betrachtete es lediglich als eine Art Faustpfand. Man konnte ja nie wissen, ob sich Marcus Antonius im fernen Ägypten nicht doch noch einmal dazu aufraffen würde, nach der Alleinherrschaft zu greifen.

»Was steht nun darin? Kann es dir nutzen?«, fragte Livia und sah von ihrer Handarbeit auf.

»Wie kannst du nur annehmen, dass ich das Siegel erbrochen habe!«, rief Gaius entrüstet.

Livia lächelte ihn spöttisch an. Vor sich selbst würde er jetzt noch eine ganze Weile als der überzeugte Moralist dastehen, doch am Ende würde der Machtmensch siegen. Weswegen sonst – abgesehen von seinen durchaus nicht abzustreitenden Fähigkeiten als Liebhaber – hätte sie ihn denn die ganzen Jahre vor ihrer Eheschließung heimlich unterstützt? Sie stand auf, legte ihre Stickerei zur Seite, ging zu ihm an die Kommode hinüber und streichelte mit der Hand zärtlich über das Holz. Gaius Blick folgte ihrer Hand wie gebannt.

»Gaius«, sagte sie dann laut, »du musst das hier benutzen!«

»Nein. Er hat Octavia mit der ägyptischen Königin betrogen! Das wird reichen, um den Senat gegen ihn aufzubringen und sein Triumvirat nicht zu verlängern.«

»Betrogen?«, lachte Livia. »Natürlich hat er sie betrogen. Genauso, wie du mich ab und zu betrügst. Aber solange man nicht liebt, ist das kein Betrug!«

»Antonius hat Octavia gedemütigt!«

»Nenn es, wie du willst. Auch das wird den Senat nicht davon überzeugen, dir ein *imperium* gegen Marcus Antonius zuzubilligen!« Sie nahm das Kästchen und

streckte es ihm entgegen. »Nutze es!«, sagte sie. »Vielleicht hat der verschlagene Plancus ausnahmsweise einmal die Wahrheit erzählt!«
Gaius wich schaudernd vor dem Kästchen zurück, so als ginge von dem Testament eine unheilvolle Kraft aus. »Der letzte Wille eines Menschen ist heilig!«, flüsterte er. »Er wurde unter der Obhut der jungfräulichen Priesterinnen im Tempel der Vesta aufbewahrt und darf erst nach seinem Tode geöffnet und gelesen werden.«
»Dann hättest du es ja auch dort lassen können. Nein: müssen. Also, Gaius: Brich jetzt endlich das Siegel, und benutze das Testament – falls es dazu geeignet ist.«
Gaius sah sie gequält an. »Wenn ich das tue, setze ich mein Leben aufs Spiel.«
»Begreifst du nicht, dass du dein Leben immer aufs Spiel setzen musst, um das Versprechen zu halten, das du mir ... und Julius Caesar gegeben hast?« Gaius schwieg betroffen. »Du hast ihm versprochen, seinen Traum zu erfüllen«, drängte Livia. »Nun ist es an dir, die Gelegenheit beim Schopfe zu packen.«
Gaius nickte und dachte noch einen kurzen Moment lang nach. Dann gab er sich einen Ruck, nahm Livia das Kästchen aus der Hand, erbrach das Siegel und holte die dünne Schriftrolle heraus, die von Marcus Antonius eigenhändig beschrieben worden war. Seine Finger zitterten ein wenig. Livia schob eine Öllampe näher, so dass er es leichter hatte beim Lesen.
»Und?«, fragte sie in beiläufigem Ton. »Was soll nun nach seinem Tod geschehen?«
Die Legate an die Kinder waren unwichtig, und Marcus Antonius' persönliche Worte entlockten Gaius nur ein müdes Lächeln. Dieser sentimentale Narr! Aber dann

wurde es schon interessanter: Kaisarion war tatsächlich der illegitime Sohn des Caesar und der Kleopatra. Das hieß, dass dieser unschuldige Bastard im Grunde ein größeres Anrecht auf die Nachfolge Caesars hatte als er, Gaius Caesar selbst. Und was Kleopatra mit seinem Adoptivvater nicht gelungen war, hatte sie nun – dem Testament nach zu urteilen – bei Marcus Antonius fertig gebracht. Diese Frau liebte offenbar nicht nur den jeweiligen Herrscher, sondern vor allem die Herrschaft. Und die vorgesehene postume Adoption Kaisarions durch den Herrscher Marcus Antonius hätte bedeutet, dass Ägypten und Rom miteinander verschmelzen würden – unter einem ägyptischen König!
Dieser letzte Abschnitt des Testaments zauberte ein zufriedenes Lächeln auf Gaius' Gesicht. Das war es, wonach er gesucht hatte – das war der Dolch, der ihm dazu verhelfen würde, die römische Machtfrage ein für allemal zu beantworten.
»Nun?«, fragte Livia. »Bist du jetzt klüger als vorher?«
Gaius Caesar sah sie an und strahlte.

Als sich Gaius vier Tage später auf den Weg in den Senat machte, steckte das Testament seines Erzfeindes in einem Leibgurt, den er sich unter seine Toga geschnallt hatte. Maecenas und Marcus Agrippa warteten draußen vor der Kurie auf der Treppe. Die drei Männer begrüßten sich herzlich, aber schon im nächsten Moment wurde Maecenas ernst.
»Wenn du heute vorhast, dem Senat vorzuschlagen, Marcus Antonius zum Staatsfeind zu erklären …«
»Was wäre dann?«, fragte Gaius gelassen.
»Das hieße Bürgerkrieg. So weit ist das römische Volk noch nicht – und der Senat schon gar nicht!«

»Das Land ist noch sehr gespalten«, warf Marcus Agrippa ein.
»Gespalten? Nach fast acht Jahren des Friedens? Der Hunger ist vorbei!«, rief Gaius Caesar.
»Aber dennoch hat Marcus Antonius noch viele Anhänger in Rom – vom Osten und von Gallien ganz zu schweigen«, erwiderte Maecenas und legte die Hand auf Gaius Caesars Schulter.
Der Triumvir schüttelte die Hand ungeduldig ab. »Gerade du zauderst? Soll ich vielleicht den demütigenden Verrat an meiner Schwester einfach übergehen?«
»Willst du nur wegen einer verschmähten Frau wieder Römer gegen Römer kämpfen lassen, Gaius?«, flüsterte Agrippa erschrocken. »Verzeih – ich weiß, es handelt sich dabei um deine Schwester, aber ...«
Gaius blickte die beiden Freunde mit heiterer Miene an. Er konnte kaum glauben, dass die beiden plötzlich ihre Ruhe verloren.
Maecenas ergriff seinen Arm. »Geh nicht ohne einen Plan in die Höhle des Löwen, Kleiner«, warnte er ihn. »Und hoffentlich ist es ein guter Plan!«, fügte er noch hinzu.
Maecenas spürte, dass Gaius irgendetwas vor ihm verbarg. Denn so wie er lächelte, hatte der Triumvir seine Pläne wahrscheinlich längst gemacht. Er hatte ihm schließlich lange genug zur Seite gestanden und ihm gezeigt, wie man sich auf der politischen Bühne bewegte, ohne dabei Selbstmord zu begehen.
Gleich nachdem er die Kurie betreten hatte, strebte Gaius dem Rednerpult zu. Maecenas und Agrippa hielten sich im Hintergrund. Dies war eine entscheidende Sitzung, denn es ging vor allem darum, das Konsulat – oder auch das Triumvirat, das ja eigentlich schon gar nicht mehr bestand – zu verlängern.

Gaius, in der Mitte am Rednerpult, schwieg so lange, bis er sicher sein konnte, die ungeteilte Aufmerksamkeit aller Senatoren auf sich gezogen zu haben. »Meine Warnungen an den Senat, was die Haltung des Marcus Antonius angeht, haben leider kein Gehör gefunden.« Kaum hatte er diese Worte ausgesprochen, regte sich bereits erster Unmut in den Reihen der Ratsmitglieder, und einige, die noch immer auf der Seite des Marcus Antonius standen, reagierten sogar mit leisen Buhrufen. Gaius ließ sich dadurch jedoch nicht aus der Ruhe bringen. Er hatte sich fest vorgenommen, seine Rede mit einem Erdbeben beginnen zu lassen – und dieses Erdbeben dann langsam zu steigern.

Maecenas wippte unruhig von einem Fuß auf den anderen. Was war nur in Gaius gefahren?

»Wie ihr wisst«, fuhr Gaius fort, »hat Marcus Antonius meine Schwester – eine ehrbare römische Bürgerin – hintergangen und betrogen und hat die Königin von Ägypten – eine Fremde – zur Ehefrau genommen.« Nun erhob sich ein Gemurmel, das nach Zustimmung klang.

»Das verstößt gegen all unsere Sitten!«, donnerte Gaius. Jetzt waren die Reaktionen schon lebhafter, aber wegen des Verfalls der Sitten und einer unbestrittenen Privatangelegenheit würde wohl kaum einer der Senatoren für einen neuerlichen Bürgerkrieg stimmen. Zumal jeder der hier Anwesenden wusste, dass Gaius Caesar selber nicht gerade der geborene Tugendwächter war …

»Doch jetzt, ihr Bürger Roms, bitte ich euch, eine Entscheidung zu treffen – zum Wohle Roms!« Er machte eine kurze Pause. »Nein!«, rief er dann laut. »Zur Rettung Roms! Um unsere Stadt und unseren Staat vor dem Untergang zu retten, muss ich euch jetzt mit Tatsachen konfrontieren, über die kein Verteidiger unserer Republik einfach hinwegsehen kann.« Mit dramatischer Geste zog er aus dem Leibgürtel seiner Toga das Testament des Marcus Antonius hervor. Er hielt die Schriftrolle hoch über seinen Kopf. »Dies hier«, sagte er feierlich, »ist das Testament des Marcus Antonius!«

Kaum hatte er zu Ende gesprochen, da brach unter den Anhängern seines Widersachers ein Sturm der Entrüstung los.

»Frevel!«, rief einer empört.

Eine andere Stimme brüllte: »Gaius hat das Testament aus dem Tempel der Vesta entwendet!«

»Verhindert dieses Verbrechen – er beleidigt die Götter!«

»Tod dem Caesar!«

Gaius jedoch achtete nicht auf die Proteste, sondern begann, das Testament laut vorzulesen. Nur das würde jetzt für Ruhe sorgen, denn Frevel hin oder her: Er ging davon aus, dass jeder der hier Anwesenden gerne erfahren wollte, was sich der große Krieger für die Zeit nach seinem Tod vorstellte. »Ich, Marcus Antonius«, las Gaius Caesar ruhig, »vermache meiner Gemahlin Kleopatra, Priesterin der Isis, Königin von Ägypten, mein gesamtes irdisches Hab und Gut.« Die Gesichter seiner Gegner, die ihn eben noch hasserfüllt angesehen hatten, zeigten auf einmal einen Ausdruck des Entsetzens. »Ich, Marcus Antonius, erkläre meine Söhne – die drei Söhne der Kleopatra – zu meinen Alleinerben.«

Maecenas knirschte mit den Zähnen, um nicht laut aufzujuchzen. Da stand es schwarz auf weiß geschrieben: Marcus Antonius hatte vor, Rom an Kleopatra auszuliefern!

Im selben Augenblick rief Gaius: »Marcus Antonius hat unser Rom verraten und verkauft!«

Die Anhänger des großen Kriegers schwiegen betroffen.

Die Fraktion des jungen Caesar setzte entschlossene Mienen auf. Aber Gaius ahnte, dass ihm der Senat wahrscheinlich noch immer nicht einstimmig folgen wollte. Was er dringend brauchte, war ein Sturm der Entrüstung.

»Doch ich frage mich«, sagte er, nun ruhiger, »wie konnte Marcus Antonius so etwas tun? Ein Römer, tapfer, klug, mutig und stark, von hoher und edler Gesinnung …« Der Ton seiner Stimme klang jetzt fast traurig. »Und ich sage euch, er hat es nicht getan!« Die Senatoren sahen ihn fragend an. »Diese Abscheulichkeit«, fuhr Gaius fort und fuchtelte mit dem Testament in der Luft herum, »kann nicht die Tat eines Römers sein. Das kann nur ein Fremder bewirkt haben. Eine Fremde. Eine Zauberin. Eine Herrscherin, die sich zu Lebzeiten ›Göttin auf Erden‹ nennt … Kleopatra, die davon träumt, Königin von Rom zu werden!«

Jetzt – endlich! – erhob sich ein gewaltiger Aufschrei der Empörung aus den Reihen der Senatoren. Maecenas bat den verwunderten Agrippa, ihn fest in den Oberarm zu kneifen. Sein kleiner Gaius hatte mit diesem Schachzug sein Meisterstück abgeliefert. Er hatte all die römischen Urängste heraufbeschworen und sie mit seinen Worten glaubhaft bestätigt. Denn die Gerüchte über Kleopatras magische Kräfte kursierten schon lange.

»Sie ist unsere Feindin!«, schrie Gaius voller Empörung. »Sie ist es, die Rom erobern will … und deshalb müssen wir sie vernichten!«

»Krieg!«, riefen einige Senatoren, und immer mehr folgten ihrem Ausruf. »Krieg gegen Kleopatra!«

Die gesamte Kurie tobte nun, beseelt von dem gemeinsamen Hass auf die schöne und unheimliche Ägypterin. Marcus Agrippa blickte Maecenas erstaunt an. Der

zuckte die Achseln. »Einfach brillant«, sagte er dann, »oder nicht?«
»In der Tat!«, nickte Marcus Agrippa. »Wenn Gaius den Ägyptern den Krieg erklärt, ist Marcus Antonius gezwungen, seine Legionen zu ihrer Verteidigung einzusetzen.« Agrippa schmunzelte. »Merkst du was, Marcus Agrippa: Niemand fragt mehr danach, wie unser Kleiner an das Testament herangekommen ist!« Er nickte Gaius zu, der mit der rechten Hand auf seinem Herzen und mit demütig gebeugtem Haupt, anscheinend vollkommen erschüttert über die Ereignisse der letzten Minuten, am Rednerpult verharrte.
Senator Plancus erhob sich plötzlich von seinem Platz und eilte auf den jungen Caesar zu. Mit ausgestreckten Armen bat er die Kurie um Ruhe.
»Ich beantrage hiermit förmlich die Einsetzung des Gaius Caesar als Konsul!«, rief er mit donnernder Stimme. »Ich beantrage ferner ein *imperium*, damit er die Gefahren von Rom abwehren möge! Und ich beantrage zusätzlich, dass jeder römische Mann, sei er Bauer, Legionär oder Senator, dem Gaius Caesar gegenüber einen feierlichen Eid des Gehorsams und der unbedingten Pflichterfüllung ableistet!«
Mit einer großen Geste der Ergriffenheit umarmte Gaius Caesar den Senator. Der Jubel wollte kein Ende mehr nehmen. Und nicht einmal eine halbe Stunde später wurde Marcus Antonius die Befehlsgewalt über den Osten des Reiches entzogen.
»Wie lautet die Begründung?«, wunderte sich Livia am Abend, als sie Gaius Caesar in dessen privater Therme einen Kräuterumschlag bereitete. Die Rede im Senat hatte seine Stimmbänder derartig angegriffen, dass er schon wieder hustete. Auch ein leichtes Fieber hatte sich eingestellt.

Gaius lachte leise auf, als er daran denken musste, was Plancus – ausgerechnet Plancus! – den Schreibern diktiert hatte: »Der Senat hat beschlossen, dass Marcus Antonius durch den Einfluss der Kleopatra den Verstand verloren habe!«
Er räusperte sich und hustete. Livia tauchte ihre Hände in eine Schale mit duftendem Olivenöl und begann, seinen Rücken zu massieren. »Glaubst du wirklich, ein Weib kann einen Mann wie Marcus Antonius verrückt machen, Gaius?«, fragte sie.
»Es kommt darauf an«, flüsterte er, um seine Stimme zu schonen und legte sich bäuchlings auf die warmen Marmorplatten.
»Worauf kommt es an?«
»Auf das Weib!«, kicherte er, drehte sich auf die Seite und zog sie zu sich hinab. Als er sie lange und leidenschaftlich geküsst hatte, sagte er: »Ich muss mich wahrscheinlich vorsehen, dass es mir mit dir nicht genauso ergeht!«
Livia lächelte. Aber ihr Lächeln war nicht weich und zärtlich, sondern um ihre Lippen war auch eine harte Linie zu sehen. »Ja, Gaius«, antwortete sie. »Ich fürchte, du hast vollkommen Recht!«

Kapitel X

Als Gaius Caesar am Morgen des zweiten September des Jahres 31 v. Chr. an Deck seiner Galeere trat, hatte der Sturm, der vier Tage gewütet hatte, endlich nachgelassen. Die letzten Wolkenfetzen verschwanden am Horizont, und als die Sonne ihren höchsten Punkt am Himmel erreicht hatte, war auch das Ionische Meer wieder ruhig geworden.

Er fühlte sich mittlerweile eher wie ein Seefahrer, denn als Triumvir. Denn schon seit einem Jahr lagen sich seine Armee und die Truppen des Marcus Antonius nun schon gegenüber – und warteten ab.

Es war die größte Ansammlung von Soldaten und Kriegsgerät, die die Welt bis zu diesem Zeitpunkt jemals gesehen hatte. Gaius Caesar und Marcus Agrippa hatten knapp 80.000 Legionäre, 12.000 Reiter und 250 Kriegsschiffe auf dem südwestlichsten Punkt des Peleponnes, rund um die Stadt Actium zusammengezogen. Angesichts der gewaltigen Kosten für diese Streitmacht hatte es in Italien massenhaft Proteste und Demonstrationen gegeben, die zum Teil nur mit äußerster Brutalität niedergeschlagen werden konnten. Jeder Bürger hatte schließlich ein Viertel seines Jahreseinkommens in die Kriegskasse einzahlen müssen, und sogar den Freigelassenen hatte man ihre Abfindungszahlen empfindlich gekürzt.

Aber das waren eben die Opfer, die ein Volk bringen musste, wenn es sich von einem Tyrannen befreien wollte – und als solcher war Marcus Antonius inzwischen verschrien: Maecenas war nicht müde geworden, dem Volk den Albtraum einer Invasion vor Augen zu führen.

Der große Krieger hatte die felsige Küste von Epirus und Akarnien als Ort für die Entscheidungsschlacht um die Vorherrschaft in Rom mit Bedacht gewählt. Denn dies war sein Land, sein Reich – und er hielt es für geschickt, die Wut seiner Soldaten auf einen Angreifer zu richten, um ihre Kampfmoral zu erhöhen.

Zahlenmäßig war er dem Kontrahenten vollkommen überlegen. Mehr als 500 Kriegsschiffe lagen im Golf von Actium, darunter auch 60 ägyptische Riesengaleeren, die seine Geliebte beigesteuert hatte. Hinzu kamen 30 Legionen, von denen 19 zur operativen Streitmacht gehörten. Elf Legionen bildeten die Reserve, sie lagen an der nordafrikanischen Küste und warteten auf den Marschbefehl. Aber Marcus Antonius war sich sicher, dass er diesen Befehl niemals erteilen müsste, denn er hatte sich des Beistandes der Könige von Kleinasien und Syrien versichern können. Sogar der Fürst der Meder hatte Truppen zu seiner Unterstützung entsandt. Nur was die Zahl der Reiter betraf, war ihm Gaius Caesar ebenbürtig.

Seit Beginn des Aufmarsches in Griechenland rätselten der junge Caesar, Marcus Agrippa und ihr gesamter Führungsstab, warum der überlegene Marcus Antonius den Krieg so gemächlich angegangen war. Warum er nicht schon längst angegriffen und die Entscheidung gesucht hatte.

Kommandos wurden über das Deck der Galeere gebellt. Marcus Agrippa kam an Bord. Er hatte sich mit einem Kahn von seiner Galeere übersetzen lassen. Die beiden Männer begrüßten sich und stiegen zusammen aufs erhöhte Vorschiff, um wie so oft in den vergangenen Monaten die Lage zu sondieren. Aber auch heute war alles ruhig. Die gewaltige Flotte des Feindes lag in der stillen Bucht unter der Stadt, Gaius Caesars Schiffe wiederum hatten eine undurchdringliche Barriere gebildet, die den Weg auf die offene See versperrte. Über Actium selbst lag eine dichte Rauchwolke; die Zeichen von vielen Tausend Feuerstellen in der Garnison des Marcus Antonius. Gegenüber, am anderen Ufer, stiegen ebenfalls Rauchsäulen in die Luft: Diese Feuer brannten in den Stellungen der Octavianer.

Doch dies bedeutete auch: Marcus Antonius saß wie ein alter Fuchs gefangen in seinem Bau, abgeschnitten von allen Versorgungswegen. Seine Strategie drohte fehlzuschlagen, denn seine Truppen waren zur Unbeweglichkeit verdammt. Und die Octavianer drängten ihn immer stärker in die Defensive.

»Ich glaube, er wird jetzt langsam aber sicher vollkommen verrückt«, sagte Marcus Agrippa. »Stell dir vor: Gestern erschien hier ein Parlamentär. Marcus Antonius fordert dich zu einem alles entscheidenden Zweikampf heraus!«

»Du hast ihm doch wohl die richtige Antwort gegeben!«

»Selbstverständlich«, antwortete Marcus Agrippa. »Ich habe ihm ausrichten lassen, wir würden weitaus eher eine offene Seeschlacht begrüßen!«

Gaius Caesar nickte zufrieden. Dabei hatte der ganze Feldzug alles andere als günstig begonnen: Gleich zu Beginn hatte er versucht, die Flotte des Marcus Antonius in Actium direkt anzugreifen, aber schlechtes Wetter hatte seine Schiffe teilweise zurückgetrieben, und bei dieser ungestümen Attacke waren einige wertvolle Einheiten verloren gegangen. In einem zweiten Anlauf hatte er dann den Versuch unternommen, über das gebirgige Hinterland gegen die Antonianer vorzugehen, aber nach einem kräftezehrenden, 150 Meilen langen Eilmarsch hatte sei-

ne Reiterarmee eine schwere Schlappe gegen die Kavallerie des Marcus Antonius hinnehmen müssen.
Doch dann, kurz vor dem Einbruch des Winters des Jahre 32 v Chr., hatte sich das Glück gewendet – als es nämlich Marcus Agrippa gelungen war, die Nachschubwege der Antonianer zu kappen.
»Seine Soldaten sterben inzwischen wie die Fliegen«, sagte Marcus Agrippa. »Vom Überläufer Quintus Dellius habe ich erfahren, dass in seinem Lager Krankheiten um sich greifen. Der Hunger muss ebenfalls schrecklich sein. Noch einen Winter überstehen Marcus Antonius und Kleopatra nicht.«
»Ja«, erwiderte Gaius Caesar trocken, »aber noch einen Winter übersteht auch unsere Kriegskasse nicht. Das Volk wird sich bestimmt wieder erheben, wenn wir gezwungen werden, weiteres Geld zu einzutreiben. Und einen Krieg an zwei Fronten kann und will ich mir nicht leisten.«
Marcus Agrippa nickte. »Dann sollten wir jetzt vielleicht doch angreifen, Gaius«, sagte er. »Ich bin mir inzwischen sicher, dass Marcus Antonius seinen Soldaten nichts mehr zutraut.«
Aber der junge Caesar schüttelte den Kopf. »Gerade deshalb sollten wir warten, mein Freund. Glaub mir, es wird bald etwas passieren. Ich kann es förmlich spüren. Seine Generäle sind inzwischen sehr nervös … ich glaube, sie werden schon bald kopflos versuchen, gegen uns anzurennen. Vielleicht wagen sie ja einen Durchbruch!«
»Um zu fliehen?« Marcus Agrippa ließ seinen Blick die Küste entlangschweifen.
»Wenn der Zustand seiner Soldaten wirklich so ist, wie du ihn mir beschreibst, dann kann er uns nicht mehr vernichten – dann kann uns Marcus Antonius nur noch schwächen.«

Plötzlich stutzte Marcus Agrippa. Er blickte in südwestliche Richtung, hin zur Nordspitze der Insel Leukas.
»Bist du nicht meiner Ansicht?«, fragte Gaius Caesar.
»Vielleicht«, entgegnete Marcus Agrippa und konnte sich ein Grinsen nicht verkneifen. »Du meinst also, du könntest spüren, dass bald etwas geschehen wird?«
»Was soll denn diese Frage?« Gaius Caesar sah seinen Freund verwundert an.
»Ganz einfach«, antwortete Marcus Agrippa feierlich. Auf seinen wettergegerbten Wangen waren nun ein paar rote Flecken erschienen. »Ich kann es nämlich sogar sehen!« Er deutete auf die Nordspitze der Insel.
Gaius kniff die Augen zusammen. »Sosius greift an?«, rief er aufgeregt. »Dann sind die Götter mit uns, Marcus!«
»Ja«, knurrte der General. »Ich hoffe nur, dass sie es in ein paar Stunden auch noch sein werden.«
Die beiden Männer umarmten sich. Dann verließ Marcus Agrippa eilends das Schiff des Triumvirs, um auf seine eigene Galeere zurückzukehren. Die entscheidende Schlacht hatte begonnen.

Zwei Stunden später prallten die beiden Flotten aufeinander. General Sosius, der tüchtigste Mitstreiter des großen Kriegers, brachte Gaius Caesars Flottenverband mit seinen Mammutgaleeren zunächst in große Schwierigkeiten. Diese Schiffe waren für je zehn Ruder auf jeder Seite ausgelegt. An jedem der gewaltigen Riemen saßen zehn Männer. Wenn sie sich ordentlich ins Zeug legten, konnten sie jedes Schiff mit dem eisernen Rammsporn am Bug auf den Grund des Meeres schicken. Darüber hinaus befanden sich mächtige Katapulte an Bord, die brennende Kugeln über eine Entfernung von einer Viertelmeile verschießen konnten. Aber die Mammutgalee-

ren hatten auch einen gewaltigen Nachteil: Sie waren äußerst schwerfällig.
Marcus Agrippas Verband raste heran, um Entlastung zu bringen. Rasch herrschte ein unbeschreibliches Durcheinander von Schiffen, die sich wie ein breiter, schwimmender Gürtel aus Holz über mehrere Meilen auf dem Meer ineinander verkeilten.
Beide Heerführer hatten ungewöhnlich viele Legionäre und Bogenschützen einschiffen lassen. Nun entbrannte ein blutiger Kampf Mann gegen Mann. Bordwand rieb sich an Bordwand, zerquetschte die Unglücklichen, die beim Sprung auf das feindliche Deck abgerutscht waren; Masten knickten um wie Streichhölzer, Takelage fiel herunter und erschlug die Kämpfer reihenweise. Die schwere Artillerie erwies sich in diesem Stadium der Schlacht als vollkommen nutzlos, im Gegenteil: Auf vielen Schiffen des Marcus Antonius wüteten plötzlich Brände, die durch umgekippte Öfen entstanden waren, in denen man für gewöhnlich die brennbaren Geschosse aufheizte.
Nach weiteren zwei Stunden hatten sich die Octavianer mit ihren wendigeren und schnelleren Schiffe leichte Vorteile erkämpft. Schon wollte Gaius Caesar seine letzten 50 Schiffe, die er noch in Reserve besaß, in die Schlacht entsenden, um die Entscheidung zu erzwingen, als etwas gänzlich Unerwartetes geschah: Der Wind hatte inzwischen gedreht und wehte nun in südliche Richtung. Da tauchten aus den Qualmwolken, die sich wie ein dichter Schleier über das Wasser gelegt hatten, 60 Kriegsschiffe auf, die bis dahin nicht in die Schlacht eingegriffen hatten. In strenger Formation glitten sie aus der Bucht von Actium heraus – und es sah erstaunlicherweise nicht so aus, als ob die Befehlshaberin dieser

Flotte im Sinn hatte, zu kämpfen. Gaius Caesar traute seinen Augen nicht: Kleopatra ergriff die Flucht! Todesmutig stießen ihre Schiffe durch die Blockade hindurch; bei diesem Durchbruch verlor sie nur ein einziges ihrer Schiffe. Zugleich stiegen im Hafen von Actium jetzt gewaltige Flammensäulen in die Luft. Eine Stunde später, während die Segel der königlichen ägyptischen Flotte bereits am Horizont verschwanden, erhielten Gaius Caesar und Agrippa die Nachricht, dass Marcus Antonius die überflüssigen Schiffe, die noch in der geschützten Bucht lagen, in Brand steckte. Das hieß, dass er offensichtlich über zu wenige einsatzbereite Legionäre verfügte und sein Landheer jetzt nicht noch zusätzlich schwächen wollte.

Als die Antonianer jedoch sahen, dass sich ihre stärkste Verbündete absetzte, schmolz die Kampfmoral dahin. Die Offiziere bemühten sich energisch, ihre Soldaten immer wieder nach vorn zu drängen, aber die Seeschlacht war verloren, eine einheitliche Linie nicht mehr zu erkennen.

»Tötet sie, Männer!«, schrie Gaius Caesar vom Achterdeck seines Schiffes hinunter. »Tötet sie alle!« Dieser Ruf pflanzte sich binnen Minuten über die blutgetränkten Decks fort, und seine erschöpften Legionäre rissen sich noch einmal zusammen, mobilisierten ihre letzten Kräfte und begannen unter ihren kopf- und führungslos gewordenen Gegnern ein grausames Gemetzel. Später würde man auf Seiten der Antonianer 20.000 Gefallene zählen, während Gaius Caesars Truppen lediglich 5.000 Tote zu beklagen hatten.

Und war die Flucht Kleopatras bereits die Vorentscheidung gewesen, so besiegelte Marcus Antonius am Ende selbst das Schicksal seiner gesamten Armee. Gaius

bemerkte plötzlich in ungefähr einer halben Meile Entfernung einen weiteren, kleineren Verband, der offenbar versuchte, sich abzusetzen. An der Spitze dieses Verbandes segelte ein kleinerer Fünfruderer – und immer mehr antonianische Schiffe schlossen sich diesem zweiten Ausbruchsversuch an. Der junge Caesar entschloss sich, seiner Intuition zu folgen und gab seinem Schiffsführer den Befehl, die Verfolgung aufzunehmen.
Mit einer gewaltigen Anstrengung ruderten seine Männer die Galeere des Triumvirs aus dem Schlachtengetümmel heraus. Aber der Vorsprung des pfeilschnellen Fünfruderers war zu groß. Trotzdem hatte Gaius die massige Gestalt auf dem Vorschiff noch deutlich erkennen können. Aber er brauchte eine Weile, um das Ungeheuerliche zu begreifen: Ausgerechnet Marcus Antonius hatte ebenfalls beschlossen, zu fliehen. Gaius schlug die Hände vors Gesicht. Der große Krieger ließ doch tatsächlich seine Armee einfach im Stich – und folgte dem Ruf seines Herzens. Marcus Agrippa hatte wohl Recht gehabt mit seiner Vermutung: Marcus Antonius war verrückt geworden.

»Nein«, meinte Maecenas, als die Freunde zwei Tage später in einer Therme in Actium im erholsamen Dampf eines Bades saßen, »ich sage euch, er ist nicht verrückt. Aber dieses Weib ist es. Sie sehnt sich nach dem Untergang – und weil ihr Marcus Antonius so ergeben ist, reißt sie ihn mit.«
»Und was willst du jetzt tun, Gaius?«, fragte Marcus Agrippa.
»Ihn vernichten«, lautete die knappe Antwort. Er rätselte noch immer, warum Marcus Antonius so vehement die Entscheidung auf dem Meer gesucht hatte. Jetzt, wo

sich ihm das ganze Ausmaß der Hungersnot bot, die im Lager der Antonianer geherrscht hatte, fragte er sich erst recht, warum sein Widersacher nicht schon viel früher das Landheer gegen ihn eingesetzt hatte. Seine Chancen wären ungleich besser gewesen. »Wir stoßen vor nach Alexandria!«

»So ist ihm noch ein knappes Jahr vergönnt«, murmelte Maecenas.

»Ich möchte aber nicht in seiner Haut stecken«, lachte Marcus Agrippa. »Er hat gerade mal noch elf Legionen!«

Gaius kratzte sich ausgiebig mit einem Büschel aus Olivenzweigen den Rücken. Er sah nachdenklich aus. Die entscheidende Schlacht war zwar geschlagen und das letzte Aufeinandertreffen in der ägyptischen Wüste, vor den Toren Alexandrias würde wohl ein Spaziergang werden – aber ihm machte jetzt seine leere Kriegskasse Sorgen.

»Wie viele Schiffe haben wir jetzt zur Verfügung, um nach Ägypten überzusetzen?«, fragte Maecenas.

Marcus Agrippa überschlug die Zahl der Verluste schnell in seinem Kopf. »Ungefähr 300 könnten es werden – vorausgesetzt, wir haben noch ein halbes Jahr Zeit, um die wieder in Stand zu setzen, bei denen es sich noch lohnt!«

Doch Gaius Caesar war mit diesem Vorschlag nicht einverstanden. »Wir werden auf dem Landweg nach Ägypten ziehen!«, sagte er in einem Ton, der keinen Widerspruch duldete.

»Durch ganz Kleinasien und Syria?«, fragte Maecenas erstaunt.

Der junge Caesar nickte. »Und auf dem Weg dorthin werden wir den Osten unseres Reiches um seinen hübschen Reichtum erleichtern. Denn ich bin überzeugt, meine Freunde, dass uns die Bürger Roms eine weitere Sondersteuer bitter übel nehmen würden. Ihr wisst, ich bin ein Meister im Vertrösten – aber das würde meine Kräfte wohl übersteigen.« Er lachte. Jetzt war er fast am Ziel seiner Träume angelangt. Aber eben nur fast.

Marcus Antonius hörte immer wieder nur ein einziges Wort in seinem Kopf hallen: Feigling. So hatte ihn Kleopatra bereits vor der Schlacht genannt – und als solcher hatte er sich ihr gegenüber dann auch erwiesen. Vor ihren Augen war er nicht nur vernichtend geschlagen worden, sondern hatte auch noch seine Truppen im Stich gelassen. Jetzt war ein Verräter an seinem eigenen Heer. Schaudernd dachte er an die ersten drei Tage der Scham und des Schuldbewusstseins zurück, die er vor einem knappen Jahr, auf der Flucht aus Actium, vollkommen allein unter Deck im Vorschiff verbracht hatte; gequält von dem Unvermögen, seiner angebeteten Kleopatra unter die Augen zu treten.

Wie sollte er seine angebetete Göttin in Zukunft schützen? Gaius Caesar befehligte nun seine Truppen. Der junge Caesar herrschte nun über den Westen und den Osten des Reiches, und niemand war in der Lage gewesen, ihn aufzuhalten. Im Gegenteil: Alle Fürstentümer und Stammesoberhäupter hatten ihm bereitwillig die Türen geöffnet. Und nun standen Gaius Caesar und Marcus Agrippa mit ihrem gewaltigen Heer vor den Toren der Stadt. Und damit nicht genug – auch die Legionen des neuen Konsuls Gallus, die vom Westen her nach Ägypten eingefallen waren, befanden sich nur noch einen Tagesmarsch entfernt.

Keine Frage: Er war am Ende. Ihm blieb nur eine kurze Schonfrist, bevor er dem Tod ins Auge blicken würde.

Doch Angst vor dem Sterben hatte er nicht. Die Angst, Kleopatra vielleicht nie mehr in seinem irdischen Leben wieder zu sehen, war viel größer. Seit ihrer Rückkehr nach Alexandria, seit elf Monaten schon, hatten sie sich kein einziges Mal mehr geliebt. Kleopatra hatte sich stets verleugnen lassen; sie hielt sich – von ihren Priesterinnen streng abgeschirmt – ausschließlich in ihrem eigenen Palastflügel auf und brachte dort der Göttin Isis Dutzende von Opfern dar.

Also hatte sich Marcus Antonius in den Alkohol geflüchtet. Was blieb ihm anderes übrig? Am Abend vor seiner Abreise nach Actium hatte er mit seinen Freunden zusammengesessen. Sie hatten sich fast bis zur Bewusstlosigkeit betrunken und in ihrem Rausch die Vereinigung der ›Anhänger eines unnachahmlichen Lebens‹ gegründet.

Am gestrigen Abend hatten sie sich erneut getroffen. Zum Saufen. Zu einem weiteren Tanz auf dem Vulkan. Die Zahl seiner Freunde war jedoch auf ein knappes Dutzend geschrumpft. Alle anderen waren Hals über Kopf aus Alexandria geflohen oder waren zu Gaius Caesar übergelaufen. Diese Feiglinge! Also hatte er ihr verschworenes Häuflein in die ›Gemeinschaft der im Tode Verbundenen‹ umgetauft.

Marcus Antonius schob gedankenverloren den König auf dem neuen Schachbrett hin und her, das ihm Musa geschenkt hatte. Die Figuren waren allerdings nicht aus Elfenbein, sondern nur aus Holz geschnitzt, aber warum sollte ihn das noch stören, jetzt? Er tippte den König an. Als er umfiel, riss er die Königin mit sich. So, wie es auch in seinem richtigen Leben geschehen würde. Dabei war sie es doch, die mich mitgerissen hat, dachte Marcus Antonius. Er war überzeugt davon, das erste Mitglied der Vereinigung zu sein, das zum Treffen im Jenseits erschien …

Gaius Caesar stand vor seinem Zelt, umringt von seinem gesamten Führungsstab, und blinzelte gegen die Sonne. Ein heißer Wüstenwind wehte und blies ihm feine Sandkörnchen ins Gesicht. Ständig musste er sich die Augen reiben. Andererseits hatte er, seitdem er in diese trockene Klimazone einmarschiert war, so gut wie gar nicht mehr gehustet. Einen Moment lang hatte er daraufhin sogar überlegt, künftig in Alexandria zu residieren. Andererseits aber war Rom nach wie vor das Zentrum der Macht. Der Nabel der Welt. Seiner Welt, die er nun beherrschte. Die er beherrschen würde, wenn der letzte Akt vollzogen war.
Der Reiter, der sich ihm und seinen Offizieren langsam näherte, war nur noch ein Schatten früherer Tage. Marcus Antonius, dachte er, sah schrecklich aus. Zwar hatte der große Krieger noch einmal seine Uniform angelegt, aber der Brustpanzer saß locker, und die Beinschienen klapperten. Marcus Antonius hatte stark abgenommen. Er war unrasiert und dreckig, die Haare waren zu lang und verfilzt, und seine Augen flackerten nervös. Gaius Caesar musste sich zusammennehmen, um kein Mitleid mit seinem Kontrahenten zu empfinden. Dabei half ihm die Genugtuung über seinen Sieg.
Auf den letzten Schritten wurde Marcus Antonius von Reitern des jungen Caesar eskortiert. Er fiel fast vom Pferd. Als sein Gaul, leise schnaubend, kurz vor Gaius Caesar stoppte, ließ sich Antonius mehr aus dem Sattel fallen, als dass er glitt. Mit ausdruckslosem, bleichem Gesicht trat er vor seinen Bezwinger, zog langsam das Schwert aus der Scheide und überreichte es Gaius Cae-

sar mit einer stummen Verbeugung. Gaius nahm ihm das Schwert ab.

»Was wird mit Kleopatra geschehen?«, fragte Marcus Antonius mit heiserer Stimme.

Gaius war verblüfft. Dies war der Moment der größten Erniedrigung eines jeden Feldherrn, doch alles, woran Marcus Antonius in diesem Augenblick dachte, war die ägyptische Hexe. Kleopatra musste ihn in der Tat völlig in ihren Bann geschlagen haben. Gaius räusperte sich. »Wenn sie Rom die Treue gelobt, wird sie weiter über ihr Königreich herrschen – als Roms Verbündete«, sagte er schließlich.

Ein Funken der Erleichterung erhellte das Gesicht des Verlierers. Gaius betrachtete ihn lange. »Ich würde dein Leben gerne schonen, Marcus Antonius«, brach es dann aus ihm heraus. »Wenn ich nur könnte!«

Bei diesen Worten ging eine Verwandlung mit Marcus Antonius vor. Er richtete sich gerade auf, seine Augen begannen zu blitzen, und für einen Moment zeigte sich noch einmal der Stolz des großen Feldherrn. »Ich habe nicht um deine Gnade gebettelt!«, fuhr er Gaius an. Doch genauso schnell verpuffte seine Energie auch wieder. »Ich habe die Würde Roms beleidigt«, bekannte er. »Ich bin mir meiner Verbrechen bewusst.« Er schwieg einen Moment. »Ich habe ein gutes Leben gehabt«, fuhr er dann fort, »und ich habe den Sohn des Caesar niemals gehasst oder beneidet.«

Gaius nickte. Dann atmete er tief ein, sah ihm fest in die Augen, reichte ihm sein Schwert und wandte sich ab.

Das Schwert wog schwer in Marcus Antonius' Hand. Er wusste, was von ihm erwartet wurde. Aber noch wollte er nicht gehen. Nicht, ohne Kleopatra noch einmal gesehen zu haben …

Marcus Antonius hatte Gaius die Wahrheit gesagt: Er hatte ihn nie beneidet, warum auch, denn Gaius hatte ja auch keine Frau wie Kleopatra an seiner Seite gehabt. Allein schon deswegen hatte sein Leben für ihn einen Sinn gehabt. Auch wenn es auf diese schmachvolle Weise enden musste.
Sein Blick glitt noch einmal durch den Thronsaal, in den er sich zurückgezogen hatte. Vor den Türen standen die Bewacher. Sein Daumen strich zärtlich über die Schneide des Schwertes, mit dem er unzählige Gegner gefällt hatte. Auch das Blut Ciceros klebte an dieser Schneide – obwohl es ein Offizier gewesen war, der den tödlichen Streich geführt hatte. Trotzdem: Dieses Schwert war immer ein Teil von ihm selbst gewesen. Und jetzt würde es ihm helfen, einen würdevollen Abgang zu inszenieren.
Wenn er es doch nur schaffen würde, sich von Kleopatra zu trennen. Wie konnte er sie alleine hier zurücklassen? Wie konnte er in den Tod gehen, während sie hier blieb? Unentschlossen betrachtete er das Schwert. Dann drehte er langsam die Spitze der Klinge um, so dass sie direkt auf sein Herz zielte. Er schloss die Augen und umfasste mit beiden Händen den Griff.
In diesem Moment flog die Tür auf. Irritiert erwachte Marcus Antonius aus seinem apathischen Zustand. Musa stand vor ihm – der kleine, ägyptische Arzt; sein Schachlehrer, misstrauisch beäugt von den wachhabenden Prätorianern, die ihn – aus welchen Gründen auch immer – vorgelassen hatten. Dieser Grund, so viel war klar, musste ein sehr wichtiger Grund sein, und ein Hoffnungsschimmer keimte in Marcus Antonius auf.
»Kleopatra«, keuchte der Arzt, der am ganzen Leib zitterte, »die Königin hat Selbstmord begangen!«

Marcus Antonius erstarrte. Noch nie hatte ihn ein derartiger Blitz getroffen. Eine Welle des Schmerzes überflutete seinen Verstand, sein Herz, sein ganzes Ich.
Mehrere Minuten lang stand er so da, unfähig, auch nur einen klaren Gedanken zu fassen. Bis auf jenen freilich, der ihn immer wieder brutal daran erinnerte, dass seine Frau tot war. Kleopatra.
Doch dann gewann er die Fassung zurück. Und während der arme, zitternde Musa langsam rückwärts aus dem Thronsaal schlich, begann Marcus Antonius zu lächeln, denn er begriff, dass ihr selbst gewählter Tod ein großartiger Akt der Liebe war, den sie für ihn empfunden hatte. Jetzt würde er ihr leichten Herzens folgen können, so wie er ihr in den vergangenen zehn gemeinsamen Jahren gefolgt war. Sie würden nie mehr getrennt sein. Kleopatra war ihm nur vorausgegangen, weil sie gewusst hatte, dass er alleine diesen Schritt niemals hätte tun können. Wieder einmal hatte sie ihm gezeigt, wie sich ein Mann von Ehre zu verhalten hatte.
Unter den entsetzten Blicken der Soldaten hob Marcus Antonius nun sein Schwert, stieß es sich in die Brust und drehte die breite Klinge einmal in der Wunde um. Ein Blutschwall platschte auf den Mosaikboden. Er schloss die Augen und schwankte. Das Sterben war gar nicht so schlimm, dachte er, schlimm war nur die Trennung von allem, was er liebte.
Als Marcus Antonius noch einmal die Augen aufschlug, lag er auf dem Rücken. Als Erstes sah er das vertraute Gesicht Musas. Dann sah er die weißen Leintücher und spürte, wie einige eifrige Hände offenbar versuchten, den Blutstrom aufzuhalten, der unerbittlich aus seiner grässlichen Wunde floss. Wo war sein Schwert? Warum steckte es nicht in seiner Brust?

»Herr!«, sagte Musa leise. »Kleopatra lebt. Der Bote, der die Nachricht von ihrem Tode verkündete, hatte sich geirrt. Die Königin hat sich zum Sterben in ihre Grabkammer bringen lassen.«
Marcus Antonius lächelte mühsam. Jetzt tat das Sterben doch weh. Aber was noch viel wichtiger war: Sie lebte, seine Geliebte. Dann wollte er ihr jetzt noch einmal in die Augen sehen. »Bringt mich zu ihr«, stöhnte er.
»Aber Ihr seid zu schwer verletzt«, wandte der Arzt ein.
Marcus Antonius hob die Hand. »Wozu versucht ihr dann, den Tod aufzuhalten? Warum habt ihr mich nicht einfach verrecken lassen? Nein – bringt mich sofort zu Kleopatra!«

Die Grabkammer lag innerhalb des Palastkomplexes, am Großen Hafen von Alexandria. Dorthin hatte sich die Königin mit all ihren Reichtümern zurückgezogen. Aber der Eingang zu ebener Erde war bereits zugemauert worden. Nur auf dem Dach, das noch nicht ganz fertig gestellt war, klaffte noch eine größere Lücke. Marcus Antonius stöhnte vor Schmerz, als ihn seine Diener so vorsichtig wie möglich hinauf aufs Dach trugen, wo sie ihm zwei Stricke umbanden und ihn langsam nach unten abseilten.
Zentimeter um Zentimeter rückte Marcus Antonius der Liebe seines Lebens näher. Während er nur noch wenige Meter über ihr schwebte, merkte er, dass sein Herz bereits die letzten Reste seines Blutes aus dem Körper pumpte. Er fühlte sich immer schwächer, und er begann zu frieren. Aber schließlich lag er zu ihren Füßen und sah sie an. Er wollte etwas sagen, aber seine Zunge gehorchte ihm nicht mehr. Er krächzte nur ein paar entsetzliche Geräusche, aber seine Augen flehten sie an, bei

ihm zu bleiben, bis ihn der Tod umschmeicheln würde. Kleopatra setzte sich stumm neben ihn auf den kühlen Steinboden, hob vorsichtig seinen Kopf an, rutschte ein Stückchen vor und bettete sein Haupt in ihren Schoß. Ein Lächeln legte sich auf sein Gesicht, als er in ihre Augen sah.
Dann wurde es dunkel um ihn, und das Letzte, was Marcus Antonius in seinem Leben hörte, war ihr gellender Schrei.

Viele Stunden saß sie so da. Klagend beweinte sie ihr gemeinsames Schicksal, strich mit den Fingern immer wieder über seine eingefallenen Wangen, dieses nun so verhärmte Gesicht, das sie früher besser gekannt hatte als ihr eigenes.
Erst am nächsten Morgen gestattete sie ihren Dienern, seinen Leichnam aus der Grabkammer zu bergen. Dann bat sie darum, allein gelassen zu werden. Was sollte sie jetzt tun? Marcus Antonius hatte sie zurückgelassen – aber er hatte auch keine andere Wahl gehabt. Alles, was ihr noch von ihm geblieben war, waren ihre Kinder. Also musste sie jetzt wenigstens versuchen, seine Kinder zu retten. Doch wie?
In der vergangenen Nacht hatte man das Loch im Dach ihrer Grabkammer mit den letzten drei Steinquadern verschlossen. Dafür hatten ein paar Sklaven einen kleinen Eingang in die Seitenwand gestemmt. Sie hatte sich darüber natürlich gewundert, aber als plötzlich eine ihrer Dienerinnen erschien, um ihr mitzuteilen, dass Gaius Caesar sie zu sprechen wünschte, wusste Kleopatra sofort, was sie zu tun hatte. Sie ließ sich warmes Wasser bringen, wusch ihren ganzen Körper, schminkte sich sorgfältig und zog ein rotes Gewand an, von dem sie

wusste, dass es ihr sehr gut stand. Dann ließ sie über eine Stunde lang ihr Haar bürsten. Sie verzichtete darauf, es hochzustecken, sondern ließ es offen über die Schultern fallen. Jetzt war sie bereit, ihren Feind zu empfangen.
Wenige Augenblicke später betrat Gaius Caesar die Grabkammer. Er war unwillkürlich gefesselt von der Frau, die sich, verlockend wie die Sünde, von einem goldenen Stuhl erhob und ihm gegenübertrat. Doch nicht ihre Schönheit war es, die ihn beeindruckte, sondern die Aura der Macht, die sie auch jetzt – im Moment ihrer Niederlage - immer noch umgab. Wie ein Rausch stieg ihm das Bewusstsein zu Kopf, dass er derjenige war, dem es gelungen war, diese stolze Königin zu besiegen. Oh, wie sie ihn dafür hassen musste!
Doch aus den Blicken ihrer dunklen Augen sprach kein Hass. Im Gegenteil, fast hatte er den Eindruck, als wenn er ihr willkommen wäre. »Kleopatra«, begrüßte er sie mit einer leichten Verneigung. »Ich bin gekommen, um Ihre Kapitulation zu fordern.«
Kleopatra nickte langsam. »Was wird mit Alexandria geschehen?«, fragte sie.
»Ich will es verschonen«, sagte Gaius Caesar, »für die zukünftigen Aufgaben, welche die Stadt erhalten wird – unter römischem Protektorat natürlich.«
Die Königin wandte sich zur Seite, so dass das Licht der Öllampen durch ihr Gewand schien und sich die Konturen ihres Körpers darunter abzeichneten. Sie tat dies mit voller Absicht. Schließlich hatte sie Caesar bezwungen und Marcus Antonius erobert – und auch Gaius Caesar war nur ein Mann. »Dann unterwerfe ich mich dem Sieger – ganz und gar!«, sagte sie. Dabei warf sie dem Sieger einen Blick zu, den Gaius Caesar eindeutig als zweideutig empfinden musste. Und schon im nächs-

ten Augenblick bückte sie sich – ein wenig tiefer als nötig –, um ihm aus einer kostbaren Karaffe einen Schluck Wein in einen Pokal einzuschenken. Dabei öffnete sich ihr rotes Gewand wie von Zauberhand und gab den Blick frei auf ihre wohlgeformten Brüste. Kleopatra war zwar schon fast vierzig und hatte mehrere Kinder geboren, aber ihr Körper konnte sich immer noch sehen lassen.

Gaius war schockiert. Er wollte nicht glauben, dass es diese Frau in diesem Moment darauf anlegte, ihn nach Strich und Faden zu verführen. Nun, dann würde sie jetzt jedoch ihren Meister in ihm finden. Er war nicht so leicht zu besiegen wie Marcus Antonius.

Trotzdem nahm er den Weinbecher an, den sie ihm reichte, nachdem sie einen Schluck daraus genommen hatte, um ihm zu zeigen, dass der Wein nicht vergiftet war. Kleopatra trat dicht an ihn heran und legte ihre Hand ganz leicht auf seine. Gaius spürte, wie ein Kribbeln seinen Arm durchlief. Eilig zog er die Hand zurück und trank hastig. Wahrscheinlich, dachte sie, war seine Kehle bereits so trocken wie die Wüste vor der Stadt.

Kleopatra lächelte zufrieden. Ihre Wirkung auf einen Mann hatte nichts an Qualität eingebüßt. Kokett schlenderte sie zu ihrer Liegestatt, legte sich nieder und bedeutete Gaius, neben ihr Platz zu nehmen.

Gaius Blick war ihr gefolgt. Er hing jetzt an ihren schlanken, braun gebrannten Beinen, die sie im Sitzen entblößt hatte. Sie schlug ihre Knie übereinander. Dabei blitzte ganz kurz ihr golden schimmerndes Vlies auf. Wie schamlos sie war! Unwillkürlich musste er sich in diesem Moment ihren ganzen Körper vorstellen, wie sie sich schlank und willig unter ihm wand. Er spürte die Erregung in sich aufsteigen und wandte sich hastig ab.

»Wir haben einander nichts mehr zu sagen«, erklärte er knapp. »Ich nehme die Kapitulation an.« Aber seine Stimme zitterte.

»Sie wissen, dass dem siegreichen Herrscher alle Privilegien gehören?« Sie warf ihm einen verführerischen Blick zu. »Ich würde mich nicht wehren … auch wenn dazu der Besitz der Königin selbst gehören würde …«

Gaius trat erneut einen Schritt zurück und sah sie verächtlich an. Sie war begehrenswert, aber in seinen Augen konnte sie Livia nicht das Wasser reichen. Und wenn sie nun tatsächlich glaubte, ihn ebenso zu ihrer Schachfigur machen zu können wie Marcus Antonius, so würde sie gleich bitter enttäuscht sein.

»Sehr schön!«, meinte er kühl. »Halten Sie sich bereit für die Rückreise nach Rom. Im Triumphzug werde ich dort allen beweisen, dass ich mir Kleopatra unterworfen habe. Ihre Kinder werde ich übrigens ebenfalls verschonen. Allerdings werden sie mir die Freude und Ihnen die Schmach bereiten müssen, den Triumph zu schmücken!«

Damit drehte er sich um und verließ die Grabkammer. Er hatte fast schon geglaubt, ersticken zu müssen.

Kleopatra blieb wie erstarrt sitzen und sah ihm nach. Dann wanderte ihr Blick langsam zu einem Weidenkörbchen, das neben ihrer Liege stand. Es war klein und unauffällig, und doch trat das Entsetzen in ihre Augen, je länger sie das Körbchen nun betrachtete. Aber Marcus Antonius hatte am Ende auch nicht mehr gezögert, für seine Ehre zu sterben. Und Gaius Caesar würde sie bestimmt nicht in einem Triumphzug durch das verhasste Rom schleppen – die Stadt, in der man sie ohnehin immer nur verhöhnt hatte. Und nachdem sie nun auch ihre Kinder in Sicherheit wusste, wurde es Zeit.

Langsam schob sie sich an das Körbchen heran und öff-

nete mit dem Fuß den Deckel. Das Körbchen kippte um, und ein paar Feigen kullerten heraus. Dann nahm sie eine Bewegung wahr und zuckte unwillkürlich zurück. Eine graubraune Kobra hob neugierig ihren Kopf aus dem Korb. Kleopatra starrte das Tier atemlos an. Lautlos begann die Kobra, sich aus dem Körbchen zu schlängeln. Dabei richtete sie sich immer wieder auf, doch allmählich kroch sie ihrem rechten Fuß immer näher.
»Komm, meine Freundin«, murmelte Kleopatra und ließ sich vorsichtig nieder. »Ich habe keine Angst vor dir. Du sollst mir dienen.«
Die Schlange hielt beim Klang ihrer Stimme kurz inne, dann hatte sie den schlanken Fuß der Königin erreicht und begann, sich langsam an ihrem Bein emporzuwinden. Sie fühlte sich warm und trocken an. Und kräftig. Kleopatra verharrte bewegungslos, als die Schlange über ihren Bauch kroch und dann ihre Brust erreichte. Züngelnd hob sie den Kopf. Kleopatra sah in ein Paar kleine, kalte Augen und hob ruckartig ihren rechten Arm. Der Kopf der Schlange fuhr auf sie zu, und das Tier grub seine Giftzähne in ihren Unterarm.
Kleopatra keuchte auf. Dann glitt ein geisterhaft bleiches Lächeln über ihre immer noch ebenmäßigen Züge, ehe sie zusammensank und vom einen auf den anderen Moment aufhörte zu atmen.
Mit ihr starb die dreihundert Jahre währende Herrschaft des ptolemäischen Königshauses.
Aber sie starb mit Würde.
Gaius sah mit düsterer Miene vom Leichnam der Kleopatra auf, als Agrippa den Thronsaal betrat, wo man die tote Herrscherin neben dem großen Krieger aufgebahrt hatte. »In der ägyptischen Religion verheißt der Tod

durch einen Schlangenbiss Unsterblichkeit«, murmelte er. »Wusstest du das?«

Agrippa wusste es, aber für ihn zählte nur, dass Kleopatra nicht mehr in seiner Welt wandeln konnte. Wenn sie woanders weiterlebte, schön und gut. Es war ihm egal.

Kurz nach ihm betrat auch Maecenas den Thronsaal. Er strahlte übers ganze Gesicht und verkündete voller Freude: »Niemals in der Geschichte wird dieses Ereignis in Vergessenheit geraten. Endlich werden alle Legionen Roms dem Befehl eines einzigen Mannes gehorchen. Die ›Pax Romana‹ ist gesichert.« Er wandte sich Gaius zu und rief: »Heil dem Kaiser, dem Alleinherrscher ...«

Agrippa fuhr empört herum und unterbrach rüde die Schwärmereien des Maecenas. »Ist es das, was du die ganze Zeit geplant hast, Gaius? Dir eine Krone aufs Haupt zu setzen?«

Doch es war Maecenas, der ihm antwortete. »Wie sonst soll unser Gaius hier Roms Aristokraten davon abhalten, sich gegenseitig zu zerfleischen? Er muss ... König werden!«

Agrippa sah ihn fassungslos an und wollte dann heftig auf Maecenas losgehen, als Gaius die Hand hob, um den Streit zu schlichten. »Ich werde niemals König sein«, verkündete er mit ruhiger Stimme.

Seine Worte wischten alle Freude aus Maecenas Zügen. »Aber warum denn nicht?«, fragte er fassungslos.

»Ich werde lediglich den Oberbefehl über alle Legionen behalten«, erklärte Gaius. »Gemeinsam mit ... Marcus Agrippa, damit nie wieder Römer gegen Römer ihre Schwerter ziehen. Doch ich werde keine Krone tragen.« Sein Blick streifte flüchtig den toten Marcus Antonius. »Wir wollen sie Seite an Seite bestatten«, fügte er leise hinzu.

Für einen Moment schwiegen alle drei. Dann wagte es Maecenas, das hitzige Thema erneut anzuschneiden: »Aber ohne Krone wird man dich vernichten. Es tut mir Leid, mein Freund, ich schätze dich sehr. Aber ich werde nicht dabei zusehen, wie sie erneut versuchen werden, dich zu Grunde zu richten. Es ist die Aufgabe eines Freundes, über den anderen zu wachen, auch wenn es unbequem ist.«

Er trat auf Gaius zu und legte ihm mit Tränen in den Augen die Hände auf die Schultern. Gaius drückte ihn kurz an sich, und auch in seinen Augen glitzerte es nun verdächtig.

»Ist jetzt alles vorbei?«, fragte Agrippa und unterbrach damit die rührselige Stimmung.

»Nein.« Gaius schniefte und sah ihm ins Gesicht. »Die größte Schlacht ist noch zu schlagen.«

»Und die wäre?«

»Der Frieden.« Agrippa rührte sich nicht. »Hältst du zu mir, Tribun?«

»Ja.« Agrippa hatte immer zu Gaius gehalten. Er konnte gar nicht anders. Auch wenn er, der rücksichtslose, harte Soldat, im Grunde ein viel weicheres Herz hatte. So fragte er denn auch plötzlich: »Was soll mit ihren Kindern geschehen?«

»Kaisarion muss sterben!«, antwortete Gaius sachlich.

»Er ist Caesars leiblicher Sohn!«, wandte Agrippa erschrocken ein.

»Aber er ist 16 Jahre alt. Bald schon könnte er den Anspruch auf einen Platz im Senat erheben. Und aus zuverlässiger Quelle weiß ich, dass Kaisarion mächtige Freunde besitzt … in Ägypten, aber auch in Rom!«

»Deine Quellen möchte ich auch einmal kennen lernen, Maecenas«, zischte Marcus Agrippa pikiert. Aber ihm war bewusst, dass sie sich jetzt keinen Fehler mehr leisten konnten. Kaisarion, ob unschuldig oder nicht, war dem Tode geweiht.

»Die Kinder der Kleopatra werde ich in die Obhut meiner Schwester geben. Sie sind zu klein. Es soll ihnen an nichts mangeln«, warf Gaius Caesar ein.

»Auch den Sohn des Marcus Antonius aus der ersten Ehe?«, fragte Agrippa zweifelnd. »Er ist schließlich Römer!«

Maecenas nickte. »Irgendwann will er vielleicht den Tod seines Vaters rächen!«

Agrippa nickte. »Wie heißt der Junge?«

»Jullus!«, antwortete Maecenas. »Er heißt Jullus und ist, wenn ich mich recht erinnere, bereits zwölf Jahre alt.«

»Zwölf!« rief Agrippa. »Ja, dann ...!«

Gaius fuhr herum und streckte flehend die Hände aus. »Nein! Genug des Mordens, Agrippa. Auch ihn werde ich zu Octavia schicken!«

»Ist das endlich die Milde Caesars, die sich nun auch bei dir durchsetzt?«, fragte Maecenas spöttisch.

Gaius zuckte die Achseln. Was sollte er dem Freund darauf antworten? Er hatte es doch bereits gesagt: Er war des Mordens überdrüssig. Und das hatte er ernst gemeint. 28 Jahre lang hatte das Land im Kriegszustand gelebt. Jetzt sehnte er sich – wie das ganze Land, das ganze Volk – nach Frieden.

»Gut«, sagte Maecenas, »ich merke schon, du willst mir nicht antworten. Dann lass mich aber bitte noch einmal auf die Monarchie zurückkommen.«

»Rom hatte noch nie einen Monarchen – und Rom wird auch niemals von einem Kaiser beherrscht werden!« Gaius brüllte so laut, dass Maecenas und Agrippa erschrocken zusammenfuhren.

»Das stimmt, Gaius«, erwiderte Maecenas, »denn Rom hat bereits einen Monarchen. Dich. Und das weißt du!«
»Gib es doch endlich zu, Gaius!«, mischte sich nun auch Agrippa ein. »Wenn ich mich daran erinnere, wie dir der Bauer damals die Füße geküsst hat!« Er grinste breit.
Gaius seufzte. »Also gut«, sagte er, »dann nennt mich meinetwegen Monarch. Aber nur, wenn wir unter uns sind. Und im Übrigen, werter Maecenas, besteht zwischen Monarch und Monarch ein großer Unterschied!«
Maecenas sah ihn fragend an. »Es gibt Monarchen, die herrschen, und es gibt Monarchen, die regieren! Ich habe jedenfalls vor, mich unter die Letzteren einzureihen – aber ohne einen offiziellen Titel.«
»Aber du brauchst einen Titel!«, rief Maecenas. »Jeder … Alleinherrscher hat einen Titel!«
»Warum nennst du dich dann künftig nicht einfach … Augustus?«, platzte es aus Marcus Agrippa heraus.
»Der Erhabene?«, fragte Gaius Caesar.
»Der Erhabene!«, rief Maecenas und warf Marcus Agrippa einen anerkennenden Blick zu.
Der Erhabene! Gaius überlegte einen Moment. Aber er überlegte nicht sehr lange.
Der Titel gefiel ihm. Maecenas würde ihn nur noch dem Senat vorschlagen müssen. Die Abstimmung würde nur eine Formsache sein. Nun gut: Er war jetzt der Erhabene! Dieser Marcus Agrippa, dachte Augustus, war wirklich ein Freund, auf den man sich nicht nur auf dem Schlachtfeld blind verlassen konnte.
Nun aber wurde es Zeit, nach Hause zurückzukehren. Nach Rom.

Dritter Teil

Augustus

Kapitel XI

Julia näherte sich mit entschlossenen Schritten der Tür, hinter der ihr Vater um ihren verstorbenen Mann trauerte, den er beerdigt hatte; tiefer trauerte, als sie es je tun würde. Seit genau vier Wochen hatte der Kaiser sein Schlafzimmer nicht mehr verlassen. Sie dagegen musste sich bereits redlich darum bemühen, nach außen hin Schmerz über den Verlust ihres viel älteren Ehegatten zu zeigen.

Marcus Agrippa war ihr von Anfang an eher ein Onkel, denn ein Ehemann gewesen. Gewiss, er war zu ihr immer freundlich gewesen. Ja, und er hatte ihr auch zwei Söhne geschenkt. Aber schon damals, während sie Gaius zeugten und später Lucius, hatte sie deutlich gespürt, dass er ununterbrochen an seine frühere Ehefrau gedacht hatte, von der er sich auf Geheiß des Tyrannen hatte scheiden lassen müssen. Merkwürdig, dass sich ausgerechnet dieser begabte und unbeugsame Feldherr, der bis dahin alle seine Gegner rücksichtslos aus dem Weg geräumt hatte, sich ausgerechnet von ihrem Vater hatte deckeln lassen. Plötzlich sah Julia ihn deutlich vor sich – das feiste Doppelkinn, die hängenden Wangen, den erschlaffenden Körper eines alternden Mannes, und ein Schauer schüttelte sie. Jullus dagegen war entschieden ein ganzer Mann.

Sie verhielt den Schritt und erinnerte sich träumerisch daran, wie sein Blick jedes Mal aufleuchtete, wenn er sie sah. Glücklich sog sie den Atem ein. Die Luft schmeckte nach ihm, der Duft ihrer Liebe hatte sich noch nicht verflüchtigt, denn gerade erst hatte sie ja sein Bett verlassen, wo sie ihre neue Freiheit genossen hatte. Auch wenn sie die schickliche Trauerzeit einhalten musste, war es neu und aufregend, dass sie nun beieinander sein konnten, ohne dass schuldbewusste Gedanken an ihren Ehemann sie quälten. Jetzt war sie frei, um Jullus zu sehen und seinen Körper mit ihren Küssen zu bedecken, wann immer sie wollte. Und vielleicht würde sie ihn auch bald zum Mann nehmen …

Julia wusste natürlich, dass ihr Vater diese Heirat schwerlich akzeptieren würde, vor allem deswegen, weil er in letzter Zeit so gut wie gar nicht mehr in väterlichen Kategorien, sondern ausschließlich in politischen Dimensionen dachte. Doch nun litt er wirklich, so gut kannte sie ihren Vater, und sie hatte sich dazu entschlossen, nach ihm zu sehen. Er hatte schließlich mehr als nur einen Freund verloren – und außerdem war es gut zu wissen, dass wenigstens einer den Tod ihres Mannes aufrichtig betrauerte.

Sie trat an die Tür zu seinem Schlafzimmer und klopfte an. Stille. Sie klopfte erneut. Keine Antwort. Nach einer Weile glaubte sie jedoch, ein Geräusch zu hören. »Vater?«, rief sie. Dann öffnete Julia vorsichtig die Tür.

Ein Bild des Jammers bot sich ihr. Ihr Vater war zweifelsohne nicht mehr er selbst. Der Mann, der dort zusammengesunken auf seiner Bettstatt saß, war ein gebrochener, verzweifelter Mann – nicht unähnlich den zerlumpten Gestalten, die die Prätorianergarde täglich vom Forum verjagte. Sein Haar war fettig und klebte ihm in ungepflegten Strähnen am Kopf. Er hatte sich auch nicht mehr rasiert, und der säuerliche Gestank im Zimmer verriet Julia, dass sich ihr Vater seit geraumer Zeit auch nicht mehr gewaschen hatte. Nicht gewaschen! Wo der penible Reinlichkeitssinn des Kaisers doch überall bekannt war! Wenn die Römer ihren Herrscher so sehen würden! Oder auch nur Gaius und Lucius! Julia fand, es war an der Zeit, ein paar deutliche Worte mit ihm zu reden.

»Vater«, begann Julia mit fester Stimme, »schon einen Monat lang hast du dieses Zimmer nicht mehr verlassen. Meine Kinder haben ihren Vater verloren. Sollen sie nun auch ihren Großvater verlieren?«

Langsam, wie aus einem Traum erwachend, wandte Augustus den Kopf und sah seine Tochter an. Seine Augen waren gerötet und müde, aber zum ersten Mal seit ihrem Eintreten war wieder so etwas wie Klarheit in seinem Blick wahrzunehmen. In dem Moment schoben sich seine Enkel hinter Julia ins Zimmer. Ängstlich und schüchtern blieben sie hinter ihrer Mutter stehen. Die Kehle wurde ihm eng, als er bemerkte, wie ängstlich sie ihn musterten. Sie erinnerten ihn an zwei junge Hunde, die sich hinter der Mutter verbargen, weil die Angst vor der Welt noch größer war als die Neugier darauf. Und war er nicht dazu da, ihnen die Welt zu zeigen, die sie sich einmal untertan machen sollten? Plötzlich wurde es Augustus bewusst, wie sehr er gebraucht wurde. Erneut stiegen ihm Tränen in die Augen, dann breitete er stumm die Arme aus und wartete darauf, dass ihm die beiden Lausbuben in die Arme flogen.

Am späteren Nachmittag hatte sich seine Wiederauferstehung bereits bis in den Senat hinein herumgesprochen. Aber Augustus dachte nicht daran, die Regierungsgeschäfte wieder aufzunehmen. Noch nicht, jedenfalls. Er hatte mehrere Stunden in seinem privaten Bad verbracht. Als er es in frischer Kleidung verlassen hatte, war sein Haupthaar kurz geschoren, die Hand- und Fußnägel gefeilt, und er duftete nach Sandelholz. Augustus fühlte sich wie ein neuer Mensch. Jetzt wollte er unter seinem eigenen Dach für Ordnung sorgen. Als Erstes stattete er daher seiner Gemahlin einen Besuch ab. Livia hieß ihn in ihrem Schlafzimmer willkommen und bot ihm eine Schale mit frischem Obst an, bevor sie sich wieder auf ihr Ruhebett legte. Augustus nahm auf der gegenüberliegenden Seite des Zimmers an einem kleinen Tischchen Platz. Sein Blick wanderte von den Weintrauben, die prall und reif vor ihm in der Obstschale glänzten, hinüber zu Livia. Zu seinem Erstaunen bemerkte Augustus, dass er sie in diesem Moment heftig begehrte.

Auch ihre nächsten Worte konnten daran nichts ändern: »Zu viel Zeit ist verstrichen, während du um Agrippa getrauert hast. Du musst jetzt Tiberius zu deinem Erben ernennen.«

Augustus stöhnte gequält auf. Nicht schon wieder dieses Thema! Diese Frau war einfach zu klug und viel zu starrsinnig für seinen Seelenfrieden. »Dein Sohn ist ein guter Soldat«, erwiderte er abschätzig, »sonst nichts.« Betont gleichmütig schob er sich eine Hand voll Trauben in den Mund, kaute gemächlich und genoss den süßen Saft, der ihm die Kehle hinunterrann.

Livia richtete sich ein wenig auf. Ihr Busen wogte. Augustus sah es mit Interesse.

»Er entstammt einem edlen Geschlecht!«

Jetzt riss Augustus seine Blicke von ihren Reizen los. »Ja, willst du mich denn dazu bringen, Rom wieder in die Hände der Adeligen zu geben?«, schnauzte er, ärgerlich darüber, dass es ihr nun doch gelungen war, ihn aus seiner guten Stimmung zu reißen. »Nachdem ich mich mein Leben lang darum bemüht habe, es vor der Gier des Adels zu schützen?« Er verschluckte sich an einem Stück zäher Schale und begann zu husten.

Livias scharfer Blick ruhte auf ihm. »Es ist die einzige Möglichkeit, die dir bleibt, und du weißt es. Tiberius ist sehr wohl ein würdiger Nachfolger. Gib es ruhig zu! Du hast ihn ja auch zum General befördert … wie seinen Vater.«

Bei der Erwähnung von Tiberius Claudius Nero knirschte Augustus mit den Zähnen. Verdammt, dieses Weib wusste nur zu gut, wo sie ihn treffen konnte. Höhnisch verzog er die Mundwinkel. »Und wo ist er nun, dein Verflossener, dieser Einfaltspinsel? Zu dumm, dass dein Sohn so sehr nach seinem Vater gerät!« Zufrieden ließ Augustus sich wieder zurücksinken und griff nach einer weiteren Traube. Wer hatte denn unter seiner Zuwendung gestöhnt und gewimmert? Das hatte Livia bei ihrem Tiberius bestimmt nicht gehabt. Er biss in das feste Fruchtfleisch. Festes Fleisch hatte etwas für sich, aber er musste zugeben, dass es auch einen gewissen Reiz hatte, seinen Geist im Wortgefecht mit dem einer klugen Frau zu messen. Das hatte ihm immer schon an Livia gefallen. Vielleicht könnten sie ja später noch ein wenig mehr miteinander anstellen, er war gar nicht so abgeneigt. Zumal er eben das letzte Wort gehabt hatte.

»Es ist aber auch zu dumm, dass deine Tochter nicht so ehrbar ist wie deine erste Ehefrau.«

Augustus Kopf flog herum. »Was willst du damit sagen?« Jetzt war Livia diejenige, die sich viel Zeit für einen reifen Pfirsich nahm, den sie ausgewählt hatte. Sie biss genüsslich ab, schloss kurz die Augen und sah ihren Gatten dann herausfordernd an. »Sie geht schon wieder aus, heute Abend. Mit ihren adeligen Freunden …« Sie machte eine Kunstpause und schluckte einen Bissen hinunter. »… die nicht gerade zu deinen Bewunderern gehören.« Sie wartete erneut, ehe sie ihren nächsten Pfeil

abschoss. »Es heißt, einer von ihnen hätte wahrscheinlich den Mörder bezahlt.«
»Den falschen Kaufmann auf dem Forum?«
Livia nickte. Es wurde sehr still im Zimmer. Nur das Summen einer Fliege war zu hören, die unablässig die Obstschale umschwirrte, sich nur für Sekunden niederließ und ihren Flug dann sofort wieder aufnahm. Augustus gab vor, ihren Flug zu beobachten, aber seine Gedanken überschlugen sich. Wahrscheinlich hatte Livia Recht, sehr wahrscheinlich sogar. Hatte er das selber nicht auch längst vermutet? Wenn er ehrlich war, sorgte er sich um seine Enkel hauptsächlich deswegen, weil sie einmal das fortführen sollten, was er angefangen hatte – in vielen Jahren, wenn er tot war, oder auch schon bald, wenn ihn das hinterrücks geführte Messer eines Attentäters einmal doch gänzlich unvorbereitet treffen sollte.
Augustus hob den Kopf und sah Livia entschlossen an. »Ich habe meine beiden Enkelsöhne öffentlich als meine Erben eingesetzt. Wie Caesar es mit mir getan hat.«
Livia machte eine wegwerfende Handbewegung. »Schwächliche Kinder. Der Senat wird sie niemals akzeptieren.« Dann begannen ihre Augen zu funkeln. »Aber meinen Sohn wird er akzeptieren!«
Augustus wählte mit Bedacht eine Orange aus. Noch während er sie in der Hand hielt, kam die Fliege heran und begann ihn zu umschwirren. Augustus rührte sich nicht. »Und was geschieht, falls die Kinder sterben?«
Eine eiskalte Furcht presste Augustus das Herz zusammen. Er würde es niemals zugeben, aber er war abergläubisch wie ein altes Waschweib. Wie konnte Livia nur einen so grauenhaften Gedanken aussprechen und damit vielleicht das Schicksal beschwören, genau das Gesagte

geschehen zu lassen? Wollte sie ihm lediglich einen Schrecken einjagen? Oder wollte sie ihm gar drohen? Misstrauisch sah er sie an. »Was sagst du da?«, fragte er tonlos.

»Was ist, wenn Gaius und Lucius vor dir sterben sollten?«

Augustus ballte die Faust und zerdrückte sowohl die Orange, als auch die vorwitzige Fliege, die sich gerade auf der Frucht niedergelassen hatte. Die Schale platzte auf, und klebriger Saft troff über seine Hand auf die Tischplatte. Die Zornesröte stieg ihm in die Wangen, und als er Livia jetzt anblickte, geschah es ohne jede Spur eines zärtlichen Gefühls. »Warum sagst du derart entsetzliche Dinge?«, fragte er. Sie musste doch wissen, dass sie damit an seine tiefsten Ängste rührte. Seine Enkel waren zart, ganz eindeutig nicht das Material, aus dem man Herrscher formte. Aber sie waren Blut von seinem Blut – das Einzige, was von ihm nach seinem Tod weiterleben würde.

Livia ließ sich durch seine erkennbare Wut nicht beeindrucken. »Du musst auch dies in Betracht ziehen«, meinte sie kühl.

Sie zuckte kaum zusammen, als Augustus plötzlich mit der Elastizität eines jungen Mannes aufsprang, zu ihr herüberkam und sich drohend vor ihr aufbaute. Mit einer ungeduldigen Bewegung wischte er sich die besudelte Hand an seiner Toga ab und starrte sie an wie ein Tier, bereit zum Sprung. »Warum sagst du so etwas?«, wiederholte er, und jetzt klang eine Spur Nachdenklichkeit in seiner Stimme mit.

»Du musst alles erwägen«, wiederholte Livia, die mit keiner Bewegung verriet, dass sie durch sein Imponiergehabe beeindruckt war.

Augustus schüttelte wild den Kopf, als könnte er damit alles ungesagt machen. »Nein«, stieß er erstickt hervor, »ich muss nicht den Tod meiner Enkelkinder in Erwägung ziehen.« Dann brüllte er sie an: »Und du auch nicht!«
Damit machte er auf dem Absatz kehrt und stürmte aus dem Zimmer. Livia atmete tief durch, griff nach einer frischen Weintraube, und ein leises Lächeln begann, um ihre Lippen zu spielen.

Julia betrachtete sich zufrieden im Spiegel und ließ die Bürste sinken. Ihr Haar war locker hochgesteckt, nur eine schimmernde Strähne hing ihr auf die Brust hinunter, von der dank der großzügig ausgeschnittenen Tunika reichlich zu sehen war. Jullus war ganz vernarrt in ihren Busen. Warum sollte sie ihm den Anblick dessen, was ihm so gefiel, verwehren? Dafür genoss sie seine Bewunderung viel zu sehr. Erschrocken fuhr sie auf, als plötzlich die Tür aufflog und ihr Vater hereingestürmt kam. Schuldbewusst ließ sie die Bürste fallen. Ahnte er etwa, wohin es sie heute Abend zog?
Doch Augustus beachtete sie kaum. »Wo sind die Kinder?«, stieß er hervor. Auf seinen Wangen brannten zwei ungesunde rote Flecken.
»Sie schlafen«, erwiderte Julia verwundert. Sie fragte sich, ob er wohl wieder Fieber bekam.
»Wer passt auf sie auf?«, wollte er wissen.
»Alessia natürlich – wie immer.«
Augustus sah sie unter zusammengezogenen Brauen an. »Vertraust du ihr?«
Kopfschüttelnd stand Julia auf. Alessia vertrauen? Die Amme war von Geburt an bei den Jungen und stand ihnen beinahe näher als die eigene Mutter, wenn sie ehr-

lich zu sich war. Alessia nicht vertrauen? »Vater«, begann sie, »sie war schon immer die Kinderfrau der Jungen, seit deren Geburt.« Dann stieg doch plötzlich Sorge in ihr auf. »Stimmt etwas nicht?« Sie drückte die Hand auf die Brust, als ihr Herzschlag sich beschleunigte.
Augustus trat einen Schritt zurück. Er bemerkte ihre angstgeweiteten Augen. Tief holte er Luft und versuchte, seine Beherrschung zurückzugewinnen. Livia hatte ihn viel zu sehr im Griff, sie manipulierte ihn nach Lust und Laune. Wie konnte er, wenn nicht ihr, überhaupt jemandem trauen? Dabei war er Augustus, der Erhabene, der Herrscher über das Römische Reich.
Sein Blick wanderte über die sinnliche Gestalt seiner Tochter. Sein Blick verweilte etwas zu lange auf ihrem Ausschnitt. »Entschuldige, dass ich dich gestört habe – du bist ja noch gar nicht fertig angezogen«, murmelte er verlegen.
Julia stieß ein ärgerliches Lachen aus. »Eigentlich schon.«
Augustus taxierte sie noch einmal von oben bis unten und runzelte missbilligend die Stirn. Einen solchen Aufzug kannte er bisher nur von seinen willigen Gespielinnen, die ihm zumeist von seinen einflussreichen Gastgebern zugeführt wurden und die er durchaus nicht abwies, wie ganz Rom wusste – aber seine Tochter war doch wohl aus anderem Holz geschnitzt.
»Das ist jetzt Mode«, verteidigte sie sich, aber eine leichte Röte war ihr in die Wangen gestiegen, und wie absichtslos griff sie nach einem Schal, um ihn um ihre Schultern zu drapieren. Dabei war sie sich seiner Heuchelei bewusst: Augustus war eben ihr Vater und wollte einfach nicht wahrhaben, dass sie eine erwachsene Frau war. »Soll ich vielleicht wieder selbst gesponnene Woll-

kleider tragen wie als kleines Kind?«, schleuderte sie ihm entgegen.
»Vielleicht einfach nur etwas mehr Wolle«, gab Augustus trocken zurück.
»Eine Mütze vielleicht?«
Doch ihr Vater, der ihren Humor sonst zu schätzen wusste, wurde plötzlich ernst. Julia kannte dieses Gesicht nur zu gut. Er setzte es immer dann auf, wenn er einen Plan für sie schmiedete. Doch leider handelte es sich meistens um Pläne, in denen nicht sie ihm am Herzen lag, sondern Rom. Der traurige Höhepunkt war ihre Zwangsheirat mit Marcus Agrippa gewesen.
Augustus räusperte sich. »Nun, da die Trauerzeit für dich bald vorbei ist …«, begann er.
Julias Miene verdüsterte sich. Sie hatte es geahnt. Er würde sich wieder und wieder in ihr Leben einmischen. Diesmal aber wollte *sie* diejenige sein, die einen Ehemann erwählte. Außerdem hatte sich ihr Herz schon längst entschieden. Und hatte sie nicht auch das Recht auf etwas Glück? Sie wusste, dass ihr Vater wieder damit argumentieren würde, dass sie es Rom schuldig war, aber sie hatte ihre Schuldigkeit für Rom getan. Zwei Söhne hatte sie ihrem Vater als Nachfolger geboren, Rom konnte zufrieden sein. Jetzt war sie an der Reihe. Herausfordernd hob sie das Kinn. »Vater«, sagte sie, »bisher habe ich mich immer deinem Willen gefügt …«
Augustus ließ sie nicht ausreden. »Es ist nur, weil du auf diese Feste gehst und …«, aber er brach seine Rede ab, als er sah, wie sich ihr Gesicht vor Zorn rötete.
»Du hast doch schon alles, was du wolltest!«, schrie sie ihn an. »Du hast meine Söhne! Und jetzt … lass doch wenigstens *mich* mein Leben leben!«
Ihre Stimme überschlug sich vor Erregung, ehe sie nach

ihrem Umhang griff und aus dem Zimmer stürmte. Augustus sah ihr ungerührt nach, obwohl er ihren fatalen Hang zur Theatralik verabscheute. Dabei vergaß er jedoch vollkommen, dass sein Abgang bei Livia eben nicht weniger dramatisch gewesen war.

Seufzend blickte er sich im Ankleidezimmer seiner Tochter um und sank dann auf den Schemel nieder, auf dem vor kurzem noch seine Tochter gesessen hatte. Gedankenverloren griff er nach ihrer Haarbürste und strich einmal über den Griff aus poliertem Elfenbein. Der Griff war glatt wie die rosige Wange eines Neugeborenen.

Auf einmal wurde er unendlich traurig, und er fragte sich, warum.

Julias Wangen waren nass von Zornestränen, als sie ihren Umhang enger um sich raffte und sich im schützenden Dunkel der Nacht durch die verlassenen Kolonnaden auf das Forum zu bewegte. Ihr Herz, das eben noch vor Wut und Ärger heftig geschlagen hatte, schlug jetzt vor Furcht – es war doch arg einsam im nächtlichen Rom. Hörte sie da nicht Schritte? Sie blickte sich unsicher um, konnte zwar niemanden entdecken, beschleunigte abber dennoch ihren Schritt.

Als sie um eine Ecke bog, sprangen plötzlich zwei Gestalten aus dem Dunkel und versperrten ihr den Weg. Julia schrie erschrocken auf. Es waren ein junger Mann und ein Mädchen. Beide trugen Masken. Schon wollte sie fliehen, da hörte sie unter dem Pferdekopf die Stimme Scipios.

»Heil dir, unsere Königin!«, rief er belustigt und setzte ihr eine Krone aus Flitterkram auf den Kopf. Jetzt wusste Julia auch, wer seine Begleiterin war. Es handelte sich um Marcella, ein ausgelassenes junges Mädchen, das mit ihren Reizen noch nie gegeizt hatte und mit so manchem jungen Ritter oder Adligen schon angebändelt hatte. Ihre Tunika war so tief ausgeschnitten, dass Julia sich in ihrem eigenen Gewand fast schon wieder züchtig fühlte. Sie lachte erleichtert auf.

»Scipio! Marcella! Ihr habt mich aber furchtbar erschreckt!«, rief sie, und ihre Stimme klang immer noch ein wenig schrill.

Scipio, der beste Freund ihres Geliebten, verschloss ihre Lippen mit seinem Zeigefinger. »Pssst! Keine Namen!«, rief er halblaut. »Wir sind inkognito hier, damit uns dein Vater nicht wegen Erregung öffentlichen Ärgernisses festnehmen lassen kann.« Seine Stimme klang fast ein wenig verächtlich.

Julia setzte die Flitterkrone ab. »Wundert euch das? So, wie ihr euch benehmt!« Jetzt sprach sie wie ihr Vater.

»Aber gerade deshalb liebst du uns doch!«, warf Marcella vorwitzig ein.

»Augustus nennt uns alle ungezogene Kinder!«, schmollte Scipio und trat mit der Fußspitze einen Stein weg.

»Und damit hat er völlig Recht«, neckte ihn Julia, aber ihre Aufmerksamkeit galt längst einer weiteren Gestalt, die nun hinter einer Säule hervortrat – eine Gestalt, auf die sie bereits ungeduldig gewartet hatte, seit sie das Haus verlassen hatte. Auch Jullus Antonius trug eine Maske; allerdings war sie nicht so auffällig wie Scipios Pferdekopf und bedeckte auch nur die Augen des Mannes.

»In der Tat«, bemerkte der Maskierte im Näherkommen spöttisch. »Augustus ist immer im Recht.«

Julia wandte sich zu ihrem Geliebten um. »Wer bist du?«, fragte sie scheinheilig, dabei hätte sie Jullus Antonius wahrscheinlich unter jeder Maske erkannt. Aber sie wollte den Zauber nicht zerstören und diese kleine Komödie konsequent zu Ende spielen. »Wer ist denn dieser geheimnisvolle Fremde?«, fragte sie Scipio und tat dabei ahnungslos und überrascht. Scipio breitete hilflos die Arme aus und lächelte.

»Kein Fremder für dich«, raunte Jullus.

»Und wie soll ich das wissen, solange ich dein Gesicht nicht sehe?«, forderte sie ihn heraus.

Jullus rückte dicht an sie heran, und Julia atmete tief seinen vertrauten Duft ein. Nichts war aufregender als der ewig neue Balztanz zwischen Mann und Frau.

»Ein Kuss wird es dir beweisen«, sagte er. Im nächsten Moment pressten sich seine Lippen auf ihren Mund. Seine Hand legte sich in ihre Taille und wanderte schnell ein wenig höher. Sie erwiderte seinen Kuss und öffnete bereitwillig ihre Lippen.

Doch auf einmal wurde sich Julia der beiden Zuschauer bewusst, die sie nun feixend umtanzten und wie alberne Schulkinder imaginäre Küsse in die Luft schmatzten. Rasch schob sie Jullus daher ein Stück von sich fort.

Er gab sie frei, zog sich schwungvoll die Maske vom Gesicht und lachte sie an. Das spärliche Licht der Fackeln an den Hauswänden erhellte die ihr so vertrauten Züge. Julia seufzte glücklich auf. Endlich glaubte sie das gefunden zu haben, wonach sie sich ihr Leben lang gesehnt hatte. Sobald Jullus in ihrer Nähe war, wollte sie ihn ständig nur berühren, so groß war ihr Verlangen. Und niemand sollte ihr dieses Glück wieder nehmen, auch ihr Vater nicht.

»Kommt«, drängte Scipio die beiden, »das festliche Vergnügen erwartet uns.«

Im Gegenteil mein Lieber, dachte Jullus, es ist längst da.

Er warf Scipio einen beschwörenden Blick zu. Der wusste wie kein anderer, was sein Freund für Julia empfand, und er spürte sofort, dass Jullus ihn jetzt loswerden wollte. Später würde er ihm dafür aber einen Wein spendieren müssen.
»Geht nur voraus«, schlug Jullus vor. »Wir holen euch schon ein.«
Scipio wandte sich grinsend ab, sammelte Marcella ein, die noch immer ausgelassen um sie herum tänzelte, und verschwand mit ihr in der milden Nacht.
Nun musste sich Jullus nicht mehr zurückhalten. Sofort zog er Julia zu sich heran, und sein Atem beschleunigte sich, als er einen Blick in ihren Ausschnitt warf. Er schob sie keuchend in den Schatten eines Hauseingangs und küsste sie leidenschaftlich, mit wild schlagendem Herzen. Sie kam ihm willig entgegen. Er schob die Hand unter den Stoff ihres Umhangs und streichelte zärtlich ihre Brust. »Julia«, stöhnte er heiser, »ich begehre dich so.«
Julia schob zitternd ihr rechtes Bein vor, weil sie seine Erregung spüren wollte. »Ich liebe dich auch, Jullus«, flüsterte sie, »aber mein Vater …!«
»Dein Vater?« Befremdet hob er den Kopf und sah ihr ins Gesicht. »Was will er denn schon wieder von dir? Ist es nicht genug, dass er dich zur Ehe mit dem alten Agrippa gezwungen hat – nur damit er einen Thronerben bekommt?«
In seiner Aufregung hatte er immer lauter gesprochen. Verfluchter Augustus, elender Tyrann! Und was für ein Jammer, dass sein Mordplan misslungen war!
»Die Republik hat keinen Königsthron, mein Liebster«, neckte ihn Julia, schlang die Arme um ihn und sah ihn herausfordernd an.

Jullus reagierte prompt und presste sie erneut an sich. Wie reizvoll war es doch, sich vorzustellen, dass Augustus keine Ahnung davon hatte, wenn er hier im Dunkeln mit seiner Tochter stand, wo er sie nun mit spielerischer Leichtigkeit in eine Straßenhure verwandeln konnte, die bereit sein würde, ihm alle seine Wünsche zu erfüllen. Schon konnte Jullus fühlen, wie sie leicht die Beine spreizte, und er genoss ihr leises Stöhnen, als seine suchenden Finger nur wenige Augenblicke später ihr feuchtes Vlies fanden. Diese Macht, die er jetzt, hier draußen auf der Straße, über sie besaß, erregte ihn weitaus mehr, als wenn sie in seinem Bett gelegen hätte. Mutig entblößte er sich vor ihr, nahm ihre Hand und legte sie fordernd auf sein pulsierendes Geschlecht.

Für einen Moment verharrte ihre Hand dort regungslos. Dann zog Julia sie langsam fort und küsste ihn gleichzeitig zärtlich auf den Mund. Als er seine Zunge fordernd zwischen ihre Lippen schieben wollte, drehte sie jedoch den Kopf zur Seite und wich vor ihm zurück.

»Es tut mir Leid«, flüsterte sie, »aber ich kann nicht. Jedenfalls nicht hier ... nicht so!« Jullus war wie vor den Kopf geschlagen. Sie sah sein Gesicht und ahnte, dass er sie wahrscheinlich nicht verstehen würde. »Du weißt es doch selbst am besten, dass ich Agrippa bis zum Schluss treu war«, flüsterte sie.

»Das nennst du Treue?«, rief Jullus verblüfft, während er enttäuscht seine Kleider in Ordnung brachte. »Wie oft haben wir in den vergangenen Jahren gemeinsam nackt in meinem Bett gelegen und uns umarmt ...?«

»Ja, Jullus, wir haben uns umarmt – leidenschaftlich sogar! Und glaube mir: Jedes Mal, wenn wir uns heimlich trafen, hätte ich mich dir liebend gern vollends hingegeben!«

»Dann spielst du also doch nur ein Spiel mit mir!«, sagte er anklagend.
»Nein – so habe ich dich ganz genau kennen gelernt, Jullus. Jetzt erst weiß ich, was wahre Liebe ist … und wem mein Herz gehört«, antwortete Julia mit ernster Stimme.
Jullus murmelte etwas Unverständliches und schob den Stoff ihrer Tunika über die Schulter. Kühl strich die Nachtluft über ihre Haut. Julia zitterte. Jullus, der ihr Erschauern für Erregung hielt, ließ sich nicht aufhalten und begann erneut, sie stürmisch zu bedrängen. Er wollte sich nun endlich nehmen, was Augustus gehörte.
»Bitte nicht Jullus, ich will es wirklich nicht«, sagte sie. Nur von weit her drangen ihre Bitten durch den Nebel seiner Lust. Julia wand sich in seinen Armen. Seine Hände waren nun überall. »Jullus: Hör auf!«, sagte sie in scharfem Ton und kniff ihn schmerzhaft in die Wange. Ärgerlich hob Jullus den Kopf. »Wie lange willst du denn noch um deinen so genannten Ehemann trauern?«, stieß er hervor.
Julia wollte aus dem schützenden Dunkel des Hauseingangs heraustreten, aber er packte sie grob an den Oberarmen und hielt sie fest. »Mein Vater …«, begann sie, aber ehe sie zu Ende sprechen konnte, schubste er sie gegen die Hauswand. Julia taumelte und hielt sich verwirrt am Mauerwerk fest. Was war nur in ihn gefahren? Warum verbarg er auf einmal all seine Sanftheit vor ihr? Sein Gesicht war jetzt eine einzige hässliche Fratze.
»Zum letzten Mal: Du hast genug für Rom getan, Julia«, geiferte Jullus und fuchtelte ihr mit ausgestrecktem Zeigefinger vor der Nase herum. »Du hast deinem Vater zwei Erben geboren und dafür einen alten Mann geheiratet, den du nicht eine einzige Minute lang geliebt hast. Jetzt hast du das Recht, dein eigenes Leben zu leben!«

Julia nickte betroffen, denn er hatte ihr die Wahrheit schonungslos ins Gesicht gesagt. Andererseits hatte ihr sein Benehmen in den vergangenen Minuten überhaupt nicht gefallen. Das war eine ganz neue und höchst unsympathische Seite, die sie plötzlich an ihm kennen gelernt hatte. Natürlich konnte sie verstehen, dass es Jullus nach einer solch langen Zeit des Schmachtens nicht mehr erwarten konnte, sie zu nehmen – aber warum konnte er einfach nicht verstehen, dass es ihr um Erfüllung *und* Liebe zugleich ging?

»Begreif doch bitte mein Handeln, Jullus«, sagte sie leise. »Ich will meine Liebe zu dir nicht mehr verstecken müssen. Weder vor meinem Vater, noch in einem dunklen Hauseingang.« Mit diesen Worten trat Julia auf die Straße hinaus. Sie blickte sich ängstlich um.

Jullus seufzte tief. Er wusste, dass er einen haarsträubenden Fehler begangen hatte. Aber noch war nichts verloren. Er zupfte rasch seine Kleider zurecht, trat neben sie und ergriff ihre Hand. »Verzeih mir bitte mein ungestümes Verlangen«, sagte er.

Julia fuhr ihm durch sein schweißnasses Haar. Sie lächelte. »Natürlich verzeihe ich dir«, meinte sie, »aber nun lass uns rasch zum Fest gehen vorsichtig, damit uns möglichst niemand sieht!«

Sie huschten über das verwaiste Forum hinunter in das Stadtviertel, das direkt an den Tiber grenzte. Schon nach wenigen Metern wurden die Gassen schmaler. Plötzlich blieb Jullus stehen und lachte leise auf. »Hörst du das?«, fragte er lächelnd.

Julia horchte angestrengt. Ja, tatsachlich, da stöhnte jemand. Es war eine Frau, eine sehr junge Frau. Aber es klang beileibe nicht so, als ob sie unter Schmerzen litt oder Hilfe benötigte. Im nächsten Moment keuchte

dann bereits eine ihnen beiden wohl bekannte Männerstimme Marcellas Namen, und der Rest ging im Gegurgel eines verschluckten Lustschreis unter.
Julia und Jullus sahen sich an: Scipio und Marcella waren offenbar nicht vorausgegangen, sondern hatten im Gegenteil die Gunst der Stunde dazu genutzt, sich auf ihre Weise miteinander zu vergnügen. Ach, dachte sie, die beiden hatten es gut, denn sie konnten unbeschwert für ihre Liebe leben. »Lass uns Rom für immer verlassen«, stieß Julia plötzlich atemlos hervor. »Ich will auf diese Insel jenseits von Gallien, wo die Priester ihre Körper blau färben. Wir wollen mit ihnen im Mondschein tanzen … und Rom wird uns vergessen.«
Jullus Miene wurde augenblicklich finster. »Ich will weder von Rom vergessen werden, noch will ich es verlassen«, schnauzte er sie an.
Seine heftige Reaktion überraschte sie. War ihm diese Stadt etwa wichtiger als ihre Liebe? »Auch dein Vater hat Rom verlassen«, entgegnete sie keck.
»Ja, Marcus Antonius verließ Rom. Deswegen musste er sterben – und Augustus hat ihn getötet.«
»Ich will das nicht mehr hören«, entgegnete sie scharf. »Immer wenn du den Namen meines Vaters hörst oder selbst erwähnst, steigt Hass in dir auf. Genau deshalb will ich ja Rom mit dir gemeinsam den Rücken kehren und dorthin gehen, wo wir vor alledem endlich unsere Ruhe hätten – auch vor Augustus!«
»Streitet ihr etwa?«, fragte Marcella plötzlich neben ihr. Sie war mit Scipio im Schlepptau unbemerkt an Julia und Jullus herangetreten. Ihre Haare waren zerzaust, und auch Scipio sah irgendwie mitgenommen aus. Aber sie wirkten beide äußerst glücklich.
Marcella ergriff Julias Hand.

»Kommt!«, rief sie fröhlich. »Wir wollen doch das Fest nicht verpassen!« Julia musste sie nicht lange bitten. Sie hakte das junge Mädchen unter und übernahm selbst die Führung. Es sah leichtfüßig und beschwingt aus, wie die beiden Frauen die Gasse hinunterliefen.
Jullus sah ihnen stirnrunzelnd nach. »Und?«, riss ihn Scipio aus seinen Grübeleien. »Wird sie uns helfen?«
»Ich glaube, wir dürfen nichts überstürzen«, antwortete er. »Sie zieht sich sonst zurück.«
Scipio ballte die Fäuste. »Diesmal werden wir nicht scheitern«, flüsterte er leidenschaftlich.
»Nein, Scipio, diesmal wird der Tod meines Vaters gerächt werden«, schwor er, »und diesmal wird Julia mein Schwert sein.«

Der verschlagene Jullus Antonius war in diesem Moment nicht der Einzige, der die Messer für den Kampf um die zukünftige Herrschaft über das römische Imperium wetzte: Livia Drusilla setzte sich kerzengerade auf, als ihr Sohn Tiberius schwungvoll das Schlafzimmer betrat; sie hatte sich nach langem Überlegen dazu entschieden, ihm und nicht ihrem zweiten Sohn, Drusus, den Vortritt an die Spitze des Staates zu lassen. Zwar klebten die Brüder wie Pech und Schwefel aneinander, aber ihr gut ausgebildeter Machtinstinkt sagte ihr, dass der Ältere von beiden der geeignetere Nachfolger für das Erbe des Erhabenen war. Noch fehlte dem 25-Jährigen zwar die Aura eines potenten Herrschers, aber da Augustus – wie sie annahm – schon aus lauter Egoismus sicherlich noch mehrere Jahre benötigen würde, bis er für immer in sein gigantisches Mausoleum umziehen würde, blieb ihr noch genügend Zeit, um Tiberius auf seine zukünftige Aufgabe vorzubereiten.

Tiberius selbst wusste nicht, warum seine Mutter mitten in der Nacht einen Sklaven zu ihm geschickt hatte. Dabei war er doch gerade erst von einer anstrengenden Reise aus den Alpen nach Rom zurückgekehrt, wo er und sein Bruder Drusus mit ihren Legionen gerade ein paar aufrührerische Stämme zurück auf den rechten Weg brachten. Er hatte nicht einmal seine geliebte Vipsania richtig begrüßen können. Aber wenn Livia rief, hatte selbst ein tapferer General sofort zu erscheinen – dann rückte sein wohlverdienter Heimaturlaub sofort in den Hintergrund, so wie eigentlich alles.

»Setz dich doch, Tiberius«, sagte Livia, wies auf einen Stuhl und versuchte dabei, ihre Verachtung zu verbergen. Auch seine prächtige Uniform und sein Auftritt konnten ihrer Meinung nach nicht darüber hinwegtäuschen, dass er noch viel zu wenig Mumm besaß. Wenn er doch nur mehr Mann wäre!

»Danke, Mutter«, erwiderte er steif, »aber ich stehe lieber.«

Das war seine Art, ihr zu zeigen, dass er nicht allzu viel von ihr hielt. Aus seinem Mund klang das steife Wort ›Mutter‹ viel zu höflich, um ein echtes Zeichen des Respekts zu sein. Aber Livia wollte ja jetzt auch keinen Respekt von ihm verlangen, sondern seine Mitarbeit. Daher kam sie gleich zur Sache.

»Augustus' Gesundheit ist angeschlagen«, sagte sie mit einem lauernden Blick auf ihren Sohn. »Ich weiß nicht, wie lange er noch zu leben hat.«

»Das ist sicher eine schwere Zeit für dich«, erwiderte Tiberius. Er versuchte gar nicht erst, den Sarkasmus in seiner Stimme zu verbergen, denn er hatte seine Mutter und ihr Ränkespiel schon seit langem durchschaut. Am liebsten hätte er sich jetzt auf dem Absatz umgedreht

und wäre gegangen, aber den Mut dazu hatten weder er, noch sein Bruder jemals aufgebracht – obwohl sie sich immer fürchterlich darüber ärgerten, dass sie die starke Persönlichkeit ihrer Mutter weitaus stärker verunsichern konnte als der Anblick einer Horde von Wilden, die ihn erst vor ein paar Tagen zusammen mit seinem Führungsstab in einen Hinterhalt gelockt hatte. Tiberius und Drusus hatten keine Sekunde gezögert, und binnen weniger Minuten hatten sie und ihre Hand voll Männer die Übermacht mit dem Mute der Verzweiflung angegriffen und alle Barbaren getötet. Doch jetzt, wo er sich allein in Livias Nähe befand, fühlte er sich wie gelähmt.
Doch Livia überging seine sarkastische Bemerkung.
»Die Zukunft wird schwer werden«, sagte sie.
»Warum?« Tiberius' Neugier war wider Willen geweckt.
»Warum? – Nun, Tiberius: Wer soll denn deiner Meinung nach Augustus beerben? Agrippa war der Mann seiner Wahl, aber jetzt ist er tot. Es werden sich wie immer Parteien bilden, und viele mutige Männer werden sich mit Vergnügen daran machen, unser Lebenswerk zu vernichten.«
Unser Lebenswerk? Er hatte damit nichts zu tun. Ihn konnte sie damit nicht meinen, höchstens noch seinen Stiefvater, Augustus. Stirnrunzelnd wartete er ihre nächsten Worte ab, obwohl ihn langsam eine düstere Ahnung beschlich, worauf seine Mutter hinauswollte.
»Augustus ist es gelungen, das Gleichgewicht zwischen den beiden Seelen Roms, dem Senat und dem Volk, zu erhalten. Wird dieses Gleichgewicht jedoch gestört, gibt es wieder Bürgerkrieg. Das verstehst du doch, oder?«
Schon war er wieder der kleine, verschüchterte Tiberius.
»Mutter!«, rief er, doch sie hob die Hand und erstickte seinen Versuch, das Thema zu wechseln, im Keim.

»Wir müssen rasch handeln und jetzt schon allen zeigen, dass du der Auserwählte bist – nach dem Tod des Augustus.« Livia legte eine dramatische Pause ein und blickte ihn erwartungsvoll an. Warum machte er jetzt bloß so ein gequältes Gesicht? Jetzt erinnerte er sie wieder an ein hilflos blökendes Schaf. Warum nur hatten ihre Söhne nicht mehr von ihrer Entschlusskraft geerbt? So viele andere Männer würden sofort, ohne lange nach Worten zu ringen, nach diesem Zipfel der Macht greifen und ihn keinesfalls wieder loslassen.

»Ich bin dein Sohn, nicht der seine«, brachte Tiberius schließlich hervor. »So wie Julia seine und nicht deine Tochter ist.«

Livias Herz machte einen gewaltigen Sprung vor Freude. Tiberius wunderte sich. Was hatte er denn gerade gesagt, dass seine Mutter auf einmal so strahlte? Er sah sie misstrauisch an.

»Sehr richtig, Tiberius«, sagte sie freundlich. »Du bist ein Mann aus meiner Familie – aus einem adligen Geschlecht. Deswegen wird Julia dich ja auch bald heiraten.«

Wie vom Donner gerührt starrte Tiberius seine Mutter an. »Nein, Mutter!«, wehrte er dann entschieden ab. »Ich liebe sie nicht.«

Livia schnaubte verächtlich. »Du weinerlicher Narr! Sagtest du ›Liebe‹? Liebe war nie ein Thema dieser Unterhaltung!«

»Du weißt, Mutter, ich liebe Vipsania«, entgegnete Tiberius schwach.

»Natürlich weiß ich es, Tiberius«, sagte sie mit einer wegwerfenden Handbewegung. »Du hast es ja jedem erzählt, als du diese Gans geheiratet hast. Damals habe ich deine Dummheit geduldet, doch nun kann ich das

nicht mehr. Du wirst dich scheiden lassen und Julia heiraten – für Rom! Ich habe dich schließlich erwählt.«
Tiberius richtete sich auf. »Ich bin Soldat, kein Politiker.«
»Du wirst Kaiser sein«, rief Livia ungeduldig. »Und statt Vipsania wird dir ein Imperium zu Füßen liegen!«
Tiberius schüttelte den Kopf, wandte sich ab und starrte die Wand an. »Ich will dieses Amt nicht. Frag doch Drusus«, meinte er tonlos, »aber ich prophezeie dir, Mutter, auch er wird ablehnen!«
»Ablehnen?«, brauste Livia auf. »Solche Entscheidungen werden nicht durch das entschieden, was man will oder nicht will. Sie sind einfach ... notwendig! Und sieh mir gefälligst in die Augen!«
Tiberius tat, wie ihm befohlen. Dabei stieß er mit der Fußspitze gegen ein Stuhlbein. »Außerdem hat Augustus seine Enkelsöhne durch die Adoption bereits zu seinen Erben bestimmt«, wandte er schüchtern ein.
»Es sind schwächliche Kinder«, sagte Livia kalt. »Sie könnten zum Beispiel früh sterben!«
Entsetzt starrte Tiberius seine Mutter an.
Livia erriet seine Gedanken sofort und lachte. »Ich sage doch nur, dass sie immer erkältet sind und häufig fiebern.«
Tiberius musste plötzlich heftig niesen. Anscheinend wollten ihn die Götter retten. Livia sah ihn angewidert an, doch er wischte sich mit dem Ärmel seiner Uniform ungerührt übers Gesicht. Dann sagte er lächelnd: »Das Gleiche gilt offensichtlich auch für deinen Sohn.«
Mit diesen Worten floh er aus Livias Schlafzimmer. Gleichzeitig wusste er aber, dass seine Mutter nicht eher ruhen würde, bis sie ihren Plan in die Tat umgesetzt hätte. Von einem Sieg, das war Tiberius klar, konnte keine

Rede sein. Nur ein Wunder würde ihn retten. Aber keinesfalls wollte er Vipsania unnötig aufregen. Daher beschloss Tiberius, seiner schönen Frau gegenüber nichts von Livias Intrigenspiel zu erwähnen.

Im Gegensatz zu Tiberius hatte Julia ihrem Vater gegenüber ihre Hemmungen schon lange abgelegt. Entsetzt starrte sie ihn an, dessen Gestalt von den Flammen des Opferfeuers erhellt wurde, das sie gemeinsam im Tempel des Julius Caesar entzündet hatten. Lange schon hatte Julia sich Augustus nicht mehr so nahe gefühlt, aber er hatte diesen Moment ihrer Schwäche lediglich dazu genutzt, ihr erneut seinen Willen aufzuzwingen – und einen Mann, den sie nicht heiraten wollte.
»Vater«, sagte sie laut, »das kannst du weder mir, noch kannst du es deinem Stiefsohn antun. Ich weiß, wie glücklich Tiberius und Vipsania sind!« Ihre hysterische Stimme hallte von den marmornen Wänden des Tempels wider. Augustus legte ihr den Arm begütigend um die Schulter, doch Julia hatte plötzlich das Gefühl, von einer eisernen Klammer erdrückt zu werden.
»Julia, ich liebe dich von ganzem Herzen«, sagte er. »Aber Livia und ich sind beide von diesem Schritt überzeugt und halten ihn für richtig: Nicht nur zum Wohle Roms, sondern auch zu deinem eigenen Wohl und zum Wohle deiner Kinder musst du Tiberius heiraten!« Sie schüttelte wie betäubt den Kopf. In ihrem Kopf überschlugen sich die Gedanken. Sie liebte Jullus, auch wenn er ihre Liebe vor ein paar Tagen auf eine harte Probe gestellt hatte. Doch inzwischen hatten sie sich wieder ausgesöhnt und wieder ernsthaft damit begonnen, ihre gemeinsame Zukunft zu planen. »Deine Söhne werden meinen Tod nicht um einen Tag überleben, wenn bis

dahin meine Nachfolge nicht einwandfrei feststeht«, fuhr ihr Vater beschwörend fort, »Auch dessen sind wir uns sicher.«

»Wie könnt ihr dies nur zum zweiten Mal von mir verlangen?«, fragte sie erschüttert.

»Weil es keine andere Lösung für dieses Problem gibt«, antwortete Augustus und versuchte, seinen aufwallenden Ärger über ihre Verstocktheit herunterzuschlucken. Warum wollte ausgerechnet seine Tochter einfach nicht begreifen, dass es um viel wichtigere Dinge ging, als um die lächerliche Verliebtheit von Menschen? Konnte sie diese egoistischen Gefühle nicht endlich vergessen und verstehen, dass gerade sie als Frau ein hohes Maß an Verantwortung für den Erhalt ihrer Dynastie trug?

»Es gibt keine andere Lösung«, wiederholte er. »Nur die eheliche Verbindung zwischen Livias Sohn und der Tochter des Augustus gewährleistet die direkte Nachfolge nach meinem Tod. Dadurch wirst nicht nur du, sondern werden auch deine Söhne immer geschützt sein. Und Rom ist gerettet.«

Rom, dachte Julia, immer nur Rom. Und was ist mit mir? »Rom wäre also gerettet, Vater?«, erwiderte sie zornig. »Aber dafür wäre mein Leben zerstört! Und wer weiß – vielleicht auch das des Tiberius und der Vipsania!« Sie biss sich erschrocken auf die Zunge. Fast wäre ihr der Name von Jullus über die Lippen gekommen.

Augustus seufzte. Sie dankte es ihm ja nicht einmal, dass er sie vor seiner endgültigen Entscheidung – die allerdings längst gefallen war – in Kenntnis setzte. Dabei wollten er und Livia – in seltener Übereinstimmung – sogar dafür sorgen, dass sich das zwangsverheiratete Ehepaar keinesfalls zerfleischen konnte.

»Es soll doch nur zum Schein sein«, beeilte er sich deshalb jetzt zu sagen. »Ich werde dafür sorgen, dass du Tiberius so gut wie nie ertragen musst. Er ist doch ohnehin mit Leib und Seele ein Krieger. Ich werde ihn deshalb in die entlegensten Winkel des Reiches schicken, um die Grenzen Roms zu verteidigen.« Doch plötzlich merkte er, dass Julia ihm gar nicht zuhörte.
Stattdessen schlug sie weinend die Hände vors Gesicht.
»Ich liebe Jullus Antonius«, rief sie verzweifelt. »Ich habe ihn zu meinem zukünftigen Ehemann erwählt.«
»Du hast ihn nie geliebt. Du hast ihm bloß den Kopf verdreht – immer wenn du dich nachts davongeschlichen hast … in sein Bett … und ausgerechnet Marcus Agrippa schamlos Hörner aufgesetzt hast – dem Vater deiner Kinder!«
Julia musste schlucken. »Nein«, flüsterte sie schwach, »so war es nicht. Ich war meinem Mann immer treu.«
»Du hast dich benommen wie eine Hure!«, donnerte Augustus. »Und wäre ich nicht derjenige, der ich bin, hätte man dich schon längst wegen des Verstoßes gegen das Ehegesetz anklagen müssen. Aber nicht einmal deinem Mann habe ich ein Sterbenswörtchen von deiner Unzucht verraten!«
»Warum hast du es nicht getan, Vater?«, fragte sie.
»Weil ich dich liebe!«, brüllte Augustus.
»Und ich liebe dich auch, Vater – und deshalb musst du mir glauben, dass ich die Ehre meines Mannes niemals verletzt habe.« Ihre Stimme zitterte.
»Dennoch liebst du Jullus Antonius?« Er sah sie streng an.
»Ja – aber ich hatte die Kraft, zu warten.«
»Er ist der Sohn meines Feindes!«
»Aber Marcus Antonius ist schon so lange tot!«, rief sie.

In diesem Moment durchzuckte sie jedoch ein Gedanke: Jullus sprach wieder häufig vom Tod seines Vaters.
Augustus musterte seine Tochter. »Aber seine Ideen sind es nicht. Es würde sofort wieder Bürgerkrieg geben. Jullus denkt doch, ich hätte die Republik verraten. Er hält mich für einen Tyrannen.«
»Du bist ein Tyrann!«, schrie Julia und sprang auf.
Doch Augustus hielt sie fest. Julia hatte ihm bisher immer gehorcht. Sie würde es auch dieses Mal wieder tun.
»Hör mich bitte an, Julia«, sagte er sanft. »Die politische Stabilität Roms wird gesichert sein, deine Söhne werden behütet heranwachsen. In zehn Jahren könnte dann Gaius ...«
»Zehn Jahre!«, rief Julia verzweifelt. Für ihren Vater mochten zehn Jahre eine kurze Zeit sein, aber für eine Frau wie sie, die nicht mehr in der ersten Blüte stand und die bereits zwei Kinder geboren hatte, zählten zehn Jahre doppelt. In zehn Jahren würde sie vierzig sein – fast schon eine Greisin! »Und was ist, wenn du vorher sterben würdest?«
Empört ließ Augustus sie los. Julia spürte eine leise Genugtuung, das auch sie ihm Schmerz zufügen konnte. »Ich werde nicht sterben«, verkündete er ein wenig zu laut. »Ich werde so lange leben, bis deine Söhne Rom regieren ...«
»... und bis ich zugrunde gegangen bin«, fügte Julia mit bitterer Stimme hinzu.
»Bisher habe ich noch niemanden so sehr geliebt wie dich«, bekannte Augustus.
Julia nickte. Das stimmte sogar, aber andererseits wusste sie natürlich genau, dass er dabei nie den Menschen in ihr sah, sondern immer nur die Rolle, die sie zugunsten Roms spielte. Manchmal wollte sie ihn sogar verstehen:

dass er nicht einfach bloß ein Vater sein durfte. Aber sie konnte es einfach nicht. »Warum willst du mir dann mein Leben nehmen?«

Ich nehme es dir doch nur, um es dir zu schenken, dachte Augustus. Er ließ sich Zeit mit seiner Antwort. Dann sagte er: »Rom ist nicht irgendein Staat, Julia. Es ist die Hoffnung der zivilisierten Welt. Wenn Rom fällt, bedeutet das den Untergang der gesamten Zivilisation. Schon Caesar war sich dessen bewusst.«

Auf einmal rollten Tränen aus ihren Augen. »Nur weil du mit Hilfe von Gewalt an die Macht gekommen bist, gibt dir das noch lange nicht das Recht, mich mit Gewalt dazu zu bringen, einen Mann zu heiraten, den ich nicht liebe!«, rief sie anklagend.

Hatte sie ihm denn schon wieder nicht zugehört? Warum hatten Frauen immer nur diesen romantischen Unsinn im Kopf? Aber damit würde jetzt Schluss sein: »Du und ich, wir beide werden noch heute Nacht die Zukunft Roms sichern – und die Zukunft unserer Familie.« Seine Stimme war fest und duldete keinen Widerspruch. Dies war also das Ende. Julia erschauerte. »Wir werden dafür sorgen, dass deine Söhne eines Tages diesen Staat regieren werden. Deine Söhne, Julia, nicht Livias Sohn! Du hast ihnen schon einmal das Leben geschenkt: Schenke es ihnen nun ein zweites Mal, schenke es ihnen und dem Römischen Reich.«

Er wollte sie umarmen, aber Julia stieß einen erstickten Schrei aus, riss sich von ihm los und stürzte aus dem Tempel in die Dunkelheit hinaus.

Livia schüttete noch ein wenig mehr von dem weißen Pulver ins Wasser und rührte sorgfältig um. Ihre Stiefsöhne schliefen unruhig und atmeten schwer. Die Kinderfrau dagegen schnarchte selig. Wäre Livia nicht zufällig auf der Suche nach Augustus hier vorbeigekommen, wären sie vielleicht erstickt – ein Gedanke, der durchaus reizvoll war, wenn auch sehr, sehr hässlich.

Livia schnupperte an der milchigen Flüssigkeit, die im Tonkrug schwappte, und rümpfte angewidert die Nase. Dann schenkte sie einen Becher voll, trat ans Bett von Gaius und rüttelte den Jungen wach. »Gaius, wach auf. Deine Großmutter möchte, dass du das hier trinkst.« Nach einigen Sekunden schlug das Kind verwirrt die Augen auf. Sie führte den Becher an seine Lippen. »Trink das!«, befahl sie.

Gehorsam schluckte der Kleine den bitteren Saft. Er schüttelte sich. »Ganz austrinken«, drängte sie ihn. Er gehorchte, auch wenn es ihm sichtlich schwer fiel, aber er hätte es nie gewagt, sich seiner Großmutter zu widersetzen. Schließlich war es geschafft. Livia nickte zufrieden. Sekunden später verdrehte Gaius die Augen und sank in einen todesähnlichen Schlaf.

Livia runzelte die Stirn und ging dann zur Kommode, um den Becher ein zweites Mal mit der Mixtur zu füllen. Es dauerte etwas länger, bis sie Lucius wachrütteln konnte, aber nach einer halben Ewigkeit hatte der Jüngere der beiden Adoptivsöhne ihres Mannes ebenfalls den Becher geleert. In dem Moment, als Lucius wie ohnmächtig seinen Kopf aufs Kissen sinken ließ und sie sich ächzend aufrichtete, stürmte Julia herein. Sie hatte geweint und befand sich in einem erkennbar jammervollen Zustand, aber als sie den Becher in Livias Hand erblickte und die schlafende Alessia sah, veränderte sich ihre Gemütslage sofort.

»Livia, was tust du da?«, fragte sie in scharfem Ton. »Was hast du ihnen gegeben?«

»Kräuter«, antwortete Livia und warf einen Blick auf den kleinen Lucius. Der Junge seufzte leise auf, drehte sich auf die Seite und lag dann ganz still.
»Kräuter? Wofür?« Julias Augen verengten sich zu schmalen Schlitzen.
Livia wich ihrem Blick keinen Moment lang aus. »Kräuter gegen das Fieber, das ihren Vater umgebracht hat. Du musst sie besser davor schützen.«
Das klang zwar überzeugend, aber Julia traute ihr nicht. Denn wenn Livia irgendetwas schützen wollte, dann ausschließlich sich selbst. »Raus!«, fauchte Julia. »Verlass bitte dieses Zimmer!«
»Ich verbitte mir diesen Ton!«, erwiderte Livia ruhig.
»Raus!«, wiederholte Julia. Sie sah jetzt aus, als würde sie ihrer Stiefmutter im nächsten Moment die Augen auskratzen.
Livia zuckte mit den Schultern und verließ gemessenen Schrittes das Kinderzimmer.
Kaum hatte sich die Tür hinter ihr geschlossen, stürzte Julia an die Betten ihrer Söhne. »Lucius? Gaius?« Aber die Kinder antworteten nicht, sondern schliefen flach atmend weiter. Verzweifelt nahm sie beide Jungen aus ihren Betten und versuchte, sie zu wecken. Aber sie schienen betäubt zu sein. War etwa das Unvorstellbare geschehen? Hatte Augustus sie nur deshalb so lange im Tempel gequält – nur damit Livia, diese Teufelin in Menschengestalt – ihre unschuldigen Kinder vergiften konnte? Sie drückte ihr Gesicht an die weiche Wange ihres jüngeren Sohns. »Wacht auf«, stieß sie schluchzend hervor, »bitte, wacht doch auf!«

Kapitel XII

Tullus diente schon lange bei den Prätorianern. Er war stolz darauf, den gleichen ehrenvollen Beruf wie schon sein Vater und sein Onkel auszuüben. Auch sie hatten ihre Kraft und ihren Mut in den persönlichen Schutz römischer Feldherren gesteckt. Augustus hatte sich die Prätorianer als persönliche Leibgarde herangezogen, und Tullus war ihm seit jeher ein treuer Begleiter auf dem Weg zur Macht gewesen.

Er musste zugeben, dass es manchmal ermüdend war, den Blick bei jedem öffentlichen Auftritt des Imperators unermüdlich durch die Menge gleiten zu lassen. Wie sollte man immerzu auf der Hut sein, wenn die Bilder, die man sah, immer dieselben waren? Eine wogende Masse, ausgestreckte Hände, Blumen, geschriene Worte. Man hatte als Prätorianer immer mit dem Schlimmsten zu rechnen, aber wenn es dann kam – so wie jüngst das perfide Attentat – dann war man eben doch nicht schnell genug. Tullus hatte sich bis heute nicht verziehen, dass er nicht rasch genug reagiert hatte. Wäre die Schutzweste des Augustus nicht gewesen, dann hätte er sich jetzt bis an sein Lebensende schuldig fühlen müssen. Wie hätte er seinem Vater und Onkel noch unter die Augen treten können, ohne vor Scham zu erröten?

Tullus trat auf das Forum heraus, um sich im Schatten des Tempels zu erleichtern – er war die Neckereien seiner Kameraden leid, die sich einfach nicht darüber beruhigen konnten, dass er so schrecklich oft seine Blase leeren musste. Andererseits war er es aber auch, der es schaffte, eine Amphore Wein auszutrinken, ohne abzusetzen. Wahrscheinlich war es der Neid, dachte Tullus, aber er

hatte es dennoch satt, sich immer dieselben Bemerkungen anhören zu müssen. Er war ungewöhnlich groß, fast zwei Meter. Das war ein Vorzug, wenn man zu den Prätorianern gehörte. Er konnte über fast jede Menge hinwegblicken . Und es war auch dann nützlich, wenn man dumme Sprüche zum Schweigen bringen wollte.
Die Sonne ging gerade erst auf und spiegelte sich mit ihrem altrosa Schein im regennassen Pflaster des Forums. Um diese frühe Stunde war es noch sehr still in Rom, und Tullus sah sich um, falls sich wieder eine vorwitzige Hure in die Nähe des Palastes gewagt hatte.
Er wollte sich schon abwenden, als sein Blick an einem dunklen Bündel hängen blieb, das mitten auf dem Forum lag. Tullus runzelte die Stirn. Die Feste wurden heutzutage ja immer ausgelassener, und der Adel kümmerte sich gar nicht mehr darum, wo er Tuniken, Togen und wer weiß was sonst noch alles liegen ließ, wenn die Lust erst einmal befriedigt war. Widerwillig begab sich Tullus zu dem Bündel, um den Müll zu entfernen. Doch plötzlich stutzte er und begann dann zu rennen. Was er für einen Mantel gehalten hatte, war ein Mensch. Eine Hand lag, jetzt deutlich erkennbar, in einer Pfütze, die Finger leicht nach oben gekrümmt. Der Mensch rührte sich nicht. Ein Betrunkener, der die Nacht im Freien verbracht hatte? Oder war er etwa tot?
Tullus sank neben der Gestalt auf die Knie, fühlte nach dem Puls und gab einen erstickten Laut von sich. Das kühne Profil, die ausgeprägte Nase, welche die neuesten Münzen zierte, der kurze Haarschnitt – beim Jupiter, das war ohne Zweifel Augustus persönlich! Tullus spürte einen schwachen Puls und nahm rasch seinen Umhang ab – die Kleider des Erhabenen waren vollkommen durchnässt. Sorgsam wickelte er den Bewusstlosen in

den warmen Stoff, hob ihn mit Leichtigkeit auf die Arme und strebte dann so rasch und so vorsichtig wie möglich dem Domizil des Augustus zu. Trotz seiner immensen Kraft würde es ein anstrengender Marsch werden – aber auf diese Weise konnte er endlich sein Versäumnis vor einigen Wochen wieder gut machen.

Julia betrachtete besorgt die blassen Gesichter von Gaius und Lucius. Sie atmeten jetzt tief und regelmäßig, aber ihre Wangen waren bleich, und es war ihr bis jetzt nicht gelungen, die beiden aufzuwecken.
Wie oft hatte sie sich nach einer durchtanzten Nacht darüber geärgert, dass ihre Kinder sie viel zu früh aus dem Schlaf gerissen hatten, um ihr Dinge zu erzählen, die sie überhaupt nicht interessierten. Und wie sehr wünschte sie sich jetzt, dass sie endlich wach würden und ihr zeigten, dass es ihnen gut ging.
Stirnrunzelnd dachte sie an die gelbe Flüssigkeit, die sie erbrochen hatten, nachdem sie ihnen den Finger in den Hals gesteckt hatte. Es hatte leicht bitter gerochen, und auf der Kommode hatte sie ein Kästchen gefunden, in dem sich ein Pulver befand, das denselben leicht bitteren Geruch verströmte. Was hatte Livia ihren Kindern eingeflößt? Wie kam sie dazu, ihren Stiefenkeln überhaupt etwas zu verabreichen, ohne die Mutter zu fragen? Erneut stieg der Zorn auf die Stiefmutter in Julia auf, und sie knirschte mit den Zähnen.
Als plötzlich die Tür aufgedrückt wurde und das Gesicht ihrer Stiefmutter im Rahmen erschien, konnte Julia sich nicht länger beherrschen. Mit ausgestreckten Händen ging sie auf Livia los. »Verschwinde!«, schrie sie. »Du kommst nicht mehr an meine Kinder heran. Du hast sie umgebracht! Mörderin! Mörderin!«

Dann schlug sie unvermittelt zu, einmal, zweimal, und sie spürte mit Genugtuung, dass sie getroffen hatte. Julia sah dabei nicht einmal Livias Gesicht – sie wollte die Frau ihres Vaters nur unbedingt von ihren Kindern fernhalten und sich für das rächen, was sie ihnen angetan hatte. Doch noch ehe sie ein drittes und ein viertes Mal zuschlagen konnte, wurden ihre Handgelenke von harten Fingern umklammert und nach unten gebogen.

Livia war zwar fast zwanzig Jahre älter als Julia, aber sie verfügte über enorme Kraft. Julia sah sie hasserfüllt an. Livia war bleich, und ein wenig Blut sickerte aus einem Kratzer auf ihrer Wange, aber es war der Ausdruck in Livias Augen, der Julia schließlich ruhig werden ließ.

»Julia!«, fragte Livia fassungslos. »Was sollen diese Anschuldigungen?«

Oh, was für eine gute Schauspielerin die Frau doch war, dachte Julia erbittert. Sie befreite sich aus Livias Griff, eilte rasch zurück zum Bett der Kinder und stellte sich mit ausgebreiteten Armen schützend davor. »Du wolltest sie umbringen, Livia!«, schrie sie.

»Die Kinder? Livia sah ihre Stieftochter verständnislos an. »Töten? Was redest du da?« Langsam mischte sich Ärger in ihre Verwirrung.

Aber Julia ließ sich nicht täuschen – nicht von dieser Heuchlerin, deren einziges Bestreben es doch war, ihren Sohn Tiberius als Nachfolger des Augustus zu sehen. Sie würde vor nichts Halt machen, um ihr Ziel zu erreichen. Aber sie war dumm genug gewesen, den Beweis für ihre Heimtücke im Zimmer stehen zu lassen. Dort, auf der Kommode, befand sich das Kästchen mit dem bitteren Pulver, und Julia griff jetzt danach. So viel Tod in so einer kleinen Schachtel, so viel Leid. »Du hast sie vergiftet«, erklärte sie langsam, »damit!« Im selben Moment schleuderte sie ihrer Feindin das Kästchen ins Gesicht. Doch das Holz war zu leicht, um Livia treffen zu können. Es segelte durch den Raum, und das todbringende Pulver verteilte sich in der Luft und sank langsam als feiner Schleier zu Boden.

Livia trat einen Schritt vor, bückte sich nach dem Kästchen, hob es auf und starrte auf den Rest des Pulvers, der darin verblieben war. »Kräuter!«, stieß sie hervor. »Das sind doch nur Kräuter!«

Die beiden Frauen standen einander gegenüber. Julia keuchte vor Wut. Gaius murmelte etwas in seinem ohnmachtsähnlichen Schlaf, drehte sich auf die andere Seite und schlief weiter. Der bittere Geruch im Zimmer wurde jetzt stärker. Julia musterte Livia weiter misstrauisch. »Du lügst«, sagte sie, aber es klang nicht mehr so überzeugt wie eben.

Livia schüttelte den Kopf und gab einen verächtlichen Ton von sich. »Du bist eine Närrin, Julia«, sagte sie. »Warum sollte ich deine Söhne vergiften?« Sie klappte die kleine Schachtel zu und steckte sie ein.

Mit neu erwachter Kampfeslust fuhr Julia herum. »Weil dann Augustus keine Erben mehr hätte!«, rief sie. »Dann wäre der Weg für deinen Sohn frei.«

Livia betrachtete die ungeliebte Stieftochter. Was für ein oberflächliches Weib sie doch war, was für eine lächerliche Person. Julia hatte schon immer hauptsächlich an ihre Vergnügungen gedacht und ihre Pflichten als Tochter des Augustus vergessen. Feste, Feiern, Schwärmereien: Was das betraf, würde sie wunderbar zu ihrem eigenen Narren von Sohn passen. Laut sagte sie: »Du hast ohne Zweifel Recht. Ich bin selbst Mutter und natürlich will ich, dass mein Sohn Augustus beerben wird – aber deswegen ermorde ich doch keine Kinder!«

Julia schwieg verunsichert. Das war ein kluger Schachzug ihrer Stiefmutter, sich auf die eigene Mutterrolle zu berufen – sie beide hatten sonst wahrlich nichts gemeinsam. Aber in dem einen Punkt glaubte Julia ihr: Jede Mutter wusste, wie schutzlos und verletzlich ein Kind ist. Andererseits war Livia ihr nie wie eine besonders liebevolle Mutter vorgekommen. Auch ihre beiden Jungen hatten mehr Respekt vor ihr als Zuneigung. Sie drehte sich um und betrachtete ihre beiden Söhne. Sie schliefen noch immer sehr tief, andererseits war auch gerade erst die Sonne aufgegangen.
»Es geht ihnen gut«, hörte Julia Livia ungeduldig sagen. »Lass sie in Ruhe schlafen, und komm mit. Dein Vater braucht dich jetzt.« Ihre Stimme klang kühl. »Man hat ihn auf dem Forum gefunden – bewusstlos, völlig durchnässt. Er scheint die ganze Nacht im Freien gelegen zu haben. Jetzt hat er wieder Fieber.« Livia musterte ihre Stieftochter von oben herab und fragte lauernd: »Hast du ihn gestern nicht allein im Tempel zurückgelassen?«
Julia schüttelte wie betäubt den Kopf. Sie war krank vor Sorge, hatte in der Nacht kaum geschlafen, immer nur den Schlaf der Kinder bewacht, und nun hörte sie schon wieder eine neue Schreckensbotschaft. Langsam wandte sie sich von den Betten ab und folgte Livia aus dem Zimmer.

Augustus keuchte. Schweiß rann ihm über das fieberheiße Gesicht. Schüttelfrost ließ seine Zähne klappern. Ab und zu stammelte er ein paar Wortfetzen, doch niemand begriff, dass er von dem abgeschlagenen Haupt Ciceros träumte, das ihn in seinen Fieberfantasien heimsuchte und drohte, seine Tochter, seine Enkel und sein Reich zu

verschlingen. Unruhig warf er sich hin und her und merkte nichts von dem prüfenden Blick seines Leibarztes, der besorgt an seinem Bett stand.
Der Mensch ist ja so schwach und so klein, dachte Musa. Wieder einmal fragte er sich, warum er die enorme Bürde des Arztberufes auf sich genommen hatte. Ausgedehnte Studienreisen hatten ihn zwar bis in den Orient geführt, wo die Heilkunst am weitesten fortgeschritten war, aber er hatte nur immer wieder erkennen müssen, wie schnell die Grenzen der Heilkunst erreicht wurden. Gut, es gab auch immer wieder Fälle, wo eine kühne Operation, ein heilsamer Trank oder der richtige Griff Erfolg gebracht hatten, aber wie viel häufiger war die Anzahl derer, die mit dem Tod gerungen und trotz aller Hilfe den Kampf verloren hatten! Ob Kaiser oder Bauer: Krankheiten kannten keinen Standesunterschied, Krankheiten mussten sie alle alleine ausfechten. Musa seufzte auf und murmelte in seiner ägyptischen Muttersprache vor sich hin. Augustus war noch nie ein einfacher Patient gewesen. Der Erhabene war unduldsam der eigenen Schwäche gegenüber. Wenn er wieder und wieder von den ärgsten Anfällen von Fieber und Husten heimgesucht wurde, kam der Zorn darüber noch hinzu. In der Rekonvaleszenz schlug er dann häufig die ärztlichen Ratschläge in den Wind, bürdete sich viel zu viel auf und wollte mit aller Macht Dinge tun, die schon für einen gesunden Menschen anstrengend waren. Ja, Leibarzt des Kaisers zu sein war kein einfacher Beruf. Andererseits hatte Musa als Arzt des Augustus Karriere gemacht. Er hatte dem Augustus schon so manches Mal helfen konnen, und er würde auch jetzt wieder alles tun, was in seiner Macht lag, um den Kranken zu heilen – wie er es auch bei jedem einfachen Söldner getan hätte.

Allerdings hatte er mit denen nicht mehr viel zu tun. Seufzend griff er nach dem Handgelenk des Kranken und zählte den Puls.
Der alte Arzt hörte nicht mehr besonders gut. Aber am plötzlichen Luftzug spürte er, dass er nicht mehr allein mit seinem Patienten war. Livia hatte das Zimmer betreten und näherte sich, mit Julia im Schlepp, dem Krankenlager.
»Gaius«, sagte Livia ruhig, »wir sind jetzt alle hier bei dir: Livia, deine Tochter Julia und Musa!«
Augustus öffnete die Augen und versuchte dann mühsam, sich aufzusetzen. Doch sein geschwächter Körper verweigerte ihm den Dienst.
Musa hatte den Versuch mit scharfen Augen beobachtet. Entschlossen hob er den Kopf. »Um das Fieber zu senken, müssen wir ihn in Eis baden.«
Julia fuhr zu ihm herum. Ihr Zorn auf Livia war noch immer nicht verflogen, und sie brauchte ein Ventil, um ihre Wut loszuwerden. »Eis?«, fuhr sie den Arzt an. »Bist du wahnsinnig geworden, alter Narr? Deine ägyptischen Heilmethoden werden ihn umbringen!«
»Eis?«, fragte auch Livia verblüfft.
Musa sah die beiden Frauen verwundert an. Wussten sie denn nicht, dass er ein paar Wochen zuvor gerade mit dieser Rosskur Erfolg gehabt hatte? Augustus verabscheute die Eisbäder zwar, aber er liebte sein Leben, in das er danach immer wieder zurückkehrte.
In Augenblicken wie diesen verachtete er die Römer. Rom hielt sich für den Nabel der Welt, war stolz auf seine Zivilisation, und doch gab es in Ägypten jede Menge Ärzte, die den Römern in der Heilkunst weit überlegen waren.
Dennoch beherrschte er sich und blieb der Tochter des

Kaisers gegenüber zurückhaltend und respektvoll im Ton. »Wenn man nichts versucht, wird er an diesem Fieber sterben«, sagte er ihnen ohne Umschweife ins Gesicht. »Er ist zu schwach!« Die Wahrheit sprach manchmal besser für sich selbst als jede Diplomatie.

Livia begriff den Ernst der Lage. »Nun, wenn du es sagst, dann müssen wir es wohl versuchen.«

»Um ihn und meine Kinder am gleichen Tag zu töten?«, warf Julia ein.

Livia machte eine wegwerfende Handbewegung. »Deinen Kindern geht es doch gut, Julia«, erwiderte sie gequält.

›Töten‹ war jedoch ein Wort, das selbst den Nebel im Kopf des fiebernden Augustus zu durchdringen vermochte. Schließlich sah sich ein Imperator dem Tod tagtäglich ausgesetzt, und er fürchtete ihn nicht. Was er jedoch fürchtete, war der Tod des Reiches, wenn die Nachfolge nicht gesichert war. »Töten?«, flüsterte er mit trockenen Lippen.

Julia trat dicht an das Bett ihres Vaters. Sie dachte nicht daran, den kranken Mann zu schonen. Sie sah nur ihren Vater vor sich, der ihr einen Rat geben konnte; den Kaiser, der sie und ihre Kinder vor den Nachstellungen der Stiefmutter schützen konnte. Anklagend zeigte sie auf Livia. »Vater, sie hat heute Nacht versucht, Gaius und Lucius zu vergiften. Ich habe sie das Gift erbrechen lassen.«

Musa erschrak. Livia schüttelte angewidert den Kopf.

»Gift?«, krächzte Augustus.

Julia war sich auf einmal nicht mehr ganz sicher, ob ihr Vater ihr überhaupt folgen konnte.

»Es sind Kräuter!«, rief Livia auflachend und zog das Kästchen unter ihrem Gewand hervor.

Augustus streckte zitternd die Hand aus. »Gib es mir!«, befahl er.

»Warum?« Livia machte Anstalten, die Schachtel wieder einzustecken.
»Gib es mir!«, rief er erneut und hustete.
Livia zuckte zusammen und händigte ihm schließlich zögernd das Kästchen aus.
Julia dachte auf einmal mit Schrecken daran, dass sie sich mit ihren schweren Anschuldigungen gegen Livia sehr weit vorgewagt hatte. Aber wenn sich ihr Verdacht bewahrheiten würde – wenn ihre Kinder nur deswegen noch lebten, weil sie überraschenderweise früher nach Hause zurückgekehrt war …
Julia wusste, wie sehr Augustus die beiden Jungen liebte. Seit sie ihn vor ein paar Wochen, nach Agrippas Tod an seine Pflichten als Großvater erinnert hatte, hatte er Gaius und Lucius noch öfter zu sich kommen lassen; er hatte mit ihnen gespielt und sie höchstpersönlich in den Anfängen des Lesens und Schreibens unterwiesen. Ganz so, wie er ihr als kleines Mädchen beigebracht hatte, am Webstuhl die Wolle zu Tuch zu verarbeiten. Denn ihr Vater hatte seine einfache Herkunft nur nach außen hin unter den Teppich gekehrt. In Wahrheit legte er großen Wert darauf, dass seine Kinder und Enkel lernten, was es hieß, die Hände zur Arbeit zu benutzen. Julia war jedoch heilfroh, dass die Tage des Webstuhls weit hinter ihr lagen.
Augustus' Hand zitterte, aber er schaffte es, die Schachtel an die Nase zu führen, ohne das restliche Pulver darin zu verschütten. Dann klopfte er sich ein wenig davon auf die Handfläche, ohne Livia dabei auch nur einen Moment aus den Augen zu lassen.
Julia und Musa tauschten einen hilflosen Blick. War es wirklich Gift? Was würde Livia dann tun? Sogar eine schwache Dosis konnte ausreichen, um den geschwächten Kaiser umzubringen. Außerdem schien die Gelegen-

heit günstig: Es konnte durchaus geschehen, dass dieser neuerliche Fieberanfall ihn dahinraffte. Ein besseres Alibi konnte sie sich doch gar nicht wünschen. Julia würde mundtot gemacht werden, und Musa würde sie aus dem Weg räumen. Und damit wäre der Weg frei für ihren Sohn Tiberius, dachte Julia. Livia war wirklich schlau – und plötzlich glaubte Julia sogar an die Möglichkeit einer geschickt inszenierten Falle, in die sie getappt war.
Auch Augustus wurde in diesem Moment von ernsthaften Zweifeln geplagt, obwohl er sich einfach nicht vorstellen konnte, dass alles, was ihm Livia bisher entgegengebracht hatte, ohne Liebe geschehen war. Andererseits: Wenn sie ihn auf diese Weise umbringen wollte, musste sie damit rechnen, dass Musa in der Lage sein würde, die Herkunft und die Zusammensetzung des weißen Pulvers zu bestimmen. Natürlich nur, wenn ihn die Verschwörerin am Leben ließ. Und Julia? War sie nicht auch eine Zeugin?
Augustus verwarf all diese Gedanken. Im Grunde hielt er dies alles für albern. So viele Kriege hatte er bisher erfolgreich geschlagen – ein Krieg unter Frauen aber, das konnte er mit Bestimmtheit sagen, wurde weitaus unerbittlicher geführt, als jede Schlacht unter Soldaten. Entschlossen streckte er die Zungenspitze hervor und lecktee ein wenig von dem Pulver auf.
»Vater!«, rief Julia entsetzt und schlug die Hände vor den Mund. Warum tat er das nur? Warum setzte er sich dieser entsetzlichen Gefahr aus?
Auch Musa schnappte nach Luft. Augustus war doch ein kluger Mann. Wie konnte er sich nur zu dieser Unvorsichtigkeit hinreißen lassen, deren Ende nicht abzusehen war? Rasch überlegte er, ob er ein Gegengift besaß, wobei er ja nicht einmal wusste, um was für ein Pulver es sich

handelte. Julia hatte jedenfalls nicht davon gesprochen, dass ihre Kinder bereits gestorben waren. Dann war es ein langsam wirkendes Gift, vermutete der Arzt, zum Beispiel Digitalis. Wenn es sich überhaupt um ein Gift handelte. Oder hatte Livia ein Schlangengift verwendet? Dagegen hatte er ein Serum, das er vor Jahren auf dem Basar in Basra erstanden hatte.

Ängstlich beobachtete er den Kaiser, der jedoch keinerlei Anzeichen von Unruhe zeigte. Auch Livia war ruhig. Sie hatte auf einem Schemel Platz genommen und sah Julia spöttisch an.

Augustus schmeckte, formte das Pulver im Mund mit seiner Zunge zu einem kleinen Ball, ließ ihn hin und her wandern, schmatzte, als wäre es ein guter Wein, schnalzte mit den Lippen – und lebte noch immer.

Alle starrten ihn entgeistert an.

»Viel Baldrian«, flüsterte er dann, »mit einer Spur geriebener Orangenschale. Gut gegen Fieber.«

Livia lächelte. »Du hättest Schauspieler werden sollen. Du hast schon immer einen Sinn für Dramatik gehabt.«

Augustus erwiderte ihr Lächeln schwach. »Ah, aber ich *bin* ein Schauspieler, meine Liebe. Sind wir es nicht alle in diesem Leben?« Jetzt, wo die Anspannung von ihm gewichen war, ließ sein eiserner Wille nach, und das Fieber ergriff wieder die Herrschaft über seinen Körper. Sein Zittern wurde stärker, sein Blick verschleierte sich, und er sank zurück auf sein Lager. Dennoch genoss er die Erleichterung darüber, dass er sich nicht in Livia getäuscht hatte.

Während Julia immer noch entgeistert auf ihren Vater starrte, wandte sich Livia entschlossen an den Medicus. Sie hatte gesehen, wie sein Blick kurz zu seiner Tasche hinübergewandert war, als Augustus das Pulver

geschluckt hatte. Musa war offensichtlich ein kluger, vorausschauender Mann. »Musa, beginn mit der Behandlung«, rief sie. Mut war es, der Augustus' Handeln bestimmte; da wollte sie jetzt ebenfalls nicht zaghaft sein und sich einer für sie unbekannten Therapie in den Weg stellen. Außerdem hatte Augustus ihren Sohn noch nicht zum Nachfolger bestimmt.
Musa nickte, ging zur Tür, die ins Badezimmer des Kaisers führte, öffnete sie und gab zwei Dienern, die draußen gewartet hatten, ein Zeichen, dass sie hereinkommen sollten. Die beiden hatten den Zuber mit dem Eiswasser bereits vorbereitet. Musa nickte zufrieden und holte dann aus seiner Tasche ein Fläschchen heraus, gab ein paar Tropfen einer dunklen Flüssigkeit in einen Becher aus Ton, vermischte die Essenz mit Wasser und drückte Livia den Becher in die Hand.
Livia nahm den Becher entgegen, wandte sich an Julia und hielt ihn ihr provozierend vors Gesicht. »Gift?«, fragte sie maliziös.
Aus Julias Augen schossen Blitze des Zorns. Auf der anderen Seite hätte sie sich gewünscht, der Boden würde sich nun unter ihr auftun. Was war Livia doch für eine Schlange! Sie war nach allen Regeln der Kunst vorgeführt worden, stand nun wie eine dumme Gans da. Nicht einmal ihre große Erleichterung darüber, dass sich ihre Kinder nicht in Gefahr befanden, konnte Julia über diese Schmach hinwegtrösten. Sie konnte jetzt nur noch versuchen, Haltung zu bewahren.
Zum Glück kümmerte sich Livia nicht um sie, sondern trat ans Bett des Erhabenen, um ihm den Heiltrunk zu verabreichen, den Musa gerade angesetzt hatte. Auch der Medicus hatte sich lieber diskret zurückgezogen und tat so, als würde er die Temperatur des Eiswassers überprü-

fen. Julia stellte daher fest, dass sie hier vollkommen überflüssig geworden war.
Gierig schlürfte Augustus den bitteren Trank. Ein wenig davon floss vorbei und rann ihm aus den Mundwinkeln. Danach schloss er die Augen und suchte nach der Hand seiner Frau. Als er sie ertastet hatte, schlug er sie wieder auf, sah sie an und hauchte ihren Namen. Julia ging auf Zehenspitzen rückwärts. Sie wollte das Zimmer verlassen, sie musste hinaus – nur noch hinaus! Sonst hätte sie sich wahrscheinlich im nächsten Moment auf Livia gestürzt. Sie hörte, wie ihre Feindin pathetisch sagte: »Du wirst leben!«
Es klang wie eine Prophezeiung.
Plötzlich rief Augustus ihren Namen.
Sofort drehte Julia sich um, eilte an sein Krankenlager, sank neben dem Bett auf die Knie und schlang ihre Arme um seinen Hals. Livia seufzte und bedachte ihre Stieftochter mit einem geringschätzigen Blick.
»Wie du siehst, Julia«, flüsterte Augustus und lächelte schwach, »hat mich deine Stiefmutter nicht umgebracht. Ich muss zugeben, dass mich das überrascht hat – dich auch?«
Livia, die sich abwartend auf ihren Schemel niedergelassen hatte, lächelte nun ebenfalls – aber das Lächeln gefror ihr im nächsten Augenblick auf den Lippen.
»Mich überrascht es nicht, Vater«, sagte Julia entschieden. »Denn noch hast du ihrem einfältigen Sohn dein Reich nicht vermacht – noch braucht sie dich ganz einfach lebendig!«
Livia ließ sich ihre Empörung nicht anmerken. Gleichzeitig war sie erstaunt darüber, dass Julia es wagte, ihr nach einer vernichtenden Niederlage sogleich wieder einen Fehdehandschuh vor die Füße zu werfen.

In diesem Moment erschien Musa im Schlafgemach des Kaisers. »Das Eis beginnt bereits zu schmelzen«, sagte er unsicher.

»Ah, darauf habe ich gewartet«, sagte Livia. Dann wandte sie sich an ihren Mann. »Musa ist also überzeugt, dass nur diese Behandlung das Fieber dauerhaft senken wird?«

»Lächerlich«, schnaubte Julia.

Doch ihr Vater nickte schwach. »Glaub mir, Julia, es hat schon einmal gewirkt.«

Livia entschloss sich in diesem Augenblick, das Heft des Handelns in die Hand zu nehmen. Sie achtete nicht weiter auf Julia, sondern streckte ihrem Mann die Hand hin. Julia saß stocksteif neben dem Bett auf dem Boden und rührte keinen Finger. Ächzend zog sich Augustus an Livias Hand hoch, wobei ihm anzumerken war, wie sehr er seine eigene Schwäche verabscheute. Außerdem bemerkte er erst jetzt, dass er statt seiner durchnässten Kleidung ein Nachthemd trug. In so etwas Lächerlichem hatte er sich noch nie vor einer Frau gezeigt – nicht einmal vor seiner eigenen. Seufzend stemmte er sich von seinem Bett hoch und hielt sich dabei auf eine Art an Livia fest, die mehr als alles andere verriet, wie schwach er tatsächlich war. Musa, der dieses Trauerspiel nicht mehr mit ansehen konnte, kam hinzu, und gemeinsam führten sie den Kaiser ins Badezimmer.

Julia fragte sich, wie ihr Vater in seinem Zustand die Kälte eines solchen Eisbades ertragen würde – überleben würde! Allein schon der Gedanke daran ließ sie schaudern. »Vater, tu das bitte nicht«, bat sie eindringlich.

Augustus blieb am Rande des kupfernen Zubers stehen und wandte sich um. Wenn seine Tochter nur wüsste,

wie gerne er dem verhassten Eisbad entgangen wäre. Er kannte diese Folter ja schon zur Genüge. »Ich muss schnell wieder in der Öffentlichkeit auftreten, Julia«, flüsterte er; einerseits als Erklärung für sie, aber auch, um sich selber von der Notwendigkeit zu überzeugen.
Livia nickte ernst. »Es wird sicherlich schon wieder viel zu viel geredet«, sagte sie ernst und half Augustus, sich den Kittel über den Kopf zu streifen.
»Was wird denn geredet?«, fragte Julia, wobei sie sich im Klaren darüber war, dass gerade in Rom jeder Schritt und jede Äußerung ihres Vaters aufs Genaueste beobachtet wurde.
»Dass ich tot bin«, sagte Augustus und fröstelte. Denn auch wenn ihn Tullus, der brave Prätorianer, wie einen Säugling rasch nach Hause getragen hatte: Irgendjemand hatte ihn bestimmt gesehen, und jede Dienerschaft – auch die des Kaisers – war von Natur aus schwatzhaft.
In diesem Moment sah Livia ihre Chance gekommen. Sie drehte sich zu Julia um und sagte laut: »Und genau deswegen ist es jetzt auch deine Pflicht, meinen Sohn Tiberius zu heiraten.«
Augustus schämte sich seiner Nacktheit nicht, sondern drehte sich ebenfalls sofort zu seiner Tochter um und wartete gespannt auf ihre Reaktion – zwölf Stunden, nachdem sie sich im Caesarentempel über genau dieses Thema so entsetzlich gestritten hatten.
Julia enttäuschte ihn sehr.
»Ich kann deinen Sohn nicht ausstehen«, fauchte sie. »Ich verachte ihn sogar, diesen mürrischen … Feigling!«
Tiberius ein Feigling? Livia stutzte, und auch Augustus zog seine Stirn in Falten. Tiberius war sicherlich kein guter Unterhalter, und jetzt, wo seine Vipsania zum

zweiten Mal schwanger war, verließ er, so oft er es mit sich und seinem Heer vereinbaren konnte, die neuen Schweizer Provinzen und lief auf Roms Straßen herum wie ein verliebtes Mondkalb. Wenn er ein Gespräch – sofern er überhaupt einmal sprach –, dann drehte es sich in der Hauptsache um militärische Angelegenheiten; bevorzugt um die neuen, höchst erfolgreichen Angriffsstrategien, die er mit seinem Bruder Drusus entwickelt hatte. Allein schon deshalb konnte man ihn eigentlich keinen Feigling nennen. »Habe ich denn verlangt, dass du ihn liebst?«, erwiderte Livia und wandte sich dann an Augustus. »Mir scheint wirklich, die junge Generation misst diesem Wörtchen Liebe viel zu viel Bedeutung bei!«

»Still, jetzt! Alle beide!«, donnerte Augustus. Er atmete tief ein und fixierte das Eiswasser. Schließlich breitete er die Arme aus, damit die beiden Diener und sein Leibarzt ihn in die Wanne heben konnten.

Als Augustus in den Zuber hineinglitt, stöhnte er gequält auf. Die Kälte des Wassers biss ihn in jede Faser seines geschwächten Körpers. Julia erhob sich und stellte sich in den Rahmen der Tür, die zum Badezimmer führte. Ihr Herz krampfte sich vor Besorgnis zusammen. Sogar Livia, die doch sonst immer so kühl war, schien in diesem Augenblick so etwas wie Mitleid zu entwickeln. Der Leibarzt drehte die kleine Sanduhr um und nickte Livia zu, wobei er sich darum bemühte, optimistisch zu wirken.

Augustus wollte ihr nun etwas sagen, aber seine Zähne klapperten so sehr, dass er kein Wort herausbrachte. Livia trat daher an den Wannenrand und beugte sich tief zu ihm hinunter, damit er ihr ins Ohr flüstern konnte. Ein paar Tropfen des Eiswassers benetzten ihren Arm.

Sie erschrak über die Kälte, ging aber nicht weiter darauf ein: »Was ist, Gaius?«, fragte sie.
»Komm ... komm doch zu mir«, flüsterte er, »in die Wanne. Musa wird sicherlich nichts dagegen haben. Und es ist schon eine ganze Weile her ... dass wir zusammen gebadet haben.«
Livia lachte hell auf. Eine zarte Röte der Verlegenheit schoss ihr ins Gesicht. Das war der Augustus, für den sie durchs Feuer gehen würde – ein Mann, der selbst in Momenten der größten Pein über sich selbst witzeln konnte. Außerdem huschten plötzlich Bilder durch ihr Gedächtnis, an die sie sich gern erinnerte. »Wenn ich das wirklich täte, Augustus, würde dein Körper das Eis wahrscheinlich zum Schmelzen bringen«, gab sie zurück, und jetzt war es Augustus, der trotz der Schmerzen ein Lächeln zustande brachte.
Widerlich, dachte Julia und wandte sich entrüstet ab. Wie konnte sich ihr Vater vor ihr nur so schamlos benehmen? Andererseits musste sie plötzlich an Jullus denken – und an das, was vor ein paar Tagen im Schutz eines dunklen Hauseingangs zwischen ihnen passiert war. Überhaupt gab es da so einige Dinge in ihrem Leben, die mindestens ebenso verwerflich waren; ein paar verflossene Liebhaber zum Beispiel, von denen nicht einmal Jullus etwas ahnte, geschweige denn ihr Vater. Julia kniff die Lippen zusammen und versuchte, ihr aufkeimendes schlechtes Gewissen aus ihrem Kopf zu verbannen. Denn was ihre eheliche Treue zu Marcus Agrippa betraf, hatte sie schlicht und einfach die Unwahrheit gesagt. Natürlich hatte sie sich ein paar Mal das genommen, was ihr Körper verlangt hatte. Doch diese flüchtigen, verbotenen Abenteuer konnte man keineswegs als ›widerlich‹ bezeichnen, sondern viel mehr als ›befriedigend‹, wenn auch belang-

los. Mit Jullus freilich war es von Anfang an etwas anderes gewesen. Er war ihre große Liebe, und er würde es immer sein. Daher hatte sie sich ihm bisher auch noch nicht hingegeben. Noch nicht.
Auf einmal wurde ihr deutlicher als jemals zuvor bewusst, dass sie und ihr Vater im Grunde aus dem gleichen Holz geschnitzt waren.

Eine gute Stunde später hatte sich der Zustand des Erhabenen erkennbar gebessert. Augustus lag, in wärmende Decken gehüllt, auf seinem Bett. Das Fieber war zwar noch nicht gänzlich verschwunden, aber der Schüttelfrost hatte aufgehört, und sein Blick war klar. Er hatte sogar nach Wein mit ein wenig Brot und Käse verlangt, was ein gutes Zeichen war.
»Julia?«, sagte Augustus zwischen zwei Bissen. »Bitte setz dich zu mir!«
Sie erhob sich von dem Schemel und trat ans Bett ihres Vaters heran. Sofort machte ihr Livia Platz, um der allzu großen körperliche Nähe zu ihrer Stieftochter aus dem Weg zu gehen.
»Wenn ich sterbe«, sagte Augustus ernst, »wird nichts so bleiben, wie es jetzt ist. Ein Krieg wird ausbrechen … ein Bürgerkrieg! Du und deine Söhne … meine Söhne … ihr schwebt dann in höchster Gefahr. Man wird euch nach dem Leben trachten, und deine Kinder werden den Feinden schutzlos ausgeliefert sein.« Julia blickte ihn regungslos an. Er nahm einen Schluck Wein und wollte fortfahren, aber Livia ergriff plötzlich das Wort.
»Ausgenommen, du ehelichst meinen Sohn. Damit hätten wir alle zu jeder Zeit die Gewähr, dass das Imperium weiter bestehen wird – so wie es dein Vater geschaffen hat. Später, nach Tiberius, werden dann deine Söhne

den Platz an der Spitze des Staates einnehmen, und so wird für Jahrzehnte Frieden herrschen.«
Zumindest hoffte sie das. Noch waren Gaius und Lucius Kinder, doch schon bald, in sechs und neun Jahren, würden sie die Männertoga anlegen dürfen. Doch in sechs Jahren konnte viel passieren.
Aber selbst dann würde noch ein großes Hindernis zu überwinden bleiben: Wenn Julias Kinder, zunächst wahrscheinlich Gaius, die notwendige Reife erlangt hätten, um die Führung des Staates zu übernehmen, würde Tiberius ebenfalls noch kein alter Mann sein. Und nicht einmal Livia vermochte mit Sicherheit vorherzusehen, ob ihr Sohn dann seine Macht freiwillig aus den Händen geben würde …
Sogar Augustus hatte bisher diese Tatsache erstaunlicherweise nicht bedacht. Aber sie, Livia, würde eher sterben, als ihn auf diesen Gedanken zu bringen. Sie würde schweigen, denn ganz gleich, was auch geschah – die Zeit arbeitete für sie. Für sie und Tiberius.
Julia erstarrte. Sie war fassungslos. Nicht einmal jetzt ließ ihr Vater locker, wo er doch bereits mit einem Fuß im Grab stand. Livias maßloser Ehrgeiz machte ohnehin vor nichts Halt. Aber warum sollte ausgerechnet sie jetzt zum zweiten Mal ein Stück ihres Lebens opfern müssen, um die Ziele und Träume anderer Menschen zu erfüllen? Was war mit ihren eigenen Träumen? Was war mit ihren Hoffnungen?
Was es bedeutete, in einer ungewollten Ehe eingesperrt zu sein, zu lügen und zu betrügen und dabei ständig einen anderen Mann zu begehren, das hatte sie in der Verbindung mit Marcus Agrippa doch lange genug erfahren.
In diesem Moment, betäubt von den Überredungsversu-

chen ihres Vaters und seiner Frau, traf Julia eine endgültige Entscheidung: Sie würde Rom verlassen. Sie würde Jullus sicherlich davon überzeugen können, mit ihr fortzuziehen. Denn hier, unter dem direkten Einfluss der Macht ihres Vaters und ihrer Stiefmutter, würden sie nie zueinander finden. Und ihre geliebten Kinder würde sie mitnehmen! Indem sie Gaius und Lucius davor bewahrte, ihr Leben einzig und allein den dynastischen Gedanken ihrer Familie zu unterwerfen, diesem widerlichen Streben nach Machterhalt um jeden Preis, würde sie ihnen einen großen Gefallen tun.

Und wenn sie sich jetzt auch nur einen Augenblick lang ausmalte, von der Hand des Tiberius berührt zu werden, musste sie gegen ein Entsetzen ankämpfen, das sich weder ihr Vater, noch Livia vorstellen konnte. Ihr Körper sollte ihr ab sofort ganz allein gehören; ihr und Jullus Antonius und sonst keinem anderen Mann. »Vater«, stieß sie erstickt hervor, »ich liebe Jullus!«

Livia verdrehte die Augen und stieß hörbar den Atem aus.

»Jullus ist der Sohn des Marcus Antonius«, sagte sie mit schneidender Stimme. »Er wird alles dafür tun, den Tod seines Vaters an Augustus zu rächen.« Begriff Julia denn immer noch nicht, dass Liebe nichts weiter war als ein flüchtiges Hirngespinst, das nur dort entstehen konnte, wo zwei Menschen sich vereinigten? Und kaum war diese Lust verflogen, löste sich doch auch die so genannte Liebe in Luft auf …

Augustus schwankte in diesem Moment zwischen Trauer und Wut. Einerseits hätte er angesichts seines miserablen Zustands den Wunsch seiner Tochter gerne erfüllt, denn er hatte sich vorgenommen, in Frieden von denen zu scheiden, die er liebte. Doch leider verlangte

die Realität nach Härte und Opferbereitschaft. Das Schicksal Roms verlangte danach.
Seufzend sagte er: »Jullus wird dich hintergehen, wie sein Vater mich hintergangen hat.«
»Wie könnt ihr es wagen, so über ihn zu urteilen?«, schluchzte Julia. Sie deutete mit ausgestrecktem Zeigefinger auf ihren Vater. »Nur weil du die Menschen benutzt, musst du nicht denken, dass alle anderen so handeln wie du!« Tränen des Zorns liefen ihr über die Wangen, und Livias mitleidiger Blick steigerte ihre Wut. »Sogar meine Mutter hast du nur benutzt. Du hast ein Kind mit ihr gezeugt und sie dann verstoßen – nur um dann Livia zu heiraten!«
Livia zuckte mit den Schultern.
»Ich habe deine Mutter sehr verehrt«, warf Augustus ein.
Julia lachte höhnisch auf. »Du hast ihr Geld verehrt. Sie war deinen Plänen nützlich!«
»Sie hat mir dich geschenkt!«
»Nein«, erwiderte Julia, »deine Taten entsprechen nicht deinen Worten. Als sie mit mir schwanger war, hast du dich doch nur gefragt, wie du dieses Kind zugunsten deines eigenen Schicksal nutzen könntest!«
Livia hielt den Atem an.
Augustus fuhr zornig auf. »Julia, jetzt ist es genug!« schrie er, was einen sofortigen Hustenanfall zur Folge hatte. Als er sich wieder beruhigt hatte, fuhr er mit belegter Stimme fort: »Damals habe ich mich mit der Frage gequält, wie ich Roms Aristokratie und ihre Helfer daran hindern könnte, das Imperium zu zerstören. Und als Scribonia mit dir schwanger war, habe ich mich gefragt, ob dieses Kind nicht eine bessere Zukunft verdient hätte. Und so habe ich versucht, einen Weg zu finden, den Hunger, die Korruption, das Unrecht und das

tägliche Sterben unschuldiger Menschen zu verhindern!« Augustus hielt inne und nahm einen Schluck Wein, um seine Kehle zu befeuchten. Dabei tauschte er mit Livia einen kurzen Blick. Seine Frau nickte unmerklich. Sie waren sich einig. Julia merkte nichts davon, denn sie hielt ihren Kopf gesenkt. »Meinst du vielleicht, du bist der einzige Mensch, der für Rom leiden muss?«, fragte er. Julia sah ihn an. »Heute wünsche ich mir so oft, dass ich Julius Caesar niemals begegnet wäre! Dass ich ihm nicht nach Spanien gefolgt wäre. Weißt du eigentlich, nach was ich mich sehne?« Julia schüttelte stumm den Kopf. »Ich wünsche mir, ich hätte damals auf meine Mutter und auf meine Schwester gehört. Dann wäre ich auf unserem Landsitz in Nola geblieben und würde heute Ziegen und Schafe hüten. Ich würde vielleicht sogar Wein anbauen – doch auf jeden Fall würde ich mich an meinen Enkeln erfreuen!«

Schwer atmend hielt Augustus inne und wischte sich den Schweiß von der Stirn. Julia reichte ihm stumm ein frisches Leinentuch. Es war das erste Mal, dass ihr Vater sie in sein Herz hatte schauen lassen. Es berührte sie sehr, was er ihr eben erzählt hatte.

Livia räusperte sich.

Auch viele Jahre später sollte sich Julia noch an dieses Räuspern ihrer verhassten Stiefmutter erinnern. Eigentlich hätte sie dieses unschuldige Geräusch auch übergehen können. Und dennoch löste es bei ihr in diesem Moment einen Gedanken aus, der ihr wie ein Blitz in den Verstand fuhr. Oder war es ihr Herz? Oder gar beides? Denn ein Räuspern konnte auch heißen, dass jemand nicht die Wahrheit gesprochen hatte, dass er verlegen war – so wie Livia, die ihrem Mann damit signalisieren wollte, er solle nicht allzu dick auftragen. Plötzlich

begann Julia stark daran zu zweifeln, dass Augustus all seine Träume um der Macht willen begraben hatte. Ihr Vater ein Bauer, der Ziegen hütete und Schafe?
»Nein, Vater«, erwiderte sie mit fester Stimme. »Das wünschst du dir nicht. Das sagst du nur, damit ich bereitwillig mein Leben für dich gebe. Aber du weißt genau, dass die Götter dich auserwählt haben – schon damals in Nola hast du es gewusst, als dich Caesar unter sein Feldzeichen rief!«
Fast hätte Augustus vor Überraschung aufgelacht. »Dann glaubst du also, dass dies alles hier mein Schicksal ist?«, fragte er.
»Ist das nicht vollkommen gleichgültig?«, fragte Julia zurück.
»Nein«, antwortete Augustus bedächtig, »das ist der Maßstab für mein Leben.«
»Nur du kannst diese Frage beantworten, Vater«, sagte Julia schlicht, wobei sie sich im Stillen bereits die nächste Frage stellte: Was Schicksal bedeutete und nach welchen Kriterien es verteilt wurde – von wem auch immer. Wenn es ein gutes Schicksal war, warum stand es dann immer auf der Seite ihres Vaters … und auf Livias? In diesem Moment empfand Julia ihr Schicksal als ungerechter denn je. Doch war ihr Schicksal wirklich unwichtiger als das des Augustus?
Julia war ratlos. Und als sie ihren Vater ansah, bemerkte sie, dass er es ebenfalls zu sein schien. Plötzlich sprang sie auf, stürzte an sein Bett und legte den Kopf weinend auf seine Brust Das war zu viel für Livia. Sie verließ kopfschüttelnd das Schlafzimmer. Dieser Julia war einfach nicht zu helfen. An Augustus' Stelle hätte sie niemals eine solche Geduld aufgebracht.
Augustus befreite mühsam seine Arme aus den Decken,

um Julia umarmen zu können. »Ich weiß doch, was ich von dir verlange«, seufzte er. Natürlich wusste er das – er führte diese Diskussion ja nicht zum ersten Mal mit ihr. Doch als er Julias Hand in die von Marcus Agrippa gelegt hatte, war kein anderer Mann da gewesen, den seine Tochter liebte. Oder wenigstens zu lieben glaubte. Es war einfach Pech, dachte Augustus, Schicksal! »Ich will nicht, dass du unglücklich bist.« Er hielt inne und kämpfte mit seinen Gefühlen. Seine Hände auf ihrem Rücken ballten sich zu Fäusten. »Wenn du nur verstehen könntest, dass es für dich mit Jullus keine Zukunft geben kann!« Aber wenn sie so sehr am Sohn seines ehemaligen Erzfeindes hing, konnte er sie vielleicht sogar darüber ködern. »Wenn es euch natürlich gelingen sollte, diskret zu sein ...«, flüsterte er und hielt erschrocken inne, als Julia sich sogleich in seinen Armen versteifte und sich aufrichtete.

»Sind das etwa deine Prinzipien, Vater?« Sie war empört. Nicht nur, dass er selbst häufig gegen seine eigenen Sittengesetze verstieß und – so weit es seine Familie betraf – beide Augen zudrückte – nein: Jetzt forderte er sie sogar noch regelrecht dazu auf, die Iulischen Ehegesetze zu brechen!

»Versteh doch: Ich kann deine Qualen nicht sehen«, stieß er hervor, »und ich will sie nicht ertragen müssen. Weißt du denn nicht mehr, was Vergil geschrieben hat: ›Nicht jede Scholle kann jederlei Früchte tragen‹!«

Julia schloss die Augen. Auch sie kannte die Vorliebe ihres Vaters für Lebensweisheiten, die den Hirnen seiner Dichterfreunde entsprangen. Und dass er am liebsten auf sie zurückgriff, wenn es galt, einen Gegner zu überzeugen. Oder zu vernichten. Sein Ton wurde schärfer.

»Du bist nicht nur eine verliebte Frau, Julia: Du bist die

Tochter des Imperiums.« Er legte eine kunstvolle Pause ein, um seine Worte besser auf sie wirken zu lassen. »Seit Marcus Agrippas Tod bete ich täglich zu den Göttern, dass du begreifst, was du tun musst – und dass du einen Weg findest, ohne Jullus Antonius zu leben.« Eindringlich sah er sie an. Sie musste doch verstehen, dass es ihm auch um sie ging. Von Jullus konnte sie nur enttäuscht werden. »Begreife es doch!«, drängte Augustus. »Jullus verabscheut alles, wofür ich stehe.«

»Ich könnte ihn ändern, Vater«, erklärte sie. »Die Liebe versetzt manchmal Berge!« Sie versuchte, ihre Stimme überzeugend klingen zu lassen.

Aber Augustus wiegte den Kopf hin und her. »Ja, vielleicht könntest du das wirklich«, sagte er, doch Zweifel schwang in seiner Stimme. »Und doch ist und bleibt er der Sohn des Marcus Antonius. Auch der wurde von einer Frau verändert – genauso, wie Julius Caesar! Es ist weder dem einen, noch dem anderen gut bekommen, und ich bin sicher, Jullus hat diese Lektion gelernt!«

So kniete Julia im Februar des Jahres 11, neun Monate nach dem letzten Fieberanfall ihres Vaters, in Erwartung ihres Bräutigams unter freiem Himmel auf dem Forum Romanum und fror entsetzlich in ihrem dünnen, orangefarbenen Brautkleid. Um sie herum hatte man die Wachsmasken der Vorfahren aufgestellt, hinter ihr hatte sich eine riesige Hochzeitsgesellschaft eingefunden und zitterte ebenfalls vor Kälte. Wenigstens regnete es nicht, aber auch das hätte ihren Vater sicherlich nicht davon abgehalten, die neue Stärke seiner Dynastie vor aller Augen zu demonstrieren. Wenn Tiberius erst das Ehegelübde gesprochen hatte, konnte passieren, was wollte.

Julia ahnte, dass sich irgendwo in der Menge auch Jullus Antonius befinden musste. Unwillkürlich kehrten ihre Gedanken zu der Szene zurück, die sie um jeden Preis vergessen wollte: Gleich nach der verhängnisvollen Unterhaltung mit ihrem Vater und Livia war sie – außer sich vor Zorn, Wut, Trauer und Enttäuschung – heimlich und rasch zu Jullus gelaufen, um ihn mit der schrecklichen Wahrheit zu konfrontieren; um ihm zu sagen, dass sie gezwungen worden war, Tiberius zu heiraten. Er hatte sich gerade in der Therme seines Domizils aufgehalten und ihr gegenüber keine Anstalten gemacht, seine Blöße zu bedecken. Seine Nacktheit hatte es ihr schwer gemacht, die passenden Worte zu finden. Eigentlich hatte sie doch den Augenblick der endgültigen Vereinigung mit Jullus kaum abwarten können, doch jetzt würde es nie dazu kommen. Und wenn sie sich ihm nun hingeben würde, dann würde sie ihn auf die gleiche Stufe stellen wie die unbedeutenden Lustknaben, die ihr schon des Öfteren ein wenig Befriedigung verschafft hatten. Sie hatte dennoch versucht, ihrem Geliebten die Gründe ihrer Ehe mit Tiberius plausibel zu machen; sie hatte geschluchzt, dann hatte sie wahre Sturzbäche von Tränen vergossen, aber Jullus hatte sie die ganze Zeit über so kalt und verständnislos angestarrt, als wenn sie eine Fremde gewesen wäre. »Ich liebe dich, Jullus«, hatte sie geschluchzt, »aber ich muss meine Kinder beschützen und meine Pflicht gegenüber Rom erfüllen. Nur deshalb werde Tiberius heiraten.« Sie hatte sich in jenem Moment so sehr danach gesehnt, dass er sie in die Arme nehmen und trösten würde – und das hatte er schließlich auch getan, aber nur, um sie aus seinem Haus hinauszukomplimentieren.

Seitdem hatte sie Jullus nicht mehr gesehen. Aber sie

konnte seine Anwesenheit jetzt, hier auf dem Forum, spüren.
Für Livia bedeutete es einen ungeheuren Triumph, ihren festlich gekleideten Sohn persönlich der Braut zuzuführen. Julia wich ihrem Siegerlächeln aus. Sie fürchtete, sich nicht mehr beherrschen zu können und der Mutter des Bräutigams das Gesicht zu zerkratzen. Schließlich stand Tiberius stocksteif neben ihr, den prächtigen Speer eines Generals in der Hand, und ein kurzer Blick in sein mürrisches Gesicht verriet ihr, dass er wohl daran dachte, ihr diesen Speer lieber in den Leib zu stoßen, anstatt ihr jetzt den Schleier zurückschlagen zu müssen, um ihr Haar der Tradition gemäß mit dem Speer zu scheiteln.
Tiberius war bleich, denn er machte dasselbe durch wie seine Braut. Er hatte sich von seiner geliebten Frau Vipsania scheiden lassen müssen, und Julia wusste, dass er ihr dies nie verzeihen würde – genauso, wie sie ihm wohl nie vergeben würde, dass sie sich endgültig hatte von Jullus trennen müssen. So wie er ihr jetzt ungeschickt mit der Speerspitze auf dem Kopf herumfummelte, hätte sie eigentlich Mitleid mit ihm haben müssen, aber dazu verabscheute sie Livias Sohn zu sehr. Wage es ja nicht, mich anzurühren, dachte Julia und wich unwillkürlich ein wenig zurück.
Danach nickte Augustus Tiberius unmerklich zu; die Aufforderung, dass es nun an der Zeit war, das Ehegelübde zu sprechen. »In Übereinstimmung mit der Tradition der Vorfahren nimm dieses Zeichen der Waffengewalt als Symbol deiner Unterwerfung unter meine eheliche Gewalt«, erklärte Tiberius mit tonloser Stimme.
Niemals, du Narr, dachte Julia verächtlich. Einem Schlappschwanz wie dir werde ich mich nie unterwerfen. Sie hatte wenigstens gegen ihr Schicksal ange-

kämpft, aber er war, wie man allgemein hörte, der Auseinandersetzung mit seiner Mutter weinerlich aus dem Wege gegangen.

Unten in der Menge warf Scipio bei den Worten des Tiberius seinem besten Freund Jullus einen fragenden Blick zu. Was mochte der wohl empfinden, wenn er Julia als Braut eines anderen Mannes sah? Doch darum hätte er sich keine Sorgen machen müssen – Scipio wusste nur zu gut, dass Jullus vor Wut schäumte. Aber nicht deswegen, weil er Julia verloren hatte, sondern weil Augustus, dieser alte Fuchs, wieder einmal den Sieg davongetragen hatte. Sein ›Schwert‹ Julia war stumpf geworden, der Weg zu Augustus war weiter geworden. Doch noch am Morgen hatte Jullus geschworen, dass der Mörder seines Vaters eines Tages würde bezahlen müssen. Sollte er heute ruhig die Hochzeit seiner Tochter feiern – wenn Rom das nächste Mal zusammenkommen würde, dann um die Leiche des Erhabenen zu verbrennen.

Augustus reichte dem Bräutigam einen Laib Schwarzbrot. Tiberius brach ein Stück davon ab, teilte es in zwei Teile, gab eines Julia in die Hand und aß dann langsam sein Stück Brot auf. Jeder Bissen schmeckte nach Verrat an Vipsania, aber hatte er eine andere Wahl gehabt? Einem Mann wie Augustus widersetzte man sich nicht, schon gar nicht, wenn er eine Frau wie Livia an seiner Seite hatte – seine Mutter, die aus härterem Stahl geschmiedet war als das beste Schwert.

Julia betrachtete das Stück Schwarzbrot in ihrer Hand. Die Kehle war ihr wie zugeschnürt. Sollte Tiberius doch an seinem Brot ersticken! Wie kam sie dazu, mit ihm das Brot zu brechen? Was tat Augustus ihr an? Ihre Finger verkrampften sich, und das Brot in ihrer Hand hatte sie ganz plötzlich vergessen.

Ihr Vater jedoch nicht. Julia musste von dem Brot essen, sonst waren die Bedingungen für eine Eheschließung nicht erfüllt, und am Ende würde es dann plötzlich heißen, Tiberius und Julia hätten ihr Gelübde nicht abgelegt. Augustus trat zu Julia, umfasste ihre Hand und führte sie ihr zum Mund. Gehorsam wie ein kleines Mädchen machte sie den Mund auf, biss schließlich ab und kaute. Augustus atmete erleichtert auf, Livia vor Glück. Julia und Tiberius waren ein Paar, ihre beiden Familien noch enger aneinander gekettet als jemals zuvor.

Der Rest des Festes rauschte an Julia vorbei, als wäre sie gar nicht dabei gewesen. Leute gratulierten ihr, aber sie sah die Gesichter nicht und hörte kaum, was sie sagten. Warum gratulierten sie ihr zu ihrem Unglück? Wie ein dunkler Schatten wich Tiberius nicht von ihrer Seite. Der Mann, den sie als Einzigen dort hatte sehen wollen, sah sie nicht. Wie auch: Zwischen ihnen war nun alles vorbei.

Julia presste die Hand vor den Mund und sah sich um. Nahm dieses schreckliche Fest, das nicht nur in ihren Augen eine Farce war, denn nie ein Ende? Doch schon im nächsten Moment wurde ihr schlagartig bewusst, dass sie nach dem Ende der Hochzeitsfeier mit ihrem neuen Ehemann allein sein würde. Die Zeit verging viel zu schnell, und dann war es auch schon so weit: Julia saß in ihrem Brautkleid auf dem Bett, und es klopfte.

Ich werde ihn nicht hereinbitten, dachte sie. Soll er doch vor der Türe versauern.

Tiberius kam trotzdem herein. Julia machte keine Anstalten, sich von ihrem Bett zu erheben. Freudlos musterten Ehemann und Ehefrau einander, und ebenso freudlos begann Tiberius, seine Toga aufzuschnüren.

Julia erstarrte. »Verlass mein Zimmer«, sagte sie dann leise.

Tiberius stieß einen verächtlichen Laut aus. »Wenn du nur wüsstest, wie gerne ich das täte«, knurrte er und begann, seine Sandalen auszuziehen. Als Julia ihrerseits noch immer keine Anstalten machte, sich zu entkleiden, ging er zu ihr und nahm ihr den Schleier vom Kopf. »Wenn ich schon sonst nichts bei diesem Handel gewinne, so will ich doch wenigstens sehen, was man mir da ins Bett gezwungen hat«, sagte er und ließ seine Toga an sich hinuntergleiten.

»Geh bitte ... sofort!«, wiederholte Julia, aber er überhörte ihren Wunsch absichtlich.

Als er schließlich ausgezogen vor ihr stand, sah er sie verächtlich an. »Du bist ja immer noch nicht weiter«, meinte er. »Dann muss ich dir wohl helfen – denn du musst anscheinend noch lernen, wie man sich so vor einem Mann auszieht, dass es ihm gefällt.« Damit griff er nach dem Ausschnitt ihres Gewandes und riss es mit einem Ruck entzwei.

Julia schrie auf und hob die Hände schützend vor ihre Brust. »Du Scheusal!«, schluchzte sie dann. »Glaub ja nicht, dass du mich anrühren darfst!«

»Darf?«, höhnte er. »Sieh dich doch an! Weißt du nicht, was ich für dich aufgeben musste?«

Unter seinem prüfenden Blick wurde Julia sich schlagartig ihres Alters bewusst; ihrer üppigen Brüste, ihres breiten Beckens, der Spuren zweier Schwangerschaften ... Julius dagegen hatte ihr immer das Gefühl gegeben, eine begehrenswerte Frau zu sein. So hatte sie in seinen Armen gelegen. Ja, er hatte sie mit Komplimenten überschüttet, hatte immer wieder versucht, sie nach allen Regeln der Kunst zu verführen, aber dieser Mann hier

gab ihr lediglich zu verstehen, dass er sie hässlich fand. Alt und hässlich.
Er betatschte prüfend ihre Brüste. Sie wogen schwer in seinen Händen. Sie ließ ihn gewähren. Stocksteif stand sie da, während Tiberius ihren Körper untersuchte. »Ich mag sie klein«, murmelte Tiberius wehmütig, »und ich liebe schmale Fesseln … so wie Vipsania sie hat. Ich wollte nie eine Kuh im Bett – so wie du eine bist.« Julias Augen füllten sich mit Tränen. Noch nie war sie so gedemütigt worden. Tiberius erhob sich und sah ihr ins Gesicht. »Denkst du vielleicht, nur du bist zu dieser Ehe gezwungen worden? Aber dann will ich wenigstens das Beste daraus machen.« Er stieß sie grob aufs Bett und warf sich über sie.
In diesem Moment klopfte es an der Tür. Tiberius stieß einen Fluch aus und fuhr herum. »Wer da?«, rief er unwirsch.
»Caesar Augustus verlangt nach Tiberius«, antwortete die Stimme von Lucius Tutilius, »sofort!«
Tiberius grinste Julia an, die unter ihm lag und darauf wartete, dass ihre Vereinigung möglichst schnell vorbei sein würde. »Wenigstens einer, der nach Tiberius verlangt«, meinte er. »Nun, dann werden wir den Vollzug unserer Ehe wohl verschieben müssen!« Er erhob sich, immer noch feixend, kleidete sich rasch an und verließ wortlos Julias Schlafzimmer.
Julia schlug die Hände vors Gesicht und begann zu weinen.

Augustus erwartete seinen Schwiegersohn in der Bibliothek. Der Imperator stand über eine Karte gebeugt und blickte nicht auf, als Tiberius von Lucius Tutilius hereingeführt wurde. »Da bist du ja«, murmelte er nur und

markierte eine Stelle auf der Karte. »Die Germanen. Immer machen uns diese Germanen Schwierigkeiten.« Noch immer sah er Tiberius nicht an. »Unsere Grenzen im Norden müssen sicherer werden.«
Lucius Tutilius zog sich aus der Bibliothek zurück. Tiberius nahm unwillkürlich Haltung an, wie immer, wenn sich das Gespräch um ein militärisches Thema drehte. »Ich werde mich um dieses Problem kümmern, sobald ich wieder bei meinen Truppen bin!«, sagte er.
»Genau das ist es!«, rief Augustus und betrachtete konzentriert seinen Weinbecher. »Du wirst noch heute Nacht abreisen. Wir haben keine Zeit zu verlieren!«
»So wichtig sind die Germanen, dass ich noch in meiner Hochzeitsnacht abreisen muss?«
Augustus blieb stumm. Stoisch wich er dem Blick des Tiberius aus. In der Bibliothek war nur das Knacken des brennenden Kaminholzes zu hören. »Das Volk nennt dich einen Gott, aber es irrt sich. Du zerstörst alles, was du liebst!« Mit diesen Worten verließ Tiberius die Bibliothek. Er schloss die Tür leise – und keinen Moment zu spät: Denn mit einem Fluch warf ihm Augustus den Weinbecher hinterher. Er zerbrach in mehrere Stücke
Was fiel seinem Schwiegersohn bloß ein? Hatte er nicht im Gegenteil gerade das beschützt, was er liebte? Rom, seine Tochter und nicht zuletzt auch Tiberius selbst! Augustus stellte sich vor den Kamin, genoss die Wärme des Feuers und starrte gedankenverloren in die Flammen.
»Vater?« Julia hatte lautlos die Bibliothek betreten. Augustus fuhr herum. Seine Tochter stand auf der Türschwelle, ihr zerrissenes Gewand war nur achtlos mit einem rohen Strick zusammengeknüpft.

»Julia?« Verwirrt musterte er seine Tochter von oben bis unten. »Was soll dieser Aufzug?«, fragte er. »Warum trägst du noch dein Hochzeitskleid?«

Eigentlich hätte er fragen müssen: Warum ist es zerrissen? Aber die Antwort auf diese Frage lag auf der Hand. Er hatte Tiberius offenbar doch zu spät rufen lassen.

Julia sah an sich hinunter. »Ich habe gedacht, wenn ich in meinem Brautkleid schlafe, ist beim Erwachen alles vorbei … dieser böse Traum.«

Augustus nickte. »Ich habe ihn fortgeschickt«, sagte er leise.

»Dafür soll ich dir jetzt wohl dankbar sein?«, erwiderte sie.

Der schnippische Ton ihrer Stimme behagte Augustus überhaupt nicht. »Nein«, antwortete er ruhig, »ich will schon damit zufrieden sein, wenn du mich nicht mehr hasst.«

»Warum sollte ich dich hassen?«, entgegnete Julia. Ihre Stimme klang jetzt müde. »Weil du das Richtige für Rom getan hast?«

»Für Rom, für dich, für uns alle«, sagte er mit Nachdruck. »Agrippa, Maecenas und ich haben Rom einst sogar vor seinen eigenen Bürgern schützen müssen.« Er hob den Kopf und sah Julia an. »Caesars Milde … ich habe lange gebraucht, bis ich begriffen habe, was sie bewirken kann. So habe ich denn auch das Leben des Jullus Antonius verschont.«

»Aber nicht das meine!«, rief Julia in neuer Verzweiflung und stürzte an Augustus vorbei aus dem Raum hinaus.

Kaum war die Tür hinter ihr hart ins Schloss gefallen, öffnete sich auf der anderen Seite eine zweite Tür. Als Augustus in Livias Gesicht sah, wusste er sofort, dass sie gelauscht hatte.

»Komm näher!«, sagte er freundlich und griff nach einer Schriftrolle, die auf seinem Schreibtisch lag. »Hör dir an, was Vergil in jüngster Zeit geschrieben hat«, wandte er sich an seine Frau. »Wenn ich den Himmel nicht beugen kann, so werde ich die Hölle bewegen«, las er laut vor. Livia zeigte keine Reaktion. »Nun«, meinte er, »ich war wohl weder zu dem einen noch zu dem anderen fähig.«
Livia verdrehte die Augen. Wenn Augustus in Selbstmitleid schwelgte, konnte sie ihn am wenigsten leiden. »Du hast fürs erste die Welt genug bewegt. Nun ist es an der Zeit, sich auszuruhen!«
Augustus fuhr fort, als hätte er ihre Worte nicht gehört. »Bisher dachte ich, das Maß für das Leben eines Menschen sei das, was er geleistet hat, aber …«
»Ach, hör mit diesem Unsinn auf«, unterbrach ihn Livia ungeduldig, denn sie war eigentlich gekommen, um von ihm zu erfahren, was gerade alles passiert war.
Auf einmal fragte er unvermittelt: »Wann hast du aufgehört, mich zu lieben, Livia?«
Überrascht sah sie ihn an. »Endlich eine interessante Frage«, sagte sie wie zu sich selbst. »Aber ich habe nicht aufgehört, dich zu lieben. Meine Liebe hat sich nur … entwickelt.«
»Von der Sehnsucht weg … wohin?«
»Zur Pflicht«, antwortete sie stolz.
Augustus zuckte zusammen. »Dann hast du wohl Recht: Jede Leidenschaft schwindet einmal dahin«, murmelte er.
»Ja, Gaius, das ist leider häufig so.«
»Ich weiß nicht, ob ich stark genug bin, ein Leben ohne Leidenschaft ertragen zu können.«
Livia zuckte mit den Schultern. Sie standen sich nun gegenüber, Auge in Auge, getrennt von einem Karten

tisch, auf dem eine Karte lag, die das gigantische Imperium des Augustus dokumentierte. Doch in diesem Moment zählten nur ihre Gefühle füreinander. Eine Weile blieben sie so stehen und sahen sich an. Sie erforschten sich mit ihren Blicken, wollten herausfinden, was der jeweils andere dachte.

Schließlich ging Livia langsam um den Kartentisch herum und legte ihm die Hand auf den Arm. »Ruh dich aus«, flüsterte sie. »Ruh dich aus, Liebster – bei mir.«

Kapitel XIII

Doch Augustus hatte sich nicht sehr lange ausgeruht. Kaum nämlich war Tiberius, wie ihm befohlen, an die nördliche Grenze des römischen Imperiums aufgebrochen, hatte er geradezu fanatisch damit begonnen, die beiden Kinder Julias – die jungen Caesaren – auf ihre zukünftige Aufgabe vorzubereiten, die Spitze des Staates zu erklimmen. Zu Livias großem Verdruss machte sich ihr Mann dabei wenig Gedanken darüber, wie dies auf seinen Schwiegersohn Tiberius wirken mochte, der in den folgenden Jahren seine militärischen Aufgaben übererfüllt hatte. Nach dem Tod seines Bruders Drusus hatte Tiberius im Jahre 8 v. Chr. die römische Rheinarmee übernommen und ein Jahr später, genau am 1. Januar des Jahres 7 v. Chr., über Germania triumphiert. Während sich Gaius und Lucius Caesar trotz ihres jugendlichen Alters bereits die Männertogen übergestreift hatten, regelmäßig an Militärübungen und sogar an Senatssitzungen teilgenommen hatten, war Tiberius seinem Schwiegervater Augustus durch die Verleihung einer auf fünf Jahre befristeten tribunizischen Gewalt gleichgestellt worden – so wie damals Marcus Agrippa. Damit hatte ihm der Senat das Recht eingeräumt – auch wegen der bestehenden Ehe mit Julia – Augustus auf den imaginären Kaiserthron zu folgen. Zwar war Rom noch immer keine Monarchie, faktisch aber hatte sich Augustus längst als Potentat etabliert. Bis auf wenige Senatoren hatten er und sein Hof das gesamte politische und gesellschaftliche Leben unter Kontrolle. Aber das Volk – im Besonderen die Veteranen – liebte ihn. Er hatte großzügig Ackerland verteilt, er hatte für eine gerechte Verteilung des Getreides gesorgt, er hatte die Korruption eingedämmt und nicht zuletzt auch für mehr Sicherheit in der Hauptstadt gesorgt: Jetzt gab es eine funktionierende Polizei und, was vielleicht noch wichtiger war, eine straff organisierte Feuerwehrm, die dank gewaltiger Aquaedukte das Löschwasser im wahrsten Sinne des Wortes aus dem Vollen schöpfen konnte.

Auch die Vergnügungen kamen nicht zu kurz: Das Volk liebte Spiele, also bekam das Volk auch regelmäßig seine Spiele, und darüber hinaus förderte Augustus – auf Anraten seines schwer kranken Freundes Maecenas – das kulturelle und wissenschaftliche Leben in der Hauptstadt mit Unsummen aus seiner Privatschatulle.

Und weil seine tüchtigen Heerführer und Generäle auch an den Grenzen des Reiches für stabile Verhältnisse sorgten und jeden Versuch eines Aufstandes der besiegten Stämme und Völker mit ihrer gewaltigen Militärmaschinerie bereits im Keim erstickten, hatte das Volk bereits damit begonnen, hinter vorgehaltener Hand Augustus als »Friedenskaiser« zu bezeichnen.

Der Erhabene war jetzt fast 55 Jahre alt. Sein labiler Gesundheitszustand hatte sich weiter verschlechtert; die Mätressen Roms vermissten ihren großzügigen Liebhaber, die Freunde vermissten ihn immer häufiger beim Würfelspiel. Freunde? In den vergangenen fünf Jahren hatte er für viele seiner engsten Berater Leichenreden halten müssen. Der Tod des Maecenas war ihm besonders nahe gegangen: Der kluge Schöngeist hatte plötzlich an hohem Fieber gelitten, und Augustus hatte ihm daraufhin seine Spezialbehandlung empfohlen. Aber kaum, dass Maecenas in das eisige Wasser geglitten war, hatte sein Herz zu schlagen aufgehört …

Daraufhin hatte sich Augustus dazu entschlossen, Rom

eine Zeit lang den Rücken zu kehren. Er reiste nach Gallien, zu seinem siegreichen Schwiegersohn Tiberius, aber er blieb nur kurz, und bei seiner Rückkehr in die Hauptstadt ahnte Augustus, dass dies wahrscheinlich auch seine letzte Reise gewesen war.

Niemand sollte jemals erfahren, über was die beiden damals geredet hatten. Livia vermutete, dass sich Augustus und Tiberius gestritten haben könnten, denn ihr Mann war nun geradezu besessen von dem Gedanken, nach seinem Tod das eigene Blut – und damit Gaius und Lucius – in der Herrschaft zu wissen. Livia warf ihm daraufhin vor, dass er ihren Sohn Tiberius überging.

Nicht nur sie empfand ihren Gatten inzwischen häufig als starrsinnigen Greis: So hatte ihn auch der Dichter Horaz vor einem Bürgerkrieg gewarnt, der mit Leichtigkeit wieder ausbrechen konnte, wenn es Augustus nicht gelingen würde, die mächtigen Generäle auf *eine* Führungsfigur einzuschwören – entweder auf Tiberius, oder auf die beiden jungen Caesaren, von denen Gaius aufgrund seines Alter der *primus inter pares* war.

Und noch eine gewaltige Fehleinschätzung seitens des Erhabenen belastete seine Nachfolgepolitik: Ausgerechnet Julia hatte keineswegs der ihr zugedachten Rolle entsprochen, im Gegenteil. Sie hatte sich ganz allmählich dem auferlegten Zwang entzogen, ihr Leben der Politik unterzuordnen. Augustus und Livia hatten sie und Tiberius wie zwei Schachfiguren eingesetzt, und zunächst hatte ihre Ehe auch ganz im Sinne der neuen Gesetzgebung funktioniert, die zum Ziel hatte, ohne jede Rüksicht auf Liebe und Gefühle das Zeugen von Kindern zu garantieren. So hatte Julia im Jahre 10 v. Chr. ihrem ungeliebten Mann einen Sohn geboren, der aber kurz danach gestorben war. Von diesem Zeitpunkt an hatten

Tiberius und Julia praktisch kein Wort mehr miteinander gewechselt – und auch Briefe hatten sie sich nicht geschrieben. Wozu auch: Tiberius hatte seine geliebte Vipsania nicht eine Minute lang vergessen können, und Julia hatte ihr Verhältnis mit Jullus Antonius wieder aufgewärmt, und das schamloser und offener als jemals zuvor. Darüberhinaus hatte sie ihr Jagdrevier jedoch auch auf die angesehensten römischen Familien ausgeweitet. Ihre Gier nach Liebe, Wärme und Geborgenheit war unersättlich. Doch benahm sie sich mittlerweile wie eine Mätresse.

Außerdem traf sie sich inzwischen sehr häufig mit ihrer leiblichen Mutter Scribonia, die Augustus ja gleich nach Julias Geburt verstoßen hatte, um Livia heiraten zu können. Und Scribonia, die nicht vergessen hatte, wie brutal und demütigend sie von Augustus aus dem Haus geworfen worden war, schürte den Hass, den die Tochter inzwischen für ihren leiblichen Vater empfand, ins Unermessliche …

Julia schreckte aus einem bleiernen Schlaf, als die Tür zu ihrem Schlafzimmer aufflog und gegen die Wand krachte. In der Tür stand eine dunkle, vom Regen durchnässte Gestalt.

»Wer ist da?«, fragte sie benommen. Ihr Kopf brummte von dem vielen Wein, den sie getrunken hatte – in Jullus Antonius' Armen. Den ganzen Nachmittag hatten sie sich geliebt, seine Hände hatten ihren Körper sanft und liebevoll gestreichelt, und einmal mehr hatte sie angefangen zu weinen, weil es kurz nach Einbruch der Dunkelheit Zeit geworden war, von Jullus Abschied zu nehmen und unter das Dach ihres tyrannischen Vaters zurückzukehren.

Bevor sie zur Hintertür hinausgeschlüpft war, hatte ihr Jullus tief in die Augen gesehen und gewagt, das Unaussprechliche auszusprechen: »Ich werde ihn töten«, hatte er ihr erklärt. Eigentlich hatte sie erwartet, dass er ihr nun endlich einmal ins Gesicht sagen würde, dass er sie liebte, aber vielleicht war er ja auch nur ein Mann, der seine Gefühle mit Taten und nicht mit Worten ausdrücken konnte.

»Ich kann so nicht weitermachen – indem ich ständig etwas vortäusche«, hatte sie ihm geantwortet, und Jullus hatte sie daraufhin noch schärfer angesehen.

»Solange dein Vater lebt, haben wir keine andere Wahl«, hatte er dann gemeint.

»Ja, manchmal wünschte ich mir, er wäre tot!«

»Bist du dir sicher?«, hatte er gefragt, und sie hatte genickt.

»Ich halte das alles nicht mehr aus. Ich liebe dich, Jullus – doch wie sehr liebst du mich?« Sie hatte den Atem angehalten, hatte auf seine Antwort gewartet – die einzige Antwort, die sie von ihm hören wollte – doch er war lediglich empört vor ihr zurückgewichen.

»Wie kannst du so etwas nur fragen? Von ganzem Herzen, natürlich!«, hatte er gerufen.

»Egal, was auch geschieht?« Sie war in seine Arme geflohen, hatte ihren Kopf an seine Brust geschmiegt, damit er ihre Enttäuschung nicht sehen konnte. Und als sie schon damit gerechnet hatte, einmal mehr ohne den Schwur der ewigen Liebe sein Haus verlassen zu müssen, hatte er ihr plötzlich ins Ohr geflüstert, dass er ihr schon in der nächsten Nacht beweisen würde, was er für sie empfand …

»Tiberius!«, rief Julia, als sie das Gesicht ihres Mannes im Halbdunkel endlich erkannte. Wie sehr er sich ver-

ändert hatte in den vergangenen drei Jahren! Seine Gesichtszüge waren viel männlicher geworden, sein Ausdruck hart. Das konnte sie trotz des wilden Barts, den er inzwischen trug, deutlich sehen. Julia richtete sich auf. Ihre Überraschung verwandelte sich augenblicklich in Hochmut. »Was willst du hier?«, fragte sie.
Mit zwei, drei Schritten war er bei ihr, ergriff grob ihr Kinn und bog ihr Gesicht zu sich hoch. Er war stark, sehr stark, und an Händen und Fingern hatte er Schwielen. Tiberius sagte kein Wort sondern blickte sie nur an. Nervös leckte sich Julia mit der Zunge über die spröden Lippen. »Man hat mich von deiner Rückkehr nach Rom nicht in Kenntnis gesetzt ...«, flüsterte sie ängstlich.
Tiberius lächelte ironisch und ließ ihr Kinn los. »Du meinst wohl eher ... gewarnt?« Sie roch ja gerade so, als hätte sie eben noch in den Armen eines anderen Mannes gelegen. Er rümpfte die Nase, streifte seinen nassen Umhang ab und ließ ihn achtlos zu Boden gleiten.
Julia bemühte sich um ein unschuldiges Gesicht. »Wieso sollte ich gewarnt werden?«, fragte sie mit der aufgesetzten Stimme eines kleinen Mädchens.
»Weiter als bis zur nördlichsten Grenze seines Reiches konnte mich dein Vater nicht schicken. Aber die Berichte über deine Affären haben mich trotzdem erreicht – und zwar in aller Ausführlichkeit.« Tiberius stand mit verschränkten Armen vor ihrem Bett und musterte sie neugierig.
Verglichen mit Jullus – und mit allen anderen Männern, die sie jemals kennen gelernt hatte – hatte er etwas Animalisches. Julia musste schlucken. Sie setzte sich hin, rutschte nach ganz hinten, bis an die Wand, und zog ihre Knie schützend an sich heran. »Unsere Ehe ist doch nur eine Schande«, sagte sie laut, »und eine Farce! Sie

dient nur den politischen Interessen. Sie dient dir nicht, und mir ganz sicher auch nicht.« Sie verzog schmollend das Gesicht. »Unsere Verbindung ist und bleibt bloß eine Pflicht.«

Tiberius trat an das Fußende ihres Bettes. Seine Augen funkelten vor Zorn. »Meine Pflicht war es, in der Fremde meine Autorität über Roms Legionen und Provinzen zu wahren. Aber du hast meine Autorität durch deine eheliche Untreue ständig untergraben – zumal du nicht einmal bereit gewesen bist, sie zu verheimlichen.« Er hatte sich in Rage geredet. Kleine Speicheltropfen sprühten aus seinem Mund. »Und das kann ich nicht ertragen!« rief er.

Sie sah ihn voller Verachtung an und meinte lakonisch: »Dann tu uns beiden doch bitte den Gefallen, und stürze dich in dein Schwert.«

Wie ein Löwe setzte Tiberius zum Sprung an. Auf einmal war er über ihr. Julia hätte niemals erwartet, dass er sie schlagen würde – doch er tat es. Er ohrfeigte sie. Sie hatte nicht einmal Zeit, die Arme hochzureißen. Tränen stiegen ihr in die Augen, und ihre Wangen brannten wie Feuer. Dann erhob er sich keuchend von ihrem Bett.

»Das hast du schon immer tun wollen, nicht wahr?«, sagte sie, sprang auf und wollte an ihm vorbei in ihr Badezimmer gehen.

»Nicht so schnell!« Seine Hand schoss vor und ergriff ihren Arm. Er drehte sie mit spielerischer Leichtigkeit zu sich herum, so als wäre Julia eine Puppe. »Du vergisst, dass ich immer noch dein Mann bin«, sagte er und lächelte gefährlich.

»Wie könnte ich das je vergessen!« Hasserfüllt sah sie ihn an. »Jeden Tag, an dem ich hörte, dass du noch am Leben bist, wurde ich daran erinnert!«

Er packte sie an den Schultern und schüttelte sie. »So ist das also! Du wünschst mir den Tod? Dann werde dir jetzt beweisen müssen, dass ich sehr lebendig bin.«
Seine Hand wanderte zu ihrem Ausschnitt. Julias Augen wurden groß vor Furcht. »Nein«, stieß sie erstickt hervor, aber schon hatte er ihr Nachtgewand aufgerissen. Sie versuchte davonzulaufen, aber er hielt sie mühelos fest, hob sie hoch und schleuderte sie aufs Bett. Schon im nächsten Augenblick war er erneut über ihr. Julia kämpfte wie eine Katze. Sie biss, sie spuckte, und sie kratzte, aber gegen seine unbändige Kraft war sie machtlos. Seine Hände rissen ihr Nachthemd vollkommen entzwei, und plötzlich spürte sie, dass auch er nackt war. Mit den Knien spreizte er ihre Beine und rutschte ein wenig höher. Julia wimmerte und wandte den Kopf zur Seite. Sein keuchender Atem strich über ihre geröteten Wangen, und dann erlahmte ihr Widerstand, als er brutal in sie eindrang. Julia stöhnte auf und schloss die Augen. Sie war nun voller Hass – doch am meisten hasste sie sich selbst, weil sie plötzlich wider Willen Lust verspürte. Aber schon im nächsten Moment war es vorbei. Mit einem heiseren Seufzer bäumte Tiberius sich auf. Dann glitt er aus ihr heraus, wischte sich mit einem Fetzen ihres Nachthemds ab, hob seinen Umhang vom Boden auf und verließ Julias Schlafzimmer, ohne sich noch einmal nach ihr umzudrehen.

»Dann liebst du sie also doch«, sagte Scipio und schenkte seinem Freund Wein nach.
Jullus lachte auf. »Julia lieben? Wohl kaum. Aber mir ist jedes Mittel recht, um nahe an Augustus heranzukommen – und dank ihres Verschleißes an Römern ist sie inzwischen auch eine hervorragende Liebhaberin!« Er

lachte schmierig und nahm einen Schluck Wein. »Und jetzt glaube ich, dass ich sie so weit habe – nach all den Jahren«, fuhr er versonnen fort. »Deshalb habe ich sogleich nach dir geschickt, kaum dass sie mich verlassen hatte.«

Scipio sah seinen Freund misstrauisch an. Wovon redete Jullus da?

Jullus beugte sich vor und senkte seine Stimme. »Sie hat ihren Vater der Tyrannei beschuldigt und mir mitten ins Gesicht gesagt, dass sie sich seinen Tod von ganzem Herzen wünscht! Aber ich glaube dennoch, sie würde niemals etwas tun, was ihren Vater verletzen könnte.«

»Sie soll es ja auch nicht tun«, sagte Scipio sehr leise. Verstohlen blickte er sich in der gut besuchten Taverne um. Niemand schien auf sie zu achten. Und der Mann, der in einem nassen Umhang mit düsterem Gesicht am Nebentisch saß und einen Becher nach dem anderen in sich hineinschüttete, sah aus, als ob er ein Germane war. Ein Barbar. »Dann müssen wir jetzt handeln. Die Zeit arbeitet gegen uns. Die jungen Caesaren werden von Tag zu Tag mächtiger – aber jetzt sind sie noch Kinder. Und ehe Tiberius mit seinen geschwächten Legionen in Rom einmarschieren kann, haben unsere Verbündeten im Senat längst ein eigenes Heer rekrutiert.«

Jullus wurde blass, so wie eigentlich immer, wenn er feststellen musste, dass er vor einer schwer wiegenden Entscheidung stand. Es war entsetzlich einfach, zu reden. Aber es würde ihn seinen gesamten Mut und Willen kosten, auch den letzten Schritt zu vollziehen. Und schließlich sprach sein Freund hier in aller Öffentlichkeit von einem blutigen Umsturz.

»Außerdem«, fuhr Scipio fort, »dürfen wir Augustus trotz seines Alters nicht unterschätzen. Wir wären töricht zu glauben, dass er nicht bald etwas gegen uns unternimmt. Er hat bestimmt schon das Rumoren im Senat vernommen.«

»Und wenn er nichts gegen uns in der Hand hat?«, fragte Jullus.

»Augustus ist ein Fuchs. Muss ich dich denn jedes Mal daran erinnern, Jullus? Deine adelige Herkunft wird uns nicht vor ihm schützen«, unterbrach ihn Scipio. »Dein Vater hat den Fehler begangen, sich darauf zu verlassen. Das werden wir nicht tun. Er muss sterben.«

»Ich hasse ihn doch auch«, stieß Jullus ängstlich hervor. »Aber wir sind schon einmal gescheitert!«

Scipio machte eine wegwerfende Handbewegung. »Ja, damals waren wir noch dumm und unerfahren. Doch jetzt, wo dir die mannstolle Tochter des Tyrannen aus der Hand frisst, können wir es gescheiter anfangen. Ich frage dich: Wird sie dich nun in ihren Gemächern empfangen?«

Jullus nickte bedächtig. »Morgen Abend. So ist es verabredet. Aber …«

»Damit, Jullus, geben uns die Götter endlich die Gelegenheit, die wir brauchen!«, rief Scipio. Seine Augen begannen zu leuchten.

»Dann muss es wohl so sein«, erwiderte Jullus niedergeschlagen.

»Dann wird es so sein!«, sagte Scipio entschieden, warf ein paar Münzen auf den Tisch, sprang auf und strebte dem Ausgang der Taverne zu. Jullus verharrte noch einen Moment regungslos am Tisch. So hatte er sich schon einmal gefühlt – damals, auf dem Forum.

Schließlich stand er ebenfalls auf und folgte Scipio hinaus auf die Straße. Tiberius sah ihm nach, bis Jullus verschwunden war. Sein Gesicht war sehr ernst.

»Sie planen seinen Tod.« Tiberius sah seine Mutter aufmerksam an, die ihrerseits keine Miene verzog. »Sie haben Freunde im Senat. Was wirst du jetzt tun?«

»Nichts.«

»Nichts?« Ungläubig sah Tiberius, dass seine Mutter vollkommen gelassen blieb.

»Überhaupt nichts!« Livia lächelte.

»Aber sie wollen Augustus ermorden.« Sie schwieg. »Was, wenn sie mit ihrem Plan Erfolg haben?«, drängte Tiberius.

»Ja, was wäre dann?«

Tiberius war fassungslos.

»Du solltest eher fragen, was wäre, wenn sie *keinen* richtigen Erfolg haben«, fuhr Livia unbeirrt fort. Ihr Sohn sah sie verständnislos an. »Wir werden natürlich dafür sorgen, dass Jullus ergriffen wird«, erklärte sie, »zusammen mit seiner Komplizin Julia. Aber sonst, mein Sohn, werden wir nichts unternehmen. Denn genau das wird dich zum Kaiser machen.«

Tiberius schwieg. Er, Kaiser von Rom? Er hatte noch mit niemandem über seine Pläne gesprochen. Aber er hatte sich sein zukünftiges Leben inzwischen sorgfältig zurechtgelegt. Er hatte alles erreicht, was man im Staat erreichen konnte. Er verfügte im Grunde über die gleiche Macht wie Augustus – mit dem kleinen Unterschied, dass er eben nicht Augustus war. Doch in Wahrheit wollte er sich aus der Politik zurückziehen. Er war ein begabter Militär, kein gerissener Diplomat. Und genau das musste man seiner Meinung nach sein, denn die Politik empfand er als weitaus unmoralischer und auch gefährlicher als eine anständige Schlacht. Und Tiberius fühlte sich einfach noch zu jung, um auf einer Bühne zu verbluten, wo er nur der Verlierer sein konnte.

Er wusste bereits, wohin es ihn zog: Die Insel Rhodos lockte, mit ihrer glühenden Sonne und dem süßen Wein. Dorthin wollte er sich begeben und glücklich werden – fernab von Rom, weit weg von den Intrigen um die Macht, seiner Mutter und vor allem seiner ungeliebten Frau. Er fürchtete sich schon jetzt davor, Livia seine Entscheidung mitzuteilen.
»Über was denkst du gerade nach?«, wollte seine Mutter wissen.
Aber Tiberius schüttelte nur stumm den Kopf.

Augustus betrat sein Badezimmer und betrachtete ergeben den kupfernen Zuber mit Eiswasser, der dort wieder einmal für ihn bereitstand. Ein Schauer lief ihm über den Rücken, aber dann ließ er sich widerstandslos in den Zuber helfen. Er hatte zwar nur ganz leicht erhöhte Temperatur, aber sein Leibarzt war inzwischen der Meinung, dass ein regelmäßiges Eisbad das hohe Fieber vielleicht gar nicht erst entstehen lassen würde, und Augustus vertraute ihm. Musa hatte aus seinen Beobachtungen heraus inzwischen sogar eine Theorie entwickelt, die er ›Abhärtung‹ nannte. Ein willkommener Nebeneffekt dieser prophylaktischen Behandlung war, dass die eisige Folter den Patienten nicht mehr über Stunden, sondern nur noch ein paar Minuten quälte. Der zweite Erfolg von Musas Bemühungen war die erfreuliche Tatsache, dass Augustus kaum noch hustete.
Dennoch konnte es der Erhabene nicht vermeiden, dass seine Zähne klapperten. Er versuchte, ruhig und flach zu atmen und an irgendetwas Warmes zu denken. An die Sonne. An den Leib seiner Frau.
Er ahnte nichts davon, dass sich im Schlafgemach seiner Tochter, gar nicht weit von ihm entfernt, gerade der

Mann aus dem Bett erhob, der ihm nach dem Leben trachtete. Und er wusste auch nicht, dass Livia ihr Haus verlassen hatte und durch den schmalen Säulengang, der ihre beiden Domizile verband, seine Bibliothek betreten hatte, wo bereits Tiberius auf sie gewartet hatte.
Jullus hatte nicht einen Augenblick lang geschlafen. Julia hatte ihn bei Einbruch der Dunkelheit wie verabredet an den Prätorianern vorbei durch ein verwirrendes Labyrinth von Gängen in ihr Schlafzimmer geführt. Keine Dienerin, keine Sklavin war zu sehen gewesen, und die beiden jungen Caesaren befanden sich, wie Jullus im Flüsterton erfahren hatte, auf dem Marsfeld, wo sie exerzieren lernten und zur Gewöhnung an das harte Soldatenleben in einer Zeltunterkunft schliefen.
Nachdem sie sich dann lange und ausgiebig geliebt hatten – wobei ihm die ganze Zeit völlig andere Gedanken durch den Kopf geschossen waren –, hatte sich Julia an ihn geschmiegt und war rasch in einen erschöpften Schlaf gesunken. Er dagegen hatte wach gelegen, voller Furcht, die Stunde zu verschlafen, zu der er Scipio ins Haus lassen sollte, voller Sorge darüber, den richtigen Weg zu finden, voller Entsetzen vor der Bluttat, die sie schon lange geplant hatten – und die jetzt Wirklichkeit werden sollte.
Solange er denken konnte, war sein einziges Ziel immer nur die Rache an Augustus gewesen. Die Rache für seinen Vater. Der Erhabene hatte damals einen Fehler begangen, als er ihn, Jullus, begnadigt hatte. Der Erhabene hatte ihn unterschätzt. Je langer er sich dies einredete, desto größer wurde sein Mut. Aber nun dachte er zum ersten Mal auch über die persönliche Vergeltung hinaus. Was würde geschehen, sobald sie Augustus getötet hatten? Was würde mit *seinem* Leben geschehen, das,

wenn er ehrlich war, in durchaus beschaulichen Bahnen verlief? Würde die Ausbildung, die er auf Geheiß des Augustus erhalten hatte, reichen, um nach dem Tod des Imperators die Macht an sich zu reißen und sie – vor allen Dingen – nicht wieder aus der Hand zu geben? Oder sollte er lieber fliehen, irgendwo anders ein neues Leben anfangen und seinen Triumph über Augustus still genießen? Unruhig wälzte Jullus sich hin und her. Er fühlte sich fast erlöst, dass nun die Stunde des Handelns gekommen war.

Leise erhob er sich aus dem Bett, schlüpfte in seine Kleider, gönnte der schlafenden Julia keinen Blick und auch keinen Gedanken mehr und schlich hinaus in die Gänge, um seinem Freund die Tür zu öffnen. Gut, dass er auf dem Hinweg unauffällig ein paar Gänsedaunen hatte fallen lassen, an denen er sich jetzt orientieren konnte.

Jullus fand den Weg ohne Schwierigkeiten.

Als er die Tür öffnete, zuckte er zusammen. Scipio hatte sich irgendwoher die Uniform eines Prätorianers beschafft. Nach dem ersten Schrecken jedoch sah Jullus, dass diese Maskerade eine ausgezeichnete Idee war.

Scipio glitt wie ein Schatten aus der Dunkelheit ins Haus hinein. Stumm reichte er Jullus eine schwarze Maske und ein kurzes, scharfes Schwert. Diesmal diente ihnen die Verkleidung jedoch nicht zu einem kurzweiligen Vergnügen, und in grimmigem Schweigen deutete Jullus seinem Freund an, ihm leise zu folgen.

Musa gab endlich das erlösende Zeichen dafür, dass das Eisbad beendet war. Augustus seufzte erleichtert auf, stemmte sich in der Wanne hoch und sah erwartungsvoll dem alten Arzt entgegen, der schon mit einem dampfenden Tuch auf ihn zugeeilt kam. Er stieg aus dem Zuber

und griff nach dem Handtuch, als plötzlich die Tür aufflog und zwei unbekannte Gestalten mit gezückten Schwertern hereinstürmten, der eine von ihnen in der Uniform eines Leibgardisten.
Obwohl er vor Schreck erstarrte, begriff Augustus sofort, dass dieser Prätorianer nicht gekommen war, um ihn zu beschützen. Der andere Mann, der eine Pferdemaske trug, rannte auf ihn zu, bereit, ein Schwert in ihn hineinzustoßen. Instinktiv warf sich Augustus zur Seite; trotzdem verspürte er einen sengenden Schmerz in der rechten Seite, ehe er sein Blut ungewöhnlich warm über die eiskalte Haut fließen spürte.
Jullus hatte Augustus lediglich einen tiefen Schnitt zugefügt. Doch sein Schwert steckte nun bis zum Heft in den Eingeweiden des Arztes. Musa sah seinen maskierten Mörder mit aufgerissenen Augen an. Er wusste, dass ihm das Schwert ein großes Blutgefäß durchtrennt haben musste, denn er fühlte, wie er mit jedem Schlag seines Herzens schwächer wurde.
Sekunden später sank Musa zu Boden. Fassungslos betrachtete Jullus den sterbenden Mann zu seinen Füßen. Eine Blutlache breitete sich unter ihm auf dem Boden aus, und Scipio, der nervös an der Tür stand, rief: »Worauf wartest du! Töte ihn doch endlich!«
Aber Jullus konnte sich nicht mit der Tatsache abfinden, dass er eben einen Menschen getötet hatte – einen alten, unbewaffneten Mann. Scipio ballte die Faust, sprang Jullus zur Seite und schüttelte ihn.
In diesem Moment schrie Augustus um Hilfe.
»Wach auf – töte ihn!«, rief Scipio.
Der süßliche Blutgeruch mischte sich mit dem scharfen Gestank der Angst, von der sie beide nicht frei waren. Endlich schien Jullus aus seiner Trance aufzuwachen. Er

bückte sich und zog das Schwert mit aller Kraft aus dem Körper des Arztes.
Doch genau diese Sekunden der Unentschlossenheit hatte Augustus für sich genutzt. Er hatte sich aufgerappelt und einen Holzschemel ergriffen. So stand er den beiden Bewaffneten gegenüber, den Rücken zur Wand, wartete auf ihren Angriff und schrie.
Scipio nahm all seinen Mut zusammen und rückte gegen den Kaiser vor. Es wäre ein ungleicher Zweikampf geworden, wenn er nicht in der Blutlache des Arztes ausgerutscht wäre. Augustus sprang auf ihn zu und schlug ihm den Holzschemel mitten ins Gesicht. Scipio fühlte, wie seine Nase brach. Ein messerscharfer Schmerz durchzuckte ihn, Tränen schossen ihm in die Augen, und er sah die Welt nur noch verschwommen. Schon traf ihn ein zweiter Schlag, diesmal in den Nacken, und sein Helm flog scheppernd auf den Marmorboden.
»Hilf mir!«, schrie er verzweifelt, aber Jullus stand noch immer bewegungslos da, das bluttriefende Schwert in der Hand. Langsam hob er den Kopf, als er merkte, dass Augustus auf ihn zuging. Und dann, endlich, erwachte er aus seiner Betäubung und parierte den weit ausholenden Schlag des Kaisers mit seinem Schwert. Der Schemel splitterte, Augustus hielt nur noch zwei Stuhlbeine in den Händen, Jullus erkannte plötzlich seine Chance und griff ihn an. Sein jahrelanger Hass auf den Mörder seines Vaters entlud sich in einem wilden Angriff ohne Sinn und Verstand. Wie von Sinnen schlug er zu, aber er konzentrierte sich nicht auf sein Opfer, das den unkontrollierten Schwerthieben ausweichen konnte. Nur, wie lange noch würde sich Augustus den Rasenden vom Leib halten können? Er schrie jetzt ununterbrochen um Hilfe.
Livia hatte schon seinen ersten Schrei vernommen. Mit

weit offenen Augen stand sie ihrem Sohn Tiberius gegenüber am Kartentisch, den Blick irgendwohin in die Ferne gerichtet. Sollte das Schicksal seinen Lauf nehmen, dachte sie. Hauptsache, es würde schnell gehen.
Aber ihr Wunsch ging nicht in Erfüllung. Augustus brüllte immer noch. Aus dem Baderaum war Gepolter zu hören. Und ein Schmerzensschrei.
»Mutter!«, keuchte Tiberius. »Ich bitte dich!« Er presste die Lippen zusammen. Er hielt es kaum mehr aus. Ja, er würde wohl in wenigen Augenblicken Kaiser von Rom sein. Doch um welchen Preis? An seinen Händen würde sein Leben lang das Blut des Augustus kleben. So wie an den Händen seiner Mutter. Nur noch wenige Augenblicke, dann würde er ein Mörder sein, ein elender Feigling – ein Mensch, der er nie hatte werden wollen.
Plötzlich sagte seine Mutter mit tonloser Stimme: »Tiberius: Hilf ihm – rasch!«
Das ließ sich Tiberius nicht zweimal sagen. Mit einem großen Seufzer der Erleichterung stürmte er mit Riesenschritten aus der Bibliothek und hetzte in den benachbarten Baderaum hinüber. Noch im Laufen zog er sein Schwert. Er warf sich gegen die Tür und stand plötzlich mitten im Raum. Fast wäre er im nächsten Moment ebenfalls auf dem feuchten Boden ausgerutscht und der Länge nach hingeschlagen.
Sein geschulter Blick ließ Tiberius innerhalb von Sekundenbruchteilen die Lage erfassen. Ein Mann, den er nicht kannte, war offensichtlich tot, ein Prätorianer, der erstaunlicherweise eine Augenmaske trug, wälzte sich verletzt auf dem Boden, und Augustus stand auf der gegenüberliegenden Seite des Raumes mit dem Rücken zur Wand und versuchte verzweifelt, den Schwerthieben eines Rasenden auszuweichen.

Jullus hatte keine Ahnung von der Gefahr, die sich ihm von hinten näherte. Im nächsten Augenblick wurde ihm schon das Schwert aus der Hand geschlagen. Klirrend fiel es zu Boden. Ein mächtiger Arm umklammerte ihn, eine genagelte Ledersandale bohrte sich gleichzeitig in seine Kniekehle, und dann drückte ihn eine gewaltige Kraft hinunter. Das Letzte, was Jullus wahrnahm, bevor ihm Tiberius den Knauf seines Schwertes hart auf den Hinterkopf schlug, waren die nackten, blutverschmierten Füße des Kaisers. Dann wurde er auch schon bewusstlos.

Augustus ließ die beiden Stuhlbeine fallen und lehnte sich erschöpft gegen die Wand. Er blutete aus mehreren Wunden.

»Ich verdanke dir mein Leben, Tiberius«, murmelte er und verzog vor Schmerz und Anstrengung das Gesicht. Er schwieg für einen Moment, um ein paar Mal tief Luft zu holen. »Bitte, hol mir einen Arzt. Ich bin verletzt.«

Tiberius musterte ihn kurz und gehorchte. »Moment noch!«, rief ihn Augustus noch einmal zurück und deutete auf seinen Leibarzt, der neben dem Zuber lag und sich nicht rührte.

»Ist Musa noch am Leben?«, fragte er. Tiberius hockte sich neben den Körper des kleinen Ägypters, fühlte ihm den Puls und schüttelte dann bedauernd den Kopf.

»Und wer sind diese beiden?«

Tiberius erhob sich und ging drei Schritte zu dem Prätorianer hinüber, der sich wimmernd die Hände vors Gesicht hielt. Mühelos bog er ihm die Hände auseinander und entdeckte, dass der Soldat eine Augenmaske trug. Tiberius riss sie ihm rücksichtslos hinunter. Kein Zweifel: Das war der Mann, den er in der vergangenen Nacht in der Taverne beobachtet hatte.

»Das ist kein Prätorianer – das ist Scipio!«, rief Augustus überrascht. »Und der andere?«
Um den wimmernden Verletzten endgültig zum Schweigen zu bringen, versetzte ihm Tiberius einen weiteren Schlag auf die zerschmetterte Nase. Scipio heulte auf und fiel augenblicklich in Ohnmacht. Augustus hatte sich inzwischen auf den Boden gleiten lassen. Er war gespannt, wessen Gesicht unter dem Pferdekopf zum Vorschein kommen würde. Mit einem Ruck riss Tiberius auch dem zweiten der beiden Attentäter die Maske herunter. Augustus hob interessiert den Kopf. »Jullus Antonius!«, rief er. »Dann habe ich mich …«
Weiter kam er nicht, denn ein langgezogener Schrei des Entsetzens gellte plötzlich durch den Raum. Julia stand in der Tür, starrte auf das bewusstlose Gesicht ihres Geliebten und brach dann zusammen. Tiberius nickte seinem Schwiegervater zu, verließ das Badezimmer und stieg über die schluchzende Julia, ohne sie eines Blickes zu würdigen. Es galt, einen Arzt herbeizuholen – und die Wachen.
Augustus lehnte seinen Kopf an die Wand. Die Schnitte, die er im Kampf davongetragen hatte, bluteten zwar noch immer, aber sie hatten keine lebenswichtigen Blutgefäße verletzt. Sie waren nicht tief genug. Auch die Schmerzen waren auszuhalten. Jullus Antonius war ein Stümper.
Doch noch viel wichtiger erschienen Augustus jetzt die zwei Fragen, ob Julia seinet- oder Jullus wegen Tränen vergoss und ob sie gar selbst hinter dem feigen Anschlag steckte. Er musste es wissen. Sofort.
»Julia«, wisperte er, »wusstest du davon?« Er musste diese Frage mehrmals wiederholen. Dann erst schien sie zu begreifen, was ihr Vater offensichtlich dachte. Sie hob

den Kopf und starrte ihn schockiert an. »Er ist schließlich dein Geliebter«, sagte Augustus kalt. »Antworte mir – hast du es gewusst?«
»Nein!«, stieß sie atemlos hervor. »Natürlich nicht! Nein, nein!«
Aber Augustus' Gesicht blieb starr, und jetzt erkannte Julia zu ihrem Schrecken, dass er ihr kein Wort glaubte.

Am nächsten Morgen bereits verließ Tiberius die Stadt und schiffte sich in Ostia auf eine Galeere ein, die ihn nach Rhodos bringen sollte. Politik war ein schmutziges Geschäft – und von diesem Geschäft wollte er nichts mehr wissen. Vor allem war er zutiefst verstört über das Verhalten seiner Mutter, die den Kampf ihres Mannes auf Leben und Tod in Hörweite regungslos verfolgt hatte, bis sie sich endlich – viel zu spät, wie er meinte – erinnert hatte, dass sie doch eigentlich ein Mensch war.
Livia Drusilla hatte sich in ihrem Haus verschanzt. Außer ihrer treuesten Sklavin, die sie mit dem Notwendigsten versorgte, wollte sie niemanden empfangen. Alles, wofür sie jahrelang gearbeitet hatte, war nun hinfällig geworden – Tiberius, ihr geliebter Sohn, hatte sich als moralinsaurer Schwerenöter entpuppt, dem es an Willenskraft und Machtinstinkten fehlte. Sie war bitter enttäuscht von ihm, der jetzt sein Leben achtlos wegwarf, um in ein selbst gewähltes Exil zu fliehen. Da war auch kein Drusus, der in seine Rolle hätte schlüpfen können, denn Drusus war tot. So hatte Livia Drusilla jetzt auch den zweiten Sohn verloren – und von keinem hatte sie Abschied nehmen können.
Als Tiberius das Deck der Galeere betrat, wusste er, dass dies der erste Schritt zum Verlust seiner Macht war. Bald schon würde man seinen Namen in Rom vergessen.

Auf diese Weise erfuhr Tiberius auch erst viel später von den dramatischen Ereignissen, die sich nach dem zweiten, missglückten Attentat auf seinen Schwiegervater in Rom ereigneten: Der Princeps war über seine Tochter außer sich vor Wut. Zunächst strengte er eine gerichtliche Untersuchung des Senats über ihr Treiben an und bezichtigte sie öffentlich des Ehebruchs. Im Verlauf dieser Verhandlung, die sich über Wochen hinzog, fielen etliche Namen prominenter Römer, die irgendwann einmal ein Verhältnis mit Julia eingegangen waren: Claudius Pulcher, Sempronius Gracchus, Quinctius Crispinus und Cornelius Scipio – ja auch er, der beste Freund des Jullus Antonius, hatte öfter Julias Gunst erlangt. Aber diese vier Nobiles waren nur die Spitze eines Eisbergs. Sie wurden ohne viel Federlesens hingerichtet, das Familienvermögen wurde konfisziert, ihre Angehörigen in die Verbannung geschickt.
Damit wurde offiziell bekannt, was in Rom schon seit Jahren ein Hauptbestandteil der brodelnden Gerüchteküche war. Augustus tat jedoch so, als hätte er davon nie gewusst. Und auf dem Höhepunkt seines Zorns zerrte er dann seine eigene Tochter vor den Senat. An diesem Tag wurde Jullus Antonius vor die zweifelhafte Wahl gestellt, sich ins eigene Schwert zu stürzen oder durch die Hand des Scharfrichters zu sterben.
Noch immer verrieten dicke Bandagen, dass Augustus bei einem *Unfall* schwere Verletzungen davongetragen hatte. Ein Unfall? Auf dem Forum, auf den Straßen und in den Thermen Roms kursierte dagegen schon zu Beginn der richterlichen Untersuchungen das Wort Attentat. Doch alle, die von dem Kampf im Baderaum gewusst hatten, waren – wie Scipio und Jullus – tot, waren – wie die Wachen – mit hohen Summen zum

Schweigen gebracht worden, oder gehörten der augusteischen Dynastie an. Der Princeps selbst, dem erst vor kurzem der Ehrentitel *pater patriae* verliehen worden war – hatte die Losung ausgegeben, dass es niemals ein solches Attentat gegeben hatte …

So lenkte er das Interesse der Öffentlichkeit geschickt von seinem körperlichen Zustand weg hin zu der üppigen Schönheit, die jetzt wie ein Häuflein Elend die Anklage anhären musste, die von einem Quästor verlesen wurde. Offiziell wurde Julia unmoralisches Verhalten vorgeworfen, eine Verletzung der Würde des Princeps – eine vornehme Umschreibung des Wortes Majestätsbeleidigung.

Die Sünderin stand mit gesenktem Kopf da. Sie tauschte keinen einzigen Blick mit ihrem Vater, und sie sprach auch kein einziges Wort zu ihrer Verteidigung, denn die Beweislage – die auf den Wunsch des Augustus hin selbstverständlich verschwiegen werden musste – war schlüssig: Nur ihretwegen war es den Verschwörern Jullus und Scipio gelungen, in die Privatgemächer des Princeps einzudringen. Aber dieser eigentliche Hochverrat war Privatsache.

Augustus ergriff das Wort. Seine Stimme hallte durch den Saal, doch noch immer sah er Julia nicht an. »Die Erlasse des Senats gelten im gesamten Imperium mit uneingeschränkter Strenge. Die Strafe für das Verbrechen des Ehebruchs ist genau festgesetzt.« Er schwieg einen Moment und schloss gequält die Augen. »Ich stehe hier vor euch, um einen Bürger öffentlich und formell dieser Straftat anzuklagen.« Er hob die Hand, in der sich ein Schriftstück befand. »Hier ist ein Brief des Jullus Antonius.«

Julia zuckte zusammen. Ein Brief von Jullus – was hatte

das in der Vergangenheit für sie bedeutet! Wie oft hatte sie tagelang auf eine seiner zärtlich formulierten Botschaften gewartet – doch nun wusste sie, dass er ihre Schwäche, ihre Sehnsucht nach Liebe die ganzen Jahre nur ausgenutzt hatte. Ihr Vater und ihre Stiefmutter hatten ja so Recht gehabt!

Aber ihre Einsicht kam zu spät.

Plötzlich wich aller Stolz aus ihrem Gesicht, sie wurde bleich und sah von einem auf den anderen Moment furchtbar elend aus. Doch Augustus fuhr unbeirrt in seinen Ausführungen fort: »Ein Brief, aus dem deutlich hervorgeht, dass sich Jullus Antonius in eine Ehe eingemischt hat und ein Liebesverhältnis eingegangen ist – mit Julia, der Gemahlin des Tiberius.« Ein Raunen ging durch die Reihen der Senatoren. Ein Raunen, das eigentlich nicht nötig gewesen wäre, da doch jeder die Gerüchte schon seit langem kannte.

»Aus diesem Grund«, sagte Augustus mit lauter Stimme, »beantrage ich die vom Gesetz Roms verhängte Höchststrafe.«

Er setzte sich wieder auf seine Bank. Im nächsten Moment begannen sämtliche Senatoren durcheinander zu reden.

»Augustus, es handelt sich um deine eigene Tochter«, sagte einer.

»Du kannst sie doch nicht einfach ...«, rief ein zweiter Senator, aber Augustus sprang auf und erhob seine Stimme: »Eben noch herrschte Einigkeit – aber jetzt sehe ich plötzlich nur noch Milde!« Sein Gesicht lief dunkelrot an. »Niemand steht über dem Gesetz!«, brüllte er unbeherrscht. »Deshalb werdet ihr mir gefälligst gehorchen!«

Lähmendes Schweigen folgte seinem Ausbruch. Keiner

der Anwesenden konnte sich daran erinnern, dass der Princeps jemals zuvor öffentlich die Beherrschung verloren hatte. Auch Julia sah, dass die Hand ihres Vaters, die den Brief ihres Geliebten umkrampft hielt, heftig zitterte. Aber sie selbst hatte nun ebenfalls allen Grund, zu zittern. Denn die Höchststrafe, die ihr Vater für sie beantragt hatte, hieß Verbannung. Und nicht nur Julia ahnte, dass das Urteil bereits gesprochen war.

»Warum hast du mir das angetan, Vater?«, flüsterte Julia tonlos, als sie tags darauf von vier Wächtern in die Bibliothek geführt wurde. Augustus stand an seinem Lieblingsplatz, am Kartentisch, und sah sie mit unbewegter Miene an. Mit einer herrischen Handbewegung gebot er ihr zu schweigen, bis die Prätorianer die Bibliothek wieder verlassen hatten. Julia fiel auf die Knie und rang beschwörend die Hände. »Vater, ich habe es nicht gewusst. Ich habe es wirklich nicht gewusst. Ich würde dir doch niemals ein Leid antun wollen!« Ihre Stimme steigerte sich zu einem hysterischen Kreischen. »Bitte, glaub mir, dass ich nichts von Jullus teuflischen Plänen gewusst habe.« Sie wurde von einem Weinkrampf geschüttelt. Ihre Stimme versagte.

Augustus sah sie prüfend an. Wie gern wollte er ihr glauben! Julia war sein einziges Kind, war Blut von seinem Blut, und er hatte es ihr wahrlich nicht leicht gemacht. Aber die Vorstellung, dass seine eigene Tochter ihn so sehr hassen könnte, dass sie ihm zwei gedungene Mörder auf den Hals hetzte, schmerzte ihn nicht nur, sondern hatte ihn rasend gemacht vor Wut – eine Wut, die selbst er nur mühsam unterdrücken konnte, auch jetzt.

Warum nur hatte Julia niemals einsehen können, dass es ihre Pflicht war, das persönliche Glück dem des Staates unterzuordnen? Warum hatte sie niemals begriffen, dass er, ihr Vater, der wichtigste Mann in ihrem Leben war? Keiner ihrer beiden Ehemänner hatte ihn je aus dieser Position verdrängen können, weder Marcus Agrippa, noch Tiberius. Doch als dieser verfluchte Jullus Antonius in ihr Leben getreten war, als sie die süßen Früchte einer verbotenen Liebe gekostet hatte und ihnen erlegen war …

Ja, er wollte ihr so gern glauben, und dennoch hatte er sich gegen sie entschieden. Ihre neue Heimat würde Pandateria sein, eine winzige Insel nordwestlich von Ischia.

»Gleichwohl wirst du noch heute Rom verlassen«, sagte Augustus leise. »Wenn öffentlich bekannt wird, dass Jullus Antonius und Scipio mir nach dem Leben getrachtet haben, wirst auch du in Rom nicht mehr erwünscht sein. Das Volk würde dich augenblicklich hassen. Es würde dich töten! Und deshalb, Julia, rette ich jetzt dein Leben!«

Julia sah ihn wie eine zum Tode Verurteilte an. »Wo ist er?«, fragte sie. »Ich muss ihn sprechen!«

Augustus wusste sofort, wen sie meinte. »Jullus wird dir bestätigen, dass ich nie, auch nicht einen Moment lang, etwas von seinen Attentatsplänen geahnt habe …« Doch ihre Stimme verebbte, als sie in die kalten blauen Augen ihres Vaters sah.

»Du kannst Jullus Antonius nicht sprechen. Er ist tot«, sagte Augustus leise.

Also war auch diese, ihre letzte Hoffnung zerstört. Julia erhob sich, wischte sich die Tränen aus dem Gesicht und nahm all ihren Stolz und ihre Kraft zusammen. Also war es vorbei. Dabei hatte sie doch nur versucht, ihren Lebenshunger zu stillen.

»In meinem ganzen Leben habe ich nur zwei Männer geliebt«, wisperte sie, »Jullus und dich.« Augustus musste schlucken. Plötzlich beugte sie sich vor, stützte sich mit beiden Händen auf die Tischplatte und schrie ihn an: »Du bist schuld! Du hast es so gewollt! Du selbst hast mich in seine Arme getrieben! Als ich Tiberius nicht heiraten wollte, hast du mir gesagt, ich soll vorsichtig sein!« Augustus machte eine müde Handbewegung. »Damals habe ich für einen kurzen Moment die wichtigste der Regeln für einen Herrscher vergessen. Sie lautet: Schwäche ist nicht gestattet. Gleichgültig, wie viel Leid und Qual dies auch mit sich bringt … für mich oder für andere.«

»Ich hasse dich, Vater!«, rief sie, aber Augustus blieb ruhig.

»Man wird dich jetzt auf das Schiff begleiten«, sagte er bedächtig, »und dich dann mit einem Boot an einen Ort bringen, an dem du sicher leben kannst.«

»Wohin wird man mich bringen?«

»Auf eine Insel. Pandateria.«

Julia starrte ihn entsetzt an. Pandateria? Ein Eiland, auf dem es nur ein paar Esel und Ziegen gab? Noch ehe sie etwas erwidern konnte, flogen die Türen auf, und vier Prätorianer betraten die Bibliothek. Der frisch gebackene Centurio Tullus trat vor, bedachte Julia mit einem kurzen Seitenblick und wandte sich an den Kaiser. »Das Schiff ist zum Ablegen bereit«, sagte er. Augustus nickte. Mit dem Mut der Verzweiflung riss sich Julia zusammen. Wenn es geschehen sollte, dann sollte es eben geschehen. In diesem Moment, das wusste sie genau, würde nichts und niemand ihren Vater von seiner Entscheidung abbringen. Doch vielleicht – und dies war zumindest ein kleiner Hoffnungsschimmer – würde er sich in ein paar

Monaten dazu durchringen, das harte Urteil aufzuheben. »Dann werde ich jetzt meine Kinder holen«, sagte sie gefasst.
Augustus war sehr bleich, als er sie jetzt ansah. »Du wirst sie nicht mitnehmen können. Deine Mutter Scribonia hat darum ersucht, dich begleiten zu dürfen – und ich habe ihrem Ersuchen stattgegeben!«
Julia stöhnte plötzlich auf wie ein gequältes Tier. Sie sprang um den Kartentisch herum und stürzte sich mit gespreizten Fingern auf ihren Vater. »Du Ungeheuer!«, kreischte sie. »Du Tyrann!« Sie wollte ihm das Gesicht zerkratzen, aber in diesem Moment wurde sie auch schon von den Soldaten gepackt, die sie aus der Reichweite des Erhabenen wegzerrten. Julia biss, kratzte und trat, aber was sollte sie gegen vier Prätorianer ausrichten? Ihr Widerstand erlahmte rasch, und die letzte Kraft, die sie jetzt noch hatte, legte sie in ihre Stimme.
»Du kannst mir meine Kinder nicht wegnehmen«, schrie sie Augustus an. »Du bist ein … Ungeheuer!«
»Sie sind Roms einzige Hoffnung für die Zukunft«, erwiderte Augustus. »Sie werden bei mir bleiben, in Rom. Ich werde sie gut beschützen.«
Die Soldaten zogen sie mit sich fort. In der Tür drehte Julia den Kopf noch einmal um.
»Und wer wird sie lieben?«, rief sie verzweifelt. Augustus befahl den Prätorianern mit einer Handbewegung, innezuhalten. Er wollte hören, was seine Tochter über die Liebe zu sagen hatte. Außerdem war es wahrscheinlich das letzte Mal, das er ihre Stimme hören würde. »Du bist doch unfähig, zu lieben«, sagte sie. »Für dich zählt nur die Macht … zählen die Gedanken und die Sorgen, die du dir um dein perfektes römisches Imperium machst. Es wäre besser gewesen, du hättest mich gleich nach

meiner Geburt ertränkt ... doch stattdessen bringst du mich jetzt langsam um.« Sie schüttelte den Kopf und lachte auf. »Sie nennen dich ›Augustus‹, Vater, doch du bist ein Ungeheuer.«

Jedes ihrer Worte traf ihn wie einen Dolchstoß. Wusste sie denn nicht, was es für ihn bedeutete, sie auf diese Insel zu verbannen? Durch diese elende Pflicht, dachte Augustus, durch dieses erzwungene konsequente Handeln verlor doch auch er sein Kind – so wie Julia ihre Söhne verlor. Er sah ihr in die Augen und versuchte, sich seine Erschütterung nicht anmerken zu lassen. »Ich habe versucht, das zu tun, was ich für richtig halte.«

»Für wen?«, fragte sie bitter.

Augustus richtete sich auf und hielt ihrem Blick stand. »Für ein Rom, das irgendwann nach mir sein wird, für den Frieden ...«

»Du bist nicht der Herr über die Zukunft!«, fiel Julia ihm ins Wort. »Du hast zwar die Welt erobert, aber deine Seele hast du verloren. Und ein Herz – das hast du wahrscheinlich niemals besessen. Gaius und Lucius werden jedenfalls niemals so werden wie du, denn ich habe ihnen beigebracht, zu lieben.«

Sie wandte ihr Gesicht von ihm ab, reckte sich, warf ihren Kopf stolz nach hinten und nickte dann dem Centurio zu. Sie würde ihm und seinen Soldaten jetzt keine Schwierigkeiten mehr machen. Sie wollte ihrem Vater zeigen, wie sich eine wahre Königin zu benehmen wusste.

Ruhig ergriff sie die Hände der Soldaten und nahm sie von ihren Schultern hinunter. Die Männer schienen zu spüren, was sie vorhatte, und deshalb verzichteten sie darauf, erneut zuzupacken.

Dann schritt Julia aufrecht den schmalen Säulengang

hinunter, in ihr neues Leben, ohne sich noch einmal umzudrehen.

Augustus blickte seiner Tochter nach, bis Julias Gestalt verschwunden war. Doch das letzte Bild von ihr, das sich unauslöschlich in seine Erinnerungen brennen sollte, war verschwommen. Denn in seinen Augen standen Tränen. Er musste sich beherrschen, um nicht laut aufzuschluchzen. Er begriff, dass er nun allein war. So lange er lebte, würde er allein bleiben. Er war so einsam und verlassen, wie man es als Herrscher Roms immer war. Das war der Preis.

Jetzt hatte er bezahlt.

Epilog

Er schwebte. Er schwebte hoch über dem Forum Romanum, über einem Scheiterhaufen, auf dem ein in ein weißes Leintuch gewickelter Leichnam lag. Interessiert, aber gleichzeitig auch traurig sah er dabei zu, wie ein Priester das ölgetränkte Holz mit einer Fackel entzündete. Binnen Sekunden loderten gelbe Flammen auf. Das Leinen verfärbte sich braun, wurde an einigen Stellen rasch schwarz, doch dann wurde der Leichnam auch schon von den Flammen und dem dichten schwarzen Qualm umhüllt.

Er sah, wie sich ein alter Mann mühsam von seinem Stuhl erhob und sich neben eine grauhaarige Frau stellte, deren Augen verweint waren. Hinter ihnen befand sich eine riesige Menschenmenge.

Noch nie hatte er Livia weinen sehen. Er legte ihr tröstend den Arm um die Schulter. Der alte Mann dort unten, neben dem Scheiterhaufen, das war er selbst.

»Meine Enkel sind tot, Livia – meine Söhne. Erst Lucius und jetzt auch noch Gaius. Von nun an wird dein Blut in den Adern der römischen Kaiser fließen!«, hörte er sich sprechen.

»Eines will ich dir aber doch noch sagen, Augustus«, erwiderte sie. »Niemals hätte ich Julias Kinder etwas zu Leide getan.«

Er betrachtete sie lange und nickte dann langsam. »Ich weiß. Das Fieber hat beide dahingerafft. Es hat sie besiegt. Die Götter haben es so gewollt und meine Arroganz bestraft. Doch Tiberius wird nun Kaiser sein – ganz so, wie du es dir gewünscht hast. Und jetzt bin ich müde!«

Augustus schlug die Augen auf. Der Scheiterhaufen, das Forum, die Trauergäste – alle waren sie verschwunden. Da war nur eine getünchte Zimmerdecke. Und Livia, die sich nun über ihn beugte. Dann entdeckte er Tiberius, der stocksteif am Fußende seines Bettes stand und grimmig auf ihn herunterblickte. Ein stattlicher Mann von 51 Jahren, der seiner Mutter ein feuchtes Tuch reichte, damit sie ihrem Mann die fiebrig glänzende Stirn abwischen konnte.

»Habe ich wieder geträumt?«, fragte der Erhabene mit zittriger Stimme und begriff in diesem Moment, wo er sich befand. Dies war das Zimmer, in dem bereits sein Vater gestorben war; sein Elternhaus in Nola.

Livia nickte. »Und du hast im Schlaf gesprochen. Du hast mir endlich geglaubt, dass ich Lucius und Gaius niemals vergiften wollte. Niemals! Kannst du dich daran erinnern, Augustus?«

Er lächelte schwach. Er fühlte, dass es jetzt schnell zu Ende gehen würde. Er hatte also nur noch wenig Zeit. »Ich habe alles getan, was ich konnte, doch ich habe zu spät die Wahrheit erkannt. Nichts liegt in meiner Macht. Ich bin Herrscher – über nichts: weder über mein Leben, noch über meinen Tod. Ich bin in den Händen der Götter … wie jeder andere Sterbliche auch!« Ein Hustenanfall schüttelte ihn. Als er vorbei war, flößte ihm Livia vorsichtig ein paar Schlucke Wasser ein. »Du hättest mich diese Lektion schon vor längerer Zeit lehren sollen«, fuhr er fort. »Ich frage mich, wie glücklich wir hätten sein können, wenn du es getan hättest. Ich weiß, dass du mich immer geliebt hast.« Er tastete mühsam nach ihrer Hand. Als er sie gefunden hatte, schloss Augustus beruhigt die Augen. »Keine Sorge«, flüsterte er kaum hörbar. »Dein Sohn wird nicht mehr lange warten müssen, um meinen Platz einzunehmen.«

Livia nickte. »Glaubst du, *sie* wird kommen?«

Livia tauschte einen kurzen Blick mit ihrem Sohn. Tiberius schüttelte verneinend den Kopf. Sie wandte sich wieder an Augustus. »Nein, sie wird wohl nicht kommen«, sagte sie ruhig. Er seufzte. »Ich bin darüber sehr traurig – ich trauere um das, was du verloren hast …«

Augustus schlug die Augen wieder auf. »Du trauerst um Maecenas? Um Marcus Agrippa, Tutilius – ja, vielleicht sogar auch Rufus – all die wenigen Freunde, die ich einst hatte und die mir schon lange vorausgegangen sind?«

Livia streichelte die welke Haut seines Gesichts. »Warum sagst du nicht ihren Namen?«, fragte sie.

»Julia«, antwortete er brav.

Livias Augen füllten sich mit Tränen. Dies war nun das zweite Mal in seinem Leben, dass er sie weinen sah. Doch diesmal war es die Wirklichkeit und kein Traum.

In diesem Moment hörten sie das Geräusch eines Pferdegespanns, das offenbar mit Höchstgeschwindigkeit auf den gepflasterten Hof fuhr und dort zum Stehen kam. Nur wenige Augenblicke später stürzte eine Frau in mittleren Jahren in das Sterbezimmer. Ihr Kopf war von einem dunkelgrauen Tuch verhüllt. Tiberius riss erschrocken die Augen auf. Er erkannte Julia, seine ehemalige Frau, sofort an ihrem Schritt.

Sie beachtete ihn jedoch gar nicht. Dafür hatten sie sich zu sehr gehasst. Dafür hatte er sie zu tief verletzt – obwohl er Augustus auch nach der Scheidung später aus Rhodos mehrere Briefe geschrieben hatte, in denen er seinen Schwiegervater gebeten hatte, die Tochter zu begnadigen. So hatte Julia die winzige Insel, auf die er sie verbannt hatte, verlassen und in den vergangenen Jahren auf dem süditalienischen Festland leben dürfen.

Augustus musste ein paar Mal blinzeln, bevor er seine Tochter erkannte. Er schien erstaunlichweise nicht einmal überrascht zu sein, sie jetzt zu sehen. Livia ging zwei Schritte zurück und ließ Julia ans Totenbett ihres Vaters vor. Langsam hob er seine Hand empor und streckte sie in ihre Richtung aus – doch Julia ergriff sie nicht.

»Vergib mir«, sagte Augustus leise. »Bitte, vergib mir. Das Imperium hat mein Leben ganz beansprucht, aber ich hätte dich nicht zwingen sollen, auch das deine zu opfern. Wenigstens diente es einer guten Sache …«

»Julius Caesar hatte einen Traum, Vater«, erwiderte sie. »Du hast nur versucht, ihn zu verwirklichen.«

Augustus begriff ihre Worte als Vergebung. Deshalb streckte er noch einmal seine Hand nach ihr aus. Und jetzt ergriff Julia sie, so als ob sie ihm zu verstehen geben wollte, dass sie seine Entschuldigung angenommen hatte. Er bäumte sich auf. Sein Atem klang auf einmal rasselnd.

»Sagt mir schnell«, flüsterte er kaum hörbar, »habe ich meine Rolle gut gespielt – in dieser Komödie, die man das Leben nennt?«

»Die Götter werden es dir beantworten, Vater«, antwortete Julia mit brüchiger Stimme.

Auch Livia musste schlucken. Sie griff hinter sich und nahm eine bunt bemalte Wachsmaske von der schlichten Kommode. Sie stellte sich neben Julia und zeigte sie ihrem Mann. Für gewöhnlich hätte er jetzt laut aufgelacht, aber dafür fühlte sich der Sterbende jetzt zu schwach. Doch er sammelte noch einmal all seine Kraft zusammen und lächelte angestrengt.

»Klatscht Beifall, bitte!«, stieß er plötzlich hervor und bäumte sich auf. Ein tiefes Keuchen entrang sich seiner Kehle.

Livia, Julia und Tiberius applaudierten leise, als Augustus, der Kaiser von Rom, im nächsten Moment für immer die Augen schloss.
Als er nicht mehr atmete, legte ihm Livia die Wachsmaske aufs Gesicht. Tiberius senkte den Kopf.
Julia jedoch nahm die Wachsmaske noch einmal von seinem Gesicht. Dann küsste sie ihren Vater zärtlich auf die Stirn.
Sie wunderte sich über sich selbst, dass sie ihn nach wie vor liebte.